PUIG POR PUIG
Imágenes de un escritor

Investigación, compilación, notas a cargo de
JULIA ROMERO

PUIG POR PUIG

Imágenes de un escritor

**Investigación, compilación, notas
a cargo de Julia Romero**

Iberoamericana · Vervuert · 2006

Bibliographic information published by Die Deutsche Bibliothek
Die Deutsche Bibliothek lists this publication in the Deutsche Nationalbibliografie;
detailed bibliographic data are available on the Internet at <http://dnb.ddb.de>.

Agradecemos a los diarios *El País* y *ABC* (España), *Excélsior* (México)
y *Clarín* (Argentina), así como a todos las publicaciones donde
originariamente se publicaron los textos compilados en este volumen,
su amabilidad por permitirnos la reproducción de los mismos.

© Iberoamericana, 2006
Amor de Dios, 1 – E-28014 Madrid
Tel.: +34 91 429 35 22
Fax: +34 91 429 53 97
info@iberoamericanalibros.com
www.ibero-americana.net

© Vervuert, 2006
Wielandstrasse. 40 – D-60318 Frankfurt am Main
Tel.: +49 69 597 46 17
Fax: 49 69 597 87 43
info@iberoamericanalibros.com
www.ibero-americana.net

ISBN 84-8489-185-2 (Iberoamericana)
ISBN 3-86527-191-X (Vervuert)

Depósito Legal: M. 6.082-2006

Cubierta: Marcelo Alfaro
Impreso en España por: Imprenta Fareso, S. A.
The paper on which this book is printed meets the requirements of ISO 9706

ÍNDICE

Para Male Delledone de Puig,
con quien compartimos años de fervor
por esa dimensión donde el cine se convierte en la vida misma.

"Dice Monegal que me va a hacer una presentación al capítulo, una especie de prologuito. Me propuso una entrevista larga pero no quise porque no me gustan las entrevistas, me parece que se vuelven puro macaneo, lo que el escritor tiene que decir ya está dicho en sus obras o lo dirá en su obra siguiente."

Manuel Puig, carta del 5 de enero de 1967, archivo epistolar, en poder de su familia

AGRADECIMIENTOS

Trabajar con los archivos de un escritor es un privilegio pocas veces concedido. Para quien ama la literatura, estar entre las letras de un escritor como Manuel Puig es atravesar el espejo de ese encantamiento que muestra el revés de la historia. Al margen de trabajar con los manuscritos de las obras de Puig, me fue otorgada la magia de estar en su escritorio, con su madre, su familia. A Male, Carlos y Mara, en especial, todo mi cariño y agradecimiento. También a José Amícola, que me condujo a tal privilegio. Éste es uno de los tantos proyectos que fueron posibles por la concesión de ese deseo no pronunciado, ni siquiera imaginado, pero al fin concedido.

Gracias a María Eugenia Thomas y Julio Casañas, a mi madre, a mi hijo, por acompañarme.

PRÓLOGO

El presente volumen surge de un fervor, de un asombro y de una preocupación. El fervor por una figura de la literatura que ha descolocado a la crítica no dejándose incluir en ninguno de sus cánones, mi asombro por un hallazgo y mi preocupación por su desconocimiento. El hallazgo del Puig coleccionista, aficionado a realizar cruces insólitos de saberes de diversos orígenes: estrategias de directores y estrellas de las más dispares proveniencias guardados celosamente en la videoteca del autor –en su mayoría recolectados por el intercambio entre coleccionistas y amigos– con casi cuatro mil títulos, la biblioteca de arte, los cuadros de Erté, las canciones marcadas en sus discos de boleros. La colección de filmes comenzada en los años setenta como aficionado recolecta películas de todo el mundo fueron "reescritos", re-grabados y enriquecidos con el cine que degustaba y con el mal cine del que también aprehendía y del cual extraía un detalle, un mecanismo, una torsión: una calidad entre la que se interpone su formación y una cantidad que se ha formado en el término de quince años cuanto más.

Mi asombro fue mucho mayor cuando, al abrir los archivos, me encontré con una laboriosidad y cuidados inusitados con que el escritor había guardado celosamente tanto la colección de manuscritos de sus propias obras, como también los grandes archivos de recortes y de artículos de diversa índole, periodísticos y académicos, que hablan de él desde sí mismo y desde su trayectoria. Rescatar ahora parte de esas lecturas de sí ha sido el objetivo del presente proyecto, al comprobar la importancia que ella tiene sobre las imágenes que el lector recibe, sobre su posicionamiento respecto de los demás escritores, tradiciones, lecturas de la crítica en contrapartida con su propia letra y con el propio modo de realización de la puesta en escena de la escritura. Su imagen de escritor juega con la autobiografía, sin serlo, si la entendemos como el relato de la propia vida y de sus sucesos, como una lectura-relato de sí mismo, de una pluralidad de imágenes, cuya movilidad delata sus fijaciones y cuya fijación delata un autorretrato. Éste es el por qué del título *Puig por Puig*, que reflexivamente se hace visible y se reproduce, como la reproducción de las caras de Marilyn Monroe de Warhol que el Pop Art ostentó como una de sus manifestaciones más características.

La imagen del escritor que se descubre detrás de estos relatos –es necesario subrayarlo– es la del coleccionista, el aficionado colector de series de saberes que insólitamente reúnen los más diversos orígenes: los manuscritos que comprenden desde los cuadernos con las primeras anotaciones como estudiante de Cine en Italia, los diferentes ensayos de escritura, esbozos, versiones, novelas, revisiones, pruebas de galeradas, pero también los libros con más de quince ediciones, los guiones, las obras de teatro... Todo esto junto hacía del asombro una obsesión para que se conociera al "otro Puig", el que no aparece en la superficie de su escritura, el que trabaja con un detallismo inusitado y obsesivo, el trabajador artesanal de las tramas de historias urdidas entre tradiciones mezcladas: los tópicos de Hollywood, los libros que a través del cine leía, los relatos orales y la forma que reúne todos estos contenidos, el melodrama y sus modos. Este volumen, entonces, es una pequeña muestra de esa colección, la de los archivos donde Manuel Puig es el protagonista que realiza un filme en la imaginación del lector prescindiendo de las argumentaciones de la crítica o erigiéndose él mismo –desde sus juicios– en un crítico que lee su propia forma de escribir –y de leer– los acontecimientos. Por lo mismo evitaremos aquí la biografía, para dejar que sea el propio Puig quien la cuente.

IMÁGENES, CINE Y LITERATURA

Toda entrevista da lugar a una reflexión del escritor sobre su propia obra, sobre su quehacer, sobre sus declaradas preferencias y concepciones del arte y de la vida. Sin embargo, ocurre que mientras se trazan las líneas de ese imaginario sobre sí, mientras se pronuncian esas reflexiones, se traza simultáneamente otro recorrido. Un itinerario que dibuja una representación, una imagen que proyecta el artista sobre sus textos, sobre su estética ("El imaginario de un escritor es, también, la construcción de una imagen de sí en el espacio literario, y su estética, la forma que da a esa imagen")[1]. La imagen oculta, entonces, una estética marginal respecto de su visibilidad en el escenario del mercado, del escenario de los imaginarios que se crean los públicos y cada lector. La "imagen de artista", "imagen de autor" sólo arropa el anverso cuyo reverso es la trama de lo que no se dice en la superficie, y que está en esas tramas secretas que no se comparten públicamente o que no se comparten universalmente. Sin embargo, cada declaración afirma o esquiva esas imágenes por selección o por repetición, según los medios y públicos, convirtiendo al escritor en estratega de su imagen y constructor de su propio espacio en un campo intelectual. Manuel Puig comienza con esa imagen de "excentricidad", desde fuera de la literatura se construye una formación que no deja de ser literaria: si Puig lee sobre cine y colecciona películas, es para hacer literatura y éste fue su propio descubrimiento a los 30 años, después de la experiencia de Cinecittà, como lo declara en las entrevistas.

Desde este espectro de artículos, de entrevistas y de cartas, donde la voz la tiene el mismo narrador –caracterizado por la crítica por la "pulverización" de la voz autoral–, surge y se manifiesta el sitio de su literatura, múltiple y heterogéneo, el sitio del otro Puig que habla por él mismo, que brinda su investidura y su reclamos, sus urgencias y respuestas, su posición, sus desplazamientos, su sabiduría que se quiere ingenua y también la diferencia entre ambos "Puig" que aparece redoblada en el título: el nombre de autor entrevistado, el nombre del hacedor de historias, incluida esta historia de ser escritor, el nombre del presente libro y su nombre propio, el autor de estas "biografías" que escribe con nombre propio, las sabidurías de un escritor y la historia personal del mismo.

---

[1] "La construcción de la imagen". En: Héctor Tizón, Rodolfo Rabanal, María Teresa Gramuglio, *La escritura argentina*. Santa Fe: Universidad Nacional del Litoral, 1992, p. XX.

Una de las historias que se propone mítica es la del vacío inicial. Si "vivir en un pueblo de la Pampa" es motivo de ese vacío, la tradición cinematográfica se funda junto a él. Negar su formación literaria se convierte en estas imágenes en uno de los *leitmotiv* sobre el cual Puig edifica cierta figura de escritor contorneada por el borramiento de algunas marcas del padre y de la patria, de sus orígenes de artista. La proyección de esa imagen se concretiza en el reemplazo aparente de la biblioteca por la videoteca. Del mismo modo que se cancelan líneas de un borrador para ser reemplazadas por otras, Puig llega casi a suspender toda una formación literaria que, sin embargo, posee no sólo materialmente sino en el repertorio que circula en sus textos: de los numerosos libros citados en *La traición de Rita Hayworth*, su primera novela, al clásico libro de Marshal Berman *Todo lo sólido se desvanece en el aire*, en *Cae la noche tropical*; también por el reconocimiento explícito en las entrevistas de Faulkner y Joyce como maestros de una técnica y de sus pares Sarduy, Donoso y Cabrera Infante. Pero su lectura, confundida –fundida– de los autores que el cine le proporcionó no deja de ser importante; en todo caso son otras versiones de la historia original del libro: Dumas a través de Cukor, Tolstoy a través de la cara de Greta Garbo dirigida por Clarence Brown, Duras a través de Dassin, Moravia a través de Godard o de Antonioni, Cortázar a través de Antonioni. Con relación a esto, el catálogo de libros que se puede formar con la videoteca, como también con las cartas familiares, es de gran importancia. En una de esas cartas, Puig cuenta, mientras está escribiendo su primera novela, en 1964: "[leí] una colección de artículos de Roberto Arlt: *Aguafuertes porteñas*, creo que es recopilación de artículos que publicaba en *El Mundo* en los años 30. Bueno, me resultó utilísimo porque hace un uso especial del lunfardo[,] desastroso porque se complace en eso y hace uso y abuso. Me vino muy bien porque tenía mis dudas sobre eso y me decidí a corregir unas cuantas expresiones"[2]. Con el mismo fervor, Puig había leído en su lengua original las literaturas extranjeras.

Es importante también conocer el perfil del espectador de comedias musicales y consumidor de teatro, que explorará especialmente como productor en la última etapa de su vida, coincidente con su residencia en Río de Janeiro (1980-1990). A alguna de ellas se refiere este libro, que se fue escribiendo con su itinerario vital.

---

[2] Ver también la "Cronología" que realizamos bajo la coordinación de José Amícola y Jorge Panesi para la edición crítico geneticista de *El beso de la mujer araña*, Colección Archivos N° 42, CNRS Poitiers, 2002.

Hay declaraciones públicas en donde aparecen formas de lo aciago, de adversidades que, sin embargo, promovieron su producción a partir de la negación, de un deseo primero, sucesivos aprendizajes: la "intelectualidad" argentina y el grupo Sur, la dirección de cine y las formas autoritarias en Cinecittà, los primeros guiones, el concurso que lo desplaza a un segundo lugar[3]. Ese itinerario, entonces, está pleno de zigzagueos que eluden y eliden, desvían travesías y arman otras que se fueron edificando a partir de una torsión, de esa torsión del deseo que lo impulsó a la literatura. La patria, en 1974, lo condena a la censura y al exilio, y sin embargo es el lugar utópico que se niega a olvidar, aun cuando la despedida parece interminable, y es también hacia donde dice remitir constantemente su escritura: "escribo en el castellano de Argentina y soy leído en traducciones", protesta en esa suerte de manifiesto de 1985, que aquí incluimos, en contra de la crítica y de la censura llamado "La pérdida de un público"[4], y que concentra un cuerpo de nociones que se reiteran sistemáticamente, como aparece en este conjunto de entrevistas y presentaciones de diversas épocas. A pesar de todo, aquella afirmación oculta su inverso: la escritura "de traducción" estaba presente de forma latente en el tiempo que Puig ensayaba los comienzos de escritor. En el intento de colonización de un espacio extraño, extranjero, intenta seducir y conmover, llegar a los diferentes públicos. Esta actitud promovió todo un gesto y una marca. Contrariamente al mecanismo de importación de culturas, lo que Puig postulaba en sus primeros guiones, no era un lector nacional o por lo menos no un lector de traducciones: escribe en inglés "copiando", tal como el personaje de Toto en *La traición de Rita Hayworth*, el modo y el tono de las películas que más le gustaron. En ese entre-juego cultural se estructuraron los intercambios y relaciones de deseos presentes en la escritura. Con su primera novela se "traducen" las referencias del cine de Hollywood y se contraponen a la realidad cotidiana del pueblo. Fuera del campo ficcional es, al mismo tiempo, una

---

[3] Se trata del Concurso Seix Barral de Barcelona, 1965. En febrero de ese año había terminado *La traición de Rita Hayworth* siendo aún empleado de Air France en Nueva York. En diciembre, la novela resulta finalista y Puig firma un contrato de publicación con Carlos Barral, aunque luego surgen problemas de censura. Al año siguiente, 1966, la editorial francesa Gallimard aceptó la novela para traducirla aun sin estar publicada.

[4] Título original: "Loss of readership", versión publicada, en forma parcial: "London conference on censorship. Writers and repression", en la revista *Index on Censorship*, Inglaterra/Estados Unidos, vol. 13, n° 5, el 5 de octubre de 1984, pp 28-31. En Argentina el artículo se publicó parcialmente en *Primer Plano*, suplemento cultural de *Página/12* el 5 de diciembre de 1993, bajo el título "Censuras y rencores. La pérdida de un lectorado", trad. de José Amícola). Aquí incluiremos la traducción del original mecanografiado, cuya transcripción he realizado en inglés para *Revista Iberoamericana* n° 187, abril-junio 1999.

estrategia que lo ubica en un sitio hegemónico en el campo intelectual extranjero, desmitificando el juego del mercado que hasta entonces era considerado contrario a la noción de talento o genio creador. Si el éxito comercial era una característica de los llamados *best sellers*, Puig deshizo en la Argentina de la segunda mitad del siglo XX –y en el ámbito internacional– el mito del mercado como símbolo de una literatura "fácil de consumir", deshizo, por tanto, el mito del valor asignado a la literatura y cuestionó esta noción ampliando el gasto de producción hacia diferentes circuitos de lectores. De este modo capitalizó toda su producción con las artes de la traducción, una economía que desarrolló para arribar a diferentes "espectadores" de su literatura. A ellos dedica la elaboración de cada título, a ellos una nueva versión, nuevos epígrafes. Las traducciones se revelan no como un simple ejercicio de pasaje de una versión a otra, sino que se convierten en todo un ritual donde el secreto hace una ceremonia que se revela en las trastiendas de su escritura, el secreto de la intención, del significado oculto, de las traslaciones. Ésta es la razón por la que introduzco hacia el final de este volumen una sección con cartas de Puig a dos de sus más allegados traductores, Albert Bensoussan y Angelo Morino.

El período de menor productividad novelística –1982 a 1990– lo dedica Puig a indagar experimentaciones a nivel genérico y estético que lo ubicarían en otra tradición. Así lo muestran los numerosos manuscritos de proyectos en los que desarrolla una tendencia marcadamente surrealista, lo fantástico que ya esbozaba en el período de su residencia en México, en la primera etapa del escritor en el exilio. Simultáneamente con esta tendencia, Puig comienza a escribir, –como se ve en las entrevistas–, guiones exitosos (*El lugar sin límites*, adaptación de la novela homónima de Donoso, llevado a la pantalla grande por Arturo Ripstein, sin figurar en los créditos) y obras de teatro que lo iluminan como guionista y dramaturgo. Me refiero no solo a los guiones conocidos como *Bajo un manto de estrellas* y *Recuerdo de Tijuana*, escritos hacia 1978, sino también al guión *Vivaldi*, conservado de forma inédita y vendido a un conocido productor como a *Seven Tropical Sins* –publicado solo en italiano hasta este año, que apareció en español– o a *Tango Muzik* que aún permanece inédito. También las obras teatrales *Misterio de ramo de rosas*, *Gardel uma lembrança* –ambas obras estrenadas con éxito en el exterior– y *Triste golondrina macho* son testigos de este giro.

Para más información, se puede consultar el catálogo que se incluye al final del presente volumen, en el que se lista la producción íntegra publicada de Puig, traducido ya a más de quince lenguas, así como también el catálogo de inéditos, en el que aparece una llamativa tendencia a la escritura de guiones, al contrario de lo que se podía advertir en la "obra visible", y una intención fundacional persistente a través de toda su producción.

CRITERIOS DE LA PRESENTE EDICIÓN

Comenzar el libro con la voz de Puig ha sido una idea que intenta compensar la presencia de estas palabras preliminares: el texto "Un destino melodramático", al que he dado título[1], uno de los últimos textos escritos por Puig, es su propio homenaje, un homenaje a su propia obra y un homenaje a sí mismo, la matriz de toda su creación, casi una declaración estética.

La imposibilidad de abarcar toda la historia de sus entrevistas ha hecho que este libro aparezca sólo como un espectáculo de palabras de Puig que, con distintas frecuencias, aspira a reflejar sus imágenes desde distintos medios, especialmente periodísticos pero también académicos[2].

En la disposición del libro he decidido privilegiar el criterio cronológico al mismo tiempo que iba subrayando lo que desde su propia escritura se formaba como ciclos que llevan el impacto de la esfera social y el campo intelectual de Argentina y el mundo. De esta manera aparecen como una primera etapa los "Comienzos: *Confirmado*, *Panorama*, *Siete Días*, *Mundo Nuevo*, *Sur* y después (1968-1973)"; en una segunda, lo que llamo "Exilios: México, Nueva York (1974-1979)". Un trabajo de Puig que he encontrado en la mezcla de archivos, en un suplemento periodístico –"Los misterios de la crítica"– atesora un perfil del artista poco difundido, publicado sólo en un periódico mexicano, que muestra una imagen diferente, en una actitud contestataria ante la crítica, no tan usual en el escritor. En la misma etapa de escritura incluyo lo que puede considerarse una polémica en el espacio y en el tiempo: una "pequeña venganza" hacia un escritor que aparentemente no entendió el por qué de los títulos de las novelas de Puig[3].

Su residencia en Río de Janeiro (1980-1990) es la etapa final de su escritura: agregamos allí un texto que se conservaba inédito, sólo publicado en forma póstuma: "Chistes argentinos o el último tango en Venezuela", donde Puig

---

[1] El título lo he incluido al transcribir el manuscrito en 1996, cuando fue publicado por primera vez en *Orbis Tertius N° 2*, Centro de Teoría y Crítica Literarias, Universidad Nacional de La Plata, Argentina.

[2] Se agregan puntos para ubicar el lugar de una pequeña introducción que sustraje, propia de las presentaciones de entrevistas, porque se volvía demasiado reiterativa.

[3] "Mi pequeña venganza" es el título publicado en el periódico español *ABC*; "La voz de una mujer", el título alternativo que figuraba en el manuscrito; José Amícola lo incluyó en su artículo "El escritor argentino y la tradición borgeana. Recuerdo de Borges", *Espacios*, Universidad de Buenos Aires, dic. de 1994-marzo de 1995, p. 24.

reflexiona de forma irónica sobre los nacionalismos. También declaraciones realizadas en encuentros o seminarios. De entre las últimas intervenciones, seleccioné alguna entrevista de la época, cuando la actividad del escritor, ya dramaturgo y guionista, además de las de corrector, traductor y hasta de propio agente literario sobrepasaban los límites de su tiempo, también introduje una selección del texto compilado por Juan Manuel García-Ramos de la Semana de Autor sobre Manuel Puig, celebrada poco antes de su muerte, en 1990, y organizada por el Instituto de Cooperación Iberoamericana, que compendian toda su actividad y agregan nuevos secretos. Las reseñas fueron superando a los diálogos y a las entrevistas se sucedió una narración sobre la censura y el discurso del poder. Allí incluí "La pérdida de un público", traducido de su original en inglés "Loss of readership" (1985) y "El error gay" (1990).

Por último, se incluyen las cartas, que revelan otros secretos sobre la traducibilidad y el trabajo de orfebre que Puig realizó detrás de sus ocho novelas. La voz de Puig aparece allí a solas, con un interlocutor ausente, como la voz de la tía[4] o Choli en *La traición de Rita Hayworth,* o como los momentos en los que el señor Ramírez en *Maldición eterna a quien lea estas páginas* o el personaje de la Enferma en la obra de teatro *Misterio de ramo de rosas* hablan con otro –imaginario o real– subrayando aún más el propio silencio.

Algunas noticias sobre los premios recibidos aparecen al final, en un pequeño listado, porque considero que también son su forma de hablar sobre sí y sobre su público.

Debo aclarar, de igual forma, que por momentos la decisión de dejar algunas declaraciones que se repiten fue deliberada. Con ellas, como la voz de "la tía Clara", la atención hacia el contenido se desplaza más allá, al significado de la repetición en sí, hacia la forma que esconde un ritmo donde también los silencios se vuelven más significativos. Paralela a aquella voz, la de Puig aparece en la acumulación con otros significados.

Escribirse a sí mismo no deja de ser una biografía, pero no una autobiografía, sino apenas las huellas de una vida, las imágenes que de sí mismo percibe el escritor y puede dar en un reflejo. En ese reflejo centellean siluetas de lo dicho y lo no-dicho que despiertan juegos proyectados desde esa imagen, el juego de apariencia y realidad, el juego de las relaciones con los saberes, de las filiaciones y proveniencias, de las estrategias de inserción y

---

[4] "Pájaros en la cabeza" conforman las casi veintiséis páginas que escribe Puig antes de su primera novela, Publicada en Puig, Manuel, *Materiales iniciales para La traición de Rita Hayworth*, publicación especial n° 1 del Centro de Teoría y Crítica Literaria. Buenos Aires: Universidad Nacional de La Plata, 1996, donde encontramos explicitado el mito de origen de la escritura literaria, la voz de la "tía Clara" que Puig declara que empieza a escuchar antes de escribir *La traición de Rita Hayworth*, determinando su paso del cine a la literatura.

de recepción en el campo intelectual, de la formación y reconformación de los diferentes públicos, el juego de la consagración...

En lo que aquí llamamos "inéditos" de Puig se incluyen tanto las cartas a los traductores como algunos textos cortos que he publicado luego de encontrarnos con el caudal de escritos y proyectos, a partir de aquel día en que los herederos de Manuel Puig nos ofrecieron trabajar con su legado[5]. Así, "Un destino melodramático" lo he establecido de una página conservada en español en forma manuscrita, sin título, conforma un apéndice de un trabajo publicado en un medio académico de la Universidad Nacional de La Plata[6], como también algunas cartas, que publiqué en el periódico del Centro de Arte Moderno de Quilmes[7].

En la presente edición hemos tratado de conseguir todos los datos de autoría y medios donde estos textos aparecieron, así como también sus fechas de aparición. Pese a ello, hay algunas excepciones en las que no se pudo disponer de tales datos. Asimismo, se incluye información sobre alguno de estos medios que fueron relevantes en relación al campo intelectual argentino durante épocas particulares cuando la dictadura se preparaba. Por otro lado, se aclara el circuito de lectores de algunas publicaciones, por ejemplo de la revista femenina *Vosotras* para tomar conciencia del alcance popular que tenía la figura del escritor.

Buscar, investigar retazos perdidos, organizar, transcribir, completar cuando hacía falta se hizo por momentos una dificultosa tarea, que gracias al entusiasmo de la familia Puig ha podido llegar a término. También a la generosidad de los autores de las entrevistas y traductores, que me regalaron la posibilidad de dar a conocer sus correspondencias.

Mi agradecimiento a la Biblioteca del Institute d'Hautes Études d'Amerique Latine de París, la Biblioteca Nacional de Francia François Mitterand, el Centre George Pompidou, que me ayudaron a verificar o completar algunos datos que no poseía. Pero sobre todo este libro debe su existencia al afán del mismo Puig por hacer de sí una colección, una puesta en escena del yo, de la que este libro es parte. De ese dominio visual resulta también un homenaje, ése que comienza en la acumulación y que en la acumulación encuentra otro sentido.

---

[5] En una visita a su casa, Carlos Puig ofrece al grupo de investigación formado en 1993, dirigido por José Amícola, trabajar con las cajas que acaudalaban los papeles del autor, luego de que estuvieran guardadas, desde 1990, en Princeton University.

[6] "La imaginación melodramática: sentimiento y vida nacional", *Orbis Tertius* nº 2, Universidad Nacional de La Plata, 1996.

[7] *Brújula Periódico de Artes,* septiembre de 2001, año 6 nº 50; Dir. Raúl Manrique, quien nos ha invitado a conformar todo un dossier en homenaje al escritor.

Foto: Marta Merkin.

A MODO DE PRÓLOGO

"UN DESTINO MELODRAMÁTICO"[1]
Por MANUEL PUIG

–Señorita maestra ¿se acordó de lo que le pedí?

–Sí, niña. Fui a ver en el diccionario y busqué la palabra melodrama. Dice así: "Especie de drama en que, con recursos vulgares, se procura ante todo mantener la curiosidad y emoción del auditorio". Entonces busqué la palabra drama y decía: "Obra de asunto serio y generalmente triste, que conmueve profundamente el ánimo y suele tener desenlace funesto".

–¿Entonces un melodrama es un drama hecho por alguien que no supo Señorita?

–No exactamente, busqué más en la enciclopedia en la parte de teatro, y decía que en el drama los conflictos están originados en los defectos o virtudes de los personajes. Cada personaje tiene su propio carácter con defectos y virtudes, y de ahí surgen los dramas, porque se trata de gente diferente entre sí, y por eso chocan. En cambio en el melodrama lo que origina el conflicto es alguna intervención del destino, como en *Puerta cerrada*, que Libertad Lamarque pierde todo en la vida porque un cartero entrega el telegrama a alguien que salía en

---

[1] El título es propuesto por la anotadora de la presente compilación y publicado por primera vez en la revista académica *Orbis Tertius* N.º 2, Centro de Teoría Literaria, Universidad de La Plata, con permiso de los herederos del escritor. Otra versión diferente fue incluida en 2004 en el volumen homónimo publicado por la editorial El Cuenco de Plata. Las versiones sobre la interpretación del manuscrito difieren. El criterio adoptado para esta edición ha sido la de establecer la versión *rescatada*, sin enmiendas, con excepción de una que nos pareció interesante rescatar. Es la única versión encontrada entre sus papeles y corresponde, probablemente, a la última etapa del escritor.

Se coloca * cuando la escritura que figura es conjetural. Los nombres fueron completados por mí, donde sólo figuraban sus iniciales.

Puerta cerrada, film de Luis Saslavsky, 1939. *La usurpadora*, título original *Back Street*, de la MGM, 1941. Director: Robert Stevenson. Existen tres versiones de este film: una de 1932, dirigida por Stahl; la segunda es a la que se refiere Puig por las iniciales M. S. (además de Margaret Sullivan, participaban Charles Boyer y Richard Carlson como actores principales); la tercera versión es de 1961 del director David Miller, con Irene Dunne, John Boles y Susan Hayward. Existen además dos versiones mexicanas. Los datos fueron extraídos de la *Historia documental del cine mexicano*, tomo VI, México, Ediciones Era, 1974, de la biblioteca del escritor.

ese momento de la casa de ella, que era tan buena. Y también era muy buena Margaret Sullivan en *La usurpadora*, pero se atrasa el cochero que la lleva al puerto y pierde el barco y el novio se cree que ella no vino porque no lo quiere. En el melodrama hay siempre esos golpes de la mala suerte. Y los reciben personas buenas. Las protagonistas de los melodramas son siempre mujeres muy buenas.

–¿Santas?

–No, una cosa es ser buena y otra ser santa.

–Señorita, una tía de mami se quedó soltera también por eso, un golpe de la mala suerte: le prestó el vestido a una amiga que entró a la casa de un soltero, y el novio de la tía de mami se creyó que era ella, y la esperó hasta que salió y la mató y se escapó, y nunca nadie supo más de él. La tía de mami nunca más salió de la casa. ¿Pero qué culpa tuvo ella?

–Culpa ninguna, el destino le mandó la desgracia. Hay gente que se busca la desgracia, por defectos de carácter, y esos vendrían a ser personajes de drama ¿entendiste?

–¿ Y la tía de mami no es personaje de drama entonces?

–Según el diccionario no, es personaje de melodrama. La pobrecita tuvo un destino melodramático.[2]

–¿Y qué hay que hacer para salvarse de un destino melodramático?

–Nada, porque no depende de uno. Te cae y te electrocuta como un rayo; basta no pienses más en eso.

–No, señorita, a mí me da miedo, voy a rezar mucho todas las noches para salvarme de un destino melodramático[+].

---

[2] En el original hay una línea agregada y luego tachada que encierran un diálogo más:

"–Entonces, encima de no tener la culpa de nada, si filmasen la historia de ella, ¿no ganaría ningún Oscar?

–Tal vez no".

[+] *Nota de redacción*: tal destino puede ser agravado más aún mediante luces agoreras de J. Fipee* y acordes apocalípticos de Max Steiner.

I. COMIENZOS:
CONFIRMADO, PANORAMA, SIETE DÍAS,
MUNDO NUEVO, SUR Y DESPUÉS (1968-1973)

La entrada de Puig al campo intelectual se produce luego de recorrer un largo camino lleno de ilusiones, sorpresas, pero también frustraciones. Las expectativas de Puig al terminar su primera novela fueron muchas, quizás tantas como el tiempo que el escritor tuvo que esperar para que se concretaran. En 1965 estaba terminada *La traición de Rita Hayworth* y en 1968 recién pudo ser concretado el sueño de la publicación, en una pequeña editorial –Jorge Álvarez– dirigida por entonces por Pirí Lugones. Ambas, directora y editorial desaparecieron en los años de la dictadura, al final de este primer ciclo. Mientras tanto, la novela tuvo un adelanto en *Mundo Nuevo* (1967), la revista parisina dirigida por Emir Rodríguez Monegal que, a pesar de las polémicas en su entorno, propulsó a varios escritores latinoamericanos al campo intelectual internacional[1]. Pero, si bien su aparición en prestigiosas o polémicas revistas se hacía cada vez más común, la revista *Siete Días Ilustrados* fue el medio que lo popularizó masivamente, y donde aparecen publicadas en el verano de 1969 y 1970 las crónicas de Nueva York, Londres y París que integran *Bye Bye, Babilonia*[2].

A pesar de lo inimaginable que parezca, la primera novela de Puig fue objeto de una reseña en la revista *Sur*, dirigida por Victoria Ocampo[3]. Aunque era el círculo de la intelectualidad que Puig refiere en algunas entrevistas, las tramas ocultas de la historia literaria lo habían vinculado a través de sus afinidades con José Bianco (como se verá en algunas entrevistas), jefe

---

[1] La conocida polémica se produjo cuando el director de Casa de las Américas, González Retamar, lanzó la primera piedra acusando a la revista de recibir subvención de la CIA a través de la Ford Foundation, en plena época de la Revolución Cubana y con el marcado rol del intelectual en aquel entonces. A esta polémica entre ambos intelectuales se sumaron varios que tomaron posición y la cuestión del llamado *boom* de la literatura latinoamericana quedó, por momentos, en una aporía que se debatió entre dos extremos: fue concebido como un acontecimiento de mercado o como un conglomerado de talentos.

[2] Recogidas en libro en *Estertores de una década, Nueva York'78/Bye-Bye, Babilonia*, Buenos Aires, Seix Barral/Biblioteca Breve, 1993.

[3] Luis Justo, *Sur* Nº 315, nov./dic., 1968, pp.96-97.

de redacción de la revista, asociado a Enrique Pezzoni[4]. Las afinidades también se extienden a la hermana de Victoria, Silvina Ocampo, lo cual interesa para matizar las dicotomías que suelen simplificar el campo intelectual.

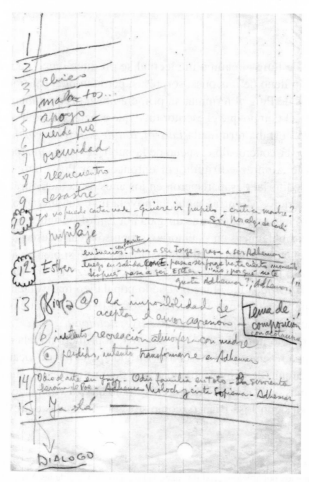

Manuscrito de la *La traición de Rita Hayworth*. Gentileza de los herederos de Manuel Puig. Publicado en Manuel Puig, 1996, *Materiales iniciales para La traición de Rita Hayworth* (José Amicola, comp.). Publicación especial *Orbis Tertius* N. 1, Centro de Teoría y Crítica Literaria, La Plata, U. Nacional de La Plata.

---

[4] Destacado crítico que posteriormente fue director de editorial Sudamericana, catedrático admirado en la Universidad de Buenos Aires.

1968, 27 de junio (1968-1973)
PAPELES SON PAPELES
LAS EXPECTATIVAS DE RITA
Confirmado[5], Buenos Aires, Argentina

Los 35 años del argentino Manuel Puig son bastante internacionales. Siete de ellos anduvieron por Europa, con apenas un intervalo de un año en la Argentina; y después hasta hace muy poco, su tiempo se deslizó por Nueva York, viendo entrar y salir aviones desde las oficinas de una compañía de aviación. Puig es económico de palabra, amontonado de memoria, veloz –y a la vez cuidadoso– para la opinión. Está a las puertas de un acontecimiento que suele llamarse crucial en la vida de un escritor: la aparición, en Buenos Aires, y por parte de la Editorial Jorge Álvarez, de su primera novela –que cuenta, entre sus admiradores, a Severo Sarduy–, ha removido, desde los originales, no más, a casi todo el *ambiente* aborigen. Para que la expectativa sea completa, *Confirmado* decidió entrevistarlo brevemente. Esto es lo que dice Manuel Puig.

CONFIRMADO: ¿Cuál es su obra anterior?

Manuel Puig: Nada. Es decir: tres guiones cinematográficos. Porque mi estadía en Europa estuvo dedicada a perseguir la expresión por el cine. Así, llegué a ser asistente en tres o cuatro películas. Con De Sica, con Stanley Donen, por ejemplo. Al mismo tiempo escribí esos tres guiones, que por suerte nunca se vendieron.

C: ¿Cómo empieza la historia de la novela?

M.P.: La novela fue, en principio el cuarto guión que preparaba. Pero como se trataba de algo autobiográfico –con ciertos rasgos autobiográficos– decidí aclarar mejor las ideas, situar algunos personajes. Para eso escribí un bosquejo de cada uno. Ahí, al estar solo frente a la máquina de escribir, sin pensar en ningún productor por placer, sin ningún director al que rendir pleitesía, me sentí

---

[5] *Confirmado* era la "revista semanal de noticias" que junto a *Panorama* y *Primera Plana*, de información general, encabezaron una transformación en el periodismo. Estos medios surgieron contemporáneamente a la renovación de la narrativa latinoamericana, contribuyendo también a la formación de un nuevo público lector, ávido por el discurso ficcional, e interesado también por el cine y la divulgación del psicoanálisis y la sociología, acompañaron y contribuyeron también a la transformación de la novela latinoamericana, desde adelantos literarios o reseñas de escritores es posible ver las posiciones en el campo intelectual de entonces, donde una de las polémicas que aparecen explícitas es cómo escribir desde el periodismo una literatura "directa" en una época donde la necesidad de explicitación era evidente, como consecuencia del llamado revolucionario que luego de la Revolución Cubana se debate en toda Latinoamérica.

libre, fluido, diferente. Ese primer bosquejo se convirtió en el primer capítulo de la novela. Sin proponérmelo había encontrado una manera de expresarme que me gratificaba más que el cine. Así que soy un escritor por pura casualidad. Nunca había pensado ser novelista.

C.: Si hay que rastrear algún escritor, alguna influencia; si fuera necesario señalar sus lecturas, ¿qué nombraría?

M.P.: Poco. Yo leía mucho, durante mi adolescencia en General Villegas. Pero después el cine me tomó todo el tiempo. Creo que soy mal lector. Tengo la atención condicionada por el cine. Solamente puedo terminar un libro que me entusiasme mucho. No podría citar demasiados autores. Tal vez ciertas cosas que vi escritas con gran libertad, obras que me quitaron el miedo a incurrir en errores de sintaxis. Cuando vi gente que estaba escribiendo sin trabas académicas, sentí un empujón. Ahora me acuerdo de un cuento (creo que era un cuento) italiano escrito en media lengua. No estaba logrado. Era afectado, pero me dio un buen empujón.

C.: ¿Qué piensa de la narrativa latinoamericana?

M.P.: Me gusta Severo Sarduy, Lezama Lima, concretamente *Paradiso*, me parece algo escrito por un gran talento, pero con una falta de rigor sospechosa. Hay en *Paradiso* un alejamiento del lector que yo no admitiría nunca para lo que hago.

C.: ¿Qué se propuso con la novela?

M.P.: Narrar el mal crecimiento de un chico, la imposibilidad de aceptar la realidad, el hallazgo del cine como escape. Contar cómo se puede llegar a la inversión de los términos realidad-ficción. En la novela –en la vida del protagonista– hay un momento en que la ficción llega a ser mucho más tangible que la realidad.

C.: ¿Eso intenta remitir a una experiencia individual, simplemente, o se trata de una afección colectiva?

M.P.: Remite a una experiencia común. En las décadas del 30 al 40 hubo poca gente que escapó de ese fenómeno. No sé qué ocurre ahora con la televisión y los chicos, los adolescentes.

C.: Es evidente que su planteo al escribir la novela no se redujo al hecho de cuestionar una manera enfermiza de rehuir la realidad, sino otra cosa.

M.P.: Por supuesto, se me presentaron problemas inherentes al hecho mismo de escribir. En ese sentido puedo contar que no comencé la novela con una estructura fija. El personaje que al fin resultó el protagonista no iba a existir al principio. En un segundo momento pensé detener la novela a los 10 años del chico. Después decidí llevarla hasta la edad clave: los 16 años.

C.: Su experiencia en el trabajo de guionista y a la vez la experiencia que estaba narrando ¿influyeron sobre la estructura de la novela?

M.P.: De ningún modo. La forma nunca precedió al contenido. La estructura de la novela fue surgiendo por necesidad de lo que iba a contar. Eso querría tenerlo siempre en cuenta. En mi segunda novela ya me molesta haber partido de una idea estructural determinada. Por ahora, sé que *La traición* puede ser discutida, ya que su estructura es poco usual: hay monólogos interiores, diarios íntimos, diálogos sin sujeto explícito, composiciones escolares, cartas, y una absoluta libertad de sintaxis. Pero de eso se van a encargar los entendidos, y no tengo por qué adelantarme. Lo importante era narrar esa zona de la realidad que había elegido, y las pruebas están ahí, por fin.

1969, 11 de septiembre   (1968-1973)
CON NUESTROS ESCRITORES
MANUEL PUIG: EL TALENTO, ¿EXPRESIÓN DE HUMILDAD?
Clarín, Buenos Aires, Argentina

General Villegas, Buenos Aires, París, Italia, Estocolmo, Londres, Nueva York. Once años en busca de una forma de expresión: el cine y su manejo directivo. Mediante oficios diversos –lavaplatos, sereno, telefonista, traductor– sobrevive en geografías disímiles, y un guión cinematográfico, rechazado en la patria por inservible, se ensancha en la tierra magna de la novela: *La traición de Rita Hayworth*. Editada en Buenos Aires en 1968, provoca desbordados elogios en muchos, indiferencia en pocos, y escasa repercusión comercial en el gran Todo.

Hoy, Buenos Aires, (Editorial Sudamericana), edita su segunda obra, *Boquitas pintadas*, y casi conjuntamente París –mediante un colegiado de críticos convocados por *Le Monde*–, ubica a *La traición* en el tercer lugar de una lista valorativa de obras extranjeras. Resulta necesario destacar que *Cien años de soledad* (García Márquez) ocupa el primer lugar, y *El mundo alucinante* (Reinaldo Arenas), el segundo.

–¿Ha cambiado el cine por la literatura?

M.P: Sí.

–¿Por qué?

M.P: Porque el cine exige afirmación, unidad individual, seguridad absoluta. Elementos de los cuales carezco.

–Su colocación en la nómina de *Le Monde* y la posterior ubicación de obras [de autores] como Styron, Nabokov, Lewis, Henry Miller, etcétera, ¿no le da seguridad?

M.P: No, me ha sorprendido mucho, eso sí.

–¿Y la reciente publicación de *Boquitas pintadas*?

M.P: Tampoco... *Boquitas* me da miedo.

–¿De qué?

M.P: De verme obligado a trabajar "por oficio".

–¿Por qué hay tanta diferencia de estilo entre *La traición* y *Boquitas*?

M.P: ¡Qué sé yo! Soy la persona menos indicada para hablar de estilos... Creo que los que son distintos son los personajes. Tanto el protagonista de *La traición*... como los de *Boquitas*... pertenecen a la clase media de provincia, clase que a su vez se subdivide en "castas" –de acuerdo al oficio o al nivel económico–, la adaptación o rebeldía a la clase determina los personajes y su forma de expresión. De ahí que los estilos puedan ser distintos.

–¿En qué tipo de narrativa ubicaría a *La traición*... y a *Boquitas* respectivamente?

M.P: La traición está dentro de la novela abierta, caótica, el protagonista es un anormal, vinculado a otros seres un tanto anormales: de ahí los repetidos monólogos, la introspección constante, el carácter deshilvanado de la estructura de la novela (personajes que aparecen y desaparecen porque sí). La anormalidad, aquí es una forma de rebeldía.

–¿Y en *Boquitas?*

M.P: No hay rebeldía. Todos los personajes entran en el juego de la clase media; por lo tanto todos son normales.

–Si un analista leyera el libro diría que todos los personajes son anormales.

M.P: Conclusión: toda la clase media es anormal.

–¿*Boquitas* es un folletín, una sátira, una novela psicológica, o una novela social?

M.P: Folletín, porque es un intento de literatura popular, novela social porque testimonia los móviles morales de la clase media argentina en determinada época.

–¿En la actualidad, cree que esta clase tiene los mismos móviles?

M.P: No, ya no. El contexto ha variado: hay otras fuentes de cultura. Además ya no nacen hijos de inmigrantes, sino nietos o bisnietos.

–¿Resultamos favorecidos?

M.P: Eso va en mi próxima novela. La misma clase, pero en 1969, y aquí en Buenos Aires. Aún sin título.

Antiacadémico, anti-intelectual, demoledoramente humilde, buceador infatigable de propios y ajenos vericuetos. Manuel Puig, temeroso de las rigideces, del "status" y del "oficio", piensa seriamente en la conveniencia de un futuro trabajo manual. Algo así como lavaplatos... sereno... o telefonista... y lo dice de veras...

1970, mayo   (1968-1973)
MANUEL A CASA, GARDEL Y LEER A LA SORBONA
Panorama, Buenos Aires, Argentina

Cuatro meses de ausencia bastaron para encender la mecha: ¿se radicaría
Manuel Puig en Europa, como todo literato latinoamericano que se respete? La
respuesta ha sido un no cortante, que el mismo autor pronunció la semana
pasada, al volver a Buenos Aires. Un redactor de *Panorama* logró vencer su
conocida reticencia y hacerle relatar no sólo sus actividades de los últimos cuatro meses sino también sus impresiones sobre la difusión de las letras hispanoamericanas en otros idiomas.

"Primero estuve en Nueva York", cuenta. "Mis dos novelas han sido tomadas por la editorial E. P. Dutton, con la que arreglé todo menos un detalle
importantísimo. Yo quiero que el trabajo de traducción esté a cargo de Norman
Di Giovanni, el traductor de Borges, norteamericano residente en Buenos Aires
desde hace dos años. Según la editorial él es muy caro, o –mejor dicho– no me
consideran importante como para invertir en mis obras los millones de dólares
en que se cotiza Norman. Espero todavía convencerlos. Hicimos pruebas de
traducción, juntos, y el resultado fue excelente. El éxito local de *Boquitas pintadas* no les importa demasiado: piensan, con razón, que en USA, lo que gusta
aquí puede no significar nada allí".

"Las eufóricas noticias distribuidas sobre los éxitos de venta latinoamericanos
en los Estados Unidos, no constituyen, al parecer, una norma. *El Libro de los seres
imaginarios*, de Borges en versión de Di Giovanni, apareció con éxito inesperado,
pero es más bien una excepción. Hace unos años se creyó que las ventas registra-
das en Latinoamérica y en España se repetirían allí; el Premio Nobel a Asturias
terminó de convencer a los editores, que arriesgaron inversiones importantes en
anticipos: hasta 8.000 dólares, que nunca se recuperaron. El fenómeno latinoamericano no logró interesar más que a una élite. En Buenos Aires, un anticipo
bueno puede ser 100.000 pesos; en Europa, 1.000 dólares, sumas modestísimas,
si se piensa en el tiempo que lleva escribir una novela escrupulosamente. A mí *La
traición de Rita Hayworth* me tomó tres años y *Boquitas pintadas*, algo más que un
año y medio".

"Es cierto que en las universidades se estudia intensamente la literatura hispanoamericana, pero en las versiones originales. Antes de *El Libro de los seres
imaginarios*, solo hubo dos éxitos de venta, ambos de Cortázar, *Rayuela*, tras
una intensa campaña de promoción centrada en un premio a su traductor, Gre-
gorio Rabassa, hispanista que enseña en Queens College, Nueva York; y un
volumen de cuentos de *Blow-Up*, que incluye "Las babas del diablo", el relato
en que se basa el film de Antonnioni. Ambos libros merecieron el honor de una

edición de bolsillo[6], que en USA significa la consagración en orden comercial. (Allá se hace primero una edición de tapas duras, carísima, destinada a la élite intelectual o a resolver el problema de qué regalar a quien "tiene de todo". Detesto esas ediciones, el libro nunca debería ser un artículo de lujo). Los críticos norteamericanos, por su parte, apoyaron decididamente a los autores latinoamericanos. Cortázar, Rulfo, Fuentes, Parra, Donoso son muy apreciados, pero se ha creado una aureola de "literatura mayor" de "hay que leer tal cosa" que hace de la literatura una especie de tarea obligatoria, prestigiosa, pero que dificulta la repercusión popular. ¿Y en Londres? "Allí vi a la editorial que suele trabajar con Dutton: Jonathan Cape; para reducir costos usan la misma traducción con algunas modificaciones para el mercado inglés. En esa editorial hay un Quijote que quiere imponer autores latinoamericanos: Tom Maschler. Espero que ese berretín no le cueste el puesto. En Inglaterra la situación es desesperante: apenas si se estudia algunos autores nuestros de los años 30 y 40 en las universidades; como éxito de venta, el último que se recuerda es *Veinte poemas de amor*, de Neruda... No firmé contrato en Londres; cuando la traducción norteamericana esté adelantada, decidirán. Las editoriales inglesas son modestas y no pueden pagar lectores de textos castellanos que les hagan informes, como sucede, por ejemplo, en París. De Londres fui a París, donde las cosas andan mejor. Los libros no se venden, pero de algún modo la gente se los pasa, los leen, los comentan, aparecen montones de críticas y estudios. Pero las tiradas son mínimas. No voy a dar cifras porque algunos colegas no me lo perdonarían, pero me enteré de casos espeluznantes. Le puedo decir que hay novelas argentinas fundamentales que vendieron menos de 3.000 ejemplares en Francia. Y otras, consideradas grandes éxitos porque han vendido algo más que 5.000. En su original, esas novelas, superaron los 70.000 ejemplares. Una de las razones es que los editores franceses no gastan un centavo de publicidad para nosotros. Pero no importa tanto, porque lo mismo los libros viven, despiertan el interés de mucho público... que se pasa de mano en mano un mismo y gastadito ejemplar. Para los editores esos libros son parte de una "operación prestigio", y se resarcen con los libros franceses: en Francia, como en la Argentina, se vende ante todo lo nacional".

---

[6] La mueca de Puig tanto de renegar de la crítica que lo olvida como de las publicaciones que no invierten, se debe a un motivo que la crítica no ha advertido. Creyendo ser una pose de imagen de escritor –en realidad se termina convirtiendo en ello– Puig, con su disconformidad, señala su preferencia de *conformar y hacer una literatura popular*. Ni las ediciones de lujo ni el despertar de la crítica académica logran reemplazar su interés por el gran público y por las críticas de revistas de divulgación o periódicos.

EL INTRADUCIBLE LE PERA. En ese mercado, ¿cuál pudo ser el destino de *La traición de Rita Hayworth*? "No me hago ninguna ilusión de escapar al bochornoso grupo de los 3.000 ejemplares. Pero todavía no tengo cifras de venta, porque en Francia el sistema de contabilidad es diferente al argentino. Aquí los libreros examinan las novedades de una editorial y hacen un pedido de cierto número de ejemplares, según las posibilidades de venta que entrevén. Pagan a 90 ó 120 días, más o menos, y tienen derecho a devolver sólo el 10 por ciento del pedido. En Francia, en cambio la editorial manda a los libreros lo que se les ocurre, y éstos tienen derecho a devolver todo. Las cuentas se empiezan a cerrar a principios de año y los autores se enteran meses después.

La crítica a la edición francesa de *La traición* fue elogiosísima. Sin el menor reparo, Puig informa que en Bélgica recibió "un gran palo" y exhibe un recorte de Bruselas: la novela es falsa, deprimente y absurda: de un país pobre donde brilla el sol tropical debería salir algo menos turbio y sombrío. Como se ve, en todas partes las imágenes de almanaque prenden en la imaginación moralista. El hispanista Claude Fell[7], en cambio, escribió en *Le monde*: "Los argentinos de *La traición* piensan y viven a través de un arsenal de palabras e imágenes de los cuales sería vano querer desembarazarlos, ya que forman parte de sus categorías mentales. La idea no es nueva, sin duda, pero nunca había sido integrada de manera tan brillante a una obra de ficción. El libro da la sensación de dejar caducas las mayoría de las obras que pretendían restituirnos una psicología: se trate de novelas tradicionales, con su registro de palabras simplificadoras (celos, orgullo, amor) pegoteadas sobre la inmensa complejidad del mismo interior, se trate de las tentativas recientes de penetración del universo mental latinoamericano por el atajo de "confesiones" a las que habría que descifrar en una segunda etapa. Sólo la ficción, cuando evita congelar a los seres en categorías 'librescas' permite aprehender con un máximo de autenticidad un universo mental en un momento dado. Esto es lo que ha logrado Puig, admirablemente servido por la traducción de Laure Gille Bataillon".

"Para *Boquitas pintadas* –afirma Puig– firmé contrato con Les Lettres Nouvelles y trabajé con la traductora. Debí luchar para que fuera Laure quien lo hiciera. Tengo total confianza en ella: con *La traición* trabajó encarnizadamente, me mandaba a Buenos Aires a medida que avanzaba capítulo a capítulo y los comentábamos por carta. Tiene mucha paciencia y un gran sentido musical en el empleo de la palabra. Es la traductora exclusiva de Cortázar y se la robaré

---

[7] Claude Fell, un relevante estudioso de la literatura hispanoamericana en el campo intelectual francés, perteneciente a la Universidad Sorbonne Nouvelle Paris 3.

por algunos meses: ahora hace *62, modelo para armar*, y en junio empezará mi novela".

Boquitas empieza con una cita de un tango de Le Pera "Era para mi la vida entera..." "Para el lector argentino esas pocas palabras tienen una carga nostálgica muy especial y que funcionan tanto por la letra como por la melodía que evocan. En cambio, en Francia, traducidas, sólo pueden significar una trivialidad. Yo propuse quitar los 16 epígrafes, las citas que encabezan los capítulos, que son de Le Pera, menos una de Rubinstein y otra de Agustín Lara. El editor casi me come: 'mutilaciones... ¡Nunca!', vociferó. Por suerte se me ocurrió alargar esos epígrafes, breves en general, o cambiarlos en otros casos. La finalidad era evocar una atmósfera, cierta época, un estado de ánimo. Para el lector europeo, agrego material que le permita impregnarse: en algunos casos una letra de tango completa, y por supuesto que dé bien en traducción, que dé imágenes claras y expresivas. Dudo que en Francia el libro repita el éxito argentino. El editor, de todos modos, piensa en un lanzamiento especial, gastos publicitarios, que no hubo para *La traición*. Para empezar me invitan a París cuando el libro aparezca, cosa única para un libro latinoamericano".

Antes de partir, Puig había declarado que aprovecharía el viaje a Italia para revisar la traducción de *La traición*. Feltrinelli ha decidido publicar primero *Boquitas*, "me han dado como traductor a Enrico Cicogna, el más prestigioso de Italia. Su traducción de *Cien años de soledad* ganó el importantísimo premio Chianciano. Vive en Milán y ya está en pleno karate con Le Pera. Se me queja mucho, dice que es la venganza de las masas, porque él es noble: con Cicogna y el marqués de Bayoz, y mis abuelos maternos, eran campesinos de la misma zona del norte de Italia. Dice que así yo me vengo de la explotación que mis antepasados sufrieron a manos de los suyos... Apenas llegué a Buenos Aires, compré discos de Gardel y de Libertad Lamarque y se los envié para 'ponerlo clima'. Lo mismo me pidieron dos profesores franceses que enseñan literatura hispanoamericana en la Sorbona".

El éxito de García Márquez en Italia ha reavivado el interés por los autores latinoamericanos. "De todos modos, en Italia las editoriales son empresas deficitarias, están casi todas acopladas a grandes industrias, automovilísticas o alimentarias, que absorben las pérdidas. Por eso pueden permitirse ediciones lujosas a precio bajo. Son casi órganos de beneficencia cultural de esas otras empresas más prosaicas".

Con el pelo muy corto, tostado por el sol de su reciente paso por Río de Janeiro, más flaco e insólitamente elegante, Puig ha vuelto de su viaje cargado de optimismo. Con un traje de pana color carey rubio, una camisa celeste con dibujos blancos, y una corbata ocre muy pálido, casi dorada, hace estallar una incesante sonrisa de dientes blanquísimos y se apresta a derribarse sobre las páginas que dejó pendientes al marcharse: una nueva novela, todavía en estado larval, y una obra de teatro. Pero no quiere adelantar temas, ni prometer nada; como siempre, la modestia, la sencillez, son los atributos que rodean y adornan el talento de Puig.

1970, 12 de noviembre   (1968-1973)
CÓMO SE PINTARON LAS BOQUITAS DE MANUEL PUIG
En conversación con Inés Malinow
Vosotras[8], Buenos Aires, Argentina

–¿Manuel Puig? ¿37 años? ¿Nació en Coronel Villegas, el pueblo donde transcurren sus libros? ¿Estudió allí su primario? Pero se fue a Europa, ¿no?

M.P.: A los 23 años me fui a Europa. Volví once años después. Estuve siete en Roma, porque quería hacer cine. Había ganado una beca de la Dante Alighieri.

–¿Estuvo en Cinecittà con Blassetti, Comencini, el autor de *Pan, amor y fantasía*?

M.P.: Claro, porque podíamos hacer práctica en los estudios. Trabajé con De Sica, René Clement. Creí que lo mío era el cine.

–Manuel, ¿usted quería dirigir y escribir guiones?

M.P.: Sí, pero me había equivocado. Era un gran espectador infantil, eso lo puse en *La traición de Rita Hayworth*, donde un 90% es autobiográfico y un 10% es invención, porque la realidad es tan complicada que nadie la cree.

–¿Entonces usted quiso continuar las horas de felicidad que le había dado el ser espectador? Pero el "set" es otra cosa...

M.P.: El "set" es el lugar de los fuertes, hay que imponerse a los demás, ser muy seguro. Yo soy inseguro; dar órdenes es lo más contrario a mi naturaleza; mi modalidad es escribir algo, corregirlo, dejarlo estar. Por eso me gusta la literatura, a la que llegué por casualidad. Hacia el final de mi estadía en Europa hice un guión autobiográfico sobre recuerdos de infancia. Noté que cuando hablaba de mi tía, en La Plata, me expresaba por primera vez.

–Claro, el cine es algo que se hace para gustar a los demás, son concesiones muchas veces; esto revelaba ya en usted, Manuel, otra actitud.

M.P.: ¿Sabe lo que me aterra? Pues todo lo que es cine: apurarse, trabajar en equipo bajo una gran tensión, imponer las ideas... A mí me gusta dar a leer mis cosas, discutirlas con calma...

–¿Le parece que eso es lo mejor de usted, extraído así?

M.P.: No quiero decir que es todo oro, pero es lo mejor que puedo dar.

–¿En qué momento de su vida sucedía esto?

---

[8] Las revistas *Vosotras, Para Ti* y *Chabella* eran publicaciones femeninas, de moda y actualidad, con gran circulación. Un circuito que a Puig le interesó especialmente, como *Chorus*, en Italia, hacia fines de 1980, donde publicó los relatos sobre cine reunidos en forma póstuma en *Los ojos de Greta Garbo*, Seix Barral, 1992. La entrevista está intercalada con párrafos de *Boquitas pintadas*, que aquí preferimos excluir para agilizar la lectura.

M.P.: Andaba mal: estaba por cumplir treinta años; había empezado arquitectura, filosofía. El cine me había hecho dejar muchas cosas, no tenía plata, era grande. Decidí irme a Estados Unidos. Quizá en Nueva York mi suerte cambiaría. Conseguí una carta de inmigrante y un empleo.

–Sí, esa fue la época de su trabajo en Air France.

M.P.: Claro, por eso pude viajar a Oriente, a Tahití. Empezaba a tener tiempo: tres años después terminé mi primer libro.

–¿Las psicologías son reales, Manuel?

M.P.: Por supuesto, pero no los hechos. Por ejemplo, en *Boquitas pintadas* tomé gente muy conocida y le cambié un poco los hilos a las situaciones. La primera escritura es muy dolorosa siempre; lo placentero puede ser el pulido, la corrección, el armado.

–¿Admite influencias literarias, Manuel?

M.P.: Por supuesto, uno está lleno de lecturas inconscientes, aunque, por otra parte, no soy un gran lector.

–¿Y después de *La traición de Rita Hayworth* y de *Boquitas pintadas*... A propósito, *Boquitas...*, ¿va por la quinta edición?

M.P.: No, por la sexta...

–¿Qué está escribiendo ahora?

M.P.: Una novela de corte policial; pero eso no es lo importante, sino que por primera vez escribo sobre Buenos Aires, sobre personajes que nacieron aquí.

–¿Tiene una técnica determinada para cada hecho, Manuel?

M.P.: No, no se me ocurre una técnica que me sirva para contar toda mi historia, le aplico al material la forma que más se le adecua.

–¿Está seguro de cómo son los argentinos?

M.P.: No, trato de basarme en los personajes reales, los interpreto; algunos me entregan sus secretos mejor, con su diálogo, otros en descripciones o en la enumeración de sus actos exteriores.

–¿Qué es escribir para usted?

M.P.: Tratar de entender ciertos misterios argentinos; por ejemplo, en mi infancia conocí mucha gente que me fascinó; con los años los comprendo mejor, porque el tiempo da una especie de perspectiva.

–¿Le resulta fácil hallar los títulos de sus libros, por ejemplo?

M.P.: No, nada me resulta fácil, generalmente se me ocurren al final de la novela.

–¿Con quién vive usted, Manuel? ¿Con sus padres?

M.P.: Sí, viví solo tantos años que ya no puedo hacerlo más. Mi vida es muy metódica: con despertar a las nueve, correspondencia, revisar traducciones, siesta hasta las tres de la tarde, escribir algo, pasar en limpio...

–¿Vive de la literatura?

M.P.: Trato de no tomar otros trabajos, procuro viajar, eso me hace mucho bien; ahora me voy a una feria del libro en Frankfurt, y, de paso, me daré una vueltita por Estados Unidos, donde están traduciendo *La traición*...

–¿Qué es lo más importante de la vida, Manuel?

M.P.: El amor.

1971, julio   (1968-1973)
ESCRITORES
MANUEL PUIG: ¿EL REVÉS DE ERICH SEGAL?...
Para Ti, Buenos Aires, Argentina

El joven novelista argentino autor de *La traición de Rita Hayworth* y *Boquitas pintadas* se enfrenta hoy ante un fulminante éxito en todo el mundo. Un éxito que también tiene sus paradojas sorprendentes: en Italia se compara a nuestro compatriota con el autor de *Love Story*.

En Brasil *Boquitas pintadas* se promociona como "una obra maestra de humor, sexo, romanticismo, tango y malicia". En París cambia su título por uno más ensoñativo: *Le plus beau tango du monde* (El tango más bello del mundo). En Nueva York, septiembre será su mes clave: se prevé una presentación con bombos y platillos. En España, ediciones Seix Barral acaba de lanzar *La traición de Rita Hayworth*. En Italia, Manuel Puig es conocido como el revés de Erich Segal, Manuel Puig, 39 años, el escritor argentino de más éxito en el exterior en los últimos años. Pocos días después de su "tour de force" por el Viejo Mundo conversamos con él en su departamento de la calle Charcas.

–¿Cómo es eso de "el revés de Erich Segal"?...

Manuel Puig se desparrama en su sillón de cuero, se arregla los *knikers*, pone cara de "yo no tuve la culpa", y finalmente cuenta.

M.P.: En realidad, es muy simple. Los editores de *Boquitas pintadas* en Italia (allá se llama *Una frase, un rigo appena...*) decidieron que mi libro era "una historia de amor de los años treinta", y no tuvieron mejor idea que promocionarme como "el revés de Erich Segal". Ellos sabrán.

–¿Vio *Love Story*, leyó el libro?...

M.P.: Sí, vi la película, y me pareció una operación despiadada sobre los lagrimales. Una operación cínica e implacable.

–¿Por qué?

M.P.: Porque ni en los autores ni en los intérpretes hay participación en el problema. En los años 30 y 40 –y sobre esto Manuel Puig es experto– hubo un cine folletinesco que redimía sus fallas de fondo gracias a la inocencia de sus autores, y a la espontánea y total participación de ellos en el drama. El ejemplo máximo es *La dama de las camelias*. Simplemente ellos creían en lo que hacían, y eso redime todo exceso sensiblero. En *Love Story* no cree nadie: ni el director, ni los intérpretes, ni Segal. Yo no tengo nada contra el romanticismo, pero exijo que por lo menos sea auténtico. A mí me molesta profundamente que me llamen el "revés de Segal". *Love Story* no es una apertura hacia nada, lamentablemente.

Manuel se sonríe ahora. También Segal ha quedado atrás...

1972
MANUEL PUIG VS. GIL Y BERTOLINI   (1968-1973)
Boletín publicitario N° 99
Buenos Aires, Argentina

Boletín Publicitario prefirió esta vez, rompiendo con el habitual esquema del reportaje, correr el riesgo de reproducir una conversación entre gente conocida de muy diversos ámbitos. Registró así la charla que subsigue entre el novelista Manuel Puig –*La traición de Rita Hayworth*, *Boquitas pintadas*–, y los muy cine-publicitarios Hugo Gil y Mario Bertolini.

Bertolini: Tu obra me llegó a mí a través de la publicidad.

M.P.: Es raro, yo en general no recuerdo los anuncios. Tal vez el único que me viene a la memoria sea el de Volpi-Fruna por radio. Eran sólo dos frases muy escuetas a lo largo de todo un programa. Decían: "Caramelos Volpi, Masticables Fruna les presentan tal concierto". Y después: "Caramelos Volpi, Masticables Fruna los saludan". Y de TV, los avisos de SEGBA, por lo parco, lo sobrio.

Gil: Rechazás las tandas.

M.P.: No las recuerdo.

Gil: Fijáte que vos sos un producto de consumo, yo te conozco a través de la publicidad.

M.P.: Yo nunca tuve plata para publicitarme.

Gil: Sin embargo te han hecho promoción de envase. La gente te conoce la cara, ¿no?

M.P.: Mi única promoción fueron las críticas.

Gil: ¿Cuál es tu mayor éxito?

M.P.: En Italia una audición llamada "Tutti Libri", y también toda la radio y la TV. Pero lo importante cuando se hace un libro es tener un *slogan*. Y con *Boquitas pintadas* tuve suerte, mi novela anterior había sido elegida obra del año por *Le Monde*. Aquí mi única visión publicitaria fue la de tratar de que la salida de mi nuevo libro coincidiera con la difusión de esa noticia.

Bertolini: Cierto. Como en el caso de Raúl de la Torre que lanzó *Crónica...* luego del desfile de premios. Los premios en el exterior son esenciales para un buen manejo del éxito. Y de paso, Puig, ¿te gusta el cine?

M.P.: Sólo como espectador y básicamente la época del 30.

Gil: Tenés gustos antiguos. Pero cuando escribís –lo mismo que nosotros cuando filmamos– tenés que tener en cuenta el público al que te dirigís.

M.P: Claro, sino escribiría una carta para mí mismo y no la publicaría.

Gil: Pero, obviamente, no es lo mismo una marca de cigarrillos que una novela. Se publica una obra por necesidad de ser querido, se publicita a los cigarrillos para provocar un consumo. Pero, en realidad no hay mucha diferencia: Hay poquísima.

M.P.: No. Con la novela me expreso por una vía indirecta.

Gil: Pero de todas maneras tratás de ser masivo, de llegar al mayor público posible.

M.P.: Ante todo trato de vivir.

Gil: Eso no se duda, pero yo insisto. Para imponer un producto es preciso que haya una necesidad previa. Y en ese sentido es lo mismo la marca de cigarrillo, *Boquitas pintadas* o una sastrería. Si yo tratara de imponer la novela, trataría de imponer previamente la marca Puig. Un ejemplo: Picasso. El nombre está impuesto y cualquier producto de esa marca –Picasso– se vende bien. Aunque haya hecho un solo cuadro bueno. O aunque algunos cuadros sean meros bocetos. La "marca Picasso" vende. Y, de la misma manera, yo me acuerdo más de Puig como marca que de *Boquitas pintadas*.

M.P.: No me parece.

Gil: Y sin embargo, es claro. Si no podrías escribir todas tus obras y publicarlas con distintos nombres. Yo compro marca Puig. Y el proceso es el mismo que el de la imposición de cualquier moda. Vos editás el libro, te leen los líderes de opinión y luego el gran público. Ya sos *best-seller*, un fenómeno comercial.

M.P.: A mí me parece monstruoso algún aspecto del asunto. Por ejemplo, esas abominables listas de *best-sellers* que publican las revistas. A veces ante tanta bambolla, siento que preferiría ser un asalariado en un país socialista.

Gil: ¿Eso quiere decir que tus ganancias te dan culpa?

M.P.: Siento que la literatura –en este momento en que están pasando cosas– no mueve nada. No participo. Por ejemplo me gustaría hacer periodismo de choque.

Gil: Vos, como escritor, cumplís un rol ecológico. Ésta no es época para fijarse en los pájaros, pero los pájaros son muy lindos y hay que preservarlos.

M.P.: Insisto en sentir que la literatura no cumple ningún rol.

Gil: Falso. Vos no existís porque lo decidiste así, sino porque sos necesario. Aunque haya cosas más importantes, más urgentes, aunque haya gente que agarre rifles. Vos sos importante.

M.P.: Es una época tan llena de urgencias... hacer periodismo sería una solución para mí.

Gil: No es trascendental. El periodismo es contradictorio, cotidiano, cambia y se olvida. Tu obra perdura, en cambio.

M.P.: Pero hay un tipo de periodismo que aclara, que denuncia. Yo que he colocado mi libro en Estados Unidos y Europa, que tengo varias ediciones, puedo decir que no me basta.

Bertolini: ¿Usaste como medio la radio y la TV?

M.P.: Odio esos medios. Es desagradable.

Bertolini: Tenés razón. Yo les escapo. Porque mi rol es el de ser director de cine publicitario y no debo salirme de él. Y en la TV te comprometen con preguntas de política, de sociología, temas de los que tengo una clara opinión personal, pero que no tengo por qué hacer pública. De paso, ¿qué opinás vos, como escritor, de los avisos publicitarios, sádicos, agresivos?

M.P.: Para mí la agresividad es diabólica. Yo estoy siempre por la persuasión.

Bertolini: Toda la publicidad es persuasiva. La agresividad también. La persuasión tiene matices, formas de expresarse totalmente diferentes.

M.P.: Pero hay persuasiones negativas. Por ejemplo esa campaña de la Nueva Fuerza, que da sensación de seguridad absoluta en un momento de inseguridad y caos, me parece totalmente incongruente.

Bertolini: Sin embargo vos ves, como a través de una campaña, buena o mala, un pequeño grupo como la Nueva Fuerza, consigue suficientes adeptos como para inscribirse a nivel nacional.

M.P.: Es que hay tanta plata detrás...

Bertolini: Siempre hay plata detrás de la publicidad. Pero hay fenómenos que la publicidad produce y que son recalcables. El cine publicitario se ha convertido en un objeto de crítica popular y masiva. Así, hay actores que se han hecho famosos a través de la publicidad. El caso Briski por ejemplo[9]. Esto te da una idea del peso del mensaje.

M.P.: Lástima que el mensaje no sea siempre bueno.

Bertolini: Podría agregar una crítica a la publicidad argentina. O mejor dicho al cine publicitario. Yo lamento que carezca tantas veces de autenticidad. Un ejemplo burdo, pero eficaz: yo siempre me pregunto por qué muchos productores cuando tienen que filmar una cocina, la hacen al estilo yanqui, poniendo cocinas en estudios. Si hay cocinas reales. Te lo digo a vos, porque los personajes de tus novelas, si bien bordean la política (nunca la asumen), son reales, son objetivos, son auténticos.

M.P.: Yo no soy un escritor de laboratorio: Todo lo que he escrito, lo he vivido. Es la única manera en que sé hacerlo. En cuanto a la política, yo no la vivía en esa época que recuerdo. Pero creo que ese llamado a la autenticidad es lo más rescatable de esta charla.

Bertolini: Mínimamente –y esta reunión lo demuestra– tratamos de ponerla en práctica.

---

[9] Norman Briski, actor argentino, muy reconocido especialmente –en la época de Puig– por el film *La fiaca* (1969), con Norma Aleandro. Director: Fernando Ayala. Se exilió durante la última dictadura militar, pero continuó trabajando en filmes.

1972, 25 de enero   (1968-1973)
LA TRAICIÓN DE MANUEL PUIG
Primera Plana, Buenos Aires, Argentina

FUMANDO ESPERO...

–Este año empezó con un suspenso bárbaro. Por la mitad, las cosas fueron bastante mal; pero, por suerte, terminaron regio. Eso fue el '71. Fue, como ya dije, un año de suspenso.

–¿Por qué?

M.P.: A principio de enero salió *Boquitas pintadas* en Brasil y pasaron dos meses hasta que recibí la primera carta. Era la primera crítica. Fue un año de esperas terribles.

–¿Qué pasó con Brasil?

M.P.: Pasó... Que no pasó nada. No se vendía. La cosa iba muy lenta... Era una decepción.

–¿No hay mercado para los escritores argentinos?

M.P.: No, para nada. Están tratando de crearlo. El libro salió para fin de año en Brasil. Después, empezaron a llegar las críticas y fueron muy, pero muy buenas. Después, en marzo, viajé a Italia para revisar la traducción de *Boquitas...* Se hizo la edición, volví y, otra vez, a esperar las críticas.

–La venta en Italia, ¿anduvo bien?

M.P.: Le voy a decir: al principio iba, pero no gran cosa. Al mismo tiempo me sucede una cosa muy especial. Hay un Club de Libro en Italia, tiene más de cien mil socios y varias colecciones. Se llama el Club Degli Editori. Una de las colecciones es el libro del mes. Tiene, además, colecciones de los premios Nobel, de las colecciones de arte, de cantidad de cosas. Ellos tienen un mínimo, de 35 mil ejemplares, que imprimen cada mes. ¿Le explico cómo es? Ellos, cada mes antes, pasan el prospecto; entonces, los socios de las demás colecciones pueden pedirlo también y, según el pedido, se hace el tiraje. De mi libro se imprimieron 40 mil. A partir de entonces, mi libro iba muy bien, con críticas muy serias.

–¿Qué quiere decir serias? ¿Severas? ¿O que son favorables?

M.P.: Eran buenas, pero tirando a complicadas. Hablaban del libro una idea muy especial.

–¿Qué reacción tienen los comunistas sobre el libro?

M.P.: Buenísimas. Las críticas de *L'Unita* me abrieron las puertas de Checoslovaquia. Ya está el libro.

–Pero, ¿en qué idioma?

M.P.: En checo.

–¿Ya está editado?

M.P.: No.

–¿Cuántos ha tirado ya *Boquitas*?

M.P.: Aquí, más de cien mil. Es bastante, considerando que está mal distribuido.

–¿Y con todas las ediciones extranjeras?

M.P.: Bueno, no es tanto. En Brasil se hicieron seis mil y, cien mil en Italia. Es un récord. Ningún argentino vendió tanto. En realidad, fue por el Club. El Club lo edita aparte. Lo hace con otra tapa. Es completamente distinto.

–¿Y en los Estados Unidos?

M.P.: En USA, sale recién en el '78. Yo saqué una tapa con *La traición*... pero esto es un cuento aparte.

–¿Cuánto le reportó en pesos?

M.P.: De las ediciones del Club, tengo el seis por ciento, a dividir con el editor. Es decir, que a mí me queda el tres por ciento de esta edición. Es poquísimo. Pero tengan en cuenta la de gastos que tiene esa organización.

–En suma, ¿cuánto le reportó la venta de *Boquitas*... en Italia?

M.P.: Decir cuánto, me revienta. Bueno, ya que insisten... La edición del Club, son más de diez millones de pesos.

–¿Qué va a hacer con tanta plata? ¿Va a dejar de escribir?

M.P.: Qué sé yo. Yo no me lo puedo creer. Ah... no me lo puedo creer. Además de eso, tengo la edición del primer libro, de ahí recibo el 12 por ciento. Como soy el primer latinoamericano que entró en este Club, tengo el mayor número de venta. Supero a *Cien años de soledad*. Éste, que era el récord absoluto, tiraba 45 mil; claro, solamente de librerías. Yo lo doblé.

–Cortázar, ¿vende?

M.P.: Creo que poco.

–¿Y Borges?

M.P.: Tiene el mejor público, pero es muy reducido.

–De los latinoamericanos, ¿quién vende realmente?

M.P.: García Márquez. Solamente en Italia; en Francia no pasa nada. Pero, digo yo, ¿qué nota me van a hacer?

–¿Usted está en la trenza literaria?

M.P.: A mí las cosas me han resultado muy difíciles. Yo no tengo padrinos. Sé, por ejemplo, que Cortázar, García Márquez leen mis cosas, pero les parecen frívolas.

–¿Y qué pasa con los escritores nativos de Italia y Francia?

M.P.: Estuve con Moravia. No, no. No estuve, le escribí cartas. Le gustó mucho *Boquitas*... y, entonces habló y comentó. Salió en todos los diarios. Eso me ayudó muchísimo.

–Entretanto, a mediados de año ¿escribía una novela?

M.P.: Bueno, el año pasado, por julio más o menos, todo andaba mal. Casi tiro una novela que ya lleva más de tres años de trabajo.

Si soy así, qué voy a hacer...

De México pasó a Brasil, donde la venta de *Boquitas pintadas* fue, hasta mediados de año, nefasta; allí me encontré con que la revista más "in" de la juventud, *El Pasquín*, quiere sacar *Boquitas* por entregas y tira doscientos mil ejemplares semanales. Se dan cuenta, un año que empezó así, pobre, que todo parecía un fracaso, que todo se frustraba, a fin de año de pronto una explosión. ¿Si me habían cebado las cartas?

No, pero el horóscopo de Horangel decía que a partir de septiembre, que es cuando salió en USA *La traición...* las cosas iban a cambiar.

No insistan, no quiero hablar de la policial. Bueno, se me ocurrió después de la publicación de *La traición* en Argentina. En ese momento fui a París para revisar la traducción del libro en francés: al aterrizar, sentí como una especie de alivio, que una cantidad de tensiones se habían cortado. Tuve una visión de Buenos Aires, de la experiencia que había sido sacar ese libro, tres años tratando de conseguir editor y, sobre todo, tenía la impresión clara de una actitud mía equivocada, una actitud ansiosa, muy especial. Entonces, como nunca, yo traté. Buenos Aires, siempre los pueblos, tuve ganas de hacer algo sobre Buenos Aires, sobre esa atmósfera, ese horror que yo había sentido. Me pareció que el mejor modo de expresar eso era a través de una novela policial. Bueno, no he leído muchas novelas policiales, pero sí me gusta el cine policial. De chico leía a Patrick Quentin, el autor de los *Enigmas* ("*Enigmas para divorciados*", etc.); ahora, por curiosidad, volví a leerlo pero ya no me produce nada.

No, del argumento no puedo decir nada. Es una policial. Bueno, el personaje es una mujer que viene al país con un surmenage. Se llama Gladys Hebe D'Onofrio. No tengo título para el libro; descarté varios: *Noche en el Ritz*, que no me gusta; *Gladys Hebe D'Onofrio está en el cielo*, *Yeta* y uno más también descartado: *Sana, sana, c... de rana*. Hebe es una chica que ha estado afuera muchos años y vuelve porque tiene surmenage y necesita de cuidados. La madre va a buscarla a Nueva York, la trae y la lleva a un pueblo que le aconseja el médico, un balneario, porque, aunque sea invierno, el aire de mar le va a hacer bien. Y ahí empieza la novela.

No, entonces no aparece el detective. No. Antes del detective aparece otra cosa. ¿Qué? No. Basta. No se puede porque es toda una cosa imaginada, la mayoría de las cosas suceden en la cabeza de ella. No puedo decir si a ella la matan porque es el centro de toda la novela. Es muy difícil, no puedo decir nada porque todo es muy enredado. Lo que sí, está casi terminada y hace falta corregirla. Hace tres años que la trabajo y tengo ganas de terminarla, entre otras cosas, porque estoy aburrido de lidiar durante tanto tiempo con las mismas situaciones. Tiene poco lenguaje directo y al contrario de las otras novelas, es escasamente coloquial. A mí me interesó mucho dar una zona que se puede llamar el "umbral de la conciencia", donde los impulsos inconscientes están casi al descubierto, ahí donde recién se están enmascarando. Ésa es la zona que me interesa dar. ¿Misterio? Sí, todo misterio. En rigor, es todo un camelo impresionante.

AHORA, VENDRÁN CARAS EXTRAÑAS

–¿Cómo se pasó *Boquitas...* al francés?

–Con muchas dificultades. Es una lengua que no registra el campo. Ese tipo de humor es muy difícil que lo capte. Me quedé en París un mes trabajando como loco con la traductora. Después me fui a Budapest. Estaba terminada la traducción de *La traición...* y el traductor tenía un cuaderno lleno de notas. Me quedé una semana y firmé para *Boquitas...* El hecho de ir fue muy importante. Además lo que es notable, tienen cantidad de libros latinoamericanos por traducir. Estoy seguro que va a ser una traducción muy inteligente. De ahí fui a Praga.

–¿Cuánto cobrará en Checoslovaquia?

–Ah, no sé. Los derechos, que son el 10 por ciento, son a cobrar allí. Bueno, sigo. De Praga me fui a Londres. Londres es durísima. Ningún libro latinoamericano se ha vendido en Londres. El único que salvó los gastos fue *Veinte poemas de amor*. Además, son tan caros, que no tienen ninguna chance. Me quedé diez días. Conocí a un escritor muy interesante, el mexicano Carlos Monsiváis. De ahí a Barcelona y, luego, a Nueva York. Lo que me pasó aquí es toda una anécdota. Yo había sido rechazado por seis editoriales. Finalmente se había hecho un contrato con la editorial Datun, porque habían tenido éxito con Borges y demás. Es una editorial que trabaja mucho con las universidades. Entonces los profesores habían recomendado una serie de libros y el mío estaba entre ellos. Fue un gesto de los editores para promover el libro, que no tenía posibilidades comerciales.

Ellos no hacen el tiraje sin ver antes las críticas de los diarios gremiales. Esto es lo curioso. Son diarios y revistas que no están en los quioscos. Se mandan directamente a libreros y bibliotecarios. Entonces, cuando aparecieron las críticas, fueron realmente buenas. Por lo general, a los escritores latinoamericanos los encuentran empalagosos, qué sé yo. No me explico cómo gustó tanto el mío. Se hizo un tiraje normal y se esperaba la crítica. *The New York Times* tenía, antes de aparecer el libro, una página para dedicarle. Fue una crítica hecha por un profesor. Está llena de adjetivos. No tiene análisis complicados. Decía "genial, extra-ordinario", eran adjetivos destinados a vender. Luego, en los tres domingos siguientes, salí recomendado en primer plano.

A partir de entonces, la editorial comenzó a promoverme. Aparecieron más críticas, todas buenas, menos una. Lleva ya tres ediciones y se está preparando otra de bolsillo.

—¿Cuántas ediciones?

—Supongo que serán de cinco mil. No sé. La "pocket" serán 50 mil.

—Eso fue con *La traición de...* ¿qué pasa con *Boquitas...*?

—Ya empecé a trabajar con la traductora. El título va a ser *Cuando las orquídeas florecen a la luz de la luna*. Es la primera estrofa del tango *Orquídeas a la luz de la luna*. Era el repertorio de *La orquesta de señoritas*. ¿Se acuerdan? La... la... la... Es de la película *Volando a Río*. ¿Se acuerdan?

—En Europa, ¿qué sucede con *La traición...*?

—Ahora la hacen en Italia. Ya la hicieron en Francia. Fue un éxito de crítica, pero no se vendió nada. No hay público. García Márquez, con el premio a la mejor novela del año, en Francia solamente vendió seis mil. No es nada.

—¿*La traición* va a los países comunistas?

—Sí, Va a Hungría y a Checoslovaquia. Además ya está hecha en Bulgaria.

—¿Y en Egipto?

—No, por ahora. En Rumania. No sé qué pasa, no me llega el contrato. Ah, una cosa que me olvidaba. Fui invitado por la Universidad de Oxford.

—¿Lo condecoraron?

—No, no. Me invitaron a dar una charla. Fue divertido.

—¿Le pidieron *Boquitas...* para filmarla?

—Sí. Varios. Pero yo quiero ocuparme del guión. El interés que puede tener el libro es en el orden literario. Hay trucos que deben ser suplantados con inteligencia, para llevarlo al cine. Hay cuatro directores que me lo han pedido...

—¿Quiénes son?

—No puedo decirlo. Queda feo. Bueno, como decía, me gustaría que se haga en cine, pero no tengo tiempo. Quiero terminar esta novela que lleva tres años. Me tiene un poco harto. Personajes yendo y viniendo. Me cansa. Serán doscientos cincuenta. Pero es muy complicado.

[Esta entrevista incluye una carta de Alberto Moravia, a la que se refirió Puig, y un adelanto de su tercera novela, *The Buenos Aires Affair*. Incluimos ambos textos a continuación.][10]

---

[10] El comienzo de su tercera novela, trascripto aquí, es diferente al comienzo de la novela publicada, una versión anterior.

De Moravia a Puig

Querido Puig:

Gracias por la carta que me ha dado mucho placer. He leído su libro traducido al italiano y me ha gustado mucho. Usted es un narrador muy moderno y muy inteligente (1), pero me imagino que estas cosas las sabrá usted mejor que yo.

Me agradaría leer otros libros suyos. Si puede, mándeme en traducciones francesas o inglesas, me será muy grato.

Gracias de nuevo. Si viene a Roma llámeme por teléfono (386349).

Con toda cordialidad, quedo a su disposición:

Suyo, Alberto Moravia.

(1) Y también he notado su gracia poética.

Borrador policial-Puig
Hoja 1, Capítulo 1
Diálogo entre joven apuesto y Greta Garbo:

–Usted se está matando.

–(Afiebrada, tratando de disimular su fatiga.) Si así fuera, sólo usted se opondría ¿Por qué es tan niño? Debería volver al salón y bailar con algunas de esas jóvenes bonitas. Venga, yo lo acompañaré (le extiende la mano).

–Su mano está hirviendo.

–¿Por qué no le deja caer una lágrima, para refrescarla?

–Yo no significo nada para usted, no cuento. Pero usted necesita alguien que la cuide. Yo mismo... si usted me amase.

–El exceso de vino lo ha puesto sentimental.

–No fue el vino lo que me hizo pasar por tu casa día tras día, durante meses, a preguntar por tu salud.

–No, eso no pudo haber sido por culpa del vino. ¿De veras querrías cuidarme? ¿Siempre, día tras día?

–Siempre, día tras día.

–¿Por qué habrías de reparar en una mujer como yo? Estoy siempre nerviosa o enferma... triste... o demasiado alegre.

(de *La dama de las camelias*, Metro-Goldwyn-Mayer)

Se sospecha que he participado en un crimen, y también quien está seguro de que lo cometí sin ayuda de nadie. Pero estoy decidido a demostrar mi inocencia. Esta la suerte estaba el medio sol de invierno alumbraba el principio del fin. La madre se despertó antes de las siete y haciendo el habitual esfuerzo de voluntad se cuida de hacer ruido, su hija estaba en el cuarto contiguo y necesitaba horas de sueño tanto o más que alimentos.

Pidió para sus adentros que por lo menos hiciera buen tiempo esa mañana, o más precisamente, que no lloviera, así podían dar una vuelta a pie por la alameda marítima. Levantó la persiana y miró a lo alto, abrió la ventanilla de su lado y como ser prendado de la luna, miró al cielo azulado, preguntó, por hablar, qué hora sería, y al ver correr cada fugaz estrella, –Ved una alma.

1972, 27 de febrero   (1968-1973)
EL FOLLETÍN RESCATADO: ENTREVISTA A MANUEL PUIG
Conversación con Emir Rodríguez Monegal
Revista de la Universidad de México[11], Ciudad de México, México

Con dos novelas publicadas (*La traición de Rita Hayworth*, 1968; *Boquitas pintadas*, 1970) y una tercera en preparación, Manuel se ha convertido en uno de los más destacados novelistas latinoamericanos de hoy. Es cierto que el público y la crítica tardaron en reconocer la originalidad de su narrativa. En la Argentina, *La traición de Rita Hayworth* fue ignorada o menospreciada por muchos que luego habrían de "descubrir" *Boquitas pintadas*. Pero el éxito extraordinario de esta última obra ha terminado por imponer su nombre, y no sólo en su patria. Ediciones españolas de las dos novelas; traducciones al italiano y al portugués de *Boquitas*, al francés y al inglés de *La traición*, han terminado por convencer a los más recalcitrantes. Hoy el nombre de Puig se sitúa (junto a los de Cortázar y Bioy, Sábato y Marechal) entre los más originales producidos por la novela argentina de estas últimas décadas[12].

*   *   *   *   *

La conversación que sigue fue grabada en Buenos Aires hace ya un tiempo. Era un día de fiesta nacional y de ahí la alusión con que concluye. Aunque se concentra sobre todo en *Boquitas pintadas*, ofrece también algunos atisbos sobre *La traición*. En algún momento Puig se refiere a un artículo que dediqué a esta novela. Se trata de "*La traición de Rita Hayworth*, una tarea de desmitificación", publicado en *Imagen* núm. 34, Caracas, octubre 15, 1968. El lector curioso encontrará en dicho artículo un desarrollo crítico de algunas ideas que se discuten en el curso de esta conversación.

RESCATE DEL FOLLETÍN

ERM: La primera pregunta que se me ocurre hacerte es muy obviamente: ¿Por qué elegiste el género folletinesco para tu última novela?
MP: Elegí el folletín como género literario porque se adecuaba a la historia que tenía para contar. Por supuesto que primero encontré el tema; en una

---

[11] Esta revista es un medio académico que existe aún en la actualidad, órgano de la Universidad Nacional Autónoma de México (UNAM). La entrevista también fue publicada bajo el título "Rescate del folletín", en *Plural* 8, 1972, pp.137-152.

[12] Se excluye un fragmento en el que se repite su biografía, ya incluida en otros artículos.

segunda etapa elegí la forma de narrarlo. Tomé el folletín por su estructura, muy atenta al interés narrativo; además son propios del folletín los personajes esquemáticos y la emotividad, elementos con que me interesaba trabajar.

ERM: Al hablar de folletín, ¿te refieres a esa forma tradicional del siglo XIX, la novela que se publicaba por entregas, en folletos, o folletines, y que era tan popular con los lectores europeos, de Dickens a Eugenio Sue?

MP: Sí, yo también quería publicar *Boquitas pintadas* por entregas, en una revista; por entregas semanales, ¿no? Pero aquí en Buenos Aires no fue posible.

ERM: O sea, que tu intención no sólo era escribir una novela en forma de folletín sino revivir incluso el estilo folletinesco de publicación, dándola a conocer por entregas, Pero, ¿por qué no pudiste hacerlo? ¿Qué pasó?

MP: No sé, me dieron explicaciones muy vagas. Lo vieron en muchas revistas; en general interesaba pero después venían los cabildeos. Yo le ofrecí a revistas de información primero; después a revistas femeninas, nada. Parece que mi texto los obligaba a modificar el formato y eso traía complicaciones...

ERM: Pero, ¿les interesaba o no la idea de publicar la obra por entregas?

MP: No, no, la idea de sacar un folletín no interesaba, después, leyendo la obra parecían cambiar de idea, pero al final volvían a arrepentirse.

ERM: ¿Tú te apoyabas en algún antecedente, cercano o no, para ese impulso de escribir una novela en forma de folletín?

MP: No, nunca leí *Los misterios de París*, de Sue, por ejemplo. Jamás leí un folletín en mi vida, pero sí vi mucho cine folletinesco, oí mucha radio folletinesca.

ERM: ¿O sea que era más bien una reacción tuya a una forma que no venía (para ti, al menos) de la tradición literaria que te rodeaba sino de otras formas culturales, de otros medios que el específicamente literario?

MP: Exacto. Del cine, de la radio, y mucho también de la canción popular.

ERM: Y en cuanto al tema mismo de *Boquitas pintadas*, ¿qué origen tiene?, ¿la "realidad" como se dice?

MP: Los personajes existieron. Algunos de ellos no llegaron a conocerse, pero pienso que si se hubiesen cruzado, podría haber sucedido lo que sucede en la novela. La anécdota policial tiene que ver con algo sucedido, anécdota doblemente policial porque hay un crimen y hay una mujer embarazada por un policía, pero en la elaboración de todo eso me permití algo de imaginación. Un 20% nada más.

ERM: O sea, que los dos temas básicos que se entrecruzan en tu novela, la historia de Juan Carlos y sus numerosas amigas o amantes, y hasta su muerte provocada por la tuberculosis y los "excesos de la carne", se entretejen con la otra historia, la de la sirvienta que es embarazada por un policía. En fin, lo que tú llamas con un poco de intención, "la historia policial", son dos temas que tienen un origen en la vida real, aunque no se hayan dado exactamente enlazados.

MP: Sí. Para Juan Carlos, el protagonista, me basé en un recuerdo infantil muy vago. Resulta que había en Villegas, mi pueblo, un muchacho que tenía entre 20 y 30 años, muy bien parecido, de aspecto siempre cuidado, que no trabajaba. La primera vez que me llamó la atención fue en un té de señoras, donde él era el único hombre. Claro, a las cinco de la tarde todos los maridos, parientes y novios de las presentes estaban ocupados en sus trabajos. Fue muy cariñoso conmigo. Cuando volvimos a casa, mamá me frotó con alcohol. Me explicó que ese muchacho estaba tuberculoso, que tenía poco tiempo de vida. Fue una impresión terrible, porque el aspecto físico no hacía sospechar nada. Se llamaba Danilo, un hombre de película (yo en esa época era cinemaniático perdido), de *La viuda alegre*, versión Lubitsch con Chevalier-Mc Donald. Y al poco tiempo, Danilo murió. Fue muy llorado porque era una persona plácida, buen carácter, de una familia de clase media muy querida, nada que ver con el Juan Carlos de la novela, que está envenenado por un resentimiento. No sé si recordarás que a Juan Carlos lo han despojado de unas tierras. Años después asocié a Danilo con otro muchacho, desocupado también, pero no por enfermedad, sino por inadaptación al medio, que en aquella época se llamaba vagancia. Se le parecía mucho, físicamente. Éste era un resentido malhumorado, de familia venida a menos. Don Juan implacable. Al escribir la novela fundí ambas figuras en una, de Danilo sólo retuve la extraordinaria apostura física, y la enfermedad. Todos los defectos son del otro. En cuanto a los demás personajes, en fin... para Mabel me basé en un solo modelo.

ERM: ¿Tuvo otro Juan Carlos esta Mabel?

MP: Sí.

ERM: Bueno, eso es lo que hacen los novelistas casi siempre: una aplicación práctica de la teoría combinatoria. Pero no creo que sea este aspecto el que despierte mayor interés, ya que en *Boquitas pintadas* tú has elegido muy deliberadamente historias corrientes, que pueden haber ocurrido ciento de veces y a muchas personas distintas, y por eso es legítimo que al componer tu intriga tomes elementos de una u otra situación similares. No, lo que realmente importa en tu novela es el tratamiento del tema, es el hecho de que tú lo presentes en forma folletinesca. Aquí la técnica constituye la substancia misma de la historia porque es la técnica del folletín la que determina la narración fragmentada en un cierto número de páginas, con un suspenso que ocurre siempre en momentos previsibles, una revelación gradual, de incidentes y caracteres, un misterio que se esconde tenazmente hasta la última entrega. En este sentido, también, la novela tiene una estructura policial, ya que la novela policial es tal vez el último sobreviviente popular del folletín del siglo pasado. Pero sería injusto olvidar que tu folletín no deja de aprovechar también otras técnicas narrativas, como lo habías hecho antes, y con tanto brillo, en tu primera novela *La traición de Rita Hayworth*.

MP: Sí, ante todo quiero decirte que con *Boquitas pintadas* intento una nueva forma de literatura popular. Sin perder rigor, creo que se puede ir hacia un público más vasto. Desconfío mucho del hermetismo; a veces puede ser comodidad para el escritor. De todos modos no he renunciado a los experimentos técnicos que ya había empezado a usar en *La traición de Rita Hayworth*, y los retomé, pero siempre tratando de ajustarme a la continuidad de ese interés narrativo. Hay varias técnicas dentro de *Boquitas pintadas*, y no porque yo quiera hacer un muestrario, sino por necesidades expresivas. Pienso que cada personaje entrega su clave secreta de distinta forma. No sé... me parece que se delata en la simple enumeración de sus actos exteriores cotidianos. Hay personajes en este folletín que no tienen ningún misterio, ninguna vida interior que no trascienda en sus actos exteriores. Los capítulos cuarto y quinto son simples enumeraciones de las actividades individuales de cada uno de los cinco protagonistas en un mismo día. Son una especie de compartimentos separados, ¿no? Pero más adelante algunos de esos personajes se espesaban, se volvían más complejos, y entonces me resultaban más expresivos por su modo de escribir una carta, o por su modo de dialogar, o por el fluir de sus conciencias.

ERM: Incluso utilizas a veces la técnica del monólogo interior.

MP: Sí, pero no hay muchos monólogos en *Boquitas pintadas*, porque sus personajes están inconscientes de los hilos que los mueven. Todos han aceptado las reglas de la sociedad en que viven, respetan en todo momento los cánones de la clase a que pertenecen. Por lo tanto, los conflictos no afloran con facilidad a nivel consciente. Es decir... son personajes que logran engañarse a sí mismos, logran sofocar sus necesidades internas para no faltar a las reglas del juego. A veces, cuando nadie los ve, actúan de acuerdo a su verdadera naturaleza. Las mentiras que Juan Carlos cuenta en sus cartas, por ejemplo, me ayudaban a dar ese "desfasaje", porque a la distancia, él podía proyectar a su novia una imagen ideal, falsa, de sí mismo. Pero hubo un momento en que cierto cambio de él, muy íntimo (está en el capítulo 8), no salía a la luz en las cartas y después de muchas pruebas tuve que echar mano a un recurso bochornoso para dar el contenido inconsciente suyo: un sueño.

ERM: Eso del recurso bochornoso estoy seguro que no le gustaría nada a Freud y su escuela. Dirían que les estás sacando el pan de la boca. Pero en fin. No divaguemos. A propósito de los monólogos quería observarte una cosa que sí me parece importante. En algunos de los de *Boquitas pintadas*, tú usas frases que vienen de letras de tango o de bolero. Eso me interesó enormemente y me gustaría que me explicaras por qué lo has hecho.

MP: Sí, por ejemplo en el capítulo 11 hay un monólogo interior de la sirvienta Rabadilla, año 1939. Mientras espera en una esquina al hombre que la sedujo y abandonó, se entretiene cantando sus tangos favoritos, los de Libertad

Lamarque, a la que oye por radio y ve en el cine. Las letras de los tangos le producen truculentas asociaciones de ideas que arrastran contenidos inconscientes. Se van aclarando misterios que el lector no dilucidaba hasta ese momento y que para Rabadilla siguen en la inconsciencia como por ejemplo su intención asesina. Al mismo tiempo esos tangos resultan útiles al lector para entrar en la atmósfera de una época, a través de expresiones muy genuinas –a mi entender de la cultura popular–. En cuanto a los boleros, aparecen más adelante, en el capítulo 16, año 1947. Hay allí un monólogo de Nené, donde expresa toda su desesperación con palabras de boleros, que eran la sensación del momento y marcaron a adolescentes y jóvenes de los años 40. Yo recuerdo que, por entonces, llegados ciertos momentos emotivos, pensábamos en términos de boleros. Esos términos superlativos ayudan a Nené a desatar su desesperación de amante, frenada por su condición de madre y esposa. En ambos casos, tangos y boleros me sirven como vehículos del material inconsciente. Perdóname que me vaya del tema pero estuve pensando ciertas cosas que me dijiste el otro día sobre la chatura de los personajes de *Boquitas pintadas*. Me habías dicho que eran personajes sin interés, muy chatos, mientras que los de *La traición de Rita Hayworth* tenían otro relieve. Mira, eso debo admitirlo, fue deliberado, porque me interesaba hacer otro tipo de cosa. Creo que los personajes de *La traición* tienen casi todos un... cierto relieve, porque todo parte de la necesidad del chico, Toto, el protagonista, de comunicar.

1973 (1968-1973)
Claudia presenta a
MANUEL PUIG EN *SUBLIME OBSESIÓN*
Conversación con Diego Baracchini
Claudia[13], Buenos Aires, Argentina

"Desde chico me gustó el cine, siempre el cine, únicamente el cine." Así explica Manuel Puig el origen de esa gran pasión que sublimada en literatura, ha hecho de él uno de los autores más leídos de América Latina. Para ser fiel al autor de La trai-ción de Rita Hayworth y Boquitas pintadas, Claudia ha montado este reportaje con técnica cinematográfica. Desde el título hasta el "happy end". Por eso, también, los subtítulos evocan a la filmografía que hace unos lustros pobló el nostálgico mundo de "la pantalla de plata" con sus imágenes y su ficción.

CUÉNTAME TU VIDA
(Ingrid Bergman y Gregory Peck. Direc.: Alfred Hitchcock.)
"¡Ojalá pudiera! Pero, ¿por dónde empezar? Claro, sí, por un año clave: 1932."

SUCEDIÓ UNA NOCHE
(Claudette Colbert y Clark Gable. Direc.: Frank Capra.)
"Nací en General Villegas, un pueblo de la Pampa argentina, en 1932. Mamá era una chica de ciudad recién diplomada, que trabajaba como química en el hospital regional; papá, de origen local, estaba tratando, sin capital, de encaminarse en un comercio."

EL PAN NUESTRO DE CADA DÍA
(Karen Morsley y Tom Keene. Direc.: King Vidor.)
"Desde muy chico me gustó el cine, siempre el cine, únicamente el cine. La primera película que vi fue *La novia de Frankestein*, con Boris Karloff y Elsa Lanchester. Tenía entonces cuatro años. Recuerdo que, al principio, no quería entrar porque la sala a oscuras me inspiraba miedo, hasta que papá me llevó a la cabina de proyección y me tranquilizó. Desde ese momento el cine se convirtió en mi verdadera pasión, en el alimento que nutrió casi todos los días de mi

---

[13] *Claudia* era una revista femenina de mucha difusión en Argentina. En esta publicación el artículo está en las pp. 100-103. Los apuntes autobiográficos redactados por Puig son los mismos que aparecieron en *Review*, 1971-1972, también una revista de gran difusión, bajo el título "Growing up at the Movies: a Chronology", con algunas variaciones.

infancia: algunas veces iba para acompañar a mamá que no se acostumbraba al pueblo chico; todas y cada una, para reencontrarme con el mundo verdadero. Porque, para mí, la ficción del cine era la verdad, «mi realidad», la única realidad que contaba: todo lo demás, mi casa, el pueblo, sólo equivocaciones, el resultado de haber caído, por error, en medio de una película de la "Republic", aquella modesta productora de Hollywood que hacía filmes de decorados pobres. A mí me encantaban las comedias musicales de Eleanor Powell o de Ginger Rogers (nunca le presté atención a Fred Astaire). *El gran Ziegfeld*, ¡qué maravilla! Mis estrellas dramáticas favoritas eran, en cambio, la Luise Rainer, la Garbo, la Dietrich, todas las ultraterrenas. Y, por sobre todas, Norma Shearer, ¡la reina!"

VIVE COMO QUIERAS
(James Stewart y Jean Arthur. Direc.: Frank Capra.)
"Mamá era mi cómplice de este mundo maravilloso del cine: ella me leía los subtítulos y yo ya comprendía todo; también jugábamos a dibujar, en cartones, escenas de películas: en casa existían viejos libros de contabilidad de los que arrancábamos páginas, las recortábamos en cuadrados de diez por diez centímetros y, entonces, yo pedía: "¡Mamá, por favor dibuja tal película!" Y ella la realizaba. Recuerdo que la mejor que le salía era *Juárez*, con Bette Davis y Paul Muni, y también algunas comedias musicales de la Metro-Goldwyn-Mayer... Mamá, en esa época, era gordita y yo deseaba que adelgazara para que se acomodara a "mi" realidad, y pudiera así compartir cartel con Norma Shearer... En cambio, papá... con respecto a él todo era más complicado... Papá quería que ingresara a su mundo, es decir, que aceptara jugar con otros chicos, que aprendiera a andar en bicicleta... Eso me creaba un gran conflicto. Mis recuerdos más lejanos están ligados a las sensaciones de un grandísimo malestar ante la gente y de una enorme placidez durante las funciones de cine donde yo no era más que una mirada. Y eso mamá lo comprendía."

LA ANTESALA DEL INFIERNO
(Eleanor Parker y Kirk Douglas. Direc.: William Wyler.)
"En 1940 comencé, en Villegas, la escuela primaria. A partir de la segunda semana de clase fui considerado el mejor alumno. El cine había sido para mí una especie de escuela especial que me había enseñado, desde muy chico, a comprender los problemas de los adultos, a tener una visión del mundo, a conocer el lenguaje de los grandes. Mientras que por un lado esa preparación me beneficiaba, por otro era contraproducente, ya que me aislaba de mis compañeros y hacía casi imposible la comunicación... Por otra parte creo que, de entrada, rechacé cierto código que imperaba en la época: el de la explotación

del débil por el fuerte, el del culto a la fuerza. Ésta es la cuestión, precisamente, que me hizo rechazar la realidad. Yo descansaba en el mundo de Norma Shearer o en el de Greta Garbo, donde triunfaban la sensibilidad, la reflexión, la bondad, el sacrificio, el perdón, en los que esas virtudes se aplaudían y se vivían en primer plano, entre las mejores luces, con los temas musicales más refinados, con violines, con arpas... ¡Qué maravilla! ¡Cuando sonaba un arpa, para mí era lo máximo! Por eso, cuando comenzaron las clases de religión tuve muchas dificultades porque yo ya tenía mi cielo, un cielo donde se premiaba el bien y se condenaba el mal, un cielo lleno de santas, entre las que reinaba, con todo esplendor, Norma Shearer. Mi necesidad de fe, de adoración, ya estaba colmada... En las horas que debía compartir con los demás, dibujaba escenas de películas o hablaba sobre ellas o me las hacía contar, como una manera de prolongar el mundo de la Metro, que era el mío."

LA MALVADA
(Bette Davis, Ann Baxter y George Sanders. Direc.: Joseph Manckiewicz.)
"En 1942 comencé con mis lecciones de inglés, el idioma del cine: en clase me sentía con un pie en Hollywood cuando, en realidad, estaba a doce horas de tren de Buenos Aires. Mis películas favoritas de entonces eran *Rebeca, una mujer inolvidable* y *Lo que el viento se llevó*. No me gustaban, en cambio, las nuevas comedias musicales (las de Bety Grabie, por ejemplo); echaba de menos el fasto y la irrealidad de los años treinta. Entre las actrices prefería a las cálidas (la Garson y la Rogers) y entre los actores a los suaves (Tyrone Power y Robert Taylor). Me encantaba, también, Diana Durbin. Recuerdo que, en tercer grado, me enamoré de una chica porque era muy Hollywood, muy del mundo de Diana Durbin, con su raya al medio, su permanente en las puntas, tal cual, tal cual... Con ella jugábamos a representar películas de aventuras, sobre todo *El hombre de la máscara de hierro*... ¡Qué curioso! Con la máscara yo podía actuar frente a ella. Es posible que como tenía un gran rechazo por los personajes masculinos agresivos, la máscara evitaba que tuviera que poner cara de malo para identificarme con ese tipo de héroe... Entre ella y yo se movía un tercer protagonista: un chico muy agresivo, a quien odiaba. Cierto día descubrí que, entre ellos y a pesar de mí, se había establecido una relación secreta, es decir, que mi amiga había aceptado los esquemas vigentes: la mujer siempre tomada por asalto, el fuerte atacando su fortaleza y el débil admitiéndolo. En Hollywood eso nunca hubiese pasado. En el mundo de Norma Shearer no había lugar para la traición ni para el engaño... En 1943 murió un hermano recién nacido, un muchacho de quince años intentó violarme, mamá cambió de actitud: se dio cuenta de que tenía que ayudarme y me quiso mostrar la realidad. Yo, otra vez, cerré los ojos. Durante los tres años siguientes no crecí ni un centímetro."

CABALLERO SIN ESPADA
(James Stewart y Jean Arthur. Direc.: Frank Capra.)
"Como en Villegas no había colegio nacional comencé la secundaria, en Buenos Aires, como alumno pupilo. Era el más pequeño de la clase. La vida allí fue atroz. ¡Y yo que creía que dejando el pueblo atrás ingresaría finalmente en la Metro-Goldwyn-Mayer! Mis compañeros eran crueles: la agresividad en ellos era un juego aceptado y respetado: todos representaban papeles de hombres fuertes y necesitaban del débil para mantener esa situación. Extrañaba tremendamente a mi madre. Mi único consuelo era la matiné de los domingos en un cine de estreno. Fue allí que, por primera vez, oí el nombre del Doktor Freud en *Cuéntame tu vida* (me sonó mal: parecía el nombre de un villano del cine, tipo nazi). Hablando de esta película, me hice amigo de un compañero judío: descubrí que él sabía todo lo referente a Freud y sentí que ser el mejor alumno no significaba tanto como yo había pensado. Dejé, entonces, de estudiar mis lecciones y empecé a leer a Hesse, Huxley, Sartre, Thomas Mann. La primera novela no adaptada que leí fue *La sinfonía pastoral*, de André Gide –regalo de mi amigo–, porque pronto iba a llegar al cine interpretada por Michéle Morgan. Al mismo tiempo descubrí el placer de la lectura... También mi amigo me enseñó que no todas las películas venían de Hollywood. Sin embargo, yo me resistía a ver un film donde no actuaran mis estrellas favoritas (en ese momento, Ingrid Bergmann, Crawford y De Havilland). Incitado por él, vi *Crimen en París*, un policial de H. G. Clouzot, que me fascinó. Allí la estrella era el director. A través de esa película descubrí, finalmente, lo que quería ser: director de cine. Ya que no podía ser Tyrone Power o Ginger Rogers o Robert Taylor o Eleanor Powell, podía ser Clouzot. Primer paso: estudiar seriamente francés e italiano, los 'nuevos' idiomas del cine."

HOY ES MAÑANA
(Linda Darnell y Dick Powell. Direct.: René Clair.)
"En 1950 me recibí, a pesar de todo, de bachiller. Había llegado el momento de decidir qué iba a hacer con mi vida. Mi única vocación era el cine, pero dentro de la industria cinematográfica no conocía a nadie. Por otra parte, mi familia me presionaba para que completara mi educación. Entré, así, a la Facultad de Arquitectura de Buenos Aires: como no la pude soportar, al año me pasé a Filosofía... Una catástrofe: Perón cerró la importación de filmes. Comencé a ver películas argentinas sin ningún agrado porque no me permitía la evasión: eran un poco la triste prolongación de esta otra realidad. La única actriz que me transportaba a otro mundo era Mecha Ortiz, una mujer de un clima especial, de una temperatura diferente... Empecé a comprar *Photoplay*, una revista chimentera. Hollywood comenzaba a decepcionarme: los directores no eran sufi-

cientemente personales, mis estrellas estaban envejeciendo y no les encontraba reemplazantes, con excepción de Marilyn Monroe. En *El ocaso de una vida* adoré a la Swanson... En 1951 me asfixiaba en Filosofía. Pedí permiso para ver la filmación de *Deshonra*: su director –a quien abordé en la calle– me lo negó. Entré en el estudio y pedí hablar con Fanny Navarro, su protagonista: ella me pasó a Herminia Franco, quien, por fin, consiguió el permiso. Terminada la película se había hecho notoria mi puntualidad. Se me ofreció, entonces, un pequeño trabajo, pero hubo inconvenientes con el sindicato. Volví a Filosofía. En 1953 me tocó el Servicio Militar: año atroz, en una oficina de Aeronáutica, como traductor. Había obtenido mis diplomas de lengua y literatura francesas e inglesas. A pesar de todo, el futuro se presentaba incierto."

ROMA CIUDAD ABIERTA
(Anna Magnani y Aldo Fabrizzi. Direct.: Roberto Rossellini.)
"En 1955 terminé mis estudios de lengua y literatura italianas en la Dante y obtuve una beca para viajar a Italia. Con mis tres idiomas cinematográficos bien aprendidos estaba seguro de triunfar. La Argentina quedaba atrás y yo iba en búsqueda de mi Hollywood perdido. Sin embargo, la escuela de cine de Roma –Centro Sperimentale– fue una decepción: fuera del neorrealismo no existía nada para ella: el cine de autor era anatema. Zavattini llegó a decir que el film ideal sería el de seguir una señora desde el momento en que sale de su casa y va a comprarse un par de zapatos hasta que vuelve: que, en este acto, estaba encerrada la vida toda. Antonioni y Fellini estaban haciendo sus primeras cosas y eran visitos como unos inadaptados. ¡Y qué decir de Hollywood: sólo una mala palabra!... En el Centro Sperimentale no terminé ni el primer año, pero tampoco conseguí trabajo en Cinecittà, donde solamente realicé prácticas con De Sica y con Clément. Lo mismo me pasó en París: no tenía contactos, no conocía a nadie. Los filmes europeos me estaban rechazando; los americanos ya no me gustaban ¿qué me quedaba que fuese sagrado? Sólo los recuerdos de mi infancia en el cine de mi pueblo... En 1958 me fui a Londres; allí, mientras daba lecciones de español a domicilio y lavaba platos en un restaurante de gente de teatro, escribí mi primer guión, una mezcla de *Ball cancelled*... En Estocolmo seguí lavando platos y escribí mi segundo guión: *Summer indoors*, una comedia sofisticada, inspirada en los films de Irene Dunne y Gary Grant, de diálogo ingenioso, en pésimo inglés... Yo intentaba hacer cine de dos maneras: o como asistente de dirección (para aprender el oficio) o como libretista. Pero, en ninguna de las dos formas me sentía bien. En los ambientes de filmación había guerra, agresión, autoridad: sin uno quería ser escuchado debía gritar y pisar fuerte; las órdenes había que trasmitirlas con seguridad y convicción. Mi severa autocrítica y mi inseguridad hicieron fracasar mis intentos: en el set nadie me hacía caso. En cuanto a los guiones, como para mí no existía el cas-

tellano ni la Argentina ni sus problemas –aquello era un film de la *Republic*– escribía sobre conflictos que se desarrollaban en castillos ingleses, tipo *Rebeca*, y en inglés. Mientras los hacía estaba entusiasmado, pero cuando veía el producto terminado me daba cuenta que no eran más que 'refritos' de películas que me habían impresionado, filmes de la década del treinta. Copiaba y copiaba mal. No creaba. Sólo trataba de prolongar, a través de mis libros, aquellas horas de espectador infantil. La situación era dramática: estaba por cumplir treinta años y yo, que había despreciado una carrera universitaria, no había querido ir a trabajar con papá, había renunciado a muchas cosas que dan seguridad, descubría, de pronto, que mi gran vocación por el cine no era tal, que todo era una enorme equivocación. Entonces, desilusionado, regresé a la Argentina."

Soy un fugitivo
(Paul Muni. Direc.: Mervyn Le Roy.)
"Corría el año 1960 y yo ya había podido entrar en el hermético sindicato cinematográfico argentino cuando comenzaron a realizarse coproducciones y a necesitarse asistentes que hablaran idiomas. Trabajé así en tres filmes por primera vez con sueldo. Allí me terminé de convencer de que no me gustaba nada el trabajo de filmación y abandoné... Aconsejado por amigos inteligentes, escribí mi primer guión en español: trataba sobre un episodio de la época peronista. Obtuve elogios por el diálogo, pero objeciones por el tratamiento: indudablemente, no conocía el tema. Seguía siendo un fugitivo... En 1961, volví a Roma por un trabajo de cine, que duró poco. Entre traducciones y clases, proyecté un nuevo guión en español, pero basado en cosas que yo había experimentado, que había vivido. Fue así que buscando entre los recuerdos de mi infancia, tropecé con un primo mío, que vivía con mi familia, y recreé sus romances de adolescente. Para poner distancia con ese material autobiográfico planeé escribir una descripción (para mi uso exclusivo) de cada protagonista de la historia. Sin embargo, no sabía cómo encarar ese trabajo. De pronto, oí la voz de una tía que hablaba sobre mi primo como lo había hecho veinte años atrás. Transcribí su descripción y ese monólogo que debía ocupar una página llenó veinticuatro. A partir del segundo día de trabajo, me di cuenta que lo que estaba realizando era una novela. Es decir que tratando de resolver un diálogo encontré el monólogo interior, la forma narrativa principal de *La traición de Rita Hayworth*, mi primera obra. La experiencia comenzaba a hacerme sentir bien."

Lo mejor de nuestra vida
(Frederic March y Dana Andrews. Direc.: William Wyler.)
"Fue en ese momento que decidí alejarme de Roma. Siempre había querido conocer Estados Unidos. Hollywood, Nueva York, las comedias musicales de

Broadway. Y pegué el salto. Con tarjeta de inmigrante podía conseguir un trabajo tranquilo, que no me exigiera mucho mentalmente y que me dejara tiempo para escribir. Entré en Air France, aeropuerto Kennedy. La novela se había
convertido en la historia de mi infancia, en las razones que me habían llevado al
fracaso: a los treinta años no tenía carrera, dinero ni vocación. Buscando aquellas razones encontré la actividad que se avenía a mi carácter: escribir. Era perfecta para mí: podía trabajar con tranquilidad, permitirme todas las dudas,
corregir hasta el infinito. De 1962 a 1965 pasé lo mejor de mi vida, escribiendo, sin pensar en estrellas ni en directores... ni en editores. En febrero de 1965,
terminé *La traición*... Como yo no conocía a nadie dentro del ambiente literario, el fotógrafo Néstor Almendros, gran amigo mío, después de leerla, le pasó
los originales al escritor español Juan Goytisolo, quien decidió enviarme al concurso que cada año organiza Seix Barral, de Barcelona. Allí salió finalista, a un
voto del ganador (*Últimas tardes con Teresa*, de Juan Marsé) y comenzó su pere-
grinación por España, corrida por la censura. Por fin, en 1968, apareció en la
Argentina, editada por Jorge Álvarez... Un toque hollywoodiano: dos años
antes, la editorial francesa Gallimard la había tomado para su publicación...
Cuando *La traición*... apareció en Buenos Aires las críticas fueron tibias. Después de tres años de escribir y de tres años y medio en busca de un editor, la
frialdad de la acogida fue una gran desilusión. En 1969, Gallimard, finalmente,
publicó la traducción y, en su balance anual de julio, el diario *Le Monde* la
seleccionó entre las mejores novelas del período 68-69. En septiembre de ese
mismo año, mi folletín *Boquitas pintadas* fue editado como libro y mi nombre,
ayudado por el éxito de la crítica francesa, era ya una curiosidad. Las traducciones portuguesa e italiana de esta novela figuraron en las listas de los mejores
libros del año. La traducción norteamericana de *La traición*... fue elegida por el
New York Times como una de las mejores publicaciones de 1971. Y, ahora, Editorial Sudamericana se prepara para lanzar mi tercera obra: *Buenos Aires Affaire*,
una novela policial... La aceptación de mis libros, el éxito, representa para mí
una sola cosa: la posibilidad de vivir de la literatura y de seguir escribiendo. A
través de la escritura pude, por primera vez en mi vida, abordar la realidad. Es
la primera vez, también, que tengo la sensación de tocar algo sólido, de pisar
sobre tierra firme, de sentir el fondo..."

INTIMIDAD DE UNA ESTRELLA
(Ida Lupino y Jack Palence. Direc.: Robert Aldrich.)
"Yo no siento que mis cosas tengan mucho que ver con el resto de la literatura
latinoamericana. Mi gusto por los géneros desprestigiados –el folletín y la novela policial– no es común con nadie. He tratado y trato siempre de hacer una
literatura muy discreta, una literatura que sea espectáculo: y cuando digo espec-

táculo estoy confesando mis sinceras intenciones de escribir para agradarle a quien, supongo, tiene mis mismos gustos. No hay elección: uno escribe sobre lo que siente como inevitable, como problema propio, como parte de sí mismo. No se puede escribir para demostrar. El olor a panfleto es horrible. Nunca comencé una obra diciendo: 'Voy a escribir sobre tal cosa'. Han sido, más bien, especies de obsesiones las que me han creado la necesidad de indagar sobre ciertos temas. Por ejemplo, en *La traición de Rita Hayworth* ha sido la obsesión de querer enfrentarme con mi fracaso, con las razones que me impidieron entrar en el mundo del cine, adaptarme a sus leyes, reconocer la realidad. La acción se desarrolla alrededor de ese chico que va al cine y cuenta las películas a quien lo quiera oír y, también, alrededor de los seres que tienen tiempo para escucharlo. Pero, al tratar ese tema, me quedaron en el tintero una cantidad de personajes que me fascinaban y de los que tenía muy pocos datos: eran los triunfadores –la reina de la primavera, el médico político–, héroes con los que construí mi segunda novela: *Boquitas pintadas.*

Buenos Aires fue mi tercera obsesión: en *Buenos Aires Affair* trato de encarnarla en personajes. Elegí la novela policial porque creí que era la forma que más se avenía a su contenido: tenía la sensación de una Buenos Aires reprimiendo una gran violencia ¿Cuál será mi próxima obsesión? No sé, ¡pero ojalá que sirva para hacer una comedia musical!"

DE AQUÍ A LA ETERNIDAD
(Deborah Kerr, Burt Lancaster y Frank Sinatra. Direc.: Fred Zinnemann.)
"Después de tantas vicisitudes existenciales, de tantas vicisitudes editoriales (cuatro editoriales me rechazaron en España y Argentina, seis en Estados Unidos, cuatro en Italia, dos en Brasil, cinco en Alemania, cinco en Inglaterra, etc., el final feliz me recuerda el film *Adiós, Mr. Chips* en el que el pobre maestro –Robert Donat–, viejito y olvidado en la pobreza, es rescatado, de pronto, por aquellos niños –ahora ya adultos– que él había cuidado con tanto amor, sacrificando su felicidad. Entonces, yo tenía razón. Hollywood no miente. ¡Hollywood me dijo la verdad! ¡The end!"

1973 (1968-1973)
MANUEL PUIG FRENTE A SU TERCERA NOVELA
Conversación con Ovidio Lagos Rueda
La capital, Rosario, Argentina

Analizó, como pocos, los arquetipos que dominaron a la clase media Argentina en décadas pasadas: las aspiraciones y frustraciones de ese estrato social fueron puestas ferozmente al descubierto por Manuel Puig (40 años), un novelista que apeló a la narrativa folletinesca para demostrar hasta qué punto la cinematografía fabricada en Hollywood era capaz de distorsionar la realidad en un país tan lejano como la Argentina.

La traición de Rita Hayworth y *Boquitas pintadas,* sus dos novelas anteriores, desnudaron a una generación que se empecinó en identificarse con arquetipos cinematográficos, y abrieron, a la vez, un nuevo género literario en el país, del cual Puig sigue siendo un maestro indiscutido: el "camp". En este mes aparecerá la tercera novela de Manuel Puig, *The Buenos Aires Affair,* editada por Editorial Sudamericana, que gira alrededor de la imposición de una moral sexual, de la explotación de un sexo por el otro. Puig, utilizando un neologismo, ha bautizado a esta característica que aliena a los protagonistas de su novela: el sexismo.

M.P.: *The Buenos Aires Affair* no sigue las líneas de mis novelas anteriores –aclara Puig–; esta vez he preferido apelar al estilo policial a través de una intriga; desaparece una persona y se averigua.

El argumento lo comenzó a elaborar en 1968, después de una ausencia de once años del país: en aquel año Puig debió regresar a la Argentina para resolver ciertos problemas que existían con *La traición de Rita Hayworth,* en particular, de censura.

M.P.: Ese año me fue particularmente duro –recuerda–; sentí una terrible opresión política en el país y llegué a la conclusión que el origen de la explotación, era la represión sexual. –El "sexismo", para Puig, es el tema no explícito de su novela: una mujer y un hombre, cada uno con su conflicto sexual que los aliena–. En realidad –explica–, se trata de dos personas que han aceptado las normas vigentes y que no se avenían con su naturaleza especialmente libre. Se dejan colocar un collar y no pueden vivir con él.

Manuel Puig concibió a Gladys Hebe D'Onofrio, protagonista de *The Buenos Aires Affair,* durante una particular crisis que debió afrontar en octubre de 1968, fecha en la cual se trasladó a París para revisar la edición francesa de *La traición de Rita Hayworth.*

M.P.: Al llegar a Europa, tuve la visión de Buenos Aires particularmente violenta, favorecida, sin duda, por la distancia. Hay que tener en cuenta, para entender este proceso, que yo venía de un medio pobre, que es el cine, y después de haber vivido tres años en función de lo literario, conocí el duro enfrentamiento con las editoriales, con las empresas, con el trabajo en equipo.

Desde París Manuel Puig pudo comprender no sólo la opresión y la represión sexual que imperaban en la Argentina, sino también cómo determinados medios de difusión se convertían en elementos negativos.

M.P.: Existía, en Buenos Aires, un semanario que se caracterizaba por su despotismo y sentí el terror que significa estar en manos de una autoridad que decidiría mi suerte. Al llegar a Europa, la falta de tensiones me permitió elaborar mi nuevo libro, y llegar, a la vez, a la conclusión de que la responsabilidad de los críticos es siempre limitada. En Nueva York, por ejemplo, es inadmisible que un crítico como, por ejemplo, Walter Kerr, decida, a través de sus columnas en el *New York Times*, si una obra volverá o no a darse.

Puig parece haber trasladado el despotismo de los medios de difusión al cine si se tiene en cuenta la influencia que tiene este último medio sobre los personajes de la novela.

Como en sus obras anteriores, Gladys Hebe D'Onofrio, en *The Buenos Aires Affair*, tiene como "súper yo" a divas del cine (antes de iniciarse algunos capítulos, la novela reproduce diálogos de películas famosas, protagonizadas, entre otras, por Joan Crawford y Norma Shearer), y la protagonista, que vive en función del pasado, sufrirá la imposibilidad de actuar libremente.

Puig forma parte del puñado de escritores argentinos cuya obra es conocida –y publicada– en el extranjero: en Francia, Italia, Estados Unidos y Brasil se han conocido ediciones de *Boquitas pintadas* y de *La traición de Rita Hayworth*. Sin embargo fue en Estados Unidos donde esta última novela de Manuel Puig sufrió derivaciones imprevisibles, después de haber sido rechazada por seis editores por no considerarla comercial.

M.P.: La editorial Dutton, en los Estados Unidos, edita a Borges como prestigio de catálogo y, paralelamente, como ganancia, explica Puig. De pronto, decidió editar a un autor nuevo aunque sufriese pérdidas. *La traición de Rita Hayworth* fue el libro beneficiado por esa edición. Lanzado sin una campaña publicitaria que apoyase la venta, lo cual es bastante riesgoso en los Estados Unidos, el diario *New York Times* le dedicó una elogiosa página en su suplemento dominical.

Bastó ese comentario –un apoteósico reconocimiento al estilo y a la temática de Puig–, para que la edición se vendiese en el acto. La editorial Dutton, al imprimir una segunda edición, pensó que nadie tendría interés en comprarla y que, con seguridad, quedaría en el depósito. Inesperadamente, la Asociación de Bibliotecas Norteamericanas incluyó al libro en la lista de ocho novelas obligatorias del año, lo que significó, en poco tiempo, la venta total de la segunda edición.

M.P.: Este sorpresivo éxito de venta, permitió que *La traición de Rita Hayworth* fuese editada por tercera vez.

Desde luego, esta edición de *Betrayed by Rita Hayworth*, tal es el título en inglés, se benefició con un tiraje masivo, en colección de bolsillo. Pero no sólo el *New York Times* se interesó por el mundo que propone Manuel Puig; en efecto, decenas de diarios y revistas norteamericanas consideraron que esta novela abría una nueva brecha dentro de la narrativa hispanoamericana. Paralelamente, la difusión del libro en los Estados Unidos le permitió a Puig protagonizar un singular encuentro con la propia Rita Hayworth, en un hotel de la ciudad de México, en diciembre de 1971: la ex diosa del amor del cine norteamericano (admitió no haber leído el libro), estaba al tanto, sin embargo, del éxito que había obtenido una novela donde, circunstancialmente se la mencionaba como símbolo de una época.

Para Manuel Puig, *The Buenos Aires Affair* se convierte en su tercer desafío en materia de ficción. Y, como en sus obras anteriores, admite varias técnicas de narración, desde el escueto estilo periodístico a la cita de un diálogo cinematográfico.

M.P.: Este sorpresivo éxito de venta, permitió que *La traición de Rita Hayworth* fuese editada por tercera vez. Sin embargo, es la novela que tiene más porcentaje de imaginación, una cualidad esencial cuando una aparente novela por entregas se transforma en una despiadada crítica del mundo y de sus costumbres.

1973   (1968-1973)
Conversación con Amílcar Moretti
"El suplemento"[14], *El Día*, La Plata, Argentina

Ubicarlo fue fácil. Por algo es el escritor argentino de mayor éxito durante los
dos últimos años. *"¿Les resulta complicado venir a Buenos Aires?"*, se interesó
amablemente. "No, al contrario. ¿Te parece bien el sábado a las 10?" Su rápido
asentimiento fue el punto de partida para el trámite habitual en estos casos: el
grabador en la mano, el fárrago de la gran ciudad y el temor que surge siempre
al hablar con la institución que suele ser en esta tierra un escritor de fama.

El ascensor, reducido hasta la claustrofobia y tapizado en tono borra vino, da
un brinco seco deteniéndose recién en el quinto piso. Dos pasos a la derecha y una
leve presión en el timbre son suficientes para estar delante de Manuel Puig. *"Se
adelantaron un poco"*, susurra con una leve sonrisa. En efecto, faltan 13 minutos
para que se cumpla la hora prevista. Puig viste un pijama a rayas debajo de una
robe a cuadros y calza pantuflas. *"Me acosté muy tarde anoche"*, previene con voz
cansina. Su departamento es amplio y confortable, repleto de detalles cuidadosa-
mente dispuestos por la mano de una mujer. *"¿Vivís sólo?" "No, con mis padres,
pero hoy han salido"*, responde y enseguida: *"¿les sirvo un café?"*

Tras los titubeos convencionales por ambas partes opta por preparar té;
mientras tanto, hay que buscar dónde conectar el grabador. *"Perdonen que los
atienda aquí"*, se disculpa el autor de *Boquitas pintadas*. Pero los amplios venta-
nales de la cocina dan a la calle Charcas, al tres mil, sobre un boulevard con
árboles añosos de ramas finas y secas por el otoño. La tranquilidad del barrio
apenas es quebrada por el esporádico bullicio del tránsito. *"Antes había una feria
pero la sacaron. Tendrían que plantar algo allí"*, arriesga Puig. Ya en ese punto se
ha desvanecido totalmente la imagen del monumento literario porque Manuel
Puig es lo menos parecido a un intelectual de oráculo, siempre dispuesto a señalar errores y defectos, con el concepto claro y preciso a flor de labios que haga
centro en la cuestión teórica planteada. Es imposible imaginarlo como conferen-
cista o intelectual de acción.

M.P.: Sobre la Argentina no me he pronunciado porque me parece muy
difícil de interpretarla.

---

[14] Por el formato de la página y el medio preponderante donde escribe Amílcar Moretti, se
trata eventualmente del diario *El Día* de La Plata, donde vivía la familia materna del escritor.

Quitamos fragmentos repetidos relacionados con la biografía, que como es habitual en una
nota periodística, ubican al lector, como leímos anteriormente. Un dato de importancia es que
al publicarse esta nota Puig se encontraba terminando su tercera novela, aún sin título *(N.E.)*.

–¿Tenés miedo de pronunciarte?

M.P.: No sé cómo se puede decir eso en una obra literaria. Me parece que el periodismo es mucho más útil en este sentido que una novela para hacer política de combate, del momento...

–Lo quieras o no sos un personaje importante y muchos esperan que propongas definiciones...

M.P.: Es una gran responsabilidad. Además yo no tengo muy claras las cosas.

–¿Te preocupa no tenerlas claras?

M.P.: Sí, pero lo he aceptado como un límite.

–O sea que no te preocupa tanto...

M.P.: Creo en cierto modo que mis obras tienen algo de protesta.

–Por supuesto, pero me refería a tu papel extraliterario.

M.P.: Yo no estoy muy preparado. No podría hablar en público ni sostener una discusión sobre política porque no tengo las herramientas, un léxico y un pensamiento organizado en ese aspecto.

–¿Trataste de adquirir esas herramientas?

M.P.: En cierto modo sí, pero estoy poco preparado para eso. Creo que debo aceptar el límite, y si puedo aportar por otro lado con eso me puedo conformar, ¿no?

-¿Te molesta la entrevista?

M.P.: No, por favor, ahora no. Pero hay ciertos momentos en que no es agradable admitir que no estoy dotado para una cosa o para otra, aunque debo reconocerlo. Yo no me puedo torturar porque soy incapaz de hablar ante un público y decir que lo que hay que hacer es tal cosa y al Ministro de Economía tal otra. ¿Qué vas a hacer?... Hay cosas para las que uno no sirve. Todo el mundo espera que abras la boca y digas algo inteligente, y como yo no sirvo para eso, creo un poco de desconcierto, sobre todo en los medios intelectuales. Aquí hay una tradición de escritor erudito. Yo pasaría mucho más desapercibido en los Estados Unidos donde los escritores son por lo general narcómanos o dipsómanos, gente que está en la luna. En nuestro país el escritor es un tipo muy racional y yo no entro en ese cuadro.

Segundo Round

El llamado del teléfono pone fin a la primera vuelta. Su sonar reiterado decide a Puig a colocarlo en la mesa junto a la correspondencia. *"Por las mañanas leo el correo, hago las cosas más livianas, por ejemplo los mandados y como máximo reviso las traducciones o paso en limpio cosas"*. Con el hombro encogido Puig atiende el teléfono, fija una cita y confiesa a su interlocutor que se esfuerza por decir algo interesante al periodismo. Entretanto abre los sobres con membrete de vía aérea y anuncia, alborotado que ya está solucionado el problema con el traductor en Nueva York. *Boquitas pintadas* podrá ser leída en USA para 1971 si todo sale como está previsto. *"Viajé hace poco y voy a tener que regresar de nuevo por los trámites de la versión del libro en el extranjero".*

–¿Te dio una nueva perspectiva estar fuera del país?

M.P.: Claro, antes de irme creía que había cosas aquí que eran comunes al resto del mundo. Después me di cuenta de que no era así y me ayudó a comprender todo mucho mejor. He viajado como turista a varias partes, inclusive al lejano Oriente, y siempre que llegaba a un lugar se convertía en un punto de comparación con la Argentina.

–¿Por qué te interesa tanto la clase media del interior bonaerense?

M.P.: Porque es mi clase, la que más conozco. Sus problemas son los míos. Además la ubicación en las décadas 30 ó 40 se debe a que me fascinaron muchos hechos de mi infancia. Aquellos personajes son los padres de los jóvenes de ahora. Si los jóvenes actuales son lo que son ("yo no los conozco" –aclara–, y de inmediato corrige "los conozco mucho menos"), lo que son tendrá que ver con lo que fueron los padres. Creo que mis novelas interesan mucho a los jóvenes porque son el mundo de sus padres. Sobre el mundo de ellos no podría escribir porque no los conozco; viví once años afuera y son una laguna esos años.

1973, julio   (1968-1973)
PUIG: LA RESACA QUE TRAE LA MAREA
La invención de otro estilo, con libertad controlada. Sobre *The Buenos Aires
Affair*
Conversación con J. di P.
Panorama, Buenos Aires, Argentina

La tercera novela de Manuel Puig –un exorcista del habla de los argentinos de
clase media, un duende de las tramas– recoge el desafío lanzado por las dos
anteriores, las admirables *La traición de Rita Hayworth* y *Boquitas pintadas*. Esta
vez, sin dejar de ser él mismo –personal, inimitable–, ha inventado un estilo,
paralelo a su oído privilegiado para captar entonaciones y giros del lenguaje
oral. Ha abandonado su destreza mimética para arriesgarse con éxito en las
parodias más sutiles, en la inventiva, en una libertad controlada que nunca se
aleja de su intención primordial: conmover al lector, ser comprendido por él
    The Buenos Aires Affair es una novela policial, en el límite más remoto de las
tradiciones del género, en esa zona de nadie en la que *Cosmos* de Witold Gombrowicz –un autor tan diferente y tan afín a Puig, sin embargo– es la estrella
más radiante.
    Leo Druscovich es un asesino: ha cometido un crimen perfecto y torpe.
Habitualmente, una novela policial –el mismo Gombrowicz las llamaba "novelas criminales"– consiste, en sus líneas más generales, en la averiguación de un
caso delictivo. Puig, que ha escrito una novela "criminal", diseña, por el contrario, una trama inversa, en la que su discurso es más el encubrimiento que la
revelación. Esos avatares del encubrimiento, sin embargo, sin la misma condena del autor del delito, la descripción de las formas de la "mancha".
    Compuesta con una maestría sutil, a la vez irónica y compasiva –compasiva
a fuerza de lealtad a la vida de los personajes–, *The Buenos Aires* está escrita con
una tal atenta escrupulosidad en los detalles, en las transformaciones de los
Leit-motiv de la narración que, aunque abunda aparentemente en recursos mar-
ginales, en relatos laterales a la trama, hasta la última palabra resulta imprescindible.
    Puig dibuja con precisión la red de acontecimientos significativos de los dos
protagonistas de *The Buenos Aires Affair*: Leopoldo Druscovich y Gladys Hebe
D'Onofrio, por medio de informes cuya objetividad resalta el carácter dramático, la fatalidad que aqueja estos seres. Cada suceso, desde la temprana infancia
–incluso, paródicamente, describe la noche de la gestación de Leo por sus
padres–, ocurre y los marca y los encierra en un laberinto sin salida, despiada-
do. Los personajes son lo que son, en esos días de mayo del 69, predetermina-
dos por lo que fueron.

The Buenos Aires Affair, rica en procedimientos narrativos que jamás distraen de los hechos novelísticos relatados, conjuga una lectura fascinada con la complejidad de su arquitectura. El punto de vista cambia numerosas veces, para asediar mejor a sus personajes, que el lector percibe desde todos los ángulos (por medio del relato posible del portero del departamento de Leopoldo Druscovich, un formulario de presentación, una transcripción de notas taquigráficas, conversaciones telefónicas, ensoñaciones, una autopsia, el relato en una tercera persona ferozmente objetiva, un reportaje, etc.).

En boca de Gladys Hebe D'Onofrio acaso yazgan los propósitos del autor con respecto a su obra, a este novela, a las precedentes y a las próximas, seguramente. Dice Gladys en una entrevista (imaginada por ella) hecha por la revista norteamericana de modas *Harper's Bazar*: "...recogiendo por primera vez los desechos que había dejado la marejada sobre la arena. La resaca, me atrevía solamente a amar a la resaca, otra cosa es demasiado pretender".

Puig se ha caracterizado por adorar los dioses menores, los intensos y olvidados dramas "dejados por la marejada" de las lecturas argentinas. La modestia del empeño no reduce su realización. No las cosas grandes –podría decirse– sino de gran manera. De este modo despliega Puig el tercer movimiento de una obra trágica y real, sin dejar de sonreír y guiñar al lector, con una ironía ajustada, que no neutraliza ni la dramaticidad de la obra ni distrae del helado destino que domina a los personajes. Un destino, por cierto, concebido no "a la griega", sino como producto de la situación histérica y de las fuerzas más íntimas que operan en la mente. Los personajes que presenta Puig no son libres. Culpa, ocultación, cierta sufrida mezquindad inevitable, una descripción de sus intimidades hasta bordear lo desagradable, perversidad, son sus señas particulares. La destreza del autor obliga a comprenderlos, a compadecerse de ellos y, a fuerza de verosimilitud, creerlos verdaderos.

El autor cuenta a *PANORAMA* intimidades de la composición de su novela:

M.P.: Hice cuatro versiones del capítulo once, en donde se enumeran las acciones imaginarias de Leo durante su insomnio. La primera fue dramática, pero no conseguía el efecto deseado; la segunda, exacerbadamente dramática, y tampoco; la tercera, con una técnica de historieta, describiendo los cuadros y poniendo los diálogos; la cuarta era una sucesión de imágenes sin articulación. ¿Y qué pasaba? Como es el insomnio de un criminal, si el criminal se apiadaba de sus víctimas imaginarias, la narración perdía fuerza para el lector, porque el lector podía deducir de esa piedad que el criminal perdonaría a la víctima. Si el narrador se desentiende totalmente de la suerte de sus personajes y se está contando un hecho terrible, el lector se asusta mucho más, siente que el peligro es mucho mayor, porque no cuenta con la complicidad del autor. El autor no se apiada de los personajes, no se inmuta. Entonces el lector se hace cargo de la situación del personaje.

En el capítulo ocho, que narra una situación psicoanalítica, figuraba todo lo que decía el médico. En el capítulo nueve, en el que Leopoldo Druscovich reportea a María Esther Vila, también figuraba todo lo que ella decía. El capítulo diez, que es una transcripción taquigráfica, es una consecuencia de un problema técnico: tenía que contar dos veces lo mismo, pero se sustituía una víctima real por otra, imaginaria. Obligatoriamente tenía que repetir un hecho: primero lo cuenta un personajes y después lo cuenta otro, con la sustitución: el crimen del baldío se cuenta en el capítulo seis de un modo en el diez de otro. Como debía repetir la acción, y no quería aburrir al lector ya que cambiaba un solo detalle –el criminal mata a una mujer y no a un homosexual como en el capítulo seis–, para aliviarlo lo conté en versión taquigráfica. Éstas son las primeras anotaciones de la novela.

Ghostly quiere decir espectral. Hay algo *ghostly* en este libro. En el capítulo trece, donde se describen las sensaciones experimentadas por Gladys Hebe D'Onofrio, Leo Druscovich y María Esther Vila, primero iban a ser tres paisajes paradisíacos. En el primer capítulo tenía que contar la desaparición de una chica que está tratando de salir de un surmenage en una pequeña playa atlántica, durante el invierno, acompañada por su madre. Primero el capítulo consistía en un diálogo entre la madre y el comisario a quien denunciaba la desaparición.

Ocurría que, inevitablemente, surgía un pintoresquísimo del habla de esta mujer, profesora de declamación, que me ponía demasiado en el clima de mis novelas anteriores. Después pasó a ser un monólogo del personaje ante el comisario. Como hay algo muy terrible que está por suceder, se me ocurrió escribirlo en primera persona, y quien hablaba era la Voz del mal. Era tan extravagante este recurso que no causaba ninguna alarma sobre la desaparición del personaje. Hubo muchos intentos más y finalmente quedó una especie de narración hecha por una cámara. Un poco la cámara subjetiva de Hitchcock cuando muestra la acción a través de los ojos del asesino. Es decir, la mirada de la cámara es la mirada del asesino.

1973 (1968-1973)
LE DISGUSTA AL ESCRITOR ARGENTINO MANUEL PUIG EL BINOMIO HOMBRE FUERTE MUJER DÉBIL
Conversación con Elena Poniatowska
Novedades, Ciudad de México, México[15]

Argentino, tímido, inseguro, nerviosísimo, el joven escritor Manuel Puig se enoja con la película de Bertolucci. "*El último tango en París* es una película horrenda, sexista. El hombre bestia, Marlon Brando, cubre a la mujer de golpes, la avienta, la estruja, la agarra de los cabellos. Es una película vieja, brutal, estúpida, el machismo en todo su horror... Es una película contra la mujer y si hay alguien contra el sometimiento de un sexo a otro, soy yo. Siempre me he manifestado contra la minimización de la mujer, siempre la he enaltecido. *El último tango en París* es una película retrógrada, paternalista y absolutamente reaccionaria..."

Manuel Puig sonrió continuamente para hacerse perdonar quien sabe qué pecado. Todavía tiene cara de niño, de esos niños a quienes debieron rizarles el cabello y decirles: "Mira, se te ondula naturalmente...". Autor de dos novelas (perdón tres, porque está por publicarse *The Buenos Aires Affair*). Las primeras se llaman *La traición de Rita Hayworth* y *Boquitas pintadas*, Manuel Puig nos cuenta cómo vio de cerca y habló con muchas actrices de Hollywood...

M.P.: Fui empleado de Air France, yo cobraba el exceso de equipaje de Merie Obero, Olivia de Havilland, Greta Garbo (que nunca se excedió), Rita Hayworth, Ginger Rogers... Yo atendía a muchas, muchísimas...

Yo fui un niño que iba todos los días al cine

–Pero ¿cómo fuiste a dar a Air France?

M.P.: Yo trabajaba en el cine como asistente de dirección de René Clément, de De Sicca, de Stanley Donell... Estudié cine en Roma en el Centro Sperimentale y seguí los cursos de Cesare Zavattini en 1956 cuando el neorrealismo ya

---

[15] *Novedades*, junto con *Excélsior*, son los dos periódicos mexicanos más conocidos y de gran circulación.
Elena Poniatowska, nacida en 1932 en París, hija de una familia porfiriana exiliada tras la Revolución, volvió a México en 1941, durante la Segunda Guerra Mundial. Fue periodista durante un año en *Excélsior* y luego en *Novedades*, donde se ganó un público que la seguía gracias a sus textos. En 1955 publicó su primera novela, *Lilus Kilus*. En 1965 envió a *Novedades* una serie de crónicas en que cuestionaba el sentido de moral establecido, el de justicia y el absurdo de la vida. *Hasta no verte Jesús mío* mereció el Premio Mazatlán de Literatura.

estaba en sus exteriores, toda la teoría se había vuelto rígida. Se quería hacer un cine de denuncia social pero el resultado era un cine para *élite* y no un cine de masas... Yo los oía diariamente hablar contra el cine de autor y decir que la técnica narrativa no les interesaba para nada. Para mí, el estar en el Centro Sperimentale en Roma fue una crisis terrible. Quise hacer guiones que jamás se filmaron —escribí tres— porque no sólo no eran buenos sino horribles porque a mí lo que me daba placer era copiar no crear... Mira, te lo voy a decir todo. Yo fui un niño que iba todos los días al cine desde los cinco años. Tenía terror a la realidad. Vivíamos en el pueblo General Villegas, una provincia de Buenos Aires y mamá era de ciudad y como se aburría, me llevaba al cine con ella para olvidar que estaba en el pueblo. Por eso he visto todas las películas que se han hecho en el mundo, todo el cine de los treinta y los cuarenta, no sólo los vi, los aprendí de memoria, Hollywood era mi meta, mi encanto, yo tenía una gran confusión en la cabeza. Por eso el hacer guiones de cine lo único que logré fue situaciones que ya había visto, nunca logré nada nuevo, sólo imágenes de películas que me marcaron en la infancia...

—Como decimos en México, "hiciste refritos" de las películas que viste en tu niñez.

M.P.: Sí... Para mí nada era tan perfecto como la Metro Goldwyn Mayer... Después cuando los críticos y los nuevos cineastas rechazaron todo este cine, nunca entendí que lo condenaran porque para mí no era el cine de mentira sino un cine que sabía relatar, narrar. El ejemplo más claro, *Lo que el viento se llevó*... Este cine presentaba en mi pueblo, General Villegas, figuras femeninas enaltecidas como la de Scarlet O'Hara, y esto resultaba subversivo.

—¿Por qué subversivo?

M.P.: Porque todas las mujeres del pueblo estaban desvalorizadas; su situación era inferior al hombre en todos los aspectos... Por eso yo no quería vivir en mi pueblo de la Pampa, mi realidad era el cine y ocurría en la pantalla...

—Con razón, de tanto ver cine, tú mismo pareces un actor de cine...

M.P.: No, no... (lo dice con un gesto de fastidio) no se trata de esto.

—Pero, ¿cómo fuiste a dar de la Pampa de General Villegas a Europa?

M.P.: Gané un beca para estudiar cine en Roma... Sabés, yo escribí en inglés porque es el idioma del cine... En Europa mis amigos argentinos me aconsejaron que escribiera en español sobre temas que conociese y que abandonara mis guiones desastrosos y entonces se me ocurrió contar un historia centrada en los amores de un primo mío, y por ahí, antes de empezar a escribir la trama y los diálogos quise aclararme un poco los personajes; intenté una descripción de cada uno y al empezar la primera descripción lo único que recordé fue la voz del personaje y empecé a registrarla. Así salió el primer monólogo de la novela *La traición de Rita Hayworth*.

–¿Y tu primo?

M.P.: Al primo lo abandoné para convertirme a mí mismo en el protagonista de la novela. El niño protagonista va al cine con su mamá y nunca consigue que su padre los acompañe, siente la ausencia de la figura masculina que él inventa tomando modelos de películas, hasta que un día consigue que el padre vaya y los tres: padre, madre, hijo, ven *Sangre y arena* (la adaptación de la novela de Blasco Ibáñez, con Tyrone Power y Rita Hayworth) y el padre queda fascinado con Rita Hayworth que en la película traiciona al galán y promete de ahora en adelante acompañarlos siempre al cine. Pero también esa promesa es traicionada y ése es el último intento del niño por descubrir el mundo del padre, o mejor dicho por integrarse al mundo del padre. A partir de ese episodio la figura masculina pasa a ser inventada y reinventada por el niño...

–Y después ¿qué le pasó al niño?, ¿qué le pasó a Manuel Puig?

M.P.: Aprendió idiomas con una gran facilidad: inglés, francés, italiano, pero sobre todo el inglés, porque ése era el idioma del cine. Aprendió idiomas con voracidad, y por ese camino se pudo ir a Europa. Lo que menos le importaba era el español, el idioma del machismo, de la prepotencia, del subdesarrollo, por eso escribió en inglés...

–Por eso tú, Manuel Puig, ¿estás contra la explotación hombre-mujer?

M.P.: Sí, la fuerza siempre me ha molestado y no me gusta la relación hombre-mujer, fuerte-débil; el fuerte es el hombre que explota a la mujer débil... Esencialmente éste ha sido un tema de mis novelas...

–¿Pero tus novelas nunca tienen que ver con la vida real...?

M.P.: Sí, tienen que ver porque la vida real destroza el mundo de estrellas de cine, personajes, idiomas, *westerns*, etcétera. A diferencia de *La traición de Rita Hayworth* en que los protagonistas no se avienen a los roles que les impone el medio, sobre todo la madre del niño, en mi segunda novela *Boquitas pintadas* me ocupo de personas que sí aceptan el juego que les propone la sociedad establecida. Son gente de clase media, y la novela pretende ser una interpretación de las fuerzas morales que los mueven...

–¿Pero qué tipo de gente son?

M.P.: Es la primera generación de argentinos, hijos de inmigrantes italianos o españoles... Mis personajes son reales, en *Boquitas pintadas* pinto la vida de la empaquetadora de una tienda de ropa en su pueblo; su vida monótona, cotidiana, la nostalgia por el gran amor de la juventud, el matrimonio tradicional... Pero esto lo hago a través de conversaciones telefónicas, de cartas... Utilizo el idioma de la publicidad y de las canciones populares, de las películas subtituladas, de las telenovelas y de las novelas radiofónicas, las que se dan por entrega... Utilizo toda la técnica del folletín... Acabo de terminar *The Buenos Aires Affair* que publicarán conjuntamente Joaquín Mortiz y la Editorial Sudamericana.

Me interesa mucho el intento de novela popular y creo que se puede hacer un tipo de literatura seria en el sentido de que haya un pulido formal y una clasificación social. Creo que se puede hacer una literatura formal con una temática realista, cuyo producto sea popular, accesible a las grandes masas de lectores...

–¿Y qué opina finalmente de los otros escritores argentinos? ¿Cómo los ves?

M.P.: Yo soy mal lector.

–¿No lees?

M.P.: No, muy poco porque estoy en un período de exteriorización.

–¿Y sigues yendo al cine con asiduidad?

M.P.: No, voy poco.

–¿Entonces, qué hacés?

M.P.: Escribo mucho, trabajo mucho en la escritura. Escribo todos los días en las tardes y en las noches... Ahora tengo amigos dentro de la literatura *underground* en Argentina que son desconocidos y pueden dar una sorpresa; hacen un tipo de poesía muy obscena que resulta impublicable. En Londres tengo a un amigo, el escritor Guillermo Cabrera Infante; en París, Severo Sarduy, en México tengo a don Carlos Monsiváis y Vicente Leñero... Y sobre todo tengo muchas amigas diurnas...

1973   (1968-1973)
UN FENÓMENO LLAMADO MANUEL PUIG
Conversación con Sergio Morero
Siete Días[16]

La aparición simultánea, en Buenos Aires y México de la tercera novela del polémico autor argentino promete alcanzar y superar el suceso mundial logrado por sus anteriores narraciones.

La traición de Rita Hayworth: "Un debut deslumbrante y totalmente original" (*The New York Times*); "Fascinante representación de los aspectos más sutiles e impalpables de la alineación contemporánea" (*Paese Sera*, Roma).

Boquitas pintadas: "Es prosa de arte" (*Gaceta ilustrada*, Madrid); "*Boquitas pintadas* prueba que mientras los franceses hablan de "nueva novela" los argentinos la escriben" (*Veja*, San Pablo).

Hace mucho que en la Argentina no se presentaba un año literario tan prometedor como 1973. Tal vez ningún otro lo haya sido tanto. Falta por ver, en diciembre, qué queda de este actual relampagueo de principio de temporada, fulgurante de nombres famosos, títulos espectaculares y debutantes precedidos por el más inquietante clamor *underground.* El año anterior se caracterizó, literariamente, por la duda y el escepticismo de críticos y lectores. La pregunta generalizada era: "¿Ha muerto el *boom* de la novela latinoamericana?" En el transcurso de 1972 es posible que sólo dos obras hayan logrado un verdadero, amplio consenso: *La pérdida del reino*, del argentino José Bianco, y *Cobra*, del cubano Severo Sarduy que, por otra parte, no conquistaron el fervor masivo del público. También hubo un debut promisorio: el de Enrique Medina con *Las tumbas*, narración autobiográfica de años transcurridos en reformatorios, que sí interesó a nivel de ventas –siete ediciones en menos de un año–, pero que a algunos críticos no les pareció mucho más que un documental veraz y cautivante, sin valores específicamente literarios.

La temporada de Buenos Aires comienza en abril con el otoño, para terminar en diciembre, cuando todos eligen qué libro regalar para las fiestas navideñas. Pero en este peculiar año de 1973 la temporada se adelantó. En los primeros días del tórrido enero, críticas muy encontradas, entre las que predominaban las favorables, señalaron un nombre nuevo: Luis Guzmán. Polé-

---

[16] La nota incluye, como se dice en el texto, la transcripción del comienzo de *The Buenos Aires Affair*, que aquí no incluimos.

Cubierta de la primera edición de *La traición de Rita Hayworth*. Buenos Aires, Editorial
Jorge Álvarez, 1968. La editorial fue desmantelada durante la dictadura militar en varias
oportunidades, razón por la que quebró en 1969. Desde sus inicios, en 1963, hasta el año 1969,
Jorge Álvarez publicó más de doscientos títulos que pueden leerse como un símbolo cultural
argentino, resumen de las preocupaciones de una época. Actualmente vive en Madrid
y sus ediciones tienen un valor que sólo su sabiduría como editor pudo hacer tasar.

mica, ayes de revelación y ademanes de náusea descreyeron que se imprimieran de su obra *El frasquito* tres ediciones a partir de su aparición. Lo cual, si bien no convenció a todos de la calidad de lo contenido dentro del envase, probó decididamente que, muerto o no el *boom* de la literatura latinoamericana, el *boom* de la crítica literaria perduraba por estas latitudes. En efecto, la atención crítica hizo posible la venta de ese texto difícil, presentado sin publicidad y en el peor mes del año.

Mejor mes, en cambio, es abril, con sus lectores exaltados por todas las expectativas y aún no golpeados por ninguna decepción. Y en abril, precisamente, apareció el primer monstruo sagrado del año: Julio Cortázar y su *Libro de Manuel*. Y en abril, aparecen pocas reseñas, en general negativas, mientras que los diarios y revistas omiten comentarlo o adoptan una actitud protectora. Pero, entre viento y marea, el libro agota su primera edición –30 mil ejemplares, cifra sin precedentes para una primera edición en Argentina– en menos de un mes. Quizás por la presencia física del autor en el país, después de años de ausencia.

¿Y ahora? De aquí a diciembre se anuncian nada menos que un nuevo libro de cuentos de Jorge Luis Borges, una novela de Adolfo Bioy Casares –su vuelta a la literatura fantástica–, un cuento de la refinadísima Silvina Ocampo, una novela policial de Manuel Puig y la nueva novela de Ernesto Sábato, su primera publicación en el género narrativo después de *Sobre héroes y tumbas*. Eso en cuanto a nombres conocidos. Entre los debutantes, el lector común tendrá finalmente acceso a un texto *underground* hasta ahora rechazado por innumerables editoriales debido a su carácter polémicamente obsceno: *Sobregondi retrocede*, de Osvaldo Lamborghini. ¿Qué será perdurable de todo esto? Cualquier previsión sería por demás riesgosa. De todos ellos, quien siguió a Cortázar por orden de aparición fue *The Buenos Aires Affair*, de Manuel Puig. Difícil pronosticar su suerte comercial y artística, pero conviene recordar que sus dos novelas anteriores fueron sendos éxitos comerciales. En estas mismas páginas se reproducen el primer capítulo de tan sonado *Affair* pero, para acercar al oído de los lectores latinoamericanos hasta el mismo corazón del momento literario argentino y permitirles oír sus aceleradas palpitaciones, Sergio Morero, de *Siete Días*, sometió un cuestionario al mismo Puig en plena vigilia de la batalla.

–¿Cómo se siente?

M.P.: Agotado, ni siquiera nervios llego a sentir. En diciembre entregué la novela, después de cuatro años de trabajo durante los cuales viajé seis veces a Europa y a USA a controlar traducciones de mis otras dos novelas. Al día siguiente volé a Río de Janeiro para revisar la versión brasileña de *La traición de Rita Hayworth*, de allí a Nueva York para hacer lo mismo con *Boquitas pintadas*, reescribiendo y adaptando todo aquello que por su tono local no podía ser traducido literalmente. Por ejemplo, de los muchos tangos citados y glosados descubrimos que aquellos de Carlos Gardel y Alfredo Le Pera (*Volver, Cuesta Abajo, Volvió una noche*) eran intraducibles. Le explico: su encanto reside en la musicalidad del verso, no en las imágenes o ideas; por lo tanto traducidas sin su misma sonoridad pierden valor. Los sustituimos con letras de Homero Manzi (*Malena, Tal vez será su voz*) que debido a sus fuertes imágenes dan siempre muy bien en la traducción. De Nueva York fui a México, donde arreglé contratos de coedición; esta nueva novela fue editada simultáneamente por Sudamericana, de Buenos Aires, y Mortiz, de México. La circulación de un libro de edición argentina es difícil en México y viceversa. No creo que la coedición sea una salida pero mientras perduren tantos conflictos de distribución y trabas aduaneras no veo otra solución. De México volví a Buenos Aires, donde me esperaba la correspondencia atrasada de tres meses y las pruebas de imprenta del *Afair*. Y debí revisar la traducción italiana de esta misma, que Feltrinelli quiere publicar inmediatamente porque parece que debido a Perón "lo argentino es noticia" hoy en Italia.

–¿Puede vivir de la literatura?

M.P.: Sí, pero gracias a las traducciones. Escuche: los autores recibimos el 10 por ciento del precio del libro en librerías, eso es en todo el mundo. Mi libro va a costar 1,80 dólar. Un libro de éxito alcanza en un año, digamos, entre 20 mil y 30 mil ejemplares. Más de eso es un caso raro, y pasar los 50 mil es cosa ya de *boom*, que no sucede muy a menudo. Saque cuentas. Además, un libro lleva entre dos y cuatro años; promedio tres años. Una miseria. Por eso mi salvación han sido las traducciones. Son muchos los países que se interesan actualmente por nosotros –el último Japón– y aunque el éxito de ventas sea mínimo, unos cuantos chequecitos se juntan... ayudan a salir del paso. Si se vive con sencillez, por supuesto.

–¿Cree que el *boom* de la literatura latinoamericana no ha muerto?

M.P.: ¡¡¡NO!!! Me parece una tontería insistir en eso. No se puede exigir a los autores que produzcan obras maestras a cada momento. El año pasado hubo sin duda una, *Cobra*, de Sarduy. ¿No basta? Este año hay dos revelaciones mayúsculas: Guzmán y Lamborghini, ya verá. Y habrá obras nuevas de monstruos sagrados. Creo que la reedición en un solo tomo de *Las ratas* y *Sombras suele vestir*, de José Bianco será un acontecimiento. Tanto tiempo agotadas, para los jóvenes resultarán una novedad absoluta.

–Se dice que los nombres más obvios del *boom* no aprecian mucho su literatura...

M.P.: Es cierto, y ello me ha dificultado las cosas, porque en algunos países su opinión contaba mucho. Pero para mí ese rechazo es un aplauso.

–¿Sí?

M.P.: Sí, porque aunque algunos de ellos son jóvenes, todavía, pertenecen a una cultura tradicional con la que yo no tengo nada que ver. Mis raíces son diferentes, están en artes más populares como el cine y el cancionero. Si esos autores no me aprecian es porque se resisten ante una corriente renovadora de las que mis obras forman parte. El rechazo más explícito llegó de Mario Vargas Llosa que, paradójicamente, es el más joven.

−¿Qué autores consagrados le gustan?

M.P.: Los tres son cubanos y me gustan por razones literarias. Mi simpatía por la revolución cubana no tiene nada que ver con ello. Son José Lezama Lima, Guillermo Cabrera Infante y Severo Sarduy. Eso es narrativa. Admiro mucho a Octavio Paz, como poeta y ensayista. Hay en el Museo de Arte Moderno de México un poema plástico de él, que se lee caminando, escrito con letras luminosas en un cuarto oscuro, y es el experimento reciente más fascinante que he visto.

−Su nueva novela se desarrolla, según lo indica el título, en la Pampa argentina, como las dos precedentes, ¿verdad?

M.P.: Es una tentativa más de expresar lo que sentí en Buenos Aires al volver en 1967, después de doce años por Europa y USA.

−¿Tiene algo que ver con las novelas anteriores? *La traición de Rita Hayworth*, por ejemplo, trataba sobre la alienación cinematográfica de una familia en un pueblo pequeño.

M.P.: No exactamente. No era un ataque al cine, sino a todo aquello que hacía refugiar a los protagonistas en el cine, a aquello que tornaba su calidad tan inaceptable que debían evadirse en la ficción del cine.

−¿Por ejemplo?

M.P.: El prestigio del poder de la fuerza. La fuerza tenía prestigio en un pueblo de la Pampa donde viví hasta los quince años; la fuerza del gobernante, la fuerza del sacerdote, la fuerza del patrón, la fuerza del jefe de familia. La existencia de un fuerte implica un débil, ¿no? Creo que era en el mismo seno de la familia donde estaba la escuela de la explotación, porque había un fuerte... que era el hombre. Esa lección después se aplicaba en otros terrenos, como el del trabajo. Y quien no aceptaba esa realidad, ni tenía coraje como para modificarla, debía refugiarse en la ficción del cine.

−¿Y *Boquitas pintadas*?

M.P.: Allí traté de analizar otro tipo de personaje, el que acepta esa realidad, que la aprueba. Y lo que sucede cuando descubre al final de su vida la falsedad de esos valores consagrados por la sociedad argentina anterior a Perón.

−¿Toca de nuevo el mismo tema en *The Buenos Aires Affair*? ¿Y por qué ese título?

M.P.: En cierto modo sí. El sexismo es el eje de la novela.

−¿Qué es el sexismo?

M.P.: Una palabra nueva, muy útil. Así como racismo quiere decir discriminación de razas, sexismo quiere decir discriminación de sexos.

–¿Y el título?

M.P.: Es una alusión a nuestra condición de pueblo colonizado. Las culturas que nos han regido son ante todo de lengua inglesa. Hollywood, para mi generación (tengo 40 años), los Beatles para los más jóvenes. Pero no siempre habrá de ser así, ¿no cree usted?

1973   (1968-1973)
ENTREVISTA A MANUEL PUIG[17]
Conversación con R.O.

R.O.: A mí me parece que para poder empezar a hablar de las novelas tuyas hay que hablar de cine. A veces me parece que lo que estás escribiendo son películas, que estás usando la maquinilla y las palabras como si fueran una cámara de cine: sobre todo *La traición de Rita Hayworth* y *The Buenos Aires Affair*. ¿Cuán consciente estás tú de ese miedo mientras estás escribiendo una novela?

M.P.: No estoy muy consciente. Yo más o menos voy avanzando al tanteo. Así más o menos en cada trama cuál es el efecto que quiero lograr pero no sé bien como lograrlo; hay casos que he reescrito muchas veces, sobre todo esta última novela, me dio mucho trabajo; en especial el primer capítulo. Hice otros capítulos primero. En el primer capítulo yo quería dar un interés muy inmediato, un capítulo de novela policial casi, e introducir la presencia de la malignidad, entonces hice 5 o 6 versiones del primer capítulo. Tú sabes que la acción trata de esta muchacha muy nerviosa que ha desaparecido, y es la madre la que descubre la desaparición. La primera versión era un diálogo entre la madre y el comisario de la policía, entonces una vez hecho me pareció que repetía recursos que había usado en mis novelas anteriores por ejemplo, esta mujer arrastrada por un lastre de cursilería de clase media. Para empezar una novela policial era demasiado humorístico.

R.O.: ¿Y a qué se debe que hayas decidido escribir una novela policial?

M.P.: Ante todo, yo tenía un tema que era algo así como un reflejo de cosas que habían sucedido, de atmósferas que yo había vivido en la Argentina en el año 67 y me pareció que para ese contenido iba bien la forma de la novela policial, aunque sea una novela policial poco ortodoxa, pero veía que era una forma que se avenía al contenido. En mis trabajos siempre trato de que el contenido preceda a la forma. No que quieras hacer una obra en forma de pera, sino que tengas necesidad de contar algo, de comunicar eso que te está carcomiendo.

R.O.: Estaba pensando que la novela policial ha sido mirada despectivamente y rechazada no solamente en la literatura, sino que las mismas películas policiales se descartaban como arte. Ahora las películas de John Huston o Fritz Lang han cobrado más valor del que tuvieron en su época

---

[17] La presente entrevista fue encontrada en la colección del escritor en forma de fotocopia, sin dato del medio en el que se publicó, autor, ni fecha. Por el contenido de la misma parece que transcurre en Nueva York y fue realizada antes de las amenazas que recibiera por parte de la Triple A.

M.P.: Tengo una debilidad por los géneros menores, ¿no? No sé si es porque siempre han sido subestimados.

R.O.: ¿Pero tú realmente crees en géneros mayores y menores?

M.P.: No, quise decir pretendidamente menores. La verdad es que a mí las cosas que más me gustan en cine son los dramas, los folletines y los policiales. Trato de mantenerme fiel a mis gustos y hacer en literatura un tipo de cosa que es lo mío. Pero volviendo a la génesis del primer capítulo de *The Buenos Aires Affair*, te diré que en la primera intentona lo que decía el policía no resultaba. Tampoco podía, por economía narrativa, describir un personaje que nada tenía que ver con la trama. Entonces transformé ese diálogo en un monólogo, su denuncia a la policía. Me parecía que así condensaba la parte maligna. Hay un aspecto tremendo en esta madre y es que desea la muerte de la hija, no tanto por malicia sino para terminar con un problema que le parece no tiene solución. Pero ese monólogo tampoco me gustó, no lograba expresar ese doble plano de la madre que por un lado quisiera que la hija se sanase pero está muy escéptica, ¿no? En el fondo pienso que la única solución es que muera; así ella podría seguir escribiendo poemas y dando recitales (que la hija le tiene prohibido). Nosotros tuvimos en la Argentina una época de recitadoras, ¡una racha!

R.O. Cuando estabas hablando de la madre de Gladys pensé en Berta Singerman.

M.P.: Es que Berta hizo furor en Argentina. ¡Había una epidemia de imitadores! Al desechar el monólogo volví al primer capítulo, mientras iba haciendo otros capítulos. La tercera versión fue muy audaz. Estaba contada en tercera persona por un personaje que no se sabía quién era y en el que yo quería personificar la malignidad. El espíritu del mal contaba el primer capítulo, sobre el dato de la desaparición de esa mujer se cernía una tragedia. Esta otra versión no resultaba porque era muy forzada. Técnicamente de entrada eso no iba, como que no asustaba, el lector no aceptaba esa primera persona. Eso era lo peor, no producía ninguna alarma, era demasiado fantasioso. Entonces la versión siguiente fue en tercera persona. Yo contaba cómo esta madre se despertaba y descubría que la hija no estaba; al mismo tiempo que recordaba haber tenido un sueño esa noche en el que escuchaba una voz extraña a manera de premonición y todo esto estaba entremezclado. Tampoco me gustó y quité el sueño. Finalmente se me ocurrió una solución que es la que quedó. No sé si funciona o no, pero me pareció que era la mejor. Esta mujer recita y tiene terror de olvidarse de los textos. Siempre está recordando poemas, tratando de memorizar. Justamente esa mañana mientras se da cuenta de la desaparición, mientras busca todos los indicios posibles, trata de recordar un poema que trata sobre la muerte de una muchacha joven. Es un poema de Bécquer que me gusta. Entonces por el modo en que ella insiste en recordar ciertas palabras del poema me pareció que ese daba a entender al lector que ella en el fondo deseaba la muerte de su hija.

R.O.: Quisiera que habláramos sobre la caracterización de tus personajes.

M.P.: Creo que yo me baso siempre en personajes reales y más que describirlos me gusta que se describan ellos solos, dejarlos que deliren, porque me parece que al contar, al hablar de las películas que le gustan o de los libros que leen, parece que se van pintando solos. Tengo mucha desconfianza de la descripción directa o si no ir al extremo opuesto que son los capítulos biográficos (las biografías de Gladys y Leo) que son como las fichas de psicoanalistas ¿verdad? En estos dos capítulos me interesaba llevar la omnisciencia del narrador a sus últimas consecuencias. Porque a mí me molesta un poco cuando el autor describe y maneja su personaje, cuando la tercera persona se muestra muy señora y lo sabe todo. En esos dos capítulos decidí llevar ese planteo hasta sus últimas consecuencias: el autor sabe hasta el menor detalle lo que les ha pasado a estos personajes. Me pareció un experimento posible.

R.O.: En *Buenos Aires* aparece el personaje de un puertorriqueño y creo que es la primera vez que veo al puertorriqueño en literatura hispanoamericana contemporánea (excepto en literatura puertorriqueña, claro).

M.P.: Pero es muy episódico, ¿no? Es un poquito.

R.O.: Aun así me pareció muy interesante cómo construiste esos personajes con los que Gladys tiene relaciones amorosas.

M.P.: Bueno, he vivido en Nueva York, así que elegí tipos. Por ejemplo, para ese personaje de Gladys he tenido modelos. Gladys es una síntesis de varios modelos. Yo recordaba aventuras de estas mujeres que me inspiraron a Gladys y elegí aquellas que eran más fáciles de condensar en una página, porque son episodios que tienen que correr muy rápido. Entonces la cuestión está en elegir algo que se pueda dar en pocos casos.

R.O.: Cuando escribes, además de escribir por una necesidad tuya ¿no te preocupa la labor casi metafísica del escritor, como se define Borges a veces? ¿O más que nada piensas que estás llegando a la gente, comunicándote?

M.P.: Yo he tenido muchísimos problemas de comunicación y siento que a través de la literatura me puedo entender mucho mejor con la gente. Además, no sé, me sirve para encontrar gente afín, a la que le interesa las mismas cosas que a mí. Es un modo de hacer amigos, de acercarme, de exteriorizar cosas que si no nunca hubiesen salido. Ahora, a los efectos de los que se escribe en la mentalidad colectiva, pues me parece que en este momento los procesos políticos en Latinoamérica son tan y tan rápidos y tan y tan tremendos, que una novela que se tarda en escribir 2, 3, 4 años no puede pretender una actualidad muy grande. Creo que es el momento del periodismo, de un periodismo de gran responsabilidad.

R.O.: ¿Cómo comparas la obra tuya con la obra de otros escritores latinoamericanos contemporáneos, por ejemplo Viñas, en *Hombres de a caballo*?

M.P.: No creo mucho en la novela como panfleto político. Creo que tiene poca razón de ser porque ese tipo de literatura va dirigido a un público que ya está convencidísimo de la necesidad de cambio, y que está predispuesto a leerla además. Si fuera una literatura inmensamente popular, que llegara a un público más difícil de sacudir pues sí, pero por cuestiones económicas el libro no pasa de ciertas clases sociales.

R.O.: Cuando leí el personaje puertorriqueño lo quise tomar casi como símbolo, porque habías tomado prototipos de dos culturas opuestas como un puertorriqueño y un norteamericano.

M.P.: Gladys da contra otros puntos, otras cosas más vitales.

R.O.: Claro, la vitalidad del puertorriqueño, más espontáneo, más vital.

M.P.: Es él quien le da una nueva dirección a Gladys. A partir del episodio con este hombre ella inicia una vida sexual mucho más sana. Después vuelve a caer en las trampas culturales. En su búsqueda sexual afectiva, después de este episodio positivo con una persona muy espontánea, muy libre, que es libre justamente por lo elemental, porque no tiene complicaciones. No es que los haya superado, sino que no ha entrado en las represiones culturales. Cuando Gladys se mete con gente de otro nivel ya se pierde todo eso nuevo. La salvación siempre la encuentra cuando vuelve a lo muy natural, a lo más primitivo.

R.O.: Dijiste que ella vuelve a joderse cuando cae dentro de las trampas culturales.

M.P.: Sí, en el mismo mejicano que conoce, porque le hace todo un planteo romántico.

R.O.: Respecto a eso ¿cómo entiendes la cultura? ¿Te parece que la cultura castra?, ¿que la cultura destruye al individuo en vez de formarlo?

M.P.: La cultura puede ser represiva. El hecho es llegar a la acción después de haber leído o visto mucha ficción te puede entorpecer, ¿no? Te impide inventarte a vos mismo porque siempre están estos modelos que se te interponen. Pero yo no estoy de este modo contra la ficción ni contra el cine. Muchos ha dicho: "*La traición de Rita Hayworth* es un ataque al cine". No es eso. Lo que pasa es que en una sociedad represiva, sobre todo sexualmente, se vive mucho a través de la ficción. Entonces cuando se tiene la oportunidad de pasar a la acción hay todos esos moldes en tu cabeza.

R.O.: Es el ataque al mal uso del cine y al mal uso de la cultura.

M.P.: Yo creo que si no existiera previamente la represión no se viviría la ficción así, como un suplemento de vida, sino como un enriquecimiento diferente. Uno siempre llega a la primera experiencia sexual después de haber visto miles de películas y novelas.

R.O.: ¿Te parece que se puede lograr una síntesis de una cultura bien implementada que enriquezca la parte práctica?

M.P.: Supongo que sí...

Mira, ante todo porque tengo necesidad de fantasear o de explicarme a mí mismo cosas en término de acción. Yo quería ser una película, no quería ser una persona. Cuando era chico el ideal era ser de celuloide para ser invulnerable y que tu historia ya estuviera ahí, hermosamente contada y hasta que no estuviera en las manos de ningún hijo de puta que te pudiera arruinar la vida, que ya estuviera todo resuelto de antemano. Está el problema de defenderse, que para mí es un problema muy grande: yo siempre rechacé la agresión, la autoridad ¡la fuerza me pareció así el diablo! Pero pasaba que para sobrevivir había también que defenderse. Entonces la cuestión de la defensa me mataba. Por eso quería ser película.

R.O.: Cuando leí *La traición de Rita Hayworth* me pareció revivir el haberme criado en un pueblo pequeño y el haber utilizado el cine también como un medio de escape sobre toda esa represión de la vida cotidiana, todas la imposiciones de la familia matriarcal.

M.P.: Sobre eso hay algo que quiero señalarte. El cine de Hollywood, que puede ser tan reaccionario en un contexto, como Europa, París… Esa misma película vista en un pueblo de la Pampa Argentina puede ser subversiva por el modo en el que, por ejemplo, se enaltece la figura femenina en un medio machista donde la mujer está muy sometida y desvalorizada... Una Greta Garbo tenía una carga muy especial.

R.O.: ¿Dirías tú que hay una intención en tus novelas de llegar a una forma más popular?

M.P.: Sí, eso siempre me lo he propuesto, pero es porque a mí me gustan los géneros pop, porque vengo del cine. No es una cosa de programa, sino que yo hago esos géneros porque son los que siento. Ahora, yo te digo, por otro lado, creo que el pop puede enriquecer mucho la novela y echar luz sobre ciertos problemas, pero con un efecto casi retrospectivo. Digamos, en general, los escritores, la gente que está con los problemas de estilo y expresión personal no vive con mucha claridad el presente, tiene menos sentido de lo actual. Yo tengo, por ejemplo, reflejos muy lentos. Interpreto una cosa que ha sucedido hace tiempo mucho mejor que algo del momento. Por eso me parece que si bien todo este *boom* de la novela latinoamericana es halagüeño para nosotros, que nuestra lengua sea objeto de todo este trabajo, no creo que tenga un gran efecto político, como se pretendió. Es decir, eso es una ilusión. Ojalá fuera así.

R.O.: ¿Cómo te sientes operando dentro del cambio social? ¿Crees que la literatura es un aporte?

M.P.: Sí, pero es un aporte modesto; no lo que se pensó en un momento, que, bueno, los escritores eran como guerrilleros.

R.O.: Yo creo que *Boquitas pintadas* es de las primeras novelas en las que se empieza a hablar de una liberación de la represión sexual que tiene que venir dentro del cambio. El cambio se va a dar en todos los niveles o no se va a dar.

M.P.: La represión sexual es una de las armas principales del capitalismo. Para mí está clarísimo. Reducir la mujer a objeto de modo que el hombre no sólo tenga el techo y la comida sino la tercera gran necesidad, que es el sexo. Entonces comprar la compañera, así. Es básico que la gente tendría muchísima menos sed de poder si hubiera un juego sexual libre, si hubiera la posibilidad de tener relaciones con cualquiera que se te cruce en la calle en el acto, en cualquier momento, ¿no? Porque eso daría una base de satisfacción diferente. La gente está tan tan frustrada en ese sentido ¿verdad?

R.O.: Pues si tú ves la represión sexual como una de las armas del capitalismo y tus novelas atacan la represión sexual, entonces quiere decir, que verdaderamente es una labor política la que tú estás realizando.

M.P.: Sí ¿pero cuándo va a causar efecto? En realidad yo veo a mis novelas como una tarea de desentrañar misterios argentinos: ¿por qué somos así?, ¿por qué esto y no lo otro? Me parecía que el lenguaje de la gente así, como vehículo de psicología, era muy útil y me tiré mucho hacia ese lado.

R.O.: ¿Te parece que la represión en los países nuestros se maneja también a nivel de lenguaje y la separación de clases?

M.P.: Sí, claro, por eso a mí en cierto modo la cursilería me resulta simpática. En la cursilería del lenguaje, cuando el lenguaje es muy recargado, veo que hay alguien ahí que está queriendo expresarse, ¿no? La cursilería argentina a mí me sirve. De hecho, es preferible que las primeras generaciones de argentinos no hayan tenido en la casa modelos de lenguaje sólido. Entonces se ha aprendido la lengua como se ha podido y de los modelos más increíbles: de los subtítulos de las películas y del tango. Hay ciertos momentos fuertes o dramáticos en que la gente habla directamente en tango y a mí eso me enternece bastante. Lo veo como una necesidad de la gente de expresarse y elevarse, es decir, queriendo expresarse a alto nivel. Bueno, si los modelos que tuvieron a mano fueron pobres, pues paciencia, ¿no? No es culpa de ellos. A nivel del lenguaje yo puedo perdonar hasta la clase media. Pero es en la acción que la clase media se pone tan terrible, porque es tan calculadora y tan fría.

R.O.: En *Buenos Aires Affair* comienza a tocar esa frialdad de clase, ¿no?

M.P.: En *Boquitas pintadas*, esa cosa de actuar siempre a base de cálculos.

R.O.: En *Boquitas pintadas* hay un romanticismo en los personajes que es muy diferente a la frialdad de Gladys.

M.P.: Sí, pero en *Boquitas pintadas*, fíjate como actúa Nené con la Raba. Es tremenda; para que no cuente que no tiene muebles deja que esta pobre chica que no conoce a nadie quede sola en Buenos Aires, cuando ella podría ayudarla un poco.

R.O.: ¿Qué escritores latinoamericanos prefieres?

M.P.: Más o menos, no leo mucho, pero de lo que conozco los tres que más me interesan son cubanos: Lezama, Cabrera Infante y Sarduy, que son los que más trabajan con el lenguaje.

R.O.: ¿Por qué viviste en Nueva York?

M.P.: Cuando empecé a escribir vivía en Roma y trabajaba en cine. Era un trabajo muy irregular y yo quería un trabajo que me llevara ciertas horas, que no me exigiera nada y que me dejase tiempo libre para escribir. Entonces como nunca había estado en Nueva York y tenía muchísimas ganas de venir, en 1963 me vine para acá y estuve aquí 4 años y medio.

R.O.: ¿Por qué perdiste el interés de trabajar en el cine?

M.P.: Ah, totalmente. Eso fue siempre un error. A mí lo que me gusta es ver cine, ¿no? Tengo dificultades para trabajar en equipo, en colaboración. Además, el cine te permite muy poca experimentación y a mí esa es una de las partes de la literatura que más me resulta, que podés hacer y rehacer cosas y en cine es imposible. Es que tengo ciertas inseguridades básicas; o a lo mejor es que soy perfeccionista. No me gusta estar obligado a dar lo mejor en una toma, resolviendo una escena de un modo. Además en cine hay que ser autoritario y eso es fatal, yo no puedo, no me gusta ser autoritario.

R.O.: ¿Eres antiautoritario?

M.P.: Me parece que la fuerza es fatal, que asumir el rol fuerte... Creo que hay que llegar a otra cosa, ¿no? Si se desprestigia la fuerza, creo que empezamos a entendernos. Después de lo de Chile, ya cualquier cosa. Antes de lo de Chile te hubiera dicho: bueno, las cosas van bastante bien; pero después de eso ¡y que todo el mundo se haya quedado lo más tranquilo! Se ha atropellado un gobierno elegido por el pueblo y se ha hecho todo ese desastre y los demás gobiernos lo han reconocido, es una cosa que no se puede creer.

R.O.: ¿Con cuál de tus tres novelas te sientes más satisfecho?

M.P.: En general la gente prefiere *Boquitas pintadas*. Pero yo siempre le tengo especial cariño a la última. En realidad todas tienen lo mismo, pero es que así como que te tranquilizas de que no has entrado en decadencia.

R.O.: ¿Cómo te sentiste esos 4 años en Nueva York?

M.P.: A mí Nueva York me resulta muy estimulante, veo que aquí hay siempre gente lanzada al cambio, experimentando mucho y quemándose sin ningún cálculo de clase media, si no que arden en la vida. Eso me resulta muy simpático, viniendo de un país de clase media así muy *cool* eso me resulta muy estimulante. Además, aquí hay para mí la posibilidad de ver cine viejo que no tengo en otras partes, cosas importantes clase B.

R.O.: ¿Dónde vives ahora?

M.P.: En ninguna parte. Últimamente he vivido en Buenos Aires pero ahora sentí la necesidad de pasar unos meses fuera y he venido aquí.

R.O.: ¿Qué te ha parecido el fenómeno puertorriqueño de Nueva York?

M.P.: No he tenido mucho contacto con puertorriqueños aquí pero me parece gente muy vital, muy especial y muy distinta a la gente de la isla. He ido varias veces a Puerto Rico y me parecen la gente más dulce y menos agresiva del mundo. Acá cambian muchísimo, pero por lo mismo me parece una cosa muy especial, muy primitiva que me parece muy fuerte.

R.O.: ¿Conoces literatura puertorriqueña?

M.P.: No.

R.O.: ¿Por qué te parece que los movimientos de liberación social se pongan tan reaccionarios cada vez que se trata el punto sexual, inclusive que lleguen a defender una posición de puritanismo similar al de la Iglesia católica y al del partido comunista?

M.P.: Al endurecimiento, creo. La gente que lucha (esto es muy feo, no sé si tendría que decírtelo) y que está decidida a morir, en cierto modo niega la posibilidad del goce. El goce viene a hacer una cosa que estorba porque lo que importa en este momento es dar la vida por cambiar el régimen, tal vez sea el único modo; una actitud así casi suicida. Ahora, una vez que se establece un régimen socialista, no veo por qué insistir en la represión. Personalmente, yo creo más que nada en la bisexualidad. La liberación sexual es la posibilidad de goce con una persona, con una mesa, con cualquier cosa, porque el sexo es el elemento de juego que se tiene para alegrar la vida. No veo conflicto entre marxismo y liberación sexual.

II. EXILIOS:
MÉXICO, NUEVA YORK (1974-1979)

El año 1974 significó una vuelta de tuerca en el panorama de la literatura argentina especialmente. La perspectiva que se brindaba desde los agentes coercitivos del campo intelectual no eran muy alentadores, pero, a pesar de todo, la producción cultural era importante, en cualquiera de sus manifestaciones, también desde el periodismo se lo apoyaba. Es el año de la vuelta de Perón a la Argentina con todo lo que significó el optimismo que desde el año anterior, con la elección de Cámpora en el poder se venía preparando. Es también el año de la desilusión que para muchos se desembocaba después de años de espera, la matanza de Ezeiza y el comienzo de una serie de negociaciones del poder democrático con el militar, para muchos el fin de la utopía argentina y el comienzo de sucesivas desesperanzas que marcaron su impronta en las producciones de los diferentes autores.

En los archivos del escritor se encontraban varias noticias sobre la incautación de libros[1], que comienza a ser el signo evidente de la censura y represión progresiva.

En el comienzo del año aún se leían perspectivas como las que se podrán leer en las páginas siguientes; la literatura argentina estaba integrada, como se verá, en los circuitos de circulación latinoamericanos.

En Manuel Puig se produce un giro más evidente y comienza lo que he dado en llamar la "Trilogía del exilio", con *El beso de la mujer araña*, *Pubis angelical*, y *Maldición eterna a quien lea estas páginas*, hacia una escritura explícitamente política.

Al margen de estas publicaciones comienza con su actividad de comediante y guionista, y con la matriz estética de nuevo tipo que desarrollará en la etapa siguiente de su producción, entre su estadía en Nueva York y el comienzo de su residencia en Río de Janeiro (1978-1980).

---

[1] Al menos unas seis páginas grapadas; todas las notas agrupadas pertenecen al diario *La Opinión*, a excepción de una que pertenece a *La Nación*. En ellas destacan las diferentes versiones sobre el asunto. Se lee, por ejemplo, que el secuestro fue por una Liga de Madres de Familia y luego, en otra, se desmiente dicha denuncia culpando a la policía. La confusión en el país había empezado provocada, sin duda, por la atribución de culpas de acciones represoras que, sin lugar a dudas, provinieron del que fue el mayor terrorismo estatal en la historia Argentina.

Los dos primeros textos recogidos en esta sección tienen por finalidad mostrar desde fuera de la escritura de Puig el campo literario a partir del año 1974.

Manuscrito de *El beso de la mujer araña*, gentileza de los herederos de Manuel Puig. Publicado en la edición de la colección Archivos N.º 42, Madrid *et al.*, ALLCA XX, 2002, en la sección "Articulaciones narrativas" a cargo de Julia Romero, facsímil incluido en CD ROM.

1974, 3 de enero   (1974-1979)
AUTORES PARA LECTORES, Y VICEVERSA
Artículo firmado por J. di P.
Panorama, Buenos Aires, Argentina

Si la palabra *boom* fue engañosa, si su acepción se tornó confusa, acaso no haya nada más sano que abandonar las discusiones y pasar a otra cosa. A los narradores que perduran, a los que surgen, a los que se discuten y se exaltan. De todas maneras, las letras argentinas tienen sus lectores.

Acaso se hayan disipado los vapores del *boom* de la literatura latinoamericana y argentina. Eran, como toda fórmula publicitaria, engañosas; sin embargo, respondo a una demanda de los lectores, ávidos de encontrarse a sí mismos a través de la ficción y del ensayo. Ha llegado el momento de olvidar esa palabra onomatopéyica y estruendosa. Pasar a otra cosa es lo más sano.

Y esa salud no se encuentra en el *antiboom*, en la crítica entre perversa y exaltada de un fenómeno muy complejo que no se agota en la propaganda ni se reemplaza por el silencio. Un escritor grande y singular como García Márquez perdura; un artesano como Vargas Llosa ha decaído, durante el año 73, en su artificiosa novela *Pantaleón y las visitadoras*; el mayor de todos, Juan Carlos Onetti –que no participó de las prebendas publicitarias– llegó a la deslumbrante perfección de la pequeña, enorme novela *La muerte y la niña*, recientemente aparecida. El argentino Julio Cortázar se precipitó en el tedio, en el rebuscamiento y en la ambigüedad política, en una bienintencionada aunque fallida experiencia, *El libro de Manuel*, que permitió volver a apreciar su generosidad y su amor por el juego, profundamente viciado por un arte declamatorio infantil, escasamente compensado por su voluntad de participar en el proceso de liberación latinoamericano o, acaso, mundial.

Manuel Puig publicó su tercera novela, *The Buenos Aires Affair*. Hay que hablar claro: el libro defraudó a quienes esperaban una variación de *Boquitas pintadas*, el único de sus textos que fue un estruendoso éxito y que permitió remolcar a su difícil *Traición de Rita Hayworth*. Como en el gusto hay escasa independencia, las búsquedas formales y la audacia que encierra el volumen de *The Buenos Aires Affair* atragantaron numerosas gargantas. Es, sin duda, uno de los textos más fascinantes del año.

Adolfo Bioy Casares publicó su bellísima *Dormir al sol*. Continuando con una tradición personal, uno de los mayores escritores argentinos imbricó estrechamente la literatura fantástica en la vida cotidiana de seres simples, inteligentes y admirables, con una coherencia verbal que sólo en él no sorprende. Es uno de los raros casos de libros perfectos y amenos, difíciles de olvidar.

Un autor joven, Osvaldo Soriano, publicó su primera novela, *Triste, solitario y final*. El texto es asombroso. Complejo, tiene la virtud de parecer sencillo;

divertido, melancólico y tierno, es al mismo tiempo capaz de evocar la comicidad del cine mudo y la aspereza de la novela policial negra. Con estos elementos diversos, y con su visión singular, ha gestado esta novela memorable.

La vanguardia, por fin, ha deparado al lector argentino páginas estremecedoras y originales. *Sebregondi retrocede*, de Osvaldo Lamborghini, un texto difícil y astuto, ha sumergido al lenguaje en un baño de agua regia, disolviéndolo para trasmutarlo en otra sustancia, en la que el relato se quiebra y se recompone con óptica diferente. Si los hábitos del lector son trasformados, este libro no será una curiosidad, sino un precursor.

Un suceso sin antecedentes –la renuncia de Ernesto Giúdice al P.C. argentino– ha deparado el testimonio admirable de un luchador, *Carta a mis camaradas*. La literatura política, que se ha expandido notablemente en los últimos años, tiene un nuevo clásico.

La perduración de Ediciones de la Flor como la más sólida e imaginativa de las editoriales pequeñas, y Ediciones Corregidor en vías de convertirse en otra de las grandes, por su catálogo y la calidad de sus publicaciones, son los hechos destacables en la industria durante 1973.

1974, jueves 9 de agosto (1974-1979)
PUIG, CELA Y RULFO SEPULTARON AL *BOOM*
Unomásuno, Cali, Colombia

CALI, 8 de agosto (EFE).- Con una reñida discusión en la que se analizó lo que fue, hizo y dejó de hacer el llamado *boom* de la literatura latinoamericana, finalizó el Encuentro de Escritores, quienes durante tres días pasaron revista a la actual situación de la novela y literatura en América Latina.

Gabriel García Márquez, Mario Vargas Llosa, Carlos Fuentes y Julio Cortázar, los máximos exponentes del llamado *boom* de la novelística latinoamericana fueron prácticamente deshechos por los participantes en esta reunión de escritores hispanoamericanos.

El argentino, Manuel Puig, quizá el latinoamericano de mayor candelero en este momento, indicó que la publicidad concedida al *boom* es algo relativo, porque nunca la literatura ha contado con el despliegue informativo de importancia y mucho menos gran publicidad.

Por su parte Juan Rulfo, autor de *Pedro Páramo*, se refirió a que el *boom* fue algo que tuvo el apoyo de las casas editoriales y que gracias a ello pudo conocerse lo que era la novelística latinoamericana.

"Evidentemente, dijo, tras todo esto había también falsos valores a los que se les dio suma importancia pero, en definitiva, han quedado en sus justas apreciaciones intelectuales".

Camilo José Cela consideró a su vez, que el llamado *boom* tuvo éxito porque realizaron algo que anteriormente quizá no existía: "se consiguió calidad".

1974   (1974-1979)
"¡BOOM!"
Conversación con Ricardo Garduño R.
El sol de México, Ciudad de México, México

¿Qué es el *boom*? Muchos ya lo han definido, otros sólo saben que sus integrantes son: Gabriel García Márquez, Mario Vargas Llosa, Julio Cortázar y más recientemente Juan Carlos Onetti y Manuel Puig, este último, de quien se dice ha vuelto a vitalizar el *boom*. Pero qué es, cómo se originó, Manuel Puig nos lo dice:

M.P.: El *boom* fue la aparición simultánea de talentos muy dispares, todos muy llamativos, aunque no creo que todos provengan de una mima escuela. Creo que lo que le dio fuerza fue la aparición simultánea y no la de uno solo de sus integrantes.

–¿Para qué sirve el *boom*, o para qué sirvió?

M.P.: Sirvió de mucho, sobre todo a los que aparecimos después, ya que yo por ejemplo, empecé a publicar en 1968 y el *boom* data del 64 o del 63. Yo encontré que ya había público preparado, se había formado una especie de corriente de interés, aunque ésta solo tenga características de moda, esto no importa aunque en ciertos sectores el interés producido sea muy superficial, ya que de algún modo los nombres se conocen y después, quien realmente tiene captación de la literatura, los puede apreciar.

De tez morena clara, Manuel Puig (1932) da contestación a las preguntas formuladas, vive en una pequeña casa en construcción, de la que es huésped y demuestra gran amabilidad.

–¿Hay fácil acceso al *boom* o es un grupo cerrado? Sin meditar, da pronta contestación:

M.P.: Durante cierto tiempo pensé que ellos habían cerrado las puertas a los demás y que sólo se interesaba el uno por el otro. Pero cuando yo pasé a despertar interés en los lectores y a ser publicado, me encontré con que tenía muy poco tiempo como lo tienen ellos para leer otros autores. Como que el éxito te obliga a encerrarte siempre y a estar escribiendo de continuo. Así que si me desconocieron por algún tiempo, fue por eso. El éxito es algo muy especial que afecta a la gente.

–¿Y cómo ingresó usted?

M.P.: Yo no soy amigo personal de alguno de ellos y tampoco vivo en la misma ciudad que ellos, no veo por qué tenga que formar parte en ello.

–¿Quién fue el creador del *boom*?

M.P.: Se dice en Argentina que fue la revista *Primera Plana* de Buenos Aires, la que empezó a tratar a los escritores como *vedettes*, es decir a hacer una publicidad muy personal en torno a los primeros escritores.

–¿Ha engrandecido la literatura latinoamericana el *boom*?

M.P.: Creo sin duda, que fue un estímulo, porque ahora el escritor sabe que lo van a leer. Para mí, sí fue un estímulo.

–¿Es decir engrandeció a la par que la literatura española?

M.P.: No, porque la española estaba y está pasando por una gran crisis. Hay un momento así, de vacío. Esto te lo digo así: Borges fue el primer escritor que interesó fuera de Latinoamérica.

–¿En el *boom* están representados todos los países, o nada más Argentina?

M.P.: Hay de todos, está Juan Rulfo y Carlos Fuentes, Octavio Paz, García Márquez y Vargas Llosa de Colombia y Perú, ahora está teniendo éxito el uruguayo Onetti.

–¿En 1974 siguen teniendo vigencia los postulados del *boom*?

M.P.: Creo que en un momento los integrantes del *boom* creyeron que la literatura podría tener un papel muy activo político y en efecto creo que formaron parte de todo este fermento que hubo de izquierda, muy alentador, pero con el paso de los años han sucedido cosas tan terribles en Latinoamérica como la pérdida de Chile, por ejemplo. Personalmente creo que la literatura puede aportar algo socialmente, pero creo que es un aporte muy modesto, porque nuestras obras van ya a un público muy preparado[2].

Ahora bien, creo que en Latinoamérica la necesidad de cambios de estructuras profundas es tan evidente, que no creo que haya necesidad de una novelita para descubrírselo a nadie. En general los escritores no son hombres de acción, así que las revoluciones las hacen los políticos.

–¿Los escritores deben ser políticos o apolíticos?

M.P.: Yo siento que ante todo, el escritor tiene el compromiso de ser sincero consigo mismo, de expresar su mundo más íntimo y si parte de esto es la inquietud social, eso se va a ver reflejado en sus libros, pero creo que cuanto más indirecta es la parte ideológica de una novela, tanto más activa va a resultar en el lector, porque el lector tiene gran resistencia al panfleto, por eso yo creo más en la fuerza política del periodismo que de la literatura.

Sí tú te basas en una realidad, si lo que cuentas es algo que tiene los pies en la realidad, aunque se trate de la más grande fantasía, lo que reflejas va a

---

[2] Es notable la declaración de Puig sobre el *boom* y sobre las obras del movimiento, así como el público al que dirige las obras, una de las pocas oportunidades en donde se manifiesta explícitamente sobre él.

tener siempre un fondo subversivo, porque siempre habrá un reflejo de la injusticia.

–¿Este movimiento del *boom* puede ser permanente?

M.P.: Creo que sucedió una cosa, que todos los grandes mercados de la literatura en Francia y en Italia se han abierto para la literatura latinoamericana y ésta se ha prestigiado y ahora es algo que está en todos los oídos del mundo.

–¿Es cierto que su libro *The Buenos Aires Affair* aparece cuando se da por muerto al *boom*?

M.P.: No, lo que pasó es que se les ha exigido a los autores algo inhumano, que produzcan una obra maestra cada dos o tres años y yo creo que hay que ser más paciente. Por ejemplo en estos últimos se han publicado libros como *Cobra* de Sarduy y los más renombrados escritores, siguen trabajando.

–¿Los diálogos de las películas que escribe en el libro antes mencionado, se pueden considerar como prólogos a cada capítulo?

M.P.: Sí, porque la protagonista del libro tiene una idea hecha del amor, moldeada por las películas de Hollywood que ha visto y le es difícil escapar a esas influencias y ella se ve en directa confrontación con las damas del cine, en su relación con los hombres, sobre todo porque no es muy agraciada físicamente. Para ella estas películas son como una especie de parámetro.

–¿Esos prólogos son exclusivamente por la protagonista o por hacer resurgir el cine de Hollywood?

M.P.: Me parece muy astuto lo que dices. Yo tengo cierta admiración por cierto cine de los treintas y cuarentas y elegí diálogos que me parecen pasajes interesantes y creo que era un cine notable, su arte narrativo, por algo atrapó al público como lo atrapó.

–¿Será porque surgieron grandes narradores a raíz de la Segunda Guerra Mundial?

M.P.: No, simplemente así se dio, había que atrapar al público y se dio importancia al espacio del modo de contar la historia.

–¿Las novelas en general deben tener un final?

M.P.: No y la prueba viviente la tenemos en mi novela *La traición de Rita Hayworth*, que termina dejando al lector que construya lo que va a ser la personalidad del elemento principal.

–¿Entonces deberían ser más abiertas?

M.P.: Bueno, a mí me gusta este tipo de novelas en que se da participación al lector.

–¿Entonces usted sigue lo que hizo William Faulkner, dentro de la novela psicológica?

M.P.: Quizá sí, porque yo de Faulkner tengo mucho, porque me gustaron mucho sus cosas cuando las leí, pero mi línea es mucho más popular e intento hacer una comunicación más directa.

–¿*The Buenos Aires Affair* es una nueva forma de novela policial?

M.P.: Yo siempre empiezo a trabajar sobre un tema, no sobre una forma ya que no me propongo hacer una novela policial. La novela de Rita Hayworth la hice porque yo creía que iba a ser director de cine, pero no me gustó el trabajo de equipo, no me gusta el trabajo bajo presión, a mí me gusta experimentar, desechar y despertar, para eso, el ideal es la literatura. Y ese libro lo hice para aclarar problemas de mi infancia. En cuanto a *The Buenos Aires Affair*, que es mi tercera novela de cuando viví fuera de Argentina y regresé, tuve muchos inconvenientes con la censura, con la prensa, por eso al año volé a París y lo escribí por una visión especial y violenta de represiones muy terribles, con un gobierno militar de fuerza, muy inhumano y una derecha burda y ésa es la visión que quise dar.

–Esta novela fue prohibida en Buenos Aires, porque es muy cruda, cuyo tema principal es la represión sexual y hubo gente que se ha asustado, en cambio aquí en México, yo creo que ha tenido un público muy bien preparado, que es el que más ha captado la novela.

M.P.: Ha salido también en Italia, pero las críticas me han desilusionado, ya que sólo se han limitado a contar el argumento y aquí, en México tampoco ha habido críticas interesantes.

–¿Y el nivel intelectual de Argentina?

M.P.: Es muy alto –dice el autor de *Boquitas Pintadas*– porque tiene gente muy lectora y realmente los escritores estamos muy estimulados por el público local.

–¿Dentro de los escritores argentinos, a quién admira Manuel Puig?

M.P.: Hay escritores que opinan mucho sobre otros y a veces favorablemente, y creo que el artista en general está por definición en su mundo, porque si no tiene un mundo propio, no interesa y por ello, no puede captar a un autor de onda opuesta. Sin embargo, te diré que admira a Borges porque es estilista y depurado, pese a que él habla pestes de mí, él tiene un gusto por la elegancia que yo no comparto, a mí me apasiona el mal gusto. Él no me ha leído, porque se quedó nada más en el título de mis novelas. Títulos que considera horrendos.

–¿Cómo es la educación en Argentina?

M.P.: Hay algo bueno, que es gratuita toda, hasta la Universidad y ha habido muchos cambios.

–Pero en su época de estudiante, ¿cómo estaba la educación?

M.P.: Muy represiva, todo muy impuesto, muy poca participación del estudiante, eso nos obligaba a digerir, sin mascar casi.

Él es Manuel Puig, integrante del *boom* latinoamericano de escritores, nacido en General Villegas, a quinientos kilómetros de la capital de Argentina.

1974, 19 de octubre   (1974-1979)
PARA EL ESCRITOR MANUEL PUIG
EL CINE ESTÁ ANTES QUE NADA[3]
* "Los latinoamericanos somos cursis"
* "Nuestro mal gusto es creativo"
* "Mis preferencias: Wagner y Lara"
Conversación con Elena Poniatowska
Excélsior, Ciudad de México, México

Hace cinco años Manuel Puig no era famoso. Ahora es una celebridad. Su novela *La traición de Rita Hayworth* le dio un éxito inmediato y creó escuela, a tal
grado que las novelas que ahora llegan a los concursos nacionales e internacionales llevan títulos que emulan al autor argentino: *El secuestro de Sofía Loren*, *El
día que mataron a Brigitte Bardot*, etcétera. A pesar de la fama, a pesar de que
ahora lo invitan a asistir a simposiums a Toronto, Pittsburgh, Washington, a
encuentros internacionales de escritores como aquél que organizó con un gran
éxito Manuel Durán en la Universidad de Nueva Inglaterra, Canadá, cerca de
Detroit, al que asistieron Vicente Leñero, José Emilio Pacheco, Tito Monterro-
so, Arturo Azuela, Salvador Elizondo, Ana María Barrenechea, Bryce Echeni-
que y otros muchos latinoamericanos de primera, Manuel Puig sigue siendo un
hombre risueño, accesible, tierno y un tanto inseguro. Se ha sacado premios y
más premios y el reconocimiento internacional no se ha hecho esperar; por eso
quisimos preguntarle acerca de los premios:

–¿Estás contento con tus premios del Festival de San Sebastián? Cuéntanos
algo de ello...

M.P.: Sí, por un lado mucho, y por otro no, bueno, ya te contaré. Estoy
contento porque es la primera vez que recibo un premio. Nunca tuve un premio literario. Y en cambio me premian por este guión que hice en tres semanas.
Pero esa no es la queja.

–¿Cuáles fueron los premios exactamente?

M.P.: La película argentina *Boquitas pintadas*, basada en mi novela, tuvo el
premio especial del jurado. A mi personalmente me dieron el premio "Pluma
de oro" de la Asociación de Escritores de San Sebastián al mejor guión, y además tuve un premio del Centro de Escritores Cinematográficos de España.

---

[3] *Excélsior* es un diario apodado "el periódico de la vida nacional", fundado en 1917 en
México. Es uno de los más importantes periódicos de referencia en América Latina. Esta
entrevista y las dos siguientes realizadas por Elena Poniatowska fueron publicadas en tres
"entregas" del mismo periódico.

–¿Qué es eso de "un premio", no tiene nombre?

M.P.: No sé, yo te repito lo que he visto en los cables aparecidos en los periódicos españoles. Te transcribo: "esta última distinción le fue conferida por la
precisión en la pintura de una crítica sentimental provinciana de los años 40, a
través de un lenguaje cinematográfico que hace posible la coexistencia de la
descripción y la crítica". No sé más nada.

–Hace un momento hablaste de queja ¿por qué?

M.P.:Sí, sí, aquí vienen las quejas. Me hubiese gustado recibir un telefone-
ma del productor contándome algo más. Tampoco fui invitado a tomar parte
de la delegación argentina al festival. Por lo tanto, me siento muy aislado, o
mejor dicho marginado del grupo que produjo el éxito.

–Y ¿qué piensas de la película?

M.P.: No la he visto. Yo salí de Argentina en septiembre de 1973, al día
siguiente de entregar el guión. Es posible que la película venga a la Reseña que
se hace aquí en noviembre, ha sido invitada. Tengo una curiosidad monstruosa
por verla. Te cuento; yo no creía en las posibilidades cinematográficas de la
novela. A pocos meses de publicarse, en marzo de 1970, el director Leopoldo
Torre Nilsson me habló de hacerla. Yo traté de desalentarlo, me parecía que el
atractivo de la novela era puramente literario, y que en cine de eso no iba a quedar nada. Te explico: en *Boquitas pintadas* se cuentan las alternativas de vida
muy chatas de clase media, que carecen de intriga y de suspenso pero que están
presentadas no linealmente, sino mediante una estructura literaria muy complicada, con idas y venidas en el tiempo, tratando de poner a esas vidas en una
perspectiva diferente, crítica. Todo eso le dije a Torre Nilsson agregándole que
me sería infernal desmontar esa estructura y pensarle otra, cinematográfica.
Además yo estaba harto de trabajar sobre *Boquitas*, en ese año estaba colaborando con la traducción al italiano, francés e inglés, que eran adaptaciones más que
traducciones, por la cantidad de localismos que había que aclarar.

"EL ARGENTINO LEOPOLDO TORRE NILSSON ES MUY BUEN DIRECTOR DE CINE"

–¿Qué contestó Torre Nilsson?

M.P.: Quedamos en que él lo pensaría. Yo prometí a mi vez pensarle un
guión original, si no se me ocurría otra solución para *Boquitas pintadas*. Pero yo
estaba muy absorvido [sic] por *The Buenos Aires Affair*, mi tercera novela, que
fue la que más trabajo me dio; me llevó cuatro años. Al terminar, ya estaban
amarillos los primeros borradores. Habían pasado dos años de nuestra última
conversación cuando me reencontré con Torre Nilsson. Me dijo que había pensado mucho el asunto y que justamente lo que más le excitaba de *Boquitas* era la

estructura aparentemente literaria, que en el fondo era cinematográfica. Y que lo que quería era trasladarla tal cual. Él, entretanto había filmado *Los siete locos* de Roberto Arlt, una novela argentina de los años 30, muy complicada. La vi y me gustó mucho el trabajo de dirección, Nilsson había logrado lo más difícil, captar el clima de Arlt. Le propuse presentarle un esqueleto del guión, que no iba a ser más que un resumen de la novela quitándole lo que nos llevaría a una duración de más allá de los 120 minutos. Visto el esqueleto me hizo algunos reparos menores, los acepté. En tres semanas escribí el guión. Lo leyó e hizo otros reparos menores también justos. Y ahí terminó mi trabajo. Tuve que viajar a Milán y Nueva York para revisar traducciones de mis obras, y con esa excusa me alejé de la filmación. Creo que una película es de su director, si yo hubiese estado allí no hubiese resistido la tentación de entrometerme hasta en los menores detalles.

–¿Piensas seguir escribiendo para el cine?

M.P.: Creo que sí. Para mí es un descanso. Mientras que una novela me lleva un promedio de tres años, durante los cuales los personajes me acompañan y obsesionan, me enferman, un guión de cine puede ser resuelto en pocos meses. Para mí un guión no es más que un bosquejo, un plan de trabajo que después el director realiza. Tengo dos ideas actualmente, con las que estoy jugando, digamos, mientras escribo mi cuarta novela.

–Sé que estás viendo mucho cine mexicano de años 30 y 40, en plan de estudio, ¿qué estudio exactamente?

M.P.: En esta novela nueva hay un personaje apasionado por los boleros, por el cine más popular, filmes de terror y folletines románticos, y por otras expresiones del digamos "mal gusto", ya que en mis preferencias conviven Wagner con José Alfredo Jiménez, Mozart con Gonzalo Curiel, Lotte Lehmann con Gardel, Von Strohein con Orol, Garbo con Ninón Sevilla, T. S. Eliot con Agustín Lara. Además ese fenómeno de "mal gusto" lo veo como inherente a nuestra condición de latinoamericanos, de subdesarrollados, pero... atención, detrás de todo eso intuyo una estética nueva, de una fuerza poética arrolladora. Vuelvo a la novela; como te contaba, hay un personaje digamos *kitsch*, que en un momento hace una larga referencia a una película mexicana de cabareteras, de aquellas de fines de los 40. Y para documentarme busqué películas de la época. Empecé por ahí, viendo eso, pero ahora me entusiasmé y quiero cubrir todo lo posible. De todos los géneros. He visto muchos Oroles, "Indios", Brachos, me faltan Gavaldones, Galindos Rodríguez, es de nunca terminar, muchos Marías (a quien a veces siento autora absoluta de sus películas), Del Ríos, Negretes e Infantes. Y Ninones. Para nombrar algunos. Ya he visto unas 60 películas.

–¿Dónde ves todo eso?

M.P.: Algo en televisión en casa y mucho por la gentileza de Manuel Barbachano, de Televisa, del Canal 13, del Museo de Antropología. Y ahora empiezo a ver material en la Dirección de Cinematografía, en Películas Mexicanas. La gente ha sido muy generosa conmigo. En México me han tratado maravillosamente.

—Pero ¿cómo escoges las películas que quieres ver? ¿Cómo sabes de ellas?

M.P.: Me guío por los libros de *Historia del Cine Mexicano* de Emilio García Riera, que me proporciona todos los datos imaginables. Que yo sepa no hay en ningún país occidental algo semejante. La obra de García Riera es una obra fabulosa...

(En efecto, todas las tardes de su vida, desde que tiene 8 años, Manuel Puig se ha encerrado a ver películas. De pequeño iba con su mamá al cinematógrafo, a ver todas las películas que se daban en el único cine. Ahora de grande, el cine antecede a todo, a cualquier reunión con amigos, a cualquier evento social, a cualquier evento cultural. Su vida es el cine y nadie más sabe de cine, en realidad, que Manuel Puig.)

CONTINUARÁ...

1974, 23 de octubre   (1974-1979)
"EL 'INDIO FERNÁNDEZ' ES EL MÁS VITAL
DE LOS DIRECTORES DE CINE NACIONAL"
* "El cine es una auténtica expresión de nuestro subdesarrollo"
* "La sinceridad y esfuerzo salva a algunos directores y actores"
* "Dolores de Río, rostro irrepetible"; habla el escritor Manuel Puig
Conversación con Elena Poniatowska (II parte)
Excélsior, Ciudad de México, México

Después de una entrevista efectuada hace un par de años al escritor argentino Manuel Puig en casa de Beatriz Baz, recibí dos libros provenientes de América Latina; uno de ellos de Severo Sarduy; ambos me los enviaba Manuel Puig; el hecho me llamó la atención, primero por la gentileza de Manuel al recordarme y segundo porque los escritores latinoamericanos no suelen enviar libros de otros autores, apenas si logran hacer llegar los suyos. En aquella ocasión Manuel Puig sólo habló de cine, y ahora que permanece entre nosotros se dedica a ver cine ya que Rodolfo Echeverría interesado en su gran talento le ha abierto las puertas de la Dirección de Cinematografía para que vea todas las películas mexicanas que se le vengan en gana, así como Barbachano, Televisa, el Museo de Antropología, el Canal 13, etcétera...

Cuando le pregunté a Manuel Puig por qué veía películas mexicanas como un poseído, respondió: "Porque encuentro en ellas una nueva estética". Por eso ahora le pregunto:

–Explícame Manuel, algo más de esa nueva estética a que aludes...

M.P.: Muy complicado. Creo que los latinoamericanos, como países jóvenes han crecido a la sombra de dos grandes culturas, la europea y en este siglo la norteamericana (Hollywood y el jazz-rock). Eso ha dado lugar en nosotros a toda una tendencia imitativa. Los modelos son ajenos, irreales. Todo intento de emulación fracasa porque las motivaciones son falsas (todas menos una, ya te la nombraré) y los medios materiales son precarios. El resultado es la cursilería, el vano afán de sofisticación y madurez en vez de la auténtica expresión de nuestro "subdesarrollo". ¿Por qué entonces algunos de estos productos conmueven y fascinan? Creo entrever una razón: porque todas las motivaciones son falsas menos una. ¿Cuál?

Ninón Sevilla

M.P.: La única motivación real de estos realizadores y divos es su profunda necesidad de expresión, combinada con su total fe en los modelos que admiran.

Y ahí se produce el milagro de la sinceridad. Ninón Sevilla no hace un solo gesto veraz, todo es imitativo, nada está enraizado en una emoción propia, vivida. Ninón mima los gestos que ha visto en las grandes trágicas del cine. Ninón es ridícula en primera instancia porque todo lo vuelve excesivo y falso, pero hay tal intensidad en su intento, cree de tal manera en gestos admirados en alguna pantalla de su infancia, que de ridícula pasa a patética y de patética a sublime. La intensa sinceridad de su falsa concepción la redime.

–¿Y los directores?

M.P.: El equivalente de Ninón Sevilla en directores es Orol. Lástima que nunca hayan filmado juntos. Cuando vi *Anita de Montemar* (dirigida por Chano Urueta en 1943) creí que había llegado al *sumum*. Allí todo es de una coherencia tal en su falsedad, en su voluntad de elegancia, que se vuelve estilo, perdón, Estilo. Blanca de Castejón, de *soirée* a toda hora del día, René Cardona e Isabela Corona logran volverse figuras de cera maravillosamente inanimadas y artificiales, movidas por arte de magia entre decorados del más perfectamente obvio cartón. Pero después vi *Los misterios del hampa* (Orol, 1944) y estaba aún más allá, porque ahí ya se habían eliminado los volúmenes, todo parecía dibujado como sobre una historieta. Un estilo historieta que se logra mantener a lo largo de hora y media de proyección. Prodigioso. Monsiváis lo había dicho ya y creí que era exageración.

–¿Qué otro Orol has visto?

M.P.: Me faltan muchos. De los que he visto nombré el mejor a mi entender porque es el más intensamente sentido por el realizador en su voluntad de elevación: quería emular nada menos que el tipo de film de gangsters del prohibicionismo, género ya entonces (en el 1944) llevado a la cúspide y decadencia por la Warner. Otros Oroles son menos empeñosos y por lo tanto menos interesantes. Pero ya te digo, me faltan muchos, esta noche veo el primero de la trilogía *Percal* que se llama *El infierno de los pobres*. A Borges no le hubiese gustado el título, siempre se horrorizó con los míos. En fin, pero déjame agregarte que noto en los Oroles y Urruetas también una básica habilidad narrativa. Urrueta, además tiene un "estro" especial para los fondos musicales, te señalo el final de *Mujer* y la escena del balcón de *La desconocida*.

–¿A todos los directores mexicanos, Manuel, los ves en esa clave "imitativa"?

"EN EL 'INDIO FERNÁNDEZ' SIENTO INSPIRACIÓN DE PRIMERA"

M.P.: No, y el ejemplo mejor me lo da el "Indio Fernández". Ahí siento inspiración de primera mano, una milagrosa intuición de lo auténtico latinoamericano, de la torpeza, de lo burdo pero también de lo vital de nuestra condición de pueblos nuevos. Una inspiración sostenida a lo largo de todo un film, como en el caso de *Enamorada*. Y de los primeros 30 minutos de *Pueblerina*. Por supuesto el "Indio" ha filmado mucho, no todo de ese nivel. Así y todo algunas de sus películas menores son muy valiosas. Me llamó mucho la atención *Siempre Tuya* (1950, Jorge Negrete-Gloria Marín), una operación comercial obviamente con un argumento del propio "Indio" plagado de clichés (una pareja de campesinos pobrísimos llega al D.F., la ciudad los maltrata pero él triunfa de la noche a la mañana como cantor, el éxito lo marea, una rubia mala lo trastorna, el cantor es herido en una riña causada por ella, la rubia lo abandona moribundo, la esposa vuelve a su lado, lo cura y retornan felices al campo), ahora bien, los clichés están llevados a su última consecuencia, todo es exagerado al máximo y la historia se vuelve saga, cada fotografía se carga de fuerza mítica. A mi entender es un muy bello film... Pero te estoy diciendo cosas ya muy obvias para los mexicanos.

–Cuenta más de los actores.

¡QUÉ MIEDO TENER DE ENEMIGA A MARÍA FÉLIX!

M.P.: También son ellos mismos, no imitaciones, María (¡qué miedo tenerla de enemiga! ¡Qué carácter de mujer!), Dolores (aunque sea simplemente por su rostro irrepetible), Negrete, Infante. Pero atención, para mí son tan representativos los auténticos como los locamente imitativos, tanto en directores como actores. A propósito, hace unos meses me presenté con Moravia en la Universidad en una charla sobre cine. Yo me limité a hacerle preguntas porque estoy negado para la discusión, y menos que menos en público. Si estoy solo más o menos puedo hacer el esfuerzo de pensar, pero no discutiendo, porque el pensamiento del otro, aunque me parezca errado, siempre me interesa al punto de seguirlo... y estimularlo para que complete sus volutas. Un astrólogo me dijo que es propio de mi signo: capricornio, porque logramos desdoblarnos y vivir el pensamiento del otro, y que por eso puedo ser novelista, porque puedo meterme en la cabeza de otros, de los personajes. En fin, a lo mejor es simple timidez, la cuestión es que en una discusión me bloqueo. Y una de las preguntas que le hice a Moravia fue la siguiente. Si los divos que habían interpretado personajes suyos los habían en alguna oportunidad robustecido con su carga "estelar". Moravia no se detuvo a pensar, le molestó mi pregunta porque detesta a los divos y contestó que las grandes estrellas habían traicionado a sus personajes como Brigitte Bardot en *El desprecio* y Sofía Loren en *Dos mujeres*. Él odia a las divas porque las ha conocido de cerca y ha sufrido con sus desplantes, pero lo que se discute es el "fulgor" de la estrella, no su carácter en la vida real. En fin, no es eso todo, agregó que las estrellas existían porque en ellas descargaba el público su enfermizo afán de exhibicionismo. Ay... las cosas que hay que oír. Yo en ese momento sentí tal mazazo, tal descarga de no sé qué, de ERROR, que me quedé anonadado, por lo tanto mudo. Era muy fácil contestar, porque las estrellas existen por las mismas razones que existían los mitos griegos, que es la necesidad de exaltar lo humano. ¿Qué más legítimo? Ya para degradarnos bastan los Kissinger, los Wallace, los Berias, los Pinochet ¿no? Moravia llegó a negar el genio de Greta Garbo. Sucede muy a menudo a la gente que ha tenido que lidiar con creadores temperamentales, bueno, que ya no los puedan juzgar exclusivamente por lo que dan en la pantalla. Además, y esto es fundamental, los divos existen y son reconocidos en la medida en que son creativos, sus rostros, sus tics, logran establecer en la pantalla o en el escenario... climas, espesores expresivos tan válidos como los que puede lograr el autor con el diálogo o el director con su cámara.

CONTINUARÁ...

1974, 24 de octubre   (1974-1979)
LA RELACIÓN ENTRE AUTORITARIOS Y SOMETIDOS
* "El macho es un enfermizo producto histórico-cultural"
* "Tangos y boleros influyen en el lenguaje de personajes"
* "Innovador con piel de folletinista": Carlos Monsiváis
Conversación con Elena Poniatowska (III y última parte)
Excélsior, Ciudad de México, México

Según Carlos Monsiváis, Manuel Puig es un innovador con piel de folletinista. Así lo dijo en febrero de 1973 en la librería del Sótano en una entrevista pública hecha a Manuel Puig acerca del tema: "El Cine y la Literatura". En sus novelas *Boquitas pintadas* y *La traición de Rita Hayworth*, dijo Monsiváis en esa memorable entrevista pública, Manuel Puig ni está por encima ni a un lado de sus personajes, no los critica, no los defiende, dispone de un vigoroso sentido del humor: usa el idioma popular, no es anacrónico. Puig es uno de los primeros escritores latinoamericanos que reaccionan ante la inferiorización de un sexo por el otro. La tónica de sus libros es la resistencia a la autoridad". Y Monsiváis tiene razón, Puig a lo largo de su vida y de su obra se ha manifestado en contra del machismo, en contra del sojuzgamiento de la mujer, y esto siempre sale a colación en cualquier plática con el novelista Manuel Puig:

–¿Tú crees que un actor, Manuel, puede ser autor de sus películas?

M.P.: Sí, en el caso de Garbo es evidente. De ella es la fuerza creadora dominante en sus filmes. Marylin también domina sus filmes. María Félix cuando se desata también. Por ejemplo *Sonatas* (Bardem, 1957) es un filme sin estilo hasta que en la segunda parte aparece María Félix. Me interesan también ciertas grandilocuencias de Dolores del Río, que se las pretenden descartar como lastres del cine mudo. ¿Lastre? ¿Por qué no herencia enriquecedora? ¿Es que sólo se admite un estilo realista de actuación? ¿Es que está prohibido experimentar con otros estilos? ¿Qué fascismo es ése? De veras hay una tendencia tan autoritaria en la crítica en general, que me eriza, la misma actitud existe con los géneros menores, y de los subgéneros (todo ese ámbito del mal gusto) ya mencionados. El crítico los trata como se trata a la mujer en los países machistas, es decir se goza con ellas pero no se las respeta. ¿Qué clase de esquizofrenia es ésa? Fascismo puro.

–Veo que a la menor provocación hablas de machismo. ¿Vuelves a tratar el tema en tu nueva novela?

M.P.: Sí, creo que las relaciones entre autoritarios y sometidos son el tema fundamental de mis obras. Ahora lo vuelvo a tratar, claro. Más precisamente en esta novela nueva trato de analizar la masculinidad, tal como se la entiende, o se la ha entendido hasta ahora. La masculinidad, con lo que implica de fuerza y regodeo en el poder, me parece la escuela perfecta del fascismo. La masculinidad está a la derecha. Y lo peor de todo es que el hombre que se gradúa en esa escuela no es como se pretende, un producto de la naturaleza, facultado por esta última para someter a cualquier ser más débil que se le ponga a tiro. Es un enfermizo producto histórico-cultural. La fuerza, la invulnerabilidad, son ilusiones que se sustentan solamente si en la situación dada interviene un sometido, un explotado. La masculinidad es una máscara, una capucha del Ku-Klux-Klan. Oculto por miedo a la muerte, un miedo infantil a los accidentes, cómo te puedo explicar... Es el miedo de aceptar lo vulnerable de la condición humana, sometida a lo imprevisto, a las enfermedades, a la muerte al fin de cuentas. Yo creo que toda lucha de clases debe pasar antes por una revisión del concepto de masculinidad, porque es en la relación hombre-fuerte, mujer-débil, que se le toma el gusto a la prepotencia. Es un vicio, una adicción, el gusto por el mandato. Y otra plaga es su contrapartida, el vicio a la sumisión. Que en política desemboca en el culto de la personalidad, en la sumisión ante una figura que todo lo resuelve, una figura paternal mágica, como fue el caso de Hitler y Mussolini. Por todo eso me parece muy positivo el movimiento feminista.

–¿Qué haces, Manuel, además de escribir tu cuarta novela?

M.P.: Ayer me cayó la primera parte de *The Buenos Aires Affair* en brasileño para revisar. Es tedioso, pero debo hacerlo. Acabo de revisar la versión italiana *Fattaccio a Buenos Aires* y la francesa (*Les mystères de Buenos Aires*) y me faltan la norteamericana y la portuguesa porque en Portugal no pueden usar la brasileña, hay demasiadas diferencias dialectales y aun de sintaxis entre las dos lenguas. Los demás idiomas por suerte los desconozco, nos arreglamos con cartero con los traductores. Pero *The Buenos Aires Affair* es menos complicada que las anteriores.

–Nos hablaste de adaptaciones y no de traducciones ¿qué querías decir?

M.P.: Sí, con *Boquitas pintadas* sobre todo hablo de adaptación. Había muchos localismos y el problema fundamental de las letras de las canciones, tangos y boleros (archiconocidos en Latinoamérica y en España) es que influían sobre el lenguaje de los personajes. Eso hubo que sugerirlo de algún modo por medio de canciones equivalentes, como en la Argentina, donde está ambientada la acción. En Estados Unidos sí hubo ese furor, vía Xavier Cugat, etc. y las letras en inglés de "Frenesí", "Perfidia" y otros boleros son todavía recordadas. Los títulos de la novela tuvieron que seguir a los cambios de canciones y así fue que en Italia *Boquitas pintadas* se llamó *Una frase, un rigo appena*, en Francia *Le plus beau tango du monde* y en Estados Unidos *Heartbreak tango*. Otro dolor de cabeza fue el capítulo en que una gitana adivina la suerte con cartas españolas, desconocidas fuera de nuestros países. Debí escribir todo con cartas de póquer, y siguiendo las significaciones que en cada país tienen esos naipes. Pero por suerte *The Buenos Aires Affair* es más fácil.

–De todos modos es la novela tuya que más problemas ha traído.

M.P.: Creo que sí. Debía salir el año pasado simultáneamente publicada por Mortiz en México, por Seix Barral en España y por Sudamericana en Argentina. En España fue prohibida, por la Municipalidad de Buenos Aires y de algunas provincias en Argentina. La única edición sin problema ha sido la mexicana.

–¿A qué se debe tanto reparo?

"Yo cuento las miserias de la soledad sexual"

M.P.: El tema es desagradable, fundamentalmente se cuentan las miserias de la soledad sexual. Creo que es algo que todos en algún momento debemos sufrir, en fin... la cuestión a todos atañe y es muy dolorosa. En la Argentina se vendió mucho, pero no gustó, molestó profundamente. Además fue publicada en un momento de euforia nacional, mayo del 73, o sea el mes del retorno del peronismo, y mi visión conflictiva de Buenos Aires fue juzgada inoportuna por el público en general. Yo sentí ese rechazo antes que el de las autoridades.

–¿Esa novela se basa en algún hecho real?

M.P.: Vagamente. Es la más imaginativa de todas mis novelas. Me interesaba trabajar con dos protagonistas que ejemplificaran cada uno un caso límite. Ambos son posibilidades mías y creo que de todos. Leo es un sádico a pesar suyo, y Gladys es una masoquista ídem. Ninguno de los dos puede actuar libremente, salvo en algunas circunstancias muy favorables, son productos de una educación equivocada. Ambos en su adolescencia se han sentido avergonzados de sus crecientes necesidades sexuales, y en este terreno propicio desafortunados episodios de iniciación amorosa los llevan a identificar para siempre sexo con violencia. Cerca de los 40 años se conocen, y se encargan de destruirse mutuamente.

"Me interesa la forma de novela policial"

–Como la cuentas no es como yo la recuerdo.

M.P.: Sí, ése es el contenido, pero para contarla le di forma de novela policial, así de algún modo podía entretener al lector, al mismo tiempo que le contaba una historia tan negra. Tengo pavor de aburrir. Me parece una inmoralidad. Soy un convencido de que la amenidad no está reñida con la profundidad. Además mi formación es cinematográfica y de ahí proviene un gusto por el espectáculo. Te aclaro esto un poco más: cuando digo que mi formación es cinematográfica, no tengo en cuenta mis diez años de trabajo en los sets de cine y aledaños, sino mis primeras impresiones estéticas, cuando niño, que fueron cinematográficas. Cine de Hollywood de años 30, con más exactitud. Y en cine o en teatro, en el espectáculo, hay una necesidad de atrapar ya la atención del público, porque todo se desenvuelve en un espacio de tiempo determinado y no hay lugar para distracciones, mientras que en literatura se puede cerrar el libro y retornar a la lectura después, o volver atrás sin ningún pasaje muy denso no se capta de entrada. Y del cine me quedó ese gusto por la implacabilidad del relato, que no permite fatigas. Al mismo tiempo no me gusta dar todo ya masticado al lector, y quiero que me acompañe con una lectura crítica.

"ESCRIBÍ MI PRIMERA NOVELA PARA ENCONTRAR LAS CLAVES DE MI FRACASO"

—Eso suena algo contradictorio, aclárlamelo un poco.

M.P.: Veamos ¿Por dónde empiezo? Bueno, por lo que motiva mis novelas. Siempre he empezado mis trabajos llevado por la necesidad de aclararme problemas personales. Por ejemplo a la primera, *La traición de Rita Hayworth*, la empecé cuando estaba por cumplir 30 años, me encontraba en una bancarrota moral y material y sentí la necesidad de contarme la historia de mi infancia para ver si allí estaban las claves de mi fracaso. Era una investigación, sólo tenía datos dispersos, y esos mismos datos los presenté al lector, sin escribir una sola línea en tercera persona.

—¿Por qué evitaste la tercera persona?

M.P.: Porque implica una visión de las cosas, un punto de vista mejor dicho, o sea, un juicio. La tercera persona es casi inevitablemente omnisciente y yo no estaba seguro de lo que quería decir, sólo tenía datos, recuerdos de conversaciones escuchadas, ante todo. Y reproduje esas conversaciones. Al lector le presenté todos esos datos, del modo más ameno posible, pero dejándole a él la tarea de ordenarlos y extraer una conclusión de todo eso. Quiero que el lector tenga una participación activa, que vaya reflexionando a medida que avanza en la lectura.

—Pero eso ¿no obliga justamente a cerrar el libro para reflexionar, o volver atrás para atar cabos sueltos?

M.P.: Trato de que no sea necesario. Los datos tendrían que ser suministrados de manera tal que se van encadenando e iluminándose entre sí. Ahí está la dificultad de construcción para mí. Pero ése es uno de los aspectos de la escritura que más me interesa, el de la pura narración.

Manuel Puig es hoy por hoy uno de los escritores más comentados tanto en Europa como en América Latina. Autor de 42 años de edad, apenas comienza su carrera literaria y el cine le ha dado un ritmo y un tono a su prosa que no

suelen tener otros escritores; el hecho de haber seguido los cursos de Cesare
Zavattini en el Centro Sperimentale de Roma, le hizo adquirir una definitiva
madurez en el proceso narrativo. Por esto, Manuel Puig es hoy en día uno de
los escritores latinoamericanos más solicitados y uno de los que más interés sus-
cita entre la crítica y el público lector.

FIN

1974, enero/febrero   (1974-1979)
RITA HAYWORTH
Por Manuel Puig
Postdata Nº 2, Lima, Perú

Fui a México por dos días, una cuestión de contrato, y fíjense que el mismo
día, desde Los Ángeles, llegó Rita. Por una hora de diferencia no nos encontramos en el aeropuerto. A la mañana siguiente abro el diario y estaba ella. Entonces me ocupé de saber en qué hotel estaba y la llamé por teléfono. Con terror.
Estaba en un hotel fastuoso que se llama Camino Real.

Yo estaba aterrorizado porque no sabía cómo le había caído este asunto;
estas mujeres, las actrices, son tan, tan... imprevisibles. La llamé y no estaba;
dejé dicho: el autor de tal y tal libro llamó y va a volver a llamar. La llamé más
tarde, a eso de las cinco, y ya había recibido la nota y me contestó en inglés:
"¡Qué maravilla! ¡Qué gusto conocerlo!" La cosa le había caído bárbaramente
bien; no había leído el libro, pero su agente le había mandado todos los recortes
de los comentarios. Estaba encantadísima y hablamos por teléfono como una
hora; ella tenía esa noche una comida de presentación a los coproductores mexicanos de una película de clase A, que va a filmar con Robert Mitchum, dirigida
por Ralph Nelson, el de *Soldier Blue*, que se llama *La ira de Dios*.

Por teléfono, Rita estaba encantadora; es muy espontánea, muy cálida. Yo le
decía que no podía creer que estuviera hablando con ella, que para mí había
sido un mito, que cómo podía ser que fuese un ser humano; y ella me decía:
"¡Pero le juro que lo soy! ¡Le juro!" Por teléfono fue un amor increíble. Después
fui a verla al hotel, pero ya le quedaban pocos minutos, ella se tenía que arreglar
porque la venían a buscar para esta reunión que era muy formal y le parecía que
allí no íbamos a poder hablar. La encontré muy, muy gastada. Yo tenía la boca
seca, seca de emoción; nunca me había pasado eso. Fíjense que yo ya la había
conocido, de lejos, digamos, en la filmación de una película en la que yo hacía
un pequeño trabajo. Fue en España, en la filmación que ella hacía con Rex
Harrison, en el año '61. Durante una semana yo reemplacé a un muchacho,
ayudaba con el script a una inglesa, traducía todo lo que venía en español. Yo
no tenía contacto directo con ella, además no quería acercarme en esas condiciones. Había mucha nerviosidad en el set, y ella se llevaba muy mal con el
marido, James Hill, que era el productor. Todavía no había escrito *La traición*...

Ahora ya era distinto, cómo me iba a sujetar, ante todo quería saber cuál había
sido la reacción de ella y ya no quedaba tiempo para comunicarme por medio de
otra persona, porque yo me iba al día siguiente. Pero, más tarde, cuando la fui a
ver, la cosa no funcionó tanto. Ella estaba muy, muy consciente de su envejeci-
miento; imagínense, yo no podía dejar de mirarle las manos, las piernas, la cintu-
ra, a mí se me iban los ojos. Y de eso ella se daba cuenta. Estaba como con miedo

de decepcionarme; además no estábamos solos, había gente de la producción que ya estaba ahí para llevarla. Entonces fue un rato, un trago así tomado en su suite.

Estaba vestida de negro con un vestido largo tejido, un jersey de lana, una cosa rara que no sé qué era que no le quedaba bien. No tenía nada en especial, ni joyas, ni nada. Descubrí que es súper miope; le llevé el diario de la mañana, donde estaba ella, porque me dijo por teléfono que no lo había visto. No podía leer unas letras así de grandes.

Ahora yo creo que ella no se da cuenta que con los años ha ganado una madurez muy interesante; entonces está incómoda porque no es lo que era antes. Está muy, muy gastada, pero siempre tiene esos huesos, esa quijada, ese perfil especialísimo. En el hotel ya hablamos menos. Lo genial fue la conversación telefónica porque supongo que ella, por teléfono, podía ser Rita de *Sangre y arena*, yo pienso que por teléfono, no sé, no sé, podía seguir en el otro personaje. Realmente no hubiera preferido verla porque la noté, así, como prevenida, lo cual por teléfono nada; era una espontaneidad total, hablamos, hablamos. Imagínense que la carrera de ella la he seguido tanto y me interesa tanto el tipo de valor de ella, esa cosa tan magnética; no me interesa el progreso que pueda haber hecho como actriz, sino una cualidad muy especial que es que la cámara puede registrar, que a veces ni siquiera un interlocutor frente a frente puede sentir. Una cosa propia de la cámara, que la cámara descubre en cierta gente: ella es un animal cinematográfico y eso fue lo que me interesó siempre de ella.

Entonces hablamos; yo le contaba de las escenas de ella que me parecieron geniales en sus películas de esto, de lo otro, cuántas veces tuvo que repetir tal o cual toma o tal otra. Ella me preguntó por qué era el título de mi novela; yo le expliqué un poco, pero ella ya lo sabía porque había leído los comentarios. Estaba segura de que la novela iba a ser filmada. Estaba muy contenta porque como allá está considerada una cosa prestigiosa esta novela, ella se ve asociada a una cuestión de prestigio.

Lástima que personalmente la cosa se dio así, porque yo le hubiera preguntado cosas tremendas, por ejemplo, ella tuvo un romance con Víctor Mature que era continuación de una película que habían filmado juntos, *Una chica con sal*, en el año '42. De ahí siguió toda una cosa que, imagínense, yo como espectador quería saber cómo había seguido; era como una continuación de una película que no me habían dejado ver, que me habían escamoteado. Yo quería que me contase toda la cuestión, pero por teléfono era imposible y personalmente fue todo muy breve y no en el mismo tono. No quise preguntarle nada sobre ella y Orson Welles porque para ella era una época frustrante: lo que filmó con él, *La dama de Shangai*, fue muy malo, sobre todo desde el punto de vista de ella. La película tenía interés, pero ella no estaba bien. De cualquier manera, ahora sigue estando estupenda sin joyas, con el pelo casi sobre los hombros y casi sesenta años.

1974   (1974-1979)
MANUEL PUIG
Idea, Ciudad de México, México

Idea: ¿Alguna vez has tratado de desarrollarte en algún otro campo del arte?

M.P.: Sí. Yo estuve hasta los treinta años empeñado en hacer cine. Estuve muchos años en eso, pero cuando llegó el momento de trabajar seriamente con mayor participación mía creativa, lo abandoné porque me di cuenta que no era el medio ideal para mí, por lo menos en ese momento. Ya no me animo a hacer planes de largo aliento. No sé si algún día volveré al cine. Y he hecho el guión de *Boquitas pintadas*... Pero no creo que el cine sea lo ideal para mí[4]. Ya estoy acostumbrado a las grandes ventajas de la literatura, que es, la posibilidad de rehacerla, escribirla, experimentarla cuanto quieras. En literatura lo único valioso que se puede malgastar es el tiempo; lo otro es papel y lápiz, mientras que en cine, si tú quieres rehacer algo, ¡imagínate!, son miles y miles, ¿no?... de pesos, o sea, hay otra libertad en la creación literaria.

Idea: Y dentro de la literatura ¿has intentado otras formas, como cuento o ensayo?

M.P.: Bueno, mira, en cuanto a la narrativa, se me ocurren siempre ideas de desarrollo largo, nunca se me ocurren ideas para cuentos. Me gustaría hacer cuento, porque una novela me lleva de dos a cuatro años y hay momentos en que te resulta muy cansado, sobre todo cuando estás en la fase de correcciones y de pasar en limpio. Por ejemplo, si es una página muy sucia, de una primera versión de un capítulo (yo tengo dos, tres, cuatro, cinco, hasta siete primeras versiones de algunos capítulos) tengo que pasarla en limpio, y en esa página ya pasada en limpio, veo otras impurezas... y vuelta a pasarla en limpio y otra vez a corregir. Yo me imagino que este proceso en un cuento de quince páginas puede ser bastante ágil, pero en una novela de trescientas páginas, ¿te imaginas? Hacer esa parte engorrosa de la novela es muy molesto. Pero no hay nada qué hacer, mientras se me ocurran siempre estas ideas que requieran muchas, muchas páginas.

* * * * *

---

[4] Puig, si bien comenzó su camino siendo guionista, hasta el momento de escribir el guión al que se refiere en esta entrevista creyó que había relegado para siempre esta actividad. Sin embargo, éste fue un nuevo hallazgo de su perfil de escritor: todavía podía ser guionista. De hecho se encontraron en su archivo guiones terminados, vendidos, y hasta rodados (el caso de *El lugar sin límites*, dir. Arturo Ripstein), así como también algunos inéditos, lo último que escribió Puig fue el guión "Vivaldi", como refiere en la intervención en Madrid de 1990 (véanse pp. 354 ss. de este volumen).

Idea: ¿Quién consideras que es el literato que más ha influido en tu obra?

M.P.: No sé. Lo que siento muy claras son las influencias del cine.

Idea: ¿Qué tipo de cine?

M.P.: Bueno, del cine folletinesco, del cine policial... y el velo imaginativo del cine musical.

Idea: ¿Crees que la novela pueda ser desplazada por el cine?

M.P.: No. No creo, porque son modos de conocimiento distintos. La novela te permite un trabajo cerebral mucho más agudo, y el cine, por otro lado, te da posibilidades sensuales que la literatura no. Por ejemplo, lo que te da una danza de Rita Hayworth en *Sangre y arena*, no te lo puede dar la literatura.

Idea: ¿Estás satisfecho de tus libros *The Buenos Aires Affair, La traición de Rita Hayworth, Boquitas pintadas*?

M.P.: Yo estoy por lo menos contento de haber podido trabajar con toda tranquilidad, es decir, están llenas de imperfecciones, a mi ver, pero publiqué estas novelas ya cuando no veía más posibilidades de corrección. Había cosas que me parecían bien, otras mal y las que me parecían poco satisfactorias, ya había hecho todo lo posible por corregirlas. Las publiqué cuando ya todas las posibilidades de corrección estaban agotadas. Y esto se los digo porque pienso en el cine, en cómo siempre, hay que conformarse con lo ya filmado.

Idea: ¿En qué medida crees que tu obra literaria aportó algo a la literatura latinoamericana?

M.P.: Eso que lo digan los críticos.

Idea: ¿Qué lenguaje te parece más expresivo... el caló o el lenguaje intelectual?

M.P.: Depende del tramo que estoy escribiendo. Mis novelas las resuelvo no en base a una sola técnica, sino a montones de técnicas. Ustedes habrán visto, ¿no?, es decir, en mi primera novela hay monólogos interiores, o diálogos o escritos supuestamente hechos por los personajes, de cartas, composiciones escolares, de diarios íntimos. En la segunda novela tengo tercera persona, diálogos, monólogos, inventarios policiales. Yo voy así, tratando de, a cada tramo de la novela, contarla del modo que sea más adecuado a su contenido.

Idea: ¿Piensas seguir escribiendo?

M.P.: Sí. Estoy con una novela. Después de eso... no sé.

Idea: ¿Cómo piensas que va a ser esa novela?

M.P.: Me preocupa mucho porque es muy dialogada y muy explayada. En general tiendo a la economía. Y esto es así como que me estoy lanzando a extensiones sospechosas.

Idea: ¿Qué opinas sobre la literatura latinoamericana, el llamado *boom* latinoamericano?

M.P.: Bueno, que es muy rico, proteiforme. Cada autor es personalísimo y tiene muy poco que ver con el otro. Me interesan mucho los barrocos cubanos, Lezama Lima, Sarduy y Cabrera Infante.

Idea: ¿Es el país que más te interesa dentro de la literatura latinoamericana?

M.P.: No el país. Me refería a los autores. No es porque sean cubanos. Yo tengo mucha simpatía por Cuba, por supuesto. Me interesan porque son barrocos, porque trabajan extraordinariamente con el idioma.

Idea: ¿Se conoce a los autores mexicanos en Argentina?

M.P.: Hay un problema de distribución muy terrible. Paz, Rulfo, Fuentes, porque de ellos hay algunas ediciones españolas y mexicanas de bolsillo. Los libros mexicanos no de bolsillo en Argentina son escasos y carísimos.

Idea: ¿Cuál crees que deba ser el papel del intelectual contemporáneo en la sociedad?

M.P.: Yo creo que debe tratar de participar en la lucha por los cambios por la abolición de clases, por la abolición de toda forma represiva, pero el intelectual no es un hombre de acción. De eso no hay duda... y los cambios los llevan a cabo los hombres de acción, por eso el entendimiento entre un espécimen y el otro es muy dudoso. El intelectual en general es muy escrupuloso, requiere tiempo para la reflexión, mientras que el hombre de acción a veces no puede permitirse tanto escrúpulo. Eso me preocupa muchísimo. Somos gente que hablamos lenguajes completamente diferentes.

Idea: Pero, ¿crees que se debe situar al intelectual dentro de los cambios que se están efectuando?

M.P.: ¡Por supuesto!... tiene que luchar, pero no creo que logre demasiadas cosas. Soy bastante pesimista al respecto. Pero por supuesto habría que cambiar ese estado de cosas; es uno de los cambios de estructura que habría que conseguir.

Idea: ¿Cómo te podrías considerar, intelectual o escritor?

M.P.: Yo soy más artista, digamos. Creo que el novelista es más eso. El novelista, para que interese, tiene que tener un mundo propio que se va a trasmutar en un estilo. Y si tiene un mundo propio, está respirando una atmósfera, por consiguiente, bastante enrarecida. Puede aportar su visión, iluminar zonas obscuras, pero su producto va a un público muy limitado, a una burguesía que ya sabe de la necesidad de cambios. Creo que de todos modos es un aporte, pero mucho más modesto de lo que se supone, o de lo que suponen algunos escritores, algunos novelistas.

Idea: ¿Por qué piensas que el intelectual no puede estimular un cambio de tipo social con su reflexividad? Pienso que el escritor siempre ha tenido una influencia completamente revolucionaria.

M.P.: ¿Tú crees? ¿Tú crees que algún escritor hizo alguna revolución?

Idea: No, pero sí que... que pudo influir de cierta manera a ciertos núcleos.

M.P.: Puede ser un estímulo, de algún modo, pero... en otros momentos, en épocas en que los medios de comunicación eran diferentes, pero ahora no sé, es tan evidente la necesidad de cambios, sobre todo en la América Latina, que, ¿tú crees que una novela puede despertar una conciencia más de lo que despierta ver un noticiero de televisión? No sé, puede servir para una reflexión más profunda. Pero va a un público que lo sabe, y si no lo sabe, debería saberlo. Si ya no están convencidos de la necesidad de cambio, nadie los va a convencer. Ésos son oídos sordos.

Idea: ¿Qué opinas sobre el vínculo que puede existir entre el sector estudiantil, en relación a su contexto social, económico y político?

M.P.: Entre estudiantes e intelectuales me parece que puede haber un gran diálogo, pero después, lo que me preocupa es el diálogo entre el intelectual y los políticos, porque es el que realmente tiene las riendas. Porque son seres de planetas diferentes. Son lenguajes tan diferentes, el de la acción y el de la reflexión.

Idea: ¿Crees en la libertad de cátedra en las universidades?

M.P.: Bueno, mira, yo debo decirte que estoy muy alejado de todo esto, porque mis años de universidad quedaron atrás. No doy clases, no tengo realmente elementos de juicio. Creo que siempre lo que sea antirrepresivo estará bien. Todo lo que refleje represión es nocivo, pero es algo de lo que no te puedo hablar con conocimiento de causa. Lo veo así, como una gimnasia. Si al muchacho que entra a la universidad se le lleva a tomar decisiones y a participar de movimientos, es posible que su participación en la vida política se vuelva una función natural en él, y así se salve de retraerse y encerrarse en su vida profesional.

Idea: En función de los cambios sociales existen jerarquías de acción, ¿en qué medida crees que podría jerarquizarse la posición política de los estudiantes como grupo político viviente?

M.P.: Me gusta mucho el hecho de que el estudiante no tenga detrás ya una posición tomada. Desde el momento en que observa todo de afuera, el estudiante, el joven ve con perspectiva el mundo de los mayores. Eso me parece lo bueno, que pueda tener una visión fresca, ¿comprendes? Su visión es nueva, y no está condicionada por experiencias anteriores. Yo creo que eso es lo más precioso que aporta.

Idea: ¿Qué opinas sobre la situación política que está viviendo la Argentina, tu país natal?

M.P.: Que es muy complicada. De afuera es difícil explicarla. Por ejemplo, he recibido cartas en estos días, y estamos a fines de julio, de gente que está muy allegada a los centros de acción política, y me dicen que la izquierda más radical y la izquierda peronista, es decir, los grupos que buscan los cambios de estructura, han decidido apoyar a Isabel Perón, porque se teme un golpe militar a la brasileña, si bien muchos de estos grupos consideran que Isabel Perón está más a la derecha del peronismo que a la izquierda, opinan que mientras se respete el gobierno constitucional se va a evitar un golpe fascista más fuerte que el anterior de 1966. Nosotros tuvimos que soportar un gobierno militar de fuerza de 1966 a 1973.

Idea: ¿Conoces la actitud de los intelectuales argentinos con respecto al momento?

M.P.: No, porque yo, hace muchos meses que falto.

Idea: ¿Cuál crees que va a ser la actitud política de la Argentina con respecto a los países del primer mundo, a los países capitalistas?

M.P.: No tengo la menor idea. Nadie te lo puede contestar; serían puras conjeturas. Perón siempre buscó la alianza con el tercer mundo. Fue muy difícil lograrlo estando él, así que ahora no sé que sucederá.

Idea: ¿Puedes considerarte un ente cultural y político en contradicción con tu medio ambiente?

M.P.: Totalmente. Me parece que la sociedad actual es ultra represiva, empezando por la base, que es la sexualidad. Me parece que en la relación hombre-mujer está la escuela de la explotación. Yo considero muy positivo los movimientos de liberación femenina. Hay que desmitificar el concepto de masculinidad. La masculinidad como se la ha entendido hasta ahora, con su código de honor, arrogancia, fuerza, agresividad, es fascismo. La masculinidad está a la derecha, es opresión. El creer que colocarse la máscara del poder da invulnerabilidad es una ilusión. No es sino una máscara.

Idea: ¿Crees que el papel de la mujer dentro de la literatura pueda ser importante?

M.P.: Sí, en todos los campos tiene que empezar a actuar de otro modo, con más seguridad. Tiene que sacudir esa actitud de ser secundaria. Es un producto histórico-social, no es real.

Idea: ¿Qué podría opinar Manuel Puig de Manuel Puig?

M.P.: Para eso hay bastantes críticos.

1975, domingo 30 de abril   (1974-1979)
OBRA MUSICAL DE MANUEL PUIG
La Opinión[5], Buenos Aires, Argentina

El conocido escritor argentino Manuel Puig concluyó en la Ciudad de México la comedia musical *Amor del bueno,* inspirada en canciones del desaparecido compositor mexicano José Alfredo Jiménez.

Según sus propias declaraciones el autor de *La traición de Rita Hayworth* y *Boquitas pintadas* está abocado ahora a la tarea de buscar un elenco de actores que pueda presentarla en una sala de la capital. También será necesario contratar a un "mariachi" y a tres cantores (una mujer y dos hombres).

Puig explicó que la idea de este espectáculo nació en uno de sus viajes a México al escuchar canciones de Jiménez como *Amanecía otra vez en tus brazos, Un mundo raro* y *Pídele a Dios,* muy populares en su época.

"Yo como autor desaparezco, mi estilo no importa", terminó diciendo Puig. "Lo que he hecho es buscar una estructura teatral que sirva de apoyo a las canciones, las cuales van a resultar el núcleo poético de la obra".

---

[5] *La Opinión* fue un periódico muy conocido en la época, con tendencias de izquierda. Muchos de sus integrantes fueron exiliados, cuando no desaparecidos o torturados durante la dictadura militar del 76, su director era Juan Jacobo Timmerman.

Respecto de las noticias sobre el musical, he encontrado varias publicadas, por ejemplo una guardada en forma de recorte, sin datos, sólo con esta inscripción en bolígrafo: "Me lo dio Susana no sabe si de *Para Ti*"; y otra como la publicada en *La Razón* el 2 de abril de 1975 con el título "Comedia musical del autor de *Boquitas pintadas*". Por las noticias sobre los musicales mexicanos, como también por los manuscritos, sabemos que fueron escritas entre 1974 y 1975, mientras que el escritor continuaba la escritura de *El beso de la mujer araña*, comenzada antes de su exilio en México, pero que finalmente no fueron estrenadas. (Ver también prólogos del volumen póstumo que hemos editado junto a Graciela Goldhluk, *Amor del bueno/ Muy señor mío/ Triste golondrina macho*, Rosario, Beatriz Viterbo, 1998, mención para el Premio "Teatro del mundo", 1999.)

1975, marzo (1974-1979)
MANUEL PUIG: "PARA EMPEZAR NECESITO SILENCIO, PORQUE AL ESCRIBIR ESTOY ESCUCHANDO UNA VOZ, UN RITMO, Y CUANDO CORRIJO ME PASA LO MISMO: AL LEER, VOY 'ESCU-CHANDO' LA LECTURA"
Excélsior, Ciudad de México, México

La traición de Rita Hayworth, Boquitas pintadas, The Buenos Aires Affair, guiones cinematográficos, numerosas traducciones, y ahora algunas incursiones en el teatro, han dado a Manuel Puig el éxito, donde se recoge tanto el aplauso como el denuesto, la aceptación como el rechazo.

Sin embargo, es un joven sencillo.

M.P.: Todos los días, siempre, a pesar de que ya hace más de diez años que escribo, tengo una especie de *stage flight*, miedo a las candilejas o, en otras palabras, pánico a la máquina. Es como una resistencia a la zambullida que significa la concentración total frente al papel.

Por las mañanas no estoy demasiado despierto. Necesito dormir ocho horas, porque si no, tengo dolores de cabeza y molestias de todo tipo: nunca he podido reducir mis horas de sueño. Me hace falta una mañana larga para después poder hacer mi siesta. En esas horas, trato de liquidar las cosas más livianas: el correo, cartas a editores, revisión de traducciones, llamadas telefónicas, la organización del día, es el período "empresarial" de mi trabajo.

Por recomendación del médico, camino quince minutos después de la comida. La caminata no tiene ningún fin práctico; es un poco como si ese cuarto de hora me lo regalara exclusivamente a mí. Después, una siesta corta, de no más de una hora. Al despertarme, me he desprendido ya de todas las preocupaciones. Si queda alguna cuestión práctica por resolver, la dejo para la mañana siguiente, la tarde tiene que estar totalmente en blanco.

Tomo un té negro, sin azúcar, siempre igual. Voy entrando en órbita. Para empezar necesito silencio, porque al escribir estoy escuchando una voz, un ritmo. Tengo la oreja alerta: cualquier cosita la estoy escuchando. Si hay alguna radio lejana, la escucho aunque apenas se oiga y sigo todas las notas o las palabras. Cuando corrijo, me pasa lo mismo: al leer, voy "escuchando" la lectura. Por eso mis lecturas son lentísimas. No sé de dónde vendrá esto, pero debe ser un apego a la cualidad musical de la escritura.

Escribo en mi habitación, que está totalmente aislada. No me puedo sentar frente a la máquina si sé que tengo menos de dos horas y media disponibles para escribir. Lo ideal es tener unas tres o cuatro horas. En general, paso una hora más o menos en preparación: saco punta a los lápices –aunque escriba a máquina–, acomodo papeles, fumo un cigarrillo, termino el té, miro el techo. Inclusive cuando ya he empezado a escribir, bajo a hacerme un café. Es la última excusa. Más despierto, imposible. El tiempo se ha ido reduciendo y sé que si no hago el esfuerzo final, después voy a tener mucha bronca, una frustración muy fea. Aunque lo que haya conseguido escribir sea un tramo corto, ya siento que el día ha sido aprovechado.

No tengo otra manía que el silencio. Trabajo más o menos hasta las 8 de la noche. Si en ese tiempo me llaman, atiendo. El teléfono no llega a interrumpirme. Una llamada larga, sin embargo, podrá agotarme.

He tenido muchas dificultades para que mi tiempo de trabajo fuera aceptado. Cuando escribía mi primera novela –en las horas libres que me dejaba mi empleo en Nueva York– vivía en un barrio donde había mucha gente conocida, compañeros y amigos que venían a visitarme. Me costaba mucho que entendieran que yo tenía que aprovechar esas horas. Después logré establecer un horario; mi casa debía convertirse en algo así como un consultorio (nadie entraría al consultorio de un médico, ni parientes ni amigos). Cuando fui a vivir a Buenos Aires y empecé a escribir *The Buenos Aires Affair*, me instalé en casa de mis padres, a los que les parecía mal que yo no recibiera cuando iba alguien de visita. No se tiene noción de que escribir es un trabajo. Se piensa que es una excusa para no hacer otra cosa.

No tengo mucha resistencia. El tiempo de la escritura, propiamente dicho, es muy intenso y me deja muy cansado. El esfuerzo mayor para mí es rechazar las soluciones más fáciles, ya hechas por otros o por mí. Antes de oír la propia voz –sobre todo en los comienzos de mi trabajo de novelista– yo oía otras voces. Pero allí aparece una suerte de olfato que te permite descartar lo que no es tuyo. Ahora el esfuerzo consiste en evitar la mecanización, la repetición de mis propios recursos.

No dejo de escribir nunca, ni los sábados ni domingos, para que yo deje de escribir una tarde, tiene que haber pasado algo verdaderamente importante. A las 6 de la tarde, muchas veces transmiten buenas películas mexicanas por televisión, en esos casos me organizo previamente: empiezo la tarde antes, para poder interrumpirla con la convicción de haber hecho algo. Por lo general, esas interferencias son dramáticas para mí, me desequilibran la vida.

Como todo el día he estado conmigo mismo, por las noches tengo que salir, ver gente. No puedo quedarme solo.

1975, 24 de agosto   (1974-1979)
LOS NUEVOS MISTERIOS DE PARÍS[6]
Por Manuel Puig
Diorama Excélsior de la Cultura, Ciudad de México, México

Por razones poco definidas, de pudor o falsa modestia o pereza, he contestado solamente dos veces de manera pública a ataques de la prensa. La primera vez fue el año pasado, en un semanario de Río de Janeiro, poco después de publicarse la traducción de mi novela *La traición de Rita Hayworth* (1968): un crítico de ese semanario me había acusado de copiar con mi novela el filme *The last picture show* (La última película, 1970) de Bogdanovich. Huelgan comentarios.

Hoy no es contra un crítico que protesto, sino contra la incorrecta redacción de un cable preparado y enviado desde París por ANSA y publicado sin firma por *Excélsior* el 19 del corriente mes de agosto. Según dicho cable, la opinión de la comentarista especializada del *Fígaro*, Ugné Karvelis –vinculada a las letras latinoamericanas durante años, por su actuación como directora de colección en Gallimard y por su matrimonio con Julio Cortázar–, resulta la opinión generalizada de los críticos franceses respecto a mi tercera novela traducida allí, *The Buenos Aires Affair*, opinión que estaría muy por debajo de la impresión causada por mis obras anteriores.

Ugné Karvelis tiene todo el derecho de opinar lo que quiere ("¿Qué le falta a esta novela para convencer enteramente al lector?... el aliento interior que palpita en obras maestras"), pero no es ésa la opinión generalizada. Y adjunto a la oficina de redacción de *Diorama* copia de las críticas aparecidas hasta ahora en *Le Monde*, *La Quinzaine Littéraire* y *Le Nouvel Observateur*, publicaciones no del mismo tono que el tradicional *Fígaro*, y que van de la aprobación al entusiasmo, si bien supongo que no podrán ser reproducidas íntegramente por razones de espacio.

Lo sucedido no es grave, pero me preocupa la omnipotencia de los medios de comunicación, especialmente cuando apoyan –indirectamente en este caso–

---

[6] Este texto apareció anunciado en la portada de la sección cultural del periódico mexicano *Excélsior* como "Los misterios de la crítica". En él, Puig consigue un espacio para desarrollar un modo contestatario ante la crítica, el cual abandona casi por completo en los años subsiguientes. Sólo en 1985, como se verá, se pronuncia contra la censura en una conferencia, y de forma casi permanente ante la pregunta de los periodistas o estudiosos de su obra. Esta insistente actitud en la que intervienen además los movimientos propios del campo intelectual así como el contexto histórico, contribuyó a la imagen proyectada por el escritor, siempre insatisfecho de su recepción en los medios, luego de lo que él mismo llama "la pérdida de un público", refiriéndose al comienzo de su exilio en pleno éxito tras la publicación de *Boquitas pintadas*.

una actitud puritana y represiva. Aquí el descuido, muy posiblemente involun-
tario, de un redactor parisiense de agencia noticiosa hace que se difunda por
toda América Latina una imagen inexacta además de negativa. Por otra parte,
en el caso de esta novela, que sí fue muy atacada en otros países por sectores
reaccionarios, siento una especial obligación de defenderla y rescatar las críticas
positivas, cuando las hay. Y aquí es necesario referir que los avatares de *The
Buenos Aires Affair* comenzaron antes de su publicación: se pensaba lanzarla
simultáneamente en 1973 en México (Editorial Joaquín Mortiz), Argentina
(Sudamericana) y España (Seix-Barral), pero la censura española no la autorizó;
la edición argentina fue secuestrada por la policía algunos meses después de su
publicación, al subir al poder el segundo gobierno peronista, por supuestas
razones de "obscenidad"; de modo que la única edición castellana que circula
libremente en la actualidad es la mexicana. Curioso: nada de este antecedente
editorial fue comentado en sus artículos por los críticos franceses.

Posiblemente se le ha puesto tanta resistencia a *The Buenos Aires Affair* por
su insistencia en el análisis de la soledad sexual, tema que directa o indirectamente nos atañe a todos, y molesta. El tema del círculo vicioso que origina el
viejo –o el enfermo– celoso de los jóvenes que pueden satisfacerse, me preocupa y me seguirá preocupando. El insatisfecho sexual como compensación busca
el superpoder económico o político, y muchas veces su energía acumulada hace
que obtenga ese poder; detrás de todo sistema fascista ha habido un maníaco. Y
desde el poder se dictan leyes represivas, que son venganzas personales, magni-
ficadas. Y las leyes represivas perpetúan en los demás la insatisfacción. En fin,
no me adentraré en los planteos teóricos, para ello mejor me remito a Marcuse,
quien ya ha revisado algunas de estas cuestiones con el rigor debido, colocándo-
las en su justa perspectiva, o sea la represión sexual vista como puntal de la
sociedad patriarcal capitalista.

Pasando a otra cosa, muchas veces me han preguntado qué influencia tiene
la crítica sobre un escritor, y me siento tentado de aprovechar esta ocasión y responder –a la vez que ilustro lo que digo más arriba– con una rápida ojeada a
artículos contrastantes sobre *The Buenos Aires Affair*. Que cada cual trate de
sacar sus propias conclusiones, a mí me es difícil intentarlo, siquiera, y ya verán
por qué lo digo. Espero que mi subconsciente elija y registre los más saludables
de entre estos artículos ya que, según las inmortales palabras de Celeste Holm
en *La malvada* (*All about Eve*, Fox Films, 1950), "vaya a saber por qué uno
recuerda ciertas cosas y olvida otras".

En México opinó *Siempre*: "¿Qué ha pasado con Manuel Puig en *The Buenos Aires Affair*? Parece ser que algo lamentable: se ha entregado a una técnica
sin ninguna reflexión crítica. Y aquí la reflexión crítica significa dos cosas: primero, saber que la técnica posee un poder corrosivo, de otra manera, que es un

cuchillo de dos filos; integra y destruye, construye y aniquila; y quizás para evitar la destrucción Puig recurrió al móvil psicológico, quizás porque sigue creyendo, anacrónicamente, que un género no se renueva con la historia".

La revista *Plural*, en cambio, dice: "Demasiado inteligente para caer en las burdas trampas del 'realismo socialista' o de la 'literatura comprometida'. Manuel Puig sabe que el campo de la novela no es la Historia, con mayúscula, sino la historia. Basta una alusión, una fecha, una canción, para determinar el enlace necesario con la Historia. Porque cada una de sus novelas está anclada en un momento muy preciso del tiempo histórico gracias a los sueños que comparten sus personajes con los seres realmente históricos".

En Argentina *La Opinión* publicó: "Una obra maestra de la literatura policial, a la vez, un apasionante experimento de lenguaje". En cambio *La Gaceta* dijo: "Si por medio de una violenta, dolorosa operación mental, uno se logra sacar de la cabeza toda la propaganda que la crítica hace a Puig desde *La traición de Rita Hayworth* a esta parte, acaso se pueda mirar a *Boquitas pintadas* y *The Buenos Aires Affair* como lo que son. Una especie de Corín Tellado con mayor erotismo, nada más".

En Italia el crítico de *Il Piccolo* me descartó con una sola frase: "¿De qué me pueden servir las gárgaras pseudomoralizantes de Puig en *Fattacio a Buenos Aires*?" Por otra parte, *La Stampa* expresó: "Manuel Puig, consagrado con dos libros precedentes, es un autor inconfundible. Tal vez a estas horas, por una vena suya particular, bastante atípica en América Latina, sea ya un pequeño clásico. La verdad es que esta última novela, *Fattacio a Buenos Aires*, lo confirma, lo cual por otra parte ya se sospechaba, como un moralista. Moralista de una época que, en los libros precedentes, parecía circunscripta a los años 30 y 40, pero que ahora se ha tornado peligrosamente cercana, instalada, prácticamente, sobre nuestros propios hombros".

En Inglaterra, el *Times* dijo "*The Buenos Aires Affair* es tal vez el libro más serio de Puig hasta la fecha. No carece de la lúcida e ingeniosa observación de conductas absurdas que caracterizaba a *Boquitas pintadas*, pero es en conjunto un libro más angustiado. Esta obra, presentada como una especie de novela policial que concluye con un formidable trastocar de perspectiva, es la crónica de los tormentos de dos marginados sexuales, Leo y Gladys, ambos aparentemente exitosos en sus respectivos campos como crítico de arte y escultora, y ambos, no obstante, llevados a la locura por sus obsesiones de soledad sexual... En cierto modo, la trama es claramente sólo un recurso para sostener el interés del lector en un libro que opera a niveles más importantes. *The Buenos Aires Affair* se justificará tan sólo por su impresionante caracterización de Gladys, una mujer que ejemplifica toda la patética soledad y el absurdo que Puig ha detectado en la clase de la que él se ha tornado cronista... A pesar de la estremecedora historia que cuenta, no hay indulgencia del autor consigo mismo en *The Buenos Aires Affair*, porque Puig es un profesional cabal que guarda la distancia justa con su material. *The Buenos Aires Affair* es técnicamente aún más notable que sus anteriores novelas, y Puig es capaz de manejar una amplia gama de recursos narrativos sin que nunca resulten gratuitos". Como no tengo ninguna crítica inglesa adversa, le opondré esta de la revista *Imagen*, de Venezuela, país de donde no tengo ninguna crítica favorable: "¿Por qué nos defrauda Puig en *The Buenos Aires Affair*? Porque ha trabajado con la espuma de una cultura aprendida recientemente y, lo que es peor, de una enorme superficialidad. La historia de Gladys y Leo, de la artista fracasada y el crítico de arte impotente (¡Puig eligiendo semejante tema y semejantes personajes que no figuran ni en las módicas expectativas de un escritor de tercera de ascenso!) se hace floja e intrascendente. La crítica de arte y el psicoanálisis que se dan como los componentes de la nueva escritura de Puig son buenos para una narración en tanto se los desdeñe... El desvaído producto ha sido un *séxito* como lo pretendía Puig... En su carrera en cambio significa un tropiezo. Es que un escritor puede robarle ideas a todo el mundo. El desfasaje entre texto y contexto convierte en cosas propias las ajenas. Lo imperdonable es que se imite a sí mismo".

Bien, eso es todo, ahora sólo me resta esperar que una agencia noticiosa tome este artículo y lo difunda por todo el mundo, omitiendo –como es natural– las críticas a favor.

Traducción del artículo "L'apport d'Hollywood", de Héctor Bianciotti, publicado en *La Quinzaine Littéraire* del 15 de abril de 1975 a propósito de la publicación de *Les mystères de Buenos Aires*, de Manuel Puig: "A cambio del título inglés que el libro lleva en su versión original castellana, *The Buenos Aires Affair*, y que no es una coquetería de dandy, se habría preferido en francés otro menos evocador del siglo XIX que *Les mystéres de Buenos Aires*. Muchos libros, de manera confesada o no, son tributarios de otras épocas o momentos precisos de la historia de la cultura. Y es sabido que todo libro, en general, es una especie de palimpsesto que guarda, escondidos, pero parcialmente descifrables (además de la memoria afectiva, biográfica del autor), las lecturas de éste –esas otras lecturas que, a diferentes niveles, se quiera o no, han venido a incidir sobre su texto. Ahora bien, si se aplicase la metáfora del palimpsesto a las novelas de Manuel Puig, y si mentalmente se desmenuzasen sus páginas, con el fin de revelar lo que las ha alimentado culturalmente, no encontraríamos ni a Victor Hugo ni a Sue. Ni a Standhal ni a Flaubert ni a Proust, y menos aún a autores españoles o ingleses del siglo XIX. No aparecería más que la múltiple, popular y sofisticada aventura de Hollywood. Holywood muy precisamente, muy concretamente, para hablar de la influencia de éste sobre las novelas de Puig, bastaría decir que es la más clara, neta y directa influencia cinematográfica recibida por novela contemporánea alguna. En *La trahison de Rita Hayworth* se podía hablar de secuencias, de montaje, de plano medio o primer plano, etcétera, lo mismo que en *Le plus beau tango du monde* (*Boquitas pintadas*), si bien en este caso el "modelo" cultural elegido fuese el folletín radiotelefónico. Tampoco estos *Mystéres* escapan a la glosa en código cinematográfico.

En este libro el aporte es de Hollywood, directamente. Del cine holywoodiano en lo que tiene de más literario y efímero: los diálogos y los rostros. Y con los diálogos evocados, los modales y todo ese teatro de gestos que los grandes de Beverly Hills inventaron para su propio uso.

No habría que olvidar que en América Latina, donde el público no aceptó jamás el doblaje, el cine norteamericano era para la gente, desde la infancia, el pan cotidiano o al menos dominical. (¡Querido cine *made in USA*, donde se refugiaba el género épico abandonado por la literatura analítica del siglo, y que fabricaba estos ídolos intocables pero al alcance de todo el mundo!).

Cada capítulo de los *Mystéres* lleva como epígrafe un fragmento de diálogo extraído de un filme célebre, que por su sola extrapolación es parodia. Y que, al preludiar el capítulo, advierte al lector de que todo lo que leerá –las descripciones más impersonales, las escenas más truculentas– ha sido concebido a la luz de una ironía implacable e iluminadora.

Historia de suspenso policial, con trasfondos psicoanalíticos, donde abundan escenas de sexualidad transformadas –a causa del tono del narrador– en lecciones de anatomía congeladas, la nueva novela de Puig ilustra la doble ambición del autor: crear un *nouveau roman* popular –*melo, retro, Kitsch* o lo que se quiera– y, al mismo tiempo, presentar un trabajo literario de una justeza y de un rigor ejemplar. Sin duda Puig lo logra con una novela de peripecias melodramáticas como se lo propuso, pero lo hace sonriendo, ironizando y –tal vez sea sólo una impresión– reteniéndose de explayar su gusto profundo (ver *Rita Hayworth* en página 213). Sea lo que sea, el lector lo sigue hasta el final con la respiración suspendida y la sonrisa en los labios. Claro, esto es posible porque el público –muy numeroso para Puig en América Latina, Italia, USA– ha aprendido a sonreír ante las lágrimas de la vecinita de enfrente, lo que en cierta medida equivale a sonreír ante sí mismo.

1976-1977 (1974-1979)
Conversación con Gene Richie, Ellen Leder y F. B. Claire
Trad. del inglés: Mercedes Mac Donagh
City Winter[7], Nueva York, Estados Unidos

G.R.: Los personajes de *Boquitas pintadas* quieren irse a Buenos Aires. ¿Es esta aspiración un miedo a la autoridad o un intento de encontrar cosas mejores en la vida?

M.P.: Claro, el sistema era terrible. La organización machista era perfectamente cruel y la vida era muy depresiva. Te hacía inventar mundos en sueños. Todo lo que era lejano y desconocido era mejor. Nosotros vivíamos en esta cosa machista, pensando que era el producto monstruoso de la historia y la cultura. Y las mujeres estaban atrapadas en esta trampa, creían que, por el placer sexual, debían sentirse "femeninas", es decir, frágiles, fáciles de quebrar, fáciles de torturar y destruir. La línea divisoria entre ser "femenina" y ser machista era difícil de dibujar.

F.B.C.: Parece que los hombres en tus novelas no lo manejan mucho mejor. Ellos también terminan siendo destruidos.

M.P.: Sí, ambos sexos tenían realmente un mal aspecto. La máscara de tipo fuerte es muy pesada de sostener; es una cruz, pero todos pensábamos que era natural. Creíamos que Clark Gable era la voz de la naturaleza y no un producto del ambiente socio-cultural. Entonces ¡era muy duro! Uno tenía que aprender a disfrutar de tener poder sobre otros. La escuela de esto era el lecho conyugal. Luego esto se transportaba al trabajo, a todos los demás campos: cómo disfrutar la mentira de ser el tipo fuerte o el protegido del tipo fuerte.

F.B.C.: ¿Cómo se dispone en diferentes películas, como en *Mildred Pierce*, donde de repente la mujer es la figura dominante? ¿Qué efecto tuvo eso?

M.P.: Joan Crawford se vuelve fuerte en los 40, pero Garbo ya había sido fuerte en los 30. Para mí fue una posición revolucionaria. En un pueblo de la Pampa, el ver todo girando alrededor de una figura femenina era un poco subversivo.

E.L.: *Boquitas pintadas* y *The Buenos Aires Affair* expresan diferencias entre el hombre y la mujer: Leo y Juan Carlos son fracasados, aun así las mujeres sueñan con ellos, se quedan en casa y escriben en sus diarios, les escriben cartas de amor. Pero los hombres no sueñan con las mujeres de esa manera.

M.P.: Es lógico. Si creas un mito de fuerza, es lindo pensar que existe tal cosa en el mundo, pero es una mentira. Es una decepción desastrosa. Pero a nosotros

---

[7] Revista bianual dirigida por graduados en el marco del programa Creative Writing, City College, Estados Unidos.

nos decían que había tal cosa, como el honor del hombre –inquebrantable– y ese hombre no lloraba. Entonces para las mujeres era muy lindo pensar que ellas eran débiles pero que había alguien fuerte en cuya espalda podían apoyarse. Los hombres tenían que engañarse a sí mismos para manejar esto.

Para las mujeres era más fácil seguir adelante. Ellas se apoyaban, no se quebraban. Eran críticas con ellas mismas. Habían nacido para desconfiar de sí mismas y de los demás. ¿O no es así? Se suponía que debían ser débiles. Para un hombre, era duro ser crítico consigo mismo: debía creer en sí mismo.

F.B.C.: ¿Es por eso que Leo estaba tan aterrorizado por su impotencia?

M.P.: Sí, él no podía afrontar la idea de estar enfermo o de necesitar una cura. Tenía que llevar esta máscara todo el tiempo.

G.R.: Entonces el epígrafe de la película se refiere a Leo actuando en su rol.

M.P.: Sí, es uno de los personajes más importantes. Era una atmósfera muy violenta que encontré en Buenos Aires cuando volví de regreso en 1967, después de 12 años en el extranjero. Cuando empecé a escribir *The Buenos Aires Affair* en 1969, todo lo que tenía en mi mente era ese clima, una atmósfera llena de terribles, incontables amenazas. Desdichadamente, mi impresión era correcta porque esa terrible violencia estalló. Después de 1974 hubo miles de muertes.

F.B.C.: ¿Cuándo fue esto? ¿Antes de que Perón retornara?

M.P.: Sí, el gobierno de Cámpora empezó en 1973. Con el propósito de darle cuerpo a esta atmósfera, pensé en dos personajes capaces de representarla. Realmente no sabía por qué ellos caracterizaban las extremas consecuencias del juego débil-fuerte que era la base de la mayoría de las relaciones, la seductora y débil chica, sensible y necesitada de apoyo, y el hombre fuerte listo para protegerla. La consecuencia extrema de esta actitud, de esta fórmula de galanteo, es una especie de sadomasoquismo.

E.L.: En *El anillo de los Nibelungos*, de Wagner, Brunhilde está detrás de las llamas y Siegfried tiene que atravesarlas para salvarla. Ella en realidad no es débil, sino que está viviendo detrás de la figura masculina. Pero en tu libro, Gladys vive con problemas psicológicos. Ella no es una heroína, tampoco Leo es un héroe.

M.P.: Esta gente enferma es producto típico de la sociedad argentina.

F.B.C.: ¿Es María Esther significativa por su punto de vista?

M.P.: Ella es sólo una presencia neutral. Necesitaba a alguien allí, así los dos personajes principales se sentirían "observados".

F.B.C.: En el capítulo 13 de *The Buenos Aires Affair* usted tiene a sus tres personajes respondiendo a sensaciones directas psíquicas o táctiles, reaccionan en términos de figura geométrica. Leo en términos de Nibelungelied, y Gladys en términos de la perspectiva del escenario. Es una forma muy rara de reaccionar. Nunca la había visto antes.

M.P.: Estoy muy contento de que quieras discutir el capítulo 13. Cuando estaba trabajando en él, pensé que era algo nuevo y esperaba alguna reacción –aceptación o rechazo– pero nadie más me habló de él. Traté de visualizar los sentimientos de los tres personajes durante unos pocos minutos de su peculiar encuentro, una suerte de grupo de tres personas. Tú sabes que detrás de la visión consciente de un determinado momento, uno puede sorprenderse a sí mismo de un golpe. Tu atención o tu conciencia no hubiera sido capaz de captarlo en ese momento, pero está allí. Tú sabes por sensaciones fugaces que algo te está acompañando, que estás viendo algo más. Bueno, yo quería descubrir eso, y pensé en esas acciones paralelas que no tendrían nada que ver con las acciones actuales, pero que podrían iluminarlas o completarlas de algún modo. Porque lo que estos personajes están viendo en este momento, lo que tienen enfrente a ellos, está superpuesto sobre algo más que no está muy comprendido por tu visión, pero está ahí.

F.B.C.: ¿Y no hubo una reacción crítica?

M.P.: Ha habido leves objeciones a la escritura. A veces ha sido señalado que "en tal capítulo tú te excediste". Si hubo alguna reacción fue negativa. Pero no hubo discusión, sólo un rápido "no".

E.L.: Algo similar a ese episodio es la llamada de María Esther a la estación de policía. El policía la escucha a ella mientras continúa leyendo el diario.

M.P.: Tal vez. Durante esa conversación telefónica hay diversos niveles de percepción y de aprehensión de la realidad.

G.R.: En *The Buenos Aires Affair* Leo es el crítico de una revista de arte; las dos mujeres son escultoras. ¿Por qué elegiste esas profesiones?

M.P.: Tal vez porque sentí que las personas más vulnerables en ese momento serían aquellas que están en el campo del arte. Ellos captarían la violencia en el aire, eran vehículos ideales de mi investigación.

G.R.: En contraste con *Boquitas pintadas*, estos personajes son profesionales, su vida es excitante. Pero ellos también están de alguna manera apresados.

M.P.: Es una continuación del mismo problema. La chica en *The Buenos Aires Affair* es educada, vive en un pueblo grande y tiene todas las posibilidades que un ambiente cultural puede ofrecerle. Pero ella también tiene el problema final: cómo establecer sus líneas de amor, sus coordenadas.

F.B.C.: Todavía la violencia parece que la sigue. Cuando alguien intenta violarla durante una salida en Washington, los mismos sentimientos de los que tú hablas en la sociedad argentina parecen haberse extendido hacia América.

M.P.: El hecho de salir en la noche a las calles era algo muy especial. Ella está buscando problemas. Inconscientemente ella necesita ser sacudida. El problema con esta mujer es que le han contado que el placer sexual es el resultado del contraste fantástico de dos cuerpos, uno muy fuerte y otro muy débil. Ella tiene esas imágenes de las que la han convencido. Le gustan, y busca una forma violenta de amor. Piensa que es la única forma. Tal vez es por eso que hace uso de esa fatal caminata en la noche.

F.B.C.: ¿La búsqueda de Gladys caminando por las calles en la noche, involucrándose con Leo, se relaciona con el arte de competición más temprano en la novela, cuando ella le pega a un estudiante varón en su clase y se enamora de él, aunque ella no hubiera tenido nada que ver con él?

M.P.: Para ella el estudiante era alguien con todas las posibilidades del mundo para tener éxito, el gran proyecto de hombre. Ella estaba buscando alguien muy fuerte.

F.B.C.: Pero nunca encuentra un hombre fuerte. Leo es impotente. Alguien más lo asalta.

M.P.: Ellos sostienen la máscara de la fortaleza. Todos la llevan puesta.

E.L.: Hay unas pocas referencias homosexuales en la novela. Cuando Gladys ve al estudiante de arte, es un algo natural estar interesada en él. Ella sólo ve a un chico en su clase con ojos brillantes. Ella quiere competir con él de igual a igual, como hizo con las chicas en su clase. Pero no era una cosa igual. Cuando forma amistad con una mujer mayor y vuelve a visitarla, a ella le da repulsión que esa mujer mayor estuviera teniendo una relación homosexual.

M.P.: Para Gladys la homosexualidad no tenía atractivo. Habría sido la última cosa para ella. Ella tiene que estar con alguien superior, no alguien semejante. Lo que le gusta del chico Icarus es que es hermoso. Del estudiante que viene a visitarla a Nueva York a ella le gusta el hecho de que él está lleno de promesas. Lo que a ella le gusta de Leo es que es muy fuerte físicamente y tiene poder, el poder de la prensa.

F.B.C.: Tu podrías pensar que desde los antecedentes de Gladys comparados a los de los personajes de *Boquitas pintadas* ella sería menos vulnerable, tomando en cuenta el hecho que creció en el ambiente de una gran ciudad. Su madre supuestamente es una lectora de poesía. Su medio ambiente es más sofisticado. Gladys estaría más resguardada de esa debilidad de las chicas de pueblos pequeños.

M.P.: Ella tiene más armas, se puede defender a sí misma, y sobrevive al final porque tiene dones de creatividad. Pero su principal debilidad es que ha sido grabada a fuego con imágenes de miedo del amor. Ella está en peores condiciones que las chicas en *Boquitas pintadas* que, siendo menos sensibles y menos imaginativas, no pueden sino reproducir esa monstruosa obsesión. A ellas les gustaba alguien como Juan Carlos que era hermoso y seguro de sí mismo, pero ellas no van tan lejos como Gladys. La imaginación de ellas no se lo permite. En esa clase de sociedad, una mujer imaginativa es una mala figura.

G.R.: Tu ficción incluye un *pastiche* de estilos narrativos. *The Buenos Aires Affair* está escrito a la manera de una novela policial. ¿Por qué?

M.P.: Creí que los términos de la novela policial me ayudarían a expresar aquella violenta atmósfera que experimenté en mi arribo a Buenos Aires. Aquella atmósfera estaba puesta por una fuerza maligna. Todo marchaba bajo un curso policial.

F.B.C.: Tiendes a cambiar el orden cronológico en tu libro dando fragmentos de un evento y más tarde otros, casi un rompecabezas.

M.P.: No es que yo quiera hacer las cosas duras para el lector; en el país, creo que mis dos últimos libros publicados son fáciles de leer. Pero a veces dar demasiada información al lector lo detiene para adoptar un rol activo en la lectura. Si carece de información, debería buscarla. Si yo le doy algunos elementos para construir un personaje, pero no todos ellos, creo que eso lo debería hacer trabajar a él. Por ejemplo, yo tengo A y B. Yo quiero que el lector vea a B como A ve a B. Luego el lector entenderá por qué A piensa sobre B y reacciona a B de la manera que lo hace; después le doy a él la información completa, entonces él tendrá ambos puntos de vista: el punto de vista de uno de los personajes y el punto de vista del narrador.

F.B.C.: Con relación a la línea de la novela policial, advertí que tú tienes la autobiografía de Raymond Chandler en tu repisa, y que mencionaste *The Blue Dalia* en tu libro. ¿Estás muy familiarizado con su trabajo?

M.P.: No, no terriblemente, a través de películas más que nada, me temo. [...] uno de los tantos elementos de la novela policial es el suspenso, que hace que el lector se convierta en detective, un lector súper activo[8].

F.B.C.: Es casi como si estuvieras transformando al lector en Philip Marlowe.

M.P.: Espero que sea así.

G.R.: Tú comienzas *The Buenos Aires Affair* con el rapto de Gladys de su casa de Playa Blanca ¿Es esto la inversión de la novela policial?

M.P.: No creo que sea así. Yo hablo sobre el crimen final, pero no digo quién lo está cometiendo. Entonces antes de darle al lector todos los datos sobre Leo y Gladys, ya hay alguna tensión establecida desde que el lector ya está enterado del daño que le espera a Gladys.

E.L.: Cuando Gladys está enfrentando la muerte, se pregunta muchas cosas; ya sea si debió ir a la fiesta, quedarse en su casa o quedarse durmiendo. Finalmente se enfrenta con la elección entre maquillarse o cortarse las muñecas.

M.P.: El maquillaje es uno de los elementos del crimen, la manera en que ella piensa el maquillaje es como una máscara: la manera de esconder.

---

[8] Este modo de leer la biblioteca de Puig no ha sido tenido en cuenta por la crítica. Es importante subrayar, como se dijo en las notas preliminares, esta modalidad de Puig de "leer" a través del cine.

F.B.C.: En esa novela los personajes no parecen tan dominados por las películas y la cultura popular como en tus primeras novelas, aun cuando tú empiezas cada capítulo con un recorte de una película, como *The Blue Dalia*. ¿Por qué? Yo pensé que podría ser por la atmósfera de la novela policial, pero tú no estás usando sólo historias policiales, tú también usas una de las películas de Greta Garbo.

M.P.: Una película romántica más que nada, en función de los modelos de relaciones hombre-mujer, estos modelos que mis personajes tienen en sus mentes.

F.B.C.: Sin embargo Veronica Lake era un personaje fuerte y justo en *The Blue Dalia*, y Greta Garbo no era pasiva.

M.P.: Ambos son personajes que luchan, pero son parte del sistema. Margarite Gautier en *Camille* es una prostituta, una mujer mantenida. Ellas son fuertes, pero en defensa de su divertido rol en la vida.

G.R.: Rita Hayworth es una mujer muy agresiva en la película *Blood and Sand*. ¿Ella es una figura dominante en una tradición cultural?

M.P.: Ella es la mujer fatal: una mujer que usa todos sus trucos femeninos para destruir. En *La traición de Rita Hayworth*, el pequeño niño la rechaza completamente. Ella es una personificación del mal porque actúa como un hombre. Doña Sol en *Blood and Sand* actúa como un hombre, escoge el estilo que le gusta, no espera ser elegida, termina un romance cuando ella quiere.

G.R.: En *Boquitas pintadas* cuando Juan Carlos vuelve del hospital, cada detalle simula sensaciones, acciones y pensamientos. ¿Por qué el montaje?

M.P.: Yo he viajado en micro y en tren y he experimentado esta cosa cuando tu estás arribando a un lugar, tú haces una síntesis de emociones, y al mismo tiempo están esas imágenes fugaces a través de la ventana. Te encuentras terminando algo y empezando algo cuando tú arribas a un lugar. Yo quería dar las dos cosas, las emociones y todos los objetos que él ve a través de la ventana. Entonces yo dije: "vamos a hacer esto, enumerar los objetos y el tiempo". La mayoría de esos objetos que él ve han sido nombrados antes en la parte de las experiencias de los personajes. Entonces yo sólo enumeré lo que veía a través de la ventana, y el lector hacía la síntesis emocional. El personaje ya había establecido asociaciones precisas con esos objetos.

G.R.: Tú también usas intervalos de pensamiento no hablado antes de la voz hablada.

M.P.: En esos momentos, los personajes usan el lenguaje para ocultar más que para mostrar. Para hacer eso evidente, usé ambos niveles. Lo que piensan está impreso en letra itálica y lo que dicen está impreso con letras regulares.

E.L.: ¿Quiénes son tus amigos escritores de Argentina y Estados Unidos?

M.P.: En Argentina hice amigos con los escritores más jóvenes y con dos personas de la guarda vieja: Silvina Ocampo y José Bianco. La mayoría de los otros, me lo hicieron muy difícil para mí. Yo sentía una fuerte resistencia a mi forma de escribir entre los escritores argentinos, principalmente Borges, quien sólo termina en mis títulos. Él piensa que son de mal gusto, y para mí, la exploración del mal gusto es más interesante. Yo creo que nosotros dos estamos en muy diferentes esferas. Y acá, me hice amigos con Mark Mirsky, Fred Tuten, y me acabo de encontrar con Susan Sontag quien es una hechicera y me gustaría conocerla mejor.

F.B.C.: Cuando te sientas a leer por placer, ¿a quién lees?

M.P.: Yo leo muy poco, sólo material de cine y libros de historia. No puedo leer ficción.

F.B.C.: ¿Tu principal influencia son las películas, la televisión? ¿Ves series?

M.P.: Yo miro viejas películas en televisión. No me gustan las series de televisión, todo ese material. Tengo una dificultad real para concentrarme, y en leer porque estoy con mi trabajo todo el día: escribiendo una nueva novela, revisando las traducciones y respondiendo cartas a los editores. Entonces para un descanso, no puedo volver a la literatura. Puedo leer libros sobre cine, actores, biografías, y directores. Esos los amo. Yo pienso que en el tiempo que vendrá volveré a leer ficción. Pero ahora estoy trabajando, no soy receptivo.

F.B.C.: ¿Vas a ver películas a menudo?

M.P.: No. En Nueva York hay demasiado en televisión y eso ayuda.

F.B.C.: Tienes un tiempo duro con los comerciales.

M.P.: Sí. Los odio, me ponen muy nervioso, pero cuando estaba en otros países y me acordaba del enojo con los comerciales americanos, de verdad me sentí como un burro porque tú tomas los comerciales y luego viene [Jean] Harlow, y [Norma] Shearer, y Bolelslawsky, y Von Sternberg; eso muestra cuáles son imposibles de mostrar fuera de Estados Unidos.

F.B.C.: ¿Tienes algunos realizadores favoritos?

M.P.: En el presente estoy muy aburrido. No me gusta nada de lo que se está haciendo. *Chinatown* de Polansky es la única película nueva que he disfrutado en un largo tiempo, una película que tiene algo que la favorece[9].

F.B.C.: ¿Y qué hay sobre Luis Buñuel?

PUIG: Buñuel me interesa, pero no terriblemente. Me gusta *A touch of Evil*, de Orson Wells. Me gusta Von Sternberg enormemente, y estoy muy interesa-

---

[9] Este aburrimiento sobre las películas contemporáneas se advierte también en los comentarios que realiza en las cartas familiares, donde cuenta a su familia qué películas le fueron grabadas por sus amigos coleccionistas, entre los más importantes, Italo Manzi en Francia, y José Labrada en México. En muchas oportunidades Puig regrabó esos video-casetes, por tanto no puede hablarse de una colección con carácter programático, ya que incluye filmes que no le gustaban a Puig y otros casetes regrabados que aún mantienen el título anterior, lo cual conformaría otro proyecto de relevamiento de todo el material.

do en los actores o actrices que eran los autores reales de sus personajes: Garbo, Dietrich cuando no está trabajando con Von Sternberg, Crawford en *Female on the Beach*, un despliegue de estilo.

F.B.C.: ¿Qué piensas de los trabajos de Robert Altman?

PUIG: Me disgusta particularmente. Los encuentro muy pretenciosos, y muy aburridos. Me ponen nervioso. No sé; tal vez es algo que yo no entiendo. *Nashville* me puso muy incómodo, y *MacCabe y Mr Miller* realmente me enfermó. Él me irrita a tal punto que debe haber alguna razón por la que lo objeto tanto, pero no lo perdono por el aburrimiento que él creó para mí.

F.B.C.: ¿Tendría algo que ver con Altman siendo contra-romántico, considerando tu interés en películas que parecen tener que ver con roles románticos? Altman trata de extender la realidad, mientras que hay un determinado romanticismo mágico en las primeras películas ¿Qué piensas de Hitchcock?

PUIG: Oh, me encanta. No las últimas películas. No he visto *Family Plot*, pero sí las anteriores. No me gustaron nada *Frenzy* y *Topaz*.

G.R.: ¿Te gustan las películas de Ingmar Bergman?

M.P.: Lo encuentro interesante pero decepcionante al mismo tiempo. Trata lo inexpresable con una habilidad total. Me encanta cuando sólo presenta un enigma, una atmósfera que no entiende. Luego está el pretexto divertido que él entiende y sabe por qué, pero que no está contando qué es. Hay algo intelectualmente deshonesto en él. Me encanta la presentación de sus atmósferas, pero el descubrimiento tramposo es siempre falsificado.

F.B.C.: ¿Qué hay sobre Trouffau? En algunos casos él ha dibujado viejas novelas policiales para hacer películas y tú has usado viejas novelas policiales para hacer un libro.

M.P.: Es respetado y dispone de mucha atención, pero para mí carece de estilo.

G.R.: ¿Podrías comentar algún trabajo nuevo, algunos proyectos nuevos?

M.P.: Bueno, sería muy largo. Creo que esperaremos hasta que la novela esté publicada el próximo año. El título es *El beso de la mujer araña*[10].

---

[10] Se refiere, claro, a la traducción en inglés.

1977, mayo   (1974-1979)
SEIS PREGUNTAS A MANUEL PUIG SOBRE SU ÚLTIMA NOVELA:
EL BESO DE LA MUJER ARAÑA
Conversación con Marcelo Coddou
The American Hispanist, Barnard College, Estados Unidos

M.C.: ¿Qué ha sucedido con el mundo de Coronel Vallejos, que ya no vuelve a aparecer en tu obra de ficción?

M.P.: Desde el año 49, en que mis padres se mudaron a Buenos Aires, no volví más a General Villegas. Ámbito de mis primeras novelas, ahora es una realidad que ya quedó atrás, porque no hubo más contactos, simplemente. Sabes que cuando esas novelas aparecieron, hubo allí una reacción en contra de ellas –que es lo mismo que luego sucedería en toda la Argentina con mi tercer libro: se las tildó de "libros negros", portadores de una "crítica desmesurada", etc.–. Pero, claro, no el hecho de haber vuelto ni la incomprensión de mis novelas han sido los determinantes de que ahora Coronel Vallejos no aparezca en mis últimas obras. Lo que sucede es que para mí el pueblo se agotó como *mundo*. Quiero decir: los dos aspectos que de él más me interesaban ya están tratados en mis novelas anteriores: por un lado, el mundo personal de mi infancia, por el otro la realidad de quienes vivían integrados al sistema.

M.C.: Ya en *The Buenos Aires Affair* el eje temático era la represión sexual, ahora, en *El beso de la mujer araña*, aparecen enlazados los movimientos de liberación sexual con los movimientos de liberación de clase. ¿Cómo podrías explicar esto?

M.P.: Estoy convencido de que la escuela de la explotación está en la pareja, en la primera célula y que de allí se traslada al campo del trabajo. En la actitud del hombre fuerte, se da el primer paso que conduce a esa necesidad suya de dominio. Este modo de ocultarse –forma de cobardía, en definitiva–, le lleva a no mostrar su vulnerabilidad, sus dudas, sus flaquezas. La primera víctima del machismo es el hombre mismo, que se condena a un escamoteo de sí, al no admitir que es de la misma masa que su hembra... Creo en la bisexualidad esencial de la persona, sólo posteriormente especializada por imposición del sistema. Y no habrá liberación verdadera que no incluya la liberación sexual.

M.C.: Eso explica, supongo, el uso que haces en la novela de las notas a pie de página, esos textos que aspiran a ser saber científico, que como tal se enuncian y que son material a-narrativo. Me gustaría que te refirieras a la función que a ellos les asignas.

M.P.: La explicación de su empleo es muy simple. Quería contar esta historia y como sé que efectivamente muy pocos tienen la información necesaria para interpretar los fenómenos en ella presentes, como sobre la homosexualidad se sabe muy poco –los trabajos científicos son recientes, están dispersos, generalmente expuestos en términos de comprensión difícil–, quise resolver así el problema de información. Por extraño escamoteo, un 99% de los lectores, seguramente, poco o nada sabe sobre temas tan primordiales como los determinantes sexuales. Ahora, a esta novela no se puede realmente acceder sin esa información –siempre, te insisto, tan represivamente escamoteada–, de manera que había que darla. A muchos lectores podrá resultarles molesto el uso de las notas, pero les invito a pensar si no les resulta molesto porque es la primera vez, creo, que se emplea tal procedimiento en una novela... Lo nuevo, lo inesperado, puede dar lugar a rechazo, todos lo sabemos. Por otra parte, debo decirte que el hecho mismo de la experimentación me entusiasma: ¿Por qué no introducir notas aclaratorias al pie de página?, ¿qué regla de oro hay que prohíba utilizar ese procedimiento en una obra de ficción? Me pareció una forma válida... y la empleé.

M.C.: El cuerpo mayor de la narración se ofrece, sin embargo, en los diálogos de los personajes, con variaciones mucho menos extensas, como los monólogos interiores –sobria y funcionalmente empleados– y los "Informes" penales. ¿Qué te llevó a ese modo de presentación de la materia narrativa?

M.P.: Al comenzar a escribir esta novela creí que sólo parte de ella iba a ser dialogada, que después, como en mis libros anteriores, iban a venir otros procedimientos. Pero, avanzando, pareció que el diálogo me servía para seguir contando lo que seguía. Fue, como siempre me sucede, un método elegido por necesidad. Necesidad del contenido, quiero decir. Siempre he tratado de subordinar la "forma" al "contenido".

De los dos protagonistas, la voz que más se oye es la de Molina, y por eso me preocupaba mucho el efecto de esa voz sobre el lector: tenía que resultar monótona, chata, incluso irritante. De veras, el riesgo desde el punto de vista estilístico era tremendo. Pero, a juzgar por las reacciones de la crítica española y lectores amigos, esa voz es lo que más funciona en toda la novela. Yo la usé ante todo porque creía que tenía color, que arrastraba cantidad de contenidos contradictorios, que son para el personaje invisible, pero para el lector muy visibles. Pero para dar la entrada a la interioridad más secreta de los personajes, necesité también del monólogo interior. Los "Informes penales", por su parte, los entrego así, simplemente por razones de economía del relato, con el fin de liquidar pronto ciertos pasajes en los cuales nada tiene que ver la interioridad de los personajes.

M.C.: ¿Tanta complejidad estructural significa que ha sido tu obra de realización más difícil?

M.P.: *El beso de la mujer araña* es la novela que más fácil me ha resultado escribir. Llegó un momento en que me pregunté, un tanto espantado, "¿por qué me sale tan fácil?", "¡debe tener una densidad no mayor que una simple hoja de calco!" Y desconfié de tanta facilidad... La traducción al inglés que de ella se está haciendo sí que me tiene problematizado: el diálogo es tremendamente difícil de traducir. No así al italiano y me imagino que tampoco lo será al portugués y al brasileño. Me aterra pensar en la traducción al francés... Si en la redacción del original en argentino ocupé algo menos de un año de trabajo en el texto (lo escribí en dos momentos: empezaba en Nueva York, la proseguí, por unos ocho meses, en México, luego la abandoné por unos once o doce meses, y la retomé por otros dos hasta concluirla), la traducción inglesa ya me ha ocupado tres meses de colaboración con el traductor.

M.C.: Otro aspecto interesante del modo narrativo es el de las narraciones intercaladas. En *El beso de la mujer araña* se trata de películas que uno de los personajes cuenta a otro. Quizá resulte curioso saber el origen de estas películas.

M.P.: Recordarás que son seis las películas en la novela. La primera es una síntesis exacta de la historia de *Cat People*, de Jacques Tourneur, que en español se tradujeron como *La marca de la pantera*. La segunda es totalmente imaginaria, aunque su correspondiente "Boletín publicitario" lo redacté en un estilo sacado de documentos nazis: pasé dos semanas en la Biblioteca Pública de Nueva York, la de la calle 42, leyendo literatura de propaganda nazi. Así es cómo, por ejemplo, las "citas" de parlamentos adjudicados al Führer y a Goebbels son reales. La tercera está tomada tal cual de la película de John Cromwell que en español se dio con el título de *Milagro de amor*. La cuarta, la de los guerrilleros, es totalmente inventada. La quinta tiene elementos –pero también importantes variaciones–, de *I walk with a Zombie*, también de Jacques Tourneur. La última, como podrá apreciarlo el lector medianamente aficionado al cine, es una especie de denominador común del cine mexicano de los años 40. Las tres no inventadas son películas de mi infancia, de ese período en que yo era infatigable espectador de cine que he vuelto a ver infinidad de veces en la televisión, aquí en Nueva York.

1977, 6 de junio   (1794-1979)
SEVERO SARDUY CANDIDATO A GANAR EL "RÓMULO GALLE-
GOS" SEGÚN MANUEL PUIG
El Nacional, Caracas, Venezuela

Manuel Puig, autor de las célebres obras *La traición de Rita Hayworth* (1968), *Boquitas pintadas* (69, llevada al cine por Torre Nilsson), *The Buenos Aires Affair* (63) y *El beso de la mujer araña* (76), ha pasado dos semanas en Caracas, invitado por la Misión venezolana ante las Naciones Unidas, en una programación divulgativa de la imagen contemporánea de Venezuela en el exterior. En este mismo sentido visitará próximamente al país la conocida crítica norteamericana Susan Sontag.

Puig ha repartido sus dos semanas entre Caracas y el interior. Pero no vamos a adelantar sus futuras impresiones personales de nuestro país. Ello será material de varios artículos que Puig publicará en el exterior.

Hay una vigencia que toca muy de cerca a Puig, como uno de los más resaltantes escritores del continente. Se trata del premio "Rómulo Gallegos", el cual, este año, aparece lleno de controversias y apasionadas polémicas por cuanto varios de los concurrentes lucen con justa opción a ganar el importante certamen.

–¿Concurre usted al evento, Puig?

M.P.: La verdad es que no sé si mis editores (Sudamericana de Buenos Aires, Mortiz de México y Seix Barral de Barcelona) han presentado mis dos libros publicados. Personalmente, no los he enviado. Tengo tan mala experiencia en cuestión de premios que un mecanismo inconsciente me hace olvidar fechas y reglamentos de este tipo de torneos. Nunca he ganado un premio literario aunque me he presentado a más de uno.

Y añade:

M.P.: La verdad es que en cada uno de esos casos el libro premiado no logró trascender en traducciones, etc. Incluso hay un caso, el del premio al que presenté *Boquitas pintadas* en Argentina en 1969, en el cual el libro premiado ni siquiera fue publicado. Se trataba de un autor novel peruano.

–¿Quiere ello decir que usted no confía ni cree en los concursos literarios?

M.P.: Creo que son útiles como promoción de la literatura que tan atrás se queda publicitariamente con respecto a otras expresiones artísticas.

–Concretamente ¿qué concepto le merece el premio "Rómulo Gallegos"?

M.P.: Hasta ahora las dos obras premiadas son de altísimo nivel (*La casa verde* de Vargas Llosa y *Cien años de Soledad* de García Márquez).

–Hasta ahora... Pero hablamos del premio de este año. Allí concurren destacadísimas figuras de las letras hispanoamericanas. ¿Cuál o cuáles de ellos supone usted con suficientes méritos para ganar el evento?

M.P.: Tengo que aclararle cuál es mi idea sobres ética profesional al respecto. Un autor, por definición, es alguien con un universo propio. Eso implica límites definidos dentro de sus inquietudes artísticas. Por lo tanto un autor siempre va a preferir aquel otro autor con afinidades creativas. La parcialidad es inevitable, sólo el crítico está en condición de apreciar objetivamente una obra. Por eso yo creo que un autor puede hablar de otro únicamente cuando tiene algo positivo que decir. Es decir, un elogio. Yo jamás me permitiría un ataque a la obra de otro autor.

–Eso está muy bien, Puig, y le dignifica. Sin embargo ¿cuál sería su "parcialidad" en el caso del "Rómulo Gallegos"?

M.P.: Me gustaría decirle cuáles son los autores que a mí me interesan. Por alguna extraña razón los tres son cubanos: Lezama Lima, Cabrera Infante y Severo Sarduy. Este último dentro de los cinco años reglamentarios para optar al premio, publicó su novela *Cobra*.

–Hemos hablado de los otros ¿hablamos de sus libros? ¿Cuál de ellos le agrada más?

M.P.: Nunca estoy completamente satisfecho con el resultado final de un trabajo mío. Pero tengo por lo menos la tranquilidad de que cuando doy a imprenta un libro ya he agotado todas las posibilidades de corrección. Me tomo mucho tiempo para escribir una novela. Entre tres o cuatro años. Esto es para mí lo más positivo de la literatura, el hecho de que no haya fechas de estreno como en el cine o en el teatro, que las posibilidades de revisión sean infinitas. Cuando yo estaba en el cine me aterraba la imposibilidad de rehacer la escena de un filme terminado. Volviendo a su pregunta tengo una especial debilidad por mi tercera novela, *The Buenos Aires Affair*. La menos comprendida de mis obras. En general la crítica en una verdadera profundización como si la tomaran con pinzas, lo cual es una forma de indiferencia ante la obra.

–Tengo entendido que todas sus obras han merecido numerosas traducciones. ¿Es cierto?

M.P.: Sí –replica Puig luego de una larga y rara pausa–. Estoy traducido a quince idiomas.

–¿Quince? ¿Cuáles?

M.P.: Italiano, francés, portugués, inglés, alemán, finlandés, sueco, holandés, húngaro, checo, eslovaco, polaco, turco, hebreo y japonés. Debo confesarle que éste es el mayor estímulo que yo he recibido. Ya que la crítica latinoamericana, la que más me interesa, no termina de ponerse de acuerdo en cuanto a la validez de mis obras.

1977, 16 de junio   (1974-1979)
MANUEL PUIG SECUESTRADO
Cambio 16, Madrid, España

[...] considerado uno de los mejores narradores hispánicos de su generación, Manuel Puig reside en la actualidad en Nueva York, donde dirige un taller de literatura de la Columbia University para escritores de lengua hispana residentes o transeúntes en esa ciudad. Lo que sigue es un extracto de una conversación mantenida por Manuel Puig, a su paso por Madrid, con Eduardo Chamorro.

"Estoy más que sorprendido por el hecho de que en España, y en estos momentos precisamente, se haya iniciado una acción legal contra *The Buenos Aires Affair*. Comprendo que la novela es de una franqueza sexual insólita, pero juzgo al mismo tiempo que esta franqueza no es gratuita. La protagonista es una muchacha que ha tenido una educación sexual muy represiva, con una idea sucia, turbia del sexo. Ella busca inconscientemente en el sexo una forma de degradación. Su *partenaire* debe ser un hombre superior, capaz de liarla en todo momento. Desgraciadamente, a quien esta mujer conseguirá interesar será a un sádico atraído por esta necesidad de ella de ser degradada".

"El personaje del hombre, en la novela, es de igual importancia que el de la protagonista femenina. En él he querido representar un personaje que relate la exacerbación del ideal masculino fuerte. Así como ella concibe las relaciones amorosas como una forma de ser degradada, él las concibe como una forma de degradar. Estos dos protagonistas, que pueden, en primer plano, aparecer monstruosos, no están más que alejados un paso de lo que hasta hace muy poco era considerado ideal en los componentes de la pareja".

En cuanto a *El beso de la mujer araña* –una novela que describe las relaciones entre un homosexual y un activista político, encarcelados en la misma celda, con apoyaturas a pie de página en las que se revisa una cierta información científica en torno a la homosexualidad–, Manuel Puig aclara que "ese material científico pensaba infiltrarlo en el texto de ficción, pero vi que era imposible. Luego pensé que toda esa información nos había sido violentamente escamoteada. La sexualidad de la mujer sigue siendo un misteriosísimo tema. En cuanto a la homosexualidad, la gente no sabe siquiera si se trata de un vicio, de una tara hereditaria o de una frivolidad adoptada como un nuevo corte de pelo. Así que introduje todo ese material tal como nos había sido escamoteado, violentamente. Espero que tal violencia quede compensada estilísticamente de algún modo".

"Me interesaban dos personajes prisioneros de esquemas, imposibilitados de actuar y de sentir libremente. El homosexual de la novela no puede trascender el esquema que tiene, su proyecto de vida. En un momento en que la mujer busca su liberación, cierto tipo de homosexual con fijación totalmente femenina (tipo travesti) busca precisamente la perpetuación de ese sometimiento como mujer. Por lo que se refiere al activista político, para llevar a cabo su proyecto revolucionario, ha decidido evitar toda atadura afectiva que le pueda entorpecer la acción".

"La utilización en *El beso de la mujer araña* de películas como *La mujer pantera* y *I walked with a zombie* (de la que sólo utilizo el arranque) responde a que me interesaba trabajar con diferentes versiones del cliché de la feminidad. La película que titulo *Destino*, es ficticia y procede de *Die Grosse Liebe*, la película más popular producida por la UFA, muy hábilmente realizada a efectos de la propaganda nazi".

"La nota a pie de página que prolonga su argumento la escribí como un facsímil a mi estilo de los documentos que investigué al respecto en la biblioteca de Nueva York".

"Lo que más me interesa de un personaje es su relación con el medio ambiente y su lucha por salir o no salir del esquema, su lucha por ignorar la acción represiva del sistema. En la represión sexual veo el comienzo de todas las represiones. En la pareja clásica, hombre fuerte- mujer débil, está el comienzo de la explotación. Y de ahí arrancan mis libros".

Por último, y en lo que se refiere a una normalidad de una sexualidad en una sociedad regida por pautas heterosexuales impuestas, Manuel Puig subrayó que "la única posibilidad de normalidad" se daría a partir de una aceptación de la bisexualidad.

1977, 1 de octubre   (1974-1979)
GÉNEROS MENORES: "SOY TAN MACHO QUE LAS MUJERES ME
PARECEN MARICAS"
Cuadernos para el diálogo, Madrid, España

Manuel Puig (Buenos Aires, 1932), [...] todo su trabajo literario está impulsado
por una seria preocupación central: las relaciones de dominación que se dan
detrás de la práctica de la sexualidad. Con la utilización de materiales populares
y de "mass media" trata de descubrir los límites entre la moral y la aberración,
entre la emoción y la cursilería.

Manuel Puig vive en Nueva York. Dientes enfilados nítidos y piel tostada.
Sus ojos, lenguaraces, guardan una secreta alegría en la mirada. Los labios dispo-
nen fácilmente una sonrisa constante. *Boquitas pintadas*, su segunda novela, ha
sido trasladada a una película. Un texto literario *pasa* a las imágenes del cine.
Hablamos de los pormenores, las dificultades... "Torre Nilsson me habló dos
años antes de concretarse el asunto, y a mí no me entusiasmaba la idea, estaba
convencido de que el posible atractivo de la novela residía en sus recursos puramente literarios, y que quitado eso, iba a quedar una anécdota no demasiado
interesante. Creo que esa novela *vive* de su estructura, la cual no es precisamente
cinematográfica. Veía la imposibilidad de repensarla; la obra había nacido ya de
ese modo y desmontarla toda y volverla a armar en términos cinematográficos
no lo veía posible. Pasó el tiempo y Leopoldo me volvió a hablar, me dijo que
justamente lo que le interesaba era esa estructura literaria, ver cómo daría en el
cine. De ese modo yo me sentí más tranquilo, le propuse entonces un esqueleto
de guión siguiendo la línea de la novela y estuvo de acuerdo. En pocas semanas
hice el guión, claro, bajo su supervisión. Siempre supe que iba a ser una película
de Torre Nilson y no una película mía. Yo ya no estaba en el 74, cuando se filmó.
A mediados del 73 había sentido alguna hostilidad por parte del gobierno peronista y salí, creyendo que era cosa de pocos meses. Pasaron cuatro años y todavía
no he vuelto. Poco después se produjo la prohibición de mi novela *The Buenos
Aire Affair*, ya quedó claro que había problemas con el régimen. Me instalé en
México, donde escribí esa cuarta novela, *El beso de la mujer araña*".

"MISS PRIMAVERA" Y EL DOLOR

En cuanto al trabajo de *Boquitas pintadas* dice... "Volví a Buenos Aires después
de once años de ausencia y fue el reencuentro con ciertos personajes de mi
infancia en el pueblo que me inspiró esta historia. Noté un enorme desencanto
en quienes habían vivido de acuerdo al sistema social de su momento, sin la

Una nota realizada por Alejandro Santos

...s fantasmas, sutiles y hermosos, no des... ni aniquilan: nutren su capacidad cre... ...ntentar descubrirlos es una fascinante n... de acercarse al talento del mayor no... argentino de los últimos tiempos, de tres best-sellers que desnudan n... identidad: "La traición de Rita Hayw... "Boquitas pintadas" y "The Bueno... af...

mejor rebeldía. Habían aceptado todo ese mundo de represión sexual, habían aceptado sus reglas, la hipocresía del mito de la virginidad femenina, y, claro, habían aceptado la autoridad. Los noté decepcionados en su madurez, pasados los cincuenta años, a aquellos jóvenes de los 30 y 40 que me habían impresionado como triunfantes: aquellas bodas, esos diplomas de médico flamantes, esas "Miss Primavera" y detrás de ello, mucho dolor, mucha gente oprimida. Bueno, aun esos que tenían la sartén por el mango, con los años, se sentían defraudados, aun los favorecidos por el régimen. No era un desencanto consciente, destilaban simplemente frustración, tristeza...". La voz sale con cierta

pesadumbre. Parece curioso que el escritor trate de *revelar* esta experiencia, buscando evidenciar la cobardía, el conformismo, la hipocresía, escribiendo "una historia de amor"... "A mí me interesaba un aspecto en especial, esta gente había creído en la retórica del gran amor, de la gran pasión, pero no habían actuado de acuerdo a ella. Es decir, por un lado, creer en las letras de las canciones, y por otro, una conducta de cálculo frío, una típica actitud de clase media ascendente. Yo quise reproducir esa contradicción en la forma dada a la novela, contar una historia de cálculos fríos en términos de novela apasionada, dar esta contradicción en la forma misma, lo que estaba en el contenido que se hiciera *forma*".

LA PERVERSIDAD INOCENTE

The Buenos Aires Affair, su penúltima novela, al igual que en Argentina, fue hasta hace poco prohibida en España. Sin embargo, es una novela que *habla* de la sexualidad. Hablar de la sexualidad es hablar del placer, no sólo el sexual, evidentemente. "En la novela hay descripciones sobre la práctica de la sexualidad con el propósito de desmitificar todo lo que haya de tenebroso, de tabú en la sexualidad. Yo creo que la sexualidad es la inocencia misma. Mientras haya respeto de la pareja, no hay perversidad. Leí mucho de lo último que se ha investigado sobre esto, porque ésas son las zonas del comportamiento humano que se querían dejar en la penumbra, así, deliberadamente, en las tinieblas totalmente para que asustase y la gente actuase a ciegas. Saber más a qué corresponden nuestros impulsos. Para mí, por ejemplo, me parece una monstruosidad el casamiento de una virgen, como era de rigor, esa unión 'para siempre' de dos seres que no sabían si se iban a complementar bien. Esa condena en general de la mujer, porque sólo el hombre tenía posibilidades de "actividades laterales" y podía de algún modo arreglárselas. En este libro la protagonista es una muchacha que ha sido educada mal y ha elaborado una idea turbia del sexo, idea según la cual la mujer debe ser en algún modo manipulada por un ser superior que la domina y tiene sobre ella todos los poderes. Mi protagonista lo que busca es un ser superior y lo que encuentra es un sádico que se interesa por su condición de masoquista; por su condición ávida de mal trato, pero ella no es una verdadera masoquista".

Continúa siempre pausado y calmo: "Me parece que toda la condena del placer está más generalizada de lo que creemos. Todo lo que da un placer inmediato resulta sospechoso. El problema se evidencia en montones de cosas, por ejemplo, la relación de los críticos con los 'géneros menores'. Veamos, Rita Hayworth baila y proporciona un placer inmediato y realmente fuerte, un punto alto de placer cinematográfico; su número 'Amado mío', en *Gilda*, para mí equivale a una Gioconda del siglo XX, pero el crítico habló de ella con desconfianza, la actriz era sexy, resultaba 'decorativa', pero no actriz. Que fuese muy bella ya resultaba sospechoso en términos de valoración artística. La proyección de la belleza ya es un logro del actor, es una condición especialísima, pero, claro, como no responde a una técnica aprendida, prestigiosa, como el ballet o el teatro clásico, no se respeta. En el caso de Rita Hayworth se juntaban sexualidad, belleza física y danza popular, tres componentes 'sospechosos'".

SIGO SIENDO EL REY

Levanta los hombros suavemente con cierta inocencia al reír: "El cancionero popular, por ejemplo, gusta, pero se le tiene desconfianza, porque es sentimental ante todo, emociona. El sentimiento es parte de la experiencia humana, pero, ¡ah!, si hay sentimientos en una obra, hay desconfianza en la crítica y la valoración. Lo cual es una tontería. Los géneros menores están en las mismas condiciones que las mujeres en los países machistas, se goza con ellas pero no se las respeta".

El asunto es complejo y delicado, porque, por ejemplo, un tango de Carlos Gardel, a la vez, transmite valores que podríamos llamar negativos y una ideología machista. Me mira con una sonrisa de connivencia: "Ése puede ser un componente negativo, pero no invalida la obra. A propósito, en el cancionero mexicano hay un autor maravilloso que se llama José Alfredo Jiménez, de grandes valores poéticos y musicales, autor de música y letra de sus canciones, que son portavoces de toda una ideología machista tremenda. Pero como él es un artista de verdad, de algún modo rechaza el comportamiento opresivo de su propia psicología. En su canción 'El rey' es evidente. Quien canta es un hombre que la mujer abandonó después de reírse de él. Pero el macho, aunque destruido, dice "pero sigo siendo el rey". Él es un hombre y como *no le puede ir mal*, aunque le vaya pésimo, se dice a sí mismo que le va bien. No sé si él estuvo consciente de lo que expresaba pero es una crítica al machismo genial. Posiblemente lo dijo con toda intención y lo estamos subestimando. Pero claro, como él es un autor popular, sin prestigio intelectual, el crítico no le concede valor. Si hubiese sido Sartre el autor de 'El rey', no se dudaría. Esto me hace pensar en un chiste muy popular, el tipo que dice a sus amigos: 'Yo soy tan macho, tan macho, que ni las mujeres me gustan, porque parecen maricas'". Sutil desdoblamiento de cosas.

ME GUSTA DIVERTIR AL LECTOR

Allí justamente Manuel Puig busca o encuentra el material para sus novelas, captar las contradicciones y conflictos en el humor y ternura de su escritura. "Siempre me han intrigado ciertos 'géneros menores', por ejemplo, el folletín. Me parece que ciertas formas populares tiene ingredientes positivos: el cuidado de la intriga, la dosificación de la emoción. Todos esos son elementos del folletín que creo válidos. Me gusta entretener, me gusta divertir al contar algo. No creo que esto esté reñido con *decir algo*, con hacer un discurso complejo y comprometido. No hay contradicción, se puede lograr una profundidad sin descuidar el aspecto de entretenimiento. La atención del lector tiene ciertos límites y me gusta tenerlos en cuenta, no abusar".

Una forma, un estilo muestra la relación que se establece entre el escritor y su propia escritura, que en el fondo es la manera en que el escritor está o se relaciona con las cosas, con la vida. La lectura de sus novelas produce la impresión de que el escritor tiene el deseo de "no intervenir" en la escritura... "Creo que es más efectivo dar los datos al lector para que él mismo saque conclusiones propias, un margen de participación. Hay un colega famoso que dice: 'Yo sé cómo hablan y cómo escriben los personajes de Puig, pero no sé cómo escribe él'. Me parece que hay allí una dosis de mala intención, tal vez inconsciente, porque es un escritor al que le fascina la persona. Dado que yo estoy en otra búsqueda, él no la acepta y la descarta. En la Argentina había, además, un sector de la crítica que daba mis obras como productos 'no literarios', tal vez interesantes, pero 'no literarios'. Simplemente porque no estaban escritas en una tercera persona clásica".

El homosexual como mujer

En su última novela, *El beso de la mujer araña*, continúa su preocupación sobre la sexualidad. La búsqueda de los mecanismos escondidos y de los hechos que revelen el fondo represivo de la práctica de la sexualidad tal como es entendida hoy: "Me interesaba un personaje femenino que creyese todavía en la existencia del macho superior, y lo primero que se me ocurrió fue que hoy ese personaje no podía ser una mujer, porque una mujer de hoy día, de alguna manera ya duda; a estas alturas ya duda que exista ese *partener* que la va a guiar en todo. En cambio, un homosexual, con fijación femenina, sí, todavía, puede defender esa ideología, porque, como desea ser mujer pero no puede realizar la experiencia de una mujer, no puede llegar a desengañarse y sigue en el engaño, en el sueño de que la realización de la mujer está en encontrar un hombre que la va a guiar y que se va a ocupar de ella, lo cual es buscar un padre y no un compañero. Por eso necesitaba que el otro personaje fuera un hombre que no se preste al juego, que no quisiese repetir el papel del macho dominante. Es un hombre que está contra todo tipo de explotación, pero que, de algún modo, inconscientemente, recrea dentro de las cuatro paredes de la celda en que se encuentran, un sistema de explotación. Para llevar a cabo su proyecto revolucionario ha decidido evitar todo vínculo afectivo que le pueda entorpecer la acción.

Creo que el erotismo actualmente es un erotismo de la explotación donde debe haber un débil y un fuerte, siempre una relación desigual. Es más fácil *representar* que ser uno mismo. Te hace sentir más cómodo saber un rol establecido para la sexualidad, el rol del dominado o el rol del dominador. Actuar a través de un rol es un vicio, un vicio de conducta. Está comprobado que los roles sexuales están aprendidos, que el bebé tiene un comportamiento bisexual. Por lo tanto, una aceptación más tranquila de la complejidad de la sexualidad humana daría otra flexibilidad a la conducta. Para "desmachizar" al hombre, para hacerle perder sus vicios de dominador, veo como una conveniencia la aceptación de su parte femenina, que el hombre aprenda a *abandonarse*, y, por otra parte, que la mujer aprenda a actuar..."

–Esto propicia una mejor aceptación psicológica de la igualdad para entrar en una mejor práctica de la sexualidad.

M.P.: Sí, si una mujer se siente con posibilidad de ir hacia otro cuerpo ya no existe la absoluta necesidad de que sea un cuerpo de hombre el que la atraiga.

–Las posibilidades se ampliarían de lo heterosexual hacia lo homosexual...

M.P.: Sí, hacia la totalidad.

"La normalidad de la sexualidad sería más fácil a partir de la bisexualidad y el abandono de los prejuicios impuestos sobre las imágenes de "macho" y "hembra"; lo que traería como consecuencia superar el peso moral de la homosexualidad".

"Otro ser humano es otra posibilidad de placer, otro cuerpo con posibilidades diferentes. En la sexualidad, todo lo que sea una posibilidad de placer no debería estar cargado de ninguna sensación de prohibido, una vez superadas las barreras establecidas culturalmente".

1977, 8 de noviembre   (1974-1979)
MANUEL PUIG: DEL CINE A LA NOVELA
Conversación con María Larreta
ABC, Madrid, España

En el año 1945 un chico de trece años llegaba a Buenos Aires, su sueño. Antes
de pisar el suelo de la metrópolis, la había imaginado como a una superproducción de la "Metro", en tecnicolor. Porque para él la vida debía ser una película,
una de esas que veía en el cine de su pueblo, General Villegas, al que iba todos
los días. Hasta entonces, sus juegos eran, indefectiblemente, jugar a las películas; por ejemplo al avión que se cae en el Amazonas... "Yo cambiaba siempre de
roles; alguien tenía que hacer de cocodrilo, ¿no?" Sus ídolos eran los "santos"
del cine: Norma Shearer, Greta Garbo, Leslie Howard, Rita Hayworth... "No
podía identificarme con 'héroes' como Tyrone Power, porque en algún momento del filme tenían reacciones violentas, compulsivas".

Manuel Puig. Su fascinante mundo de fantasías se va desgranando con voz
muy pausada, baja, como si temiera quebrar algo o despertar a alguien, en el
piso alto de una esquina luminosa de Buenos Aires. Sus "santos" lo miran desde
las fotos o "pósters" de las paredes de su cuarto de trabajo. Hay también todas
las plantas posibles que le hacen recordar su casa en Villegas, con cuatro patios
escalonados, cada vez más salvajes, donde se podía jugar. Más allá, en la sala, un
enorme espejo manchado modifica y suaviza colores y aromas, agregándole
misterio a la realidad que llega desprevenida.

"Al venir a Buenos Aires creí escapar de una película clase Z, para ingresar en la superproducción. Pero no fue así. Buenos Aires seguía siendo un
lugar donde había problemas, conflictos. Entonces, el paso siguiente fue
imaginar que el sueño hollywoodense estaba en Europa. Todos los esfuerzos
posteriores tendieron a irme a vivir allí. En el 56 gané una beca para ir a
estudiar cine. Supuse que como esto era lo que más me gustaba, mi carrera
sería la de director y guionista. Otra vez el sueño de convertir mi vida en
una película. Aunque nunca me identifiqué con un personaje, no; yo quería
ser el celuloide del cine, no la carne y el hueso. Quería ser esa luz, ese blanco
y negro irreal. Entonces, la salida no podía ser otra que transformarse en el
gran director".

"Estábamos en la posguerra, y el prestigio del cine había pasado de Holywood a Cinecittà, en Roma. Estudié los 'idiomas de las películas', el inglés, el francés y el italiano, mientras que el español no me interesaba. No correspondía al
cine importante de ese momento. Yo veía sólo en esos idiomas. Y los clásicos,
que eran parte del estudio de la lengua. Mi lectura nunca fue apasionada. Leía,
porque ello tenía que ver con el cine, no por la literatura en sí".

"En Roma también tuve una mala experiencia. Mi trabajo como asistente de dirección con Vittorio de Sica, René Clement, o Stanley Donen no me gustó. No me agradaba mi tarea de *stagier* en el set".

"Porque soy muy inseguro, y se necesita proyectar una seguridad que convenciera a los demás en un trabajo de equipo. Y no sirvo para eso. La peor de las experiencias fue *Adiós a las armas*. El productor, David D. Selznich, el de *Lo que el viento se llevó* (una de mis idolatrías), era un ser intratable, atropellador. Su mujer, la actriz Jennifer Jones, también. Para mí ella arruinó su papel en este filme. Debía interpretar a una mujer que después de sufrir, y por amor, llegaba a la ternura, la dulzura y, en cambio, no pudo deshacerse de su historia en todo el rol. ¡Cuando el director la marcaba, ella hacía escenas, lo enfrentaba, hacía cortar las tomas!"

"Entonces, el cine también era una lucha, y no 'ingresar en el sueño', como yo creía".

EL AEROPUERTO KENNEDY Y GRETA GARBO

"Paralelamente, escribía guiones con intención de venderlos. Mientras escribía, sentía un gran placer. Pero terminados, vistos a distancia, los detestaba. Eran copias de grandes filmes ya realizados. O sea, que lo que me daba placer era la copia, y no crear. Los resultados eran malos, mediocres. Y no gustaron, por su estilo hollywoodense; además en ese momento, el final de la década del 50 estaba muy desprestigiado ese estilo de cine".

Por entonces Manuel Puig llegaba a los treinta años. No tenía dinero y descubría que tampoco Europa era el sueño del celuloide. "Había perdido lo que me sostenía hasta entonces: la vocación por el cine. Ésta había sido un malentendido. Porque lo que yo pretendía en el fondo era prolongar mi rol de espectador, fuera de todo conflicto; a oscuras. Donde hubiese agresividad yo no podía ambientarme".

"El siguiente guión debía ser necesariamente una temática propia, mis propios problemas. Tratando de encontrarle forma a esto, caí en la novela, porque me di cuenta de que la literatura se avenía más a mis posibilidades, y porque se puede corregir al infinito, lo que me daba total libertad. Sé lo que quiero expresar, pero no sé cómo. A muchos de los capítulos que escribo les doy varias versiones, hasta llegar al efecto que busco. Lo que no cambia, eso sí, es la temática. Cambian las formas".

Es entonces cuando aparece en la vida de Manuel Puig *La traición de Rita Hayworth*.

"Mi primera novela. Es un poco la historia de mi infancia. La escribí en New York, donde me fui una vez roto el sueño europeo. Allí trabajaba en el aeropuerto que hoy se llama Kennedy. Hacía de intérprete. Y al mismo tiempo, empecé la novela. Como entenderás, me sentía en cierto modo salvado. Aunque exteriormente era el 'recepcionista' del aeropuerto de Nueva York, había descubierto la forma escondida de poder expresarme. Y entonces estaba tranquilo, por lo que sucedía dentro de mí".

"¿Y a quién vengo a conocer, precisamente en el aeropuerto? A Greta Garbo. Esto fue en 1963. Mi contacto con ella fue desde atrás del mostrador de la recepción. ¡Qué trágico el haber llegado a conocerla así! No quedaba en ella nada de lo de antes, solo esa manera de hablar. Cuando hablaba era alguno de los personajes de sus filmes. Cualquiera de las banalidades que dijo fue dicha en tono 'película'. Yo, con tal de estar más con ella, le llevé el bolso, que no pesaba nada, así que la excusa era pésima. Así, en tres años, llegué a terminar *La traición de Rita Hayworth*. Una vez que la hube concluido, volvía a la Argentina. Era 1965.

BOQUITAS PINTADAS: LA ATMÓSFERA DE LOS 30

"Aquí, casi inmediatamente, nació *Boquitas pintadas*. Como paralelamente no desarrollé ninguna otra actividad, pude terminarla en dos años. Y en 1968 empecé la última, *The Buenos Aires Affair*. Pero con ésta sigo. Pasaron tantas cosas entre medio... En principio tiene que venir el próximo año".

–¿Qué se interpuso?

M.P.: *The Buenos Aires...* fue constantemente "insidiada" por las interrupciones. Por ejemplo, las tensiones que soporté este invierno: el correo, o sea, los envíos de mis obras en otros idiomas para que yo corrija, las traducciones que a mí vez debí realizar, etcétera. Es imprescindible que yo revise la traducción de mis libros, porque mi literatura es muy local; hay muchas referencias propias, modismos, alusiones a canciones y películas que pueden no significar nada allí. Entonces debemos encontrar equivalencias. El título *Boquitas pintadas* tiene un sabor nostálgico muy especial; atmósfera de época, la de los años treinta. (Las dos palabras han sido extraídas de ese famoso fox-trot de Gardel, "Rubias de New York", de un párrafo que decía: "Deliciosas criaturas perfumadas, quiero el beso de sus boquitas pintadas") La traducción italiana resultó: "Una Frase Un Rigo Appena".

–¿Y qué tienes previsto para el futuro?

M.P.: Como van a publicar *Boquitas...* en los Estados Unidos, y *La traición...* en Brasil, tengo que estar pendiente de que me lleguen las benditas traducciones...: ¡la espera es desesperante! También en Francia las van a editar. En marzo terminé *The Buenos Aires...*, pero sigo corrigiendo y cambiando algunas cosas aún.

(Respecto de este tema, Manuel se muestra totalmente esquivo; no quiere por nada adelantarme algo del texto original, ni un párrafo.)

—Por lo menos, ¿de qué se trata, cuál es la trama y el género de esta novela?

M.P.: Sucede en Buenos Aires. Un cambio, porque hasta ahora siempre escribía sobre mi pueblo, y en pasado. Aquí, la trama es de actualidad. Policial.

DESPUÉS DEL CINE Y LA NOVELA, QUIZÁ EL TEATRO

—A ver, ¿cómo empieza? (Pregunta hecha con picardía-coquetería).

M.P.: Comienza en un pueblecito costero, adonde una madre ha llevado a su hija a recuperarse de "surmenage". Esta hija desaparece en el pueblo. De ahí, la acción se traslada a Buenos Aires.

—Hace un momento dijiste que siempre escribías sobre tu pueblo. ¿Cuál es la reacción de los habitantes, al verse incluidos, retratados?

M.P.: Ellos se sintieron atacados en *Boquitas pintadas*. Es inútil. A la gente no le gusta "verse".

—¿Volviste alguna vez por allí?

M.P.: No, no volví nunca más.

—¿Dónde trabajas?

M.P.: Escribo siempre aquí, en mi cuarto de trabajo, y por la tarde. Por la mañana como no estoy del todo despierto, trato de hacer las cosas más "livianas": el correo, compras, traducciones.

—Se dice que el *boom* de la literatura latinoamericana ha muerto. ¿Qué hay de cierto en esto?

M.P.: Creo que algunos de los autores del *boom* están pasando un momento menos feliz. Pero por otro lado han crecido otros autores como Severo Sarduy, con *Cobra*. Además, Pepe Bianco vuelve con *La pérdida del reino*, Silvina Ocampo saca su nuevo libro *Amarillo celeste*. ¡Cómo puede hablarse de la "muerte del *boom*" con tres libros semejantes?

—Bueno, ¿cuáles son los proyectos ahora?

M.P.: Siento necesidad de cambiar de género. Pienso que de la novela pasaré a escribir teatro, o algo diferente. Pero eso está muy adelante. Por ahora estoy muy ofuscado por esta novela que está terminada-terminándose, más todos los demás quehaceres.

Pero ya una cosa nueva distrae de lo que hablamos: después de buscar y revolver afanosamente por su mesa, con un gesto de satisfacción, encuentras los epígrafes de apertura de cada capítulo en la versión italiana de *Boquitas...* que en la versión original son fragmentos de tangos de Le Pera. Como traducidos no "suenan" bien, hubo que sustituirlos por otros de Homero Manzi. Y sin que nos diéramos cuenta, se hizo tarde, muy tarde. Entre otros muchos *The New York Times, L'express, Corriére della Sera, La Stampa, Il Giorno, O Globo* hablaron de Manuel Puig.

Justo es que nosotros también nos ocupemos de él.

1979   (1974-1979)
MANUEL PUIG. LA REALIDAD APETECIBLE
Conversación con Mario Szulchman
KENA 356, Ciudad de México, México

El autor de *Boquitas pintadas, El beso de la mujer araña, La traición de Rita Hayworth* y otros *best sellers*, nos habla en esta entrevista, desde Nueva York, de sus nuevos proyectos, una novela ambientada en los Estados Unidos, con un protagonista latino.

"Estuve expuesto al cine antes que a la literatura. Empecé a ver cine a los cuatro años, así que ya cuando aprendí a leer, cierta capacidad de sorpresa estaba eliminada. Los grandes deslumbramientos fueron todos cinematográficos. Supongo que son Lubitsch y Von Sternberg. Lubitsch hizo comedia ligera, pero incorporando muy claros principios del Bauhaus. Von Stenberg, el creador de *El ángel azul*, tuvo una clara experiencia pictórica del expresionismo. En sus películas, esa escuela está incorporada, digerida y asimilada en términos de cine popular. Sospecho que mi narrativa intenta, en algunos tramos, recrear ese mundo y esa técnica".

Así lo expresó el escritor argentino en un reportaje realizado para *Kena* en Nueva York.

LO QUE VENDRÁ

"La novela –señala Puig– está ambientada en Nueva York, y tiene que ver con mi propio retorno a esta ciudad en 1976. Fue un regreso muy especial, pues ya había vivido entre 1963 y 1967, en circunstancias muy diferentes. En esa época, tenía un trabajo en una compañía aérea. Gracias a ello, escribí, en tres años, a deshoras, *La traición de Rita Hayworth*. Tenía también mis papeles en regla, mi departamento, y el clima era de un país más dramático y vital, sacudido por la guerra de Vietnam y fenómenos como los del *hippismo*. Cuando retorné, justo en el Bicentenario, todo había cambiado. Venía con visa de turista por quince días, sin trabajo, sin lugar donde alojarme y Estados Unidos tenía un aspecto conservador. El sistema se había tragado la experiencia de los *hippies*, quizá porque éstos carecieron de proyecto político. Bueno, lo cierto es que todo eso provocó en mí un conflicto. Y cada vez que tengo un problema muy especial, la vuelco en la escritura. Así, a través de un personaje e ficción, obtenga más energía y más lucidez para analizarme".

TIENTOS Y DIFERENCIAS

Maldición eterna a quien lea estas páginas tiene como protagonistas a un estadounidense y un latinoamericano enfrentados en su manera de percibir el
mundo y discrepantes en cuanto a las ventajas e inconvenientes exhibidas por
cada una de sus culturas, inaugura, posiblemente, una nueva etapa, más com-
pleja y ambiciosa, en la narrativa de este creador que se inició como cinemanía-
co furiosamente enemigo de la lengua española ("para mí, asegura, todo lo que
se expresase en castellano, era síntoma de subdesarrollo. Eso provenía del cine.
Las películas venían primero en inglés, y luego, al terminar la guerra, en francés
e italiano. Por eso, los idiomas de la realidad apetecible, se expresaban en esas
lenguas"): y hoy trabaja en los anchos cañamazos de la narrativa, intentando
volver al habla materna, la limpidez: brillo y esplendor que la Real Academia
usa como eslogan para justificar su vetustez y anacronismo.

1979, 31 de mayo   (1974-1979)
CONVERSACIÓN CON EL AUTOR DE *PUBIS ANGELICAL*: "NO PUEDO PRESCINDIR DE ALUSIONES POLÍTICAS"

Lorenzo Sanz y Héctor Anabitarte Rivas
Informaciones de las Artes y las Letras, Madrid, España

Manuel Puig, el polémico escritor argentino, ha llegado a España con un doble propósito. Participar en el Congreso de Escritores de habla castellana que se celebrará en Canarias y presentar su última novela, editada por Seix Barral, *Pubis angelical.*

–¿Cómo surgió *Pubis angelical?*
     M.P.: Se me ocurrió en enero de 1976 al salir de México para instalarme en Nueva York. Fue un viaje poco feliz. Me fui de México por un problema cardíaco, aunque no tenía ninguna lesión. Sufría de aceleración nerviosa y se me aconsejó que me trasladara a un lugar a nivel del mar. Comenzó así un segundo exilio, ya que en septiembre del 73 me marché de Argentina al notar la hostilidad de la Prensa e ingresar en las listas negras. Salí por unos meses. En enero del 74 se prohibió mi novela *The Buenos Aires Affair.* Y resolví no volver.
     Tenía grandes esperanzas puestas en México. Investigué en su cancionero popular y en el cine cabaretero de los años cuarenta. Me deslumbró un compositor poeta, José Alfredo Jiménez y escribí una obra musical teatral, una excusa para un desfile de sus canciones. Surgieron proyectos cinematográficos. Creí encontrar una segunda patria, pero al llegar el 75 comenzaron los inconvenientes. Ningún proyecto avanzaba. A fines de año, una amiga mía, la periodista Silvia Rudni, murió de un tumor fulminante. Yo enfermé, dolencias de origen nervioso que me afectaban físicamente. Pocas semanas después llegaba a Nueva York.
     Había vivido allí cinco años en los sesenta. Había tenido mi casa, mis papeles en orden, mi trabajo, y había dejado todo en el 67 cuando surgió la posibilidad de publicar *La traición de Rita Hayworth* en la Argentina. Nueve años después estaba sin casa, sin papeles y con Nueva York que se despertaba con la resaca de los años del *hippismo.* Ya no había esperanzas de cambio. Encontrar un apartamento silencioso en donde poder escribir fue una vía. Es el único lujo que exijo. Puedo vivir en condiciones muy modestas, pero necesito silencio. En esas condiciones tan precarias nació la idea de esta novela.
     –¿Cuál es el punto de contacto entre Ana, la heroína de *Pubis*, y las protagonistas anteriores de tus novelas. Nos referimos a la Nené de *Boquitas pintadas*, a la Gladys de *The Buenos Aires Affair*, y también a Molinita, el homosexual con fijación femenina de *El beso de la mujer araña?*

M.P.: Es una mujer en mejores condiciones que las otras. Muy bella, de una educación típica de clase media represiva. Que se encuentra de pronto con la posibilidad de reflexionar. No le faltan problemas. Quiere adaptarse a la sociedad permisiva del 75, y a México, donde ha llegado proveniente de la Argentina por razones muy especiales. Es la primera de mis protagonistas que se plantea la posibilidad de prescindir del hombre. Todo lo puede controlar menos su relación con los hombres.

–En ocasión de presentar *El beso...* afirmabas que tu intención primera era una novela en la que se planteara la lucha de los roles y que elegiste la figura de un homosexual con fijación femenina pues la mujer actual ya no creía en el mito del macho y sus valores absolutos. ¿*Pubis* desarrolla el discurso de esa mujer actual?

M.P.: Sí, sin duda.

–Marcuse, en una entrevista publicada por *El viejo topo*, expresó sus dudas sobre la realidad de la postergación histórica de la mujer, llegando a formular la siguiente pregunta: "¿Realmente la mujer ha sido siempre tan infeliz, ha estado siempre tan humillada por el hombre?" ¿Qué contestarías a esto?

M.P.: Sin duda en los países de origen latino: yo recuerdo que hace veinte años no se discutía la superioridad del cerebro masculino. ¿Quieres mayor postergación?

–¿Consideras que tus últimos libros se inscriben en una línea de denuncia militante?

M.P.: No diría tanto. Los años setenta en la Argentina han sido altamente politizados. Al escribir, no puedo prescindir de alusiones políticas, sí toco temas actuales argentinos. Pero yo nunca he militado en un partido. Creo que hay un espacio particular para la fantasía del novelista. Dentro de ese espacio se puede decir algo liberador, pero para ello, el autor tiene que sentirse totalmente ajeno a compromisos con partidos políticos. Su fantasía debe actuar sin ataduras, para llegar a los repliegues más dolorosos de una determinada situación. Claro que sin el apoyo de un partido político, uno se siente muy desprotegido. Yo recibo ataques de todos los sectores.

–¿Cuál crees que ha de ser la postura de la crítica de izquierda ante esta novela?

M.P.: No he visto ninguna crítica por el momento. No puedo prever.

–Hace algunos meses se estrenó en Madrid la película *El lugar sin límites*, basada en la novela de Donoso. Como simples espectadores pudimos apreciar ciertos toques característicos tuyos. ¿Querrías aclararnos la incógnita?

M.P.: Soy el autor de la adaptación cinematográfica. El director Arturo Ripstein, con quien había preparado proyectos, me llamó en noviembre de 1976 para este trabajo. México, de este modo se me volvía a acercar. Lo que creí un rechazo de ese país, resultó ser un simple problema de incubación lenta. Acepté con entusiasmo, pero la película se filmaría al principio del nuevo Gobierno y se rumoreaba un cambio desfavorable en la censura. Si este guión era mutilado podía resultar sexista, una burla de la homosexualidad. Por eso, al no tener ningún control sobre el producto final, pedí que mi nombre no apareciera. El rumor era falso. La película salió buena y no sufrió cortes. Me arrepentí de no haberla firmado cuando la vi ya estrenada.

–¿Un novelista puede escribir fuera de su país, sobre otras realidades?

M.P.: Yo lo he hecho si los protagonistas son argentinos. En mi próxima novela intento algo bastante arriesgado. Uno de los dos protagonistas es norteamericano. He tomado las notas, es decir, las respuestas a mis preguntas, ya que se trata de un personaje real. No sé a qué desastre me conducirá este nuevo experimento. Aunque ya estoy acostumbrado a escribir con la perspectiva de tirar a la basura un trabajo de dos o tres años.

Nunca estuve tan inseguro como durante la escritura de *Pubis angelical*. Allí el experimento consistía en contar dos historias paralelas aparentemente ajenas la una a la otra. Ninguna de las dos historias era autónoma, sino que se completaba con la lectura de la otra. Si esa síntesis no se lograba en la mente del lector, la novela no funcionaría. Todavía no sé qué pasará. Mis amigos tratan de tranquilizarme, pero estoy esperando ansioso el veredicto de los enemigos, que no me faltan. Debo decirles que al respecto soy muy ambivalente. Por un lado, me halaga la polémica que produzca. Podría ser seña de que algo nuevo estoy diciendo. Pero por otro lado, me encantaría lograr el beneplácito general.

–¿*Pubis...* puede ser la primera novela feminista latinoamericana escrita por un hombre?

M.P.: ¡Supongo que sí!

–¿Eres consciente de que ya se habla de un mundo de Puig?

M.P.: Sería muy presuntuoso de mi parte responder a esa pregunta.

1979, 24 de junio   (1974-1979)
MANUEL PUIG: "NO CAIGO BIEN
NI A LA IZQUIERDA NI A LA DERECHA"
Conversación con Rafael Ventura Meliá
Valencia semanal, Cultura y sociedad, Valencia, España

Como un San Bruno de Zurbarán, cara redonda, frente despejada, Manuel
Puig, el hombre *de Boquitas pintadas, El beso de la mujer araña,* de *Buenos Aires
Affair,* uno de los novelistas sudamericanos con mercado seguro en este país,
estuvo en Valencia y habló con Rafael Ventura Meliá.

El exilio no le sienta bien a nadie, aunque se sacan fuerzas de flaqueza.
Manuel hace lo que puede. "Me preocupa sobre todo la separación de mis fuentes literarias. A pesar de todo me la paso bien: puedo elegir los sitios donde voy
y donde trabajo. Los americanos –después de vivir en México vivo en Nueva
York– me han ofrecido una cátedra y llevo un taller de creación. Pero me preocupa alejarme de los problemas argentinos. Bueno, yo soy un problema argentino ambulante".

Hablando del exilio Manuel Puig fuerza el tono, que es ya más grave que
en el coloquio, sin admitir bromas. Manuel Puig había permanecido otra tanda
de años lejos de su Buenos Aires.

"Fue después de Perón, yo salí en el 56. Aunque aún volvía con tiempo para
gozar de la dictadura de Onganía, llegué en el 67. Le debo el retraso en la publicación de *La traición de Rita Hayworth.* La cosa comenzó en realidad en España:
mi bautizo de censura fue acá. Yo también averigüé lo que significaba Franco, y
la última vez que salí de allá fue en 1973, recién caído en gobierno Cámpora.
Empecé a notar que la prensa no me trataba bien... estaban amoscados conmigo.
Me asfixiaba y salí con viento fresco". Este exilio, autoexilio lo llamaban los
españoles que pasaron por idénticas circunstancias, le ha hecho el acento y mezcla modismos mejicanos y argentinos. Le pone un poco triste, ¿nostálgico? "No
vivo de nostalgias. En mis últimas novelas trabajo con materiales muy recientes.
De mis experiencias con el gobierno Cámpora salió *El beso de la mujer araña,* y
Pubis angelical ha salido de mi estancia en México. El libro que voy a escribir y
para el cual he venido tomando notas trata de mi vida en Nueva York..."

"UNO SACA PROVECHO DE FILMS HORRENDOS"

Aunque las novelas cambian de escenario según haya cambiado él mismo, el
punto de fuga siempre es Argentina cerca/lejos. Pero no es masoquismo obsesivo de quien vuelve sobre sus recuerdos, porque difícilmente se puede hablar en

el caso de Manuel Puig de novelas de aprendizaje. "No, no lo son. Tampoco son novelas de la madurez. Son novelas de la obsesión presente". Sobre el contraste madurez-inmadurez Witoldt Gombrowicz, que vivió mucho tiempo en Argentina, dejó escrito en su Diario que Argentina es un país condenado a la inmadurez. "Bueno, es natural en un pueblo tan reciente. La gran masa de emigrantes llegó a principios de siglo. Los argentinos meten la pata cuando quieren pasar por maduros, es el origen de la famosa pedantería argentina..."

Hablando del europeísmo hay un punto de referencia inevitable, Borges. ¿Ha querido ser otro Borges? "No, ni hablar. Pese a mis respetos por su obra, sus intereses no coinciden con los míos".

Los intereses de Manuel Puig dependen mucho de su origen social. Uno se temía que Manuel Puig proviniera de la *high class*, como él dice, que fuera *jetsocietero*. "No soy de clase alta, soy de clase media. Segunda generación de inmigrantes. Mi abuelo era de Barcelona. Un anarquista. Se casó con una gallega jovencita. Parece ser que mi abuelo escribía en la prensa anarco. Pero nunca hemos podido encontrar los parientes de Cataluña. Nada de clase alta. La clase alta argentina quiere hacerse pasar por inglesa o francesa: quieren ser cínicos, viejos sabios. A mí me atrae la estridencia, la exuberancia: lo africano. Esa exuberancia de la raza negra es lo que admiro. Me atrae lo joven, no lo decadente".

La clase media, la barriada. Como en otros casos ahí están las raíces de su educación sentimental. Puig comenzó volviendo al folletín y tratando de utilizar los arquetipos de la cultura de masas, el cine, arte de masas por excelencia. ¿Se educó Puig a base de novela rosa, folletín y otros materiales de la subcultura? "Más bien no. Ni siquiera tuve las lecturas típicas infantiles con Verne y Salgari. Las películas ocuparon el espacio de las lecturas en mi infancia. La tradición folletinera la heredé de los filmes. Del cine de Douglas Sirk y Von Stermberg, pero también del folletín americano, con Libertad Lamarque y otras. Uno saca partido hasta de filmes horrendos. En la Filmoteca de Madrid he visto una película de propaganda franquista, *Bodas de infierno* de Antonio Román, pues bien, mezclada a la perversidad del proyecto hay talento". Se ve que Puig por un fotograma vende el alma al diablo. Hay cine a rebosar en los libros de Puig. Como si toda su imaginería fuera el museo de los recuerdos cinéfilos. Puig intenta rehacer los films que adora/odia como Pierre Menard quería volver a escribir *El Quijote*, según Borges.

USO Y ABUSO DE LA CARETA

Un fantasma recorre la obra de Manuel: el sexo. Lo impregna todo. A pesar de todo, Puig es pudoroso, al menos comparados con Lawrence, Miller o con la porno al uso. "La sexualidad se encuentra en el centro de mi problemática, me centro en la problemática de los roles sexuales. Creo que no tengo elección en este caso. Como yo tengo tantos problemas... Como mis problemas parten de mi dificultad de identificarme con el poder. Inevitablemente giro en torno al sexo. Mi obra es un esfuerzo pro aclararme problemas no resueltos". Se podría sospechar que Puig aprovecha la escritura para largar una diarreica confesión. "Hay demasiado pudor para eso. Son a lo sumo reflexiones oblicuas. Para los críticos que buscan al autor emboscado en la obra, todo se vuelve confesional. Mal que pese uso y abuso de la careta, ahí está el conflicto. Rechazo el mundo de los roles marcados, pero yo me he plasmado en ese mundo. ¿Que si un escritor puede ser pudoroso? Kafka lo fue hasta el extremo de querer quemar su obra. Pero yo soy un maldito. Nada de cainismo. Yo busco soluciones y no me regodeo en la caída".

En los libros de Manuel hay unas disyuntivas. Los personajes evolucionan, se deciden. Y a veces su "salida" es también su autodestrucción. La paradoja de los finales atrae a Puig. Hay violencia a la latinoamericana. La violencia es el envite de nuestro tiempo. "Veo erradísimos la violencia y el terrorismo. Con el terrorismo sólo se consigue un aumento de la represión para todos. Nunca hay que subestimar al enemigo, el enemigo es feroz. Se me ocurre que es la misma derecha la que inspira el terrorismo. No hay mejor forma de volver a la dictadura de derechas que el terrorismo de izquierdas... Yo tengo un optimismo muy inocente. Se me ocurre que aflojando ciertas actitudes machistas se pueden evitar muchas crispaciones..."

LA IZQUIERDA Y LA REPRESIÓN SEXUAL

Manuel Puig comenzó tarde y con buen pie. "Empecé a escribir a los 30 años (yo nací en el 32), y hasta entonces deseé ser director de cine. Si llegaba a famoso pensaba escribir mis memorias. Hice de ayudante de dirección en películas justamente olvidadas. Trabajé con Gina Lolobrigida y Kaykendall. Pero mi camino no era ése (a no ser que vuelva sobre él) en cambio en literatura me ha sido favorable. Yo escribo por placer y para sobrevivir. Sobrevivir me parece más que suficiente". Por tarde que comenzara, se colocó pronto y bien. ¿Es una gloria nacional en argentina? ¿Lo ha mitificado la izquierda desde que está exiliado? "Cuando salió *The Buenos Aires Affair* comenzaron las hostilidades. No caigo bien ni a la izquierda ni a la derecha. En este momento están prohibidas *Buenos Aires Affair* y *El beso de la mujer araña* y no sabemos si van a dejar circular *Pubis angelical.* Se habla de una posible apertura, siempre hay un hilo de esperanza. Por cierto, en España, *Buenos Aires Affair,* tiene censuras y cortes. A la izquierda le resulto incómodo porque insisto demasiado en la represión sexual. Ojalá algún día se den cuenta de que hablamos de lo mismo".

En pleno *boom* de la literatura americana Manuel Puig se descolgó por libre. "Era la época en el que el Seix Barral lanzaba un autor nuevo cada mes. Yo no tenía nada que ver con el *boom*, incluso no le gustaba a Carlos Barral... ¿Qué opino de los demás? ¡Ay! Como narrador me es difícil hablar de los otros. Por definición un narrador no está en situación de hablar de otros contemporáneos. Si yo fuera un verdadero creador tendría mundo propio. Eso encierra, limita. Me parece una inmoralidad hablar mal de un colega y no estoy en condiciones de hacerlo con objetividad. Yo en la literatura no tengo devociones marianas (mis devociones están en el cine) a lo sumo veo afinidades, con Lezama Lima con Sevedo Sarduy..."

Un pudor mal entendido le impide opinar, por si acaso, sobre los demás latinoamericanos. No sucede lo mismo con sus colegas *yankees*. "En ese caso puede ser inmoral. Conozco bien a muchos escritores americanos. Y me dan pena. No se interesan lo más mínimo por lo que pasa fuera de USA. Su alienación es monstruosa. El sistema lo traga todo, les mima y no tiene eco, no ofrecen ningún 'peligro'. Están domados. A nosotros se nos hace caso, se nos teme. Censurarnos es darnos mucha importancia. Si me censuran es que existo y me muevo. ¿Gore Vidal? Una *jet societera* superficialota. Y Norman Mailer no tiene nada de creador, es un cínico. Los americanos han sido castrados por Faulkner, esa gran señora de la literatura, que era enano y se emborrachaba sin parar".

Manuel Puig se va luego a Roma, de vacaciones. Y luego reposará en Bolivia. "Me gustan los lugares aislados y primitivos", dijo. Y regresará a New York para volver a sus clases.

1979, sábado 20 de octubre   (1974-1979)
"DESCONFÍO MUCHÍSIMO DE TODO *STABLISHMENT*
INTELECTUAL PRESENTE", DICE MANUEL PUIG
Elena Urrutia
Unomásuno, Ciudad de México, México

Hace poco más de un año Manuel Puig habló a este diario, para este mismo espacio, sobre su obra en general y, más concretamente, sobre su última novela *El beso de la mujer araña*. En aquella visita a México algo anticipó de su obra en preparación *Pubis angelical*. Ahora, en medio de su breve estancia en esta ciudad, se refiere a la novela recientemente publicada: "El libro salió en España en abril –refiere Manuel Puig–. Por primera vez en España tuve crítica unánimemente favorable y fue curiosa mi reacción: me preocupó no haber molestado a ningún crítico, me hizo dudar de la supuesta arista "vanguardiosa" de la obra; si a todos caía bien podría tratarse de una novela hecha al gusto del *stablishment* intelectual presente. Desconfío muchísimo de todo *stablishment* intelectual presente, sea bajo la latitud que sea; pero poco después el libro salió en México y aquí, si de algo me puedo quejar, es del exceso de críticas negativas. Realmente nunca se me dirigieron tantos brulotes. Yo con la crítica siempre tengo una relación poco clara: desconfío de los elogios, y los ataques me parecen siempre desmedidos".

–Y en Argentina ¿se ha vendido la novela o ha corrido la misma suerte que las anteriores?

M.P.: A partir de *The Buenos Aires Affair* prohibido por Perón en 1974 y vuelta a prohibir por la Junta en el 76, mis libros siguientes, es decir *El beso de la mujer araña* y *Pubis angelical* no han podido circular en mi país. Volviendo a México y pese a la crítica, éste es el libro mío que más se ha vendido aquí. Noto que mis cosas interesan de manera creciente al lector mexicano y le estoy profundamente agradecido porque se tiene que digerir alguno que otro argentinismo y muchas alusiones políticas locales. Por suerte, parece haber un territorio literario latinoamericano que es de común interés para todos.

–Si tu relación con la crítica es tan poco clara ¿hay alguna opinión que tenga cierto peso para ti?

M.P.: Me guío más por la opinión de amigos que no me escatiman la crítica pero cuyo criterio encuentro más respetable. De todos modos creo que los ataques me motivan para seguir escribiendo. Me llama la atención que casi todos los ataques estuvieron firmados por críticos hombres; la novela tiene una intención feminista y me gustaría conocer la reacción del movimiento feminista mexicano; claro que sus integrantes tendrán cosas más importantes que hacer que revisar novelitas, pero hay un punto curioso: creo que en la novela latinoamericana, la cual está escrita preponderantemente por hombres, la mujer y sus problemas no ocupan un lugar importante. ¿Tú no sabes, Elena, cómo ha caído entre las feministas que la han leído? ¿Cuál es tu opinión personal?

–Parece que se intercambian los papeles y que de entrevistadora paso a ser entrevistada. Tienes, en efecto, un personaje, Beatriz, que es feminista, pero que no encarna, por así decirlo, su feminismo. En cambio, tus verdaderas protagonistas femeninas son la encarnación de la debilidad, de la mujer-objeto-sexual, del "eterno femenino".

M.P.: El personaje de Beatriz es fuerte; es una mujer que controla sus actos, que hace cosas, que no se deja arrollar por los acontecimientos. Por todas estas razones no podía ser una protagonista mía. Mis personajes principales están siempre a merced del medio; es mi modo de reflexionar sobre problemas míos, sobre situaciones que no logro controlar, que al contrario, me controlan a mí. Me es difícil identificarme con personajes fuertes. Aparecen en mi obra por necesidad de desarrollo de una problemática, por necesidades de trama argumental. Beatriz, la feminista, aparece en la novela porque mi protagonista la habría conocido y se habría sentido atraída por su fuerza. Se me ha reprochado que en una novela de intención feminista yo proponga, como tú dices, una protagonista débil. En efecto, no es un ejemplo de conducta pero creo que el lector –si yo hubiese sabido llevar a cabo mis propósitos narrativos, es decir, si yo hubiese sabido insuflarle vida al personaje–, el lector, decía, frente a esta mujer tan vulnerable, desarrollaría una actitud protectora y se haría cargo de sus problemas. Se trata de un personaje femenino muy de nuestros días, supongo. Una mujer que llega a los 30 años programada por su educación de clase media para funcionar como objeto sexual pero que se enfrenta con una sociedad diferente, más y más permisiva, más y más liberada. Es el conflicto de una educación con un cambio histórico imprevisto. Lo más preocupante en estos casos es la dificultad de cambiar ciertos esquemas eróticos que han cristalizado en la adolescencia: el placer se desprende, según esos esquemas, de una "posesión" y no de un encuentro. Es notable cómo se podía impunemente emplear ciertos vocablos hasta hace poco tiempo; se decía que una mujer era poseída en el amor. No es de extrañar entonces que las mujeres tuvieran que tejer fantasías acordes. Otro vocablo curioso es el de ninfómana que se puso muy de moda en los años 50 propuesto por el periodismo estadounidense: una mujer que quería hacer el amor con cierta frecuencia era acusada de ninfómana, palabra detrás de la cual se escudaban negras fantasías de desórdenes hormonales. Esa palabra hasta hace poco se usaba con toda tranquilidad. Creo que había venido a reemplazar aquello de fiebre uterina, mito de años cuarenta para abajo, pero que lingüísticamente no resultaba publicable en aquellas épocas, solamente se decía entre corrillos de hombres solos y corrillos de mujeres solas. Ni las mismas mujeres se atrevían a negar la veracidad del concepto. Eso siempre me sorprendió en épocas pasadas: la total falta de veracidad entre las mujeres. Creo que les resultaba difícil identificarse la una en la problemática de la otra porque eso implicaba aceptar una condición de relegamiento doloroso. Me propuse ilustrar con mi protagonista esa falta de solidaridad. Ella no puede querer libremente a su hija y a su madre porque, de algún modo, las desprecia; sobre todo a su madre, no le perdona su conformidad, el puesto secundario que ha asumido en el hogar con respecto al esposo. Pero hay un momento en que Ana, la protagonista, tiene la evidencia de que su madre no es un ente libre son el producto de una educación implacable. Su madre no ha elegido el sistema social en que ha vivido, solamente se ha dejado manipular por él.

–Hay un tejido interior, toda una trama subalterna que liga a las protagonistas femeninas de *Pubis angelical* –con exclusión de Beatriz–, estableciendo entre ellas lazos mucho más importantes que los simplemente genéricos.

M.P.: Yo me propuse abordar a Ana a través de dos vías: una es la de su conciencia, es decir, la zona de su conducta que puede manejar y de la que tiene conocimiento. Yo transcribo entonces lo que habla con quienes la visitan en el sanatorio mexicano donde está internada y transcribo también lo que apunta en su diario íntimo. Mi otro método de abordaje es el más arriesgado: existe en ella toda una trastienda inconsciente de fantasías reprimidas. Los mayores miedos y mayores deseos de Ana aparecen sin previo anuncio encarnados en historias míticas, sueños casi, creo, Ana comparte con muchas mujeres de su condición. Ana es muy guapa y puede muy fácilmente resolver problemas importantes si accede a su potencial condición de objeto sexual. Uno de los mitos femeninos de nuestra época podría ser el casamiento de Hedy Lamarr con el armamentista más famoso del mundo. Ésa es la fantasía con la que Ana decora su trastienda. Hedy Lamarr era una actriz principiante en la Viena de entre las dos guerras, bellísima, que se casa con este armamentista –a quien por su parte cortejan Mussolini, Chamberlain y Hitler–, hombre poderosísimo que además de producir cañones colecciona obras de arte. Él encerró a Hedy en una mansión como un objeto de arte más al que, paradójicamente, los políticos más poderosos del momento rendían homenaje cuando la mansión se abría para fiestas fulgurantes. Este mito se incluye en la novela para que Ana exprese su terror a ser cosificada; pero incluyo también más historias similares: están también los miedos a futuras formas de sumisión ante el hombre que me han llevado a incursionar en una especie de ciencia ficción al *uso nostro*. En la contraportada del libro, un crítico dice que esta novela está estructurada en base a dos historias paralelas: una realista y la otra fantástica. Temo que mis lectores se dejen influir por esa interpretación. Mi intención fue otra: se trata de una sola historia y, en todo momento, realista. Las fantasías ilustran las presiones inconscientes con que Ana debe lidiar en todo momento de su vida: vigilia y sueño incluidos.

—*Pubis angelical* es tal vez tu novela más ambiciosa, estructuralmente hablando ¿no es así?

M.P.: Es la que más trabajo me dio. Ninguna de las dos visiones adoptadas —la de la conciencia y la del inconsciente— son autónomas: la una sirve en función de la otra: se trata de una sola historia, sobre la lectura de la una se tendría que proyectar la sombra de la otra. Por eso, la publicación de trozos aislados de la novela en revistas me ponían muy incómodo. El texto realista no me resulta completo sin la lectura del texto onírico. Es después de la lectura de ambas partes que debería surgir el texto definitivo. Esta forma de escritura me trajo los problemas que son fáciles de suponer.

—Y la novela en que trabajas ahora ¿supone también riesgos de escritura?

M.P.: Mi nueva novela también es un nuevo riesgo de escritura. Tengo por primera vez un co-protagonista no argentino y ni siquiera de lengua española. Me basé en un personaje real neoyorquino y tomé notas de lo que decía, durante meses. Junté cerca de doscientas páginas de diálogos, pero en inglés. Yo siempre me he servido del lenguaje de los personajes como vehículo de psicología, de caracterización. Cómo voy a resolver este dilema, está por verse. Espero que los brulotes de cierta crítica machista mexicana me motiven, me enciendan, me provoquen, me den rabia y que todo eso se convierta en la energía que necesito para resolver esta sexta novelita. No sé qué pasaría si apareciese por fin la crítica femenina y me resultase también adversa. Temo que se fundirían los cables.

1979   (1974-1979)
"PUBIS ANGELICAL TIENE QUE VER MUCHO CON
MÉXICO Y CON MI INTERÉS POR AGUSTÍN LARA":
MANUEL PUIG
Conversación con Fernando de Ita
Unomásuno, Ciudad de México, México

En *Pubis angelical*, la última novela de Manuel Puig, recién editada aquí y en
España, gran parte de la acción transcurre en México; en ella se leen opiniones
sobre el país y sus habitante, y las canciones de Agustín Lara son usadas en
determinado momento como diálogo.

–¿A qué se deben tantas referencias a México en una novela que, por otra
parte, está inspirada en Hedy Lamarr?

Los ojos bajos, las manos curiosamente entrelazadas sobre las rodillas que se
juntan en actitud recatada, Manuel Puig responde –teniendo como marco el
ventanal de un hotel de lujo en Las Palmas de Gran Canarias, en España–:
"Porque en México pasé una de las temporadas más interesantes de mi vida y
quedé muy impresionado con sus gentes y muchas de las cosas que ahí suceden.
En cuanto a las canciones de Agustín Lara, espero que se entienda que se trata
de un homenaje".

–Los editores de su libro escriben en la contraportada, que en él usted llevó
su estilo a sus últimas consecuencias, que el uso que hace del folletín y del diálogo coloquial es inmejorable, y en suma, que se trata de su mejor creación literaria. ¿Está de acuerdo?

Con esa voz arrastrada, lenta, aparentemente insegura, el novelista argentino dijo: "Como vivo en Nueva York no pude ver esa contraportada, en la que
hay cosas que no me parecen... tontas, para decirlo suave. Lo que yo puedo
decir al respecto, es que es el libro que más tiempo y esfuerzo me ha costado.
Tardé tres años en terminarlo".

–El cine, es decir, la irrealidad, es de nueva cuenta el motor de su narrativa y
la ventana por la que usted ve la realidad. Aquí en España algunos críticos dicen
que usted ha llegado a agotar ese recurso. ¿Qué opina?

"Nada. Si me basara en los críticos... Yo creo que la realidad no se puede
tocar directamente, se cuela entre los dedos. Al verla a través del mito se hace
más clara, como una historia para ser contada que se va revelando entre las líneas del cuento, en el fondo de la pantalla".

–En *Pubis angelical*, una mujer argentina internada en un hospital de la Ciudad de México, sueña su pasado y sueña su futuro. Ayer fue Hedy Lamarr, mañana será un número. Hay una línea entre los tres tiempos del tiempo que algunos
críticos españoles han interpretado como que usted cree en la reencarnación.

"Y dale con los críticos. Si el libro lo escribí yo, no ellos".

–Por eso a usted le pregunto ¿cree en el más allá que está en el subtexto de *Pubis*? Mejor dicho: ¿los muertos hablan?

El autor de *La traición de Rita Hayworth* se limitó a sonreír entre misterioso y complacido, negándose enseguida a abordar el asunto directamente. "Ésas son cuestiones de lectura. Corresponde a cada lector dar su interpretación a los hechos".

–En el libro aborda usted directamente la cuestión del peronismo. En síntesis el lector queda con la impresión de que para Puig fue un movimiento que nace de la contradicción y que oscila entre un populismo de izquierda y una ideología de derecha en la que se vieron atrapados los argentinos de buena voluntad. Como un mal necesario, en pocas palabras ¿Fue usted uno de esos peronistas?

"No, no, yo nunca milité en sus filas pero estuve interesado en el fenómeno. Lo que hago en *Pubis* es tratar de aclararme un poco lo que fue ese movimiento tan inexplicable con un solo punto de vista. Hay que tomar en cuenta varios factores de todo tipo para acercarse, que no agotar, las explicaciones".

–Entiendo que su exilio fue voluntario, ¿no es cierto?

Un gesto de fastidio y Puig contesta: "Sí, salí por voluntad propia, pero no por gusto. Ya se me había hostigado de varias formas, había recibido amenazas y decidí continuar en otra parte, en México, entre otros lugares".

–Pero no aguantó mucho el clima de "la región más contaminada del aire". Se marchó pronto.

"No tanto y no lo hubiera querido. En México me siento muy a gusto, encontré gente extraordinaria, viví a mis anchas. Había muchos planes y yo trabajaba en ellos con especial entusiasmo. Estaba el proyecto de un espectáculo sobre José Alfredo Jiménez, quien me parece un personaje extraordinario, proyectos para cine. De pronto las cosas comenzaron a empantanarse, nada marchaba. Pensé que era tiempo de irme".

–Pero antes de marcharse escribió el guión de *El lugar sin límite*, la película de Ripstein que fue premiada y festejada sin que se supiera que Puig era el guionista:

"Se acababa de dar el cambio de sexenio y Ripstein temía perder el control sobre la película. Yo estaba por marcharme y después de pensarlo un rato le pedí al director que retirara mi nombre por si acaso. Después de saber el éxito que tuvo en México y en San Sebastián, me arrepentí mucho".

Puig miró el reloj y calculó que la habitación que le había prestado a dos amantes desesperados, ya estaría desocupada. Quiso marcharse.

–La última pregunta ¿En qué trabaja actualmente?

"Estoy haciendo algo para cine y en espera de la crisis que me permita encerrarme para escuchar el dictado de mi próxima novela".

–¿Y quién se la dicta ?. ¿Rita Hayworth, Hedy Lamarr, María Félix?

Puig dijo solamente: "Adivina".

1979, 24 de enero   (1974-1979)
MANUEL PUIG, UN ESCRITOR CASI PROHIBIDO
Conversación con Rodolfo Quebleen
Cronos, Caracas, Venezuela

En poco más de una decena de años, Manuel Puig entregó a los editores cinco
novelas que vendieron millares de ejemplares alrededor del mundo, especialmente
Boquitas pintadas, la segunda de ellas en orden cronológico de aparición, que
incluso se convirtió en una película del desaparecido director cinematográfico
argentino Leopoldo Torre Nilsson. Pero además, durante el transcurrir de este
tiempo, colaboró con la cinematografía mexicana, en la elaboración de guiones
para películas; ensayó espectáculos teatrales como *Amor del bueno*, una especie de
acercamiento al mundo del músico José Alfredo Jiménez; dirigió –todavía lo hace–
un taller literario en la Universidad de Columbia en Nueva York; enseñó en Venezuela, en la Universidad de Cumaná. Se trata, pues, de un escritor cargado de
energías, posiblemente dueño de un impulso violento, que concreta sus ideas en el
martilleo constante de la máquina de escribir y el ejercicio de la docencia. Sin
embargo, esto no es cierto. Manuel Puig, el hombre que es escritor, no demuestra
la cosa en su accionar diario. Incluso carece de fuerza oral para expresarse. Por el
contrario, impresiona como si fuera un ser a quien le resulta difícil encontrar las
palabras que debe hilvanar para completar una respuesta a cualquiera de las preguntas que surgen durante el reportaje. No es un hombre contemplativo, pero sí
una persona tranquila, que rechaza la agitación que a veces exige una profesión o
la simple necesidad de vivir. Por esto mismo, puede que se haya convertido en
escritor, si se utiliza una de sus propias expresiones:... "en cada una de mis novelas
pretendo probarle algo a alguien en forma especial. Trato de demostrarle que no
estoy de acuerdo con alguna de sus formas de pensar o de actuar. Es una especie
de desafío silencioso, de mi parte, que cuando lo practico estimula en mí el sentimiento del antagonismo, por supuesto constructivo y honesto. Como no soy
agresivo, carezco de reflejos espontáneos para contestar, pero en cambio, cuando
comienzo a escribir, puedo desarrollar plenamente todo aquello que no he podido
decir en forma verbal, o sea, mi propia posición frente a algo o alguien".

–¿Cómo define, entonces, a la novela, desde esa posición suya de novelista
en busca de respuestas a situaciones y hombres?

M.P.: Como una historia que puede ser el resultado de una investigación no
oficial, de casos diversos que han llamado la atención del novelista, hasta
inquietarlo como hombre.

–Cuando trabaja, ¿piensa en usted?

M.P.: En realidad, la contestación apropiada sería que yo escribo poco para
mí. Creo que existe una pequeña diferencia entre su pregunta y mi respuesta.

–¿Trata de respetar la lengua como escritor?

M.P.: Como novelista, no me corresponde a mí esa responsabilidad, sino a mis personajes. Ellos son los que hablan, y por lo tanto, son ellos quienes respetan o no el lenguaje. Hasta ahora, ellos han pensado y actuado en argentino, y puede que ciertas cosas resultaran un poco confusas para algunos lectores no argentinos, pero no lo puedo remediar. Por suerte, las traducciones suelen solucionar los problemas que provocan los modismos.

–Tengo entendido que usted es uno de los escritores latinoamericanos más traducidos en los últimos años.

M.P.: No puedo responder a sus palabras con exactitud, pero hasta el momento he sido traducido a quince idiomas, incluyendo el japonés, el hebreo y el sueco. Si te cito estos idiomas es porque no suelen traducirse a ellos, con mucha frecuencia, a escritores de la lengua española.

–Usted ha vivido varios años fuera de la Argentina, y luego de regresar volvió a salir del país, y desde hace casi seis años que no regresa a él. Pero sus personajes continúan pensando profundamente en argentino, de acuerdo con sus propias palabras. ¿Esto quiere decir en usted existe cierto arraigo difícil de romper, respecto a la Argentina?

M.P.: Es verdad, hace varios años que salí de la Argentina, pero cuidado, que eso no debe traducirse en términos de que he abandonado el país por un simple capricho, sino por una especie de necesidad impuesta por ciertos sectores que digitan las instituciones de la nación, como pueden ser los entes estatales encargados de la censura. Mi novela *The Buenos Aires Affair* fue censurada y prohibida su venta, finalmente, durante el gobierno de Juan Perón, en el año 1974, por razones que considero incomprensibles.

–¿Cuáles fueron esas razones?

M.P.: Esas razones, en realidad, tienen origen en la falta de criterio y capacidad de aquellas personas designadas para juzgar los trabajos de los hombres que se dedican a crear algo –responde Manuel Puig con un dejo de amargura.

–¿Cuáles fueron las motivaciones en el caso de *The Buenos Aires Affair*?

M.P.: Ciertas implicancias de carácter político en algunos pasajes, y la franqueza sexual del texto. En fin, cuando fui censurado y prohibido, me sentí incómodo porque los mismos personajes eran argentinos incomprendidos por otros argentinos –vuelve a aparecer el dejo de amargura–, y creí que debía alejarme hasta que se produjera una situación propicia, del ambiente creado por esos sectores, dirigentes en cierta forma, del país. Estoy seguro que *El beso de la mujer araña*, mi cuarta novela, también hubiera sido censurada, y la última, *Pubis angelical*, no correría mejor suerte, aunque después, *The Buenos Aires Affair* fue prohibida en España, convirtiéndose en este último país en el único libro prohibido después de la muerte de Francisco Franco.

–¿Se considera un escritor prohibido?

M.P.: No, precisamente. Yo no me considero un escritor prohibido, sino un escritor que no puede encajar, durante un período determinado de tiempo, en cierta clase de sociedades, no por las sociedades en sí, sino por quienes dirigen a éstas, y por razones que no son políticas, pero que dependen de situaciones políticas. En realidad –sonríe Manuel Puig–, como en la Argentina no he pertenecido a ningún partido político, he sufrido y sufro la falta de respaldo de parte de todos los sectores.

–¿Nunca le ha interesado la práctica de la política?

M.P.: No. Por otra parte, cuando salí por primera vez de la Argentina, me guiaban móviles un poco distintos a los actuales, y la política no pertenecía al mundo de mis inquietudes. Después, cuando regresé y me dediqué a escribir, no pude identificar mi trabajo con las necesidades políticas del país en forma directa. Por otra parte, el escritor en América Latina, no puede ejercer la política a través de la literatura, porque los hechos suelen producirse a un ritmo vertiginoso, que superan en la velocidad, la preparación de una novela. Mi único compromiso ha sido siempre el reflejar la realidad de mi país, por medio de la exposición de sus logros y problemas. Lamento, pues que en cierta oportunidad no se me haya comprendido como novelista.

–¿Cuándo cree que podrá regresar a su país?

M.P.: El día que crea que puedo trabajar en él, con cierta comodidad, porque como ya le dije, ni yo lo abandoné en forma definitiva, ni tampoco se me echó. Simplemente me obligaron a sentirme incómodo.

–Usted llegó a la novela partiendo de una inquietud cinematográfica, desarrollada principalmente en Europa, en donde llegó a trabajar en diversas áreas del cine, al lado de hombres como Vittorio de Sica y René Clement. ¿No ha sido tentado nunca por la experiencia de dirigir una película?

M.P.: Algunas veces pensé en ello, pero de hacerlo, lo realizaría bajo una serie de condiciones especiales. Mientras tanto, continúo colaborando con el cine mexicano, en la preparación de guiones. Escribí el guión cinematográfico de la novela de José Donoso *El lugar sin límites*, que fue filmado en los últimos tiempos del gobierno del presidente Echeverría en México, y como la película era audaz, se me ocurrió pensar que podía caer bajo el hacha de la censura, y decidí que mi nombre no debía aparecer en la película. Pero no sucedió tal cosa, y por el contrario, ganó el primer premio en el Festival de San Sebastián. También tengo en mente la preparación de un guión con base en un cuento de la escritora argentina Silvina Ocampo. Se trata de *El impostor*, que al igual que la película anterior la dirigiría Arturo Ripstein. Y por último, tengo en juego otro proyecto, que de concretarse, sería un filme interpretado por Isela Vega, y provisionalmente, lleva por título *Recuerdo de Tijuana*.

—¿Cómo se siente, como novelista, escribiendo guiones cinematográficos?

M.P.: Muy bien —es la respuesta inmediata—. Especialmente me refresco. Es como un descanso, una especie de paréntesis en medio de todas las demás cosas. Pienso que la diversificación, en una profesión, contribuye en todos los aspectos, en la producción del individuo.

—Por lo tanto, la elaboración de un libreto para cine le causa menos problemas emocionales que el desarrollo de una novela.

M.P.: Por supuesto. Los guiones los escribo en forma rápida, en tres o cuatro meses; mi primera novela, por ejemplo, me llevó tres años de sufrimientos. Rescribí varias partes. Soy un auto-crítico excesivo y por lo tanto, nunca estoy satisfecho con mi trabajo. Además, doy a leer mi textos para escuchar críticas ajenas a las mías y corregir con mayor objetividad.

—¿Qué sucede cuando comprende que ha finalizado una novela?

M.P.: Me invade un tremendo alivio, en principio, porque después, siempre surge una especie de frustración por algo que pienso podía haber escrito mejor.

—¿Qué piensa del llamado *boom* de la literatura latinoamericana?

M.P.: En estos momentos está exhausto.

—¿A qué se debe este hecho? ¿Es cuestión de cantidad o de calidad?

M.P.: De cantidad, por supuesto. En realidad, sucedió una cosa muy curiosa. Cuando se produjo el advenimiento de Julio Cortázar y Vargas Llosa, figuraban Carlos Fuentes o Lezama Lima, que eran anteriores, y por lo tanto, se produjo una verdadera confusión. En Estados Unidos y Europa se creía que todos ellos pertenecían a la misma época, y casi se asustaban por la cantidad de nombres que les llegaban junto a libros notables. Pero la realidad es que América Latina nunca dio tantos y tan buenos escritores, al mismo tiempo, como se supone que sucedió con lo que se llamó el *boom* de la literatura latinoamericana.

—¿Usted escribe cuentos?

M.P.: No.

—¿Por qué?

M.P.: No se me ocurren.

La última respuesta tuvo, también, el marco de una sonrisa. La sonrisa que suele utilizar el hombre sencillo que, cuando habla sobre sí mismo, tiene miedo a decir demasiadas cosas sobre su obra, y por eso prefiere sonreír, para reemplazar a la última palabra, que a lo mejor puede ser une exceso, aunque se trate de un novelista traducido a quince idiomas en menos de diez años.

1979, abril   (1974-1979)
ENTREVISTA CON MANUEL PUIG
Conversación con Ronald Christ[11]
Trad. del inglés: Mercedes Mac Donagh
Chritopher Street, Canadá

Ronald Christ: Un romance homosexual en una prisión argentina es verdaderamente un salto desde tu ficción previa ¿o no lo es?

M.P.: Yo no lo llamaría un romance homosexual. En esa celda hay sólo dos hombres, pero es sólo en la superficie. Realmente son dos hombres y dos mujeres. Yo estoy de acuerdo con Theodore Roszak cuando dice que la mujer más desesperada en la necesidad de liberación es la mujer que cada hombre ha encerrado en el calabozo de su propia psiquis.

R.C.: ¿De dónde sacaste la idea de un prisionero gay contando argumentos de películas a un prisionero político?

M.P.: Ésa es la idea primera que yo tenía para la novela: que esos dos prisioneros se encontraran a través de un mediador (las películas), porque de otra manera no podrían hablar uno con otro. Uno es homosexual, el otro no; ambos están a la defensiva. El gay no tiene demasiada educación pero tiene una gran fantasía.

R.C.: Ha sido educado en las películas.

M.P.: Sí, entonces le cuenta al otro personaje películas, a la noche, para ayudarlo a dormirse. No pueden afrontar ciertos temas directamente. Despacio, inconscientemente, van mostrándose ellos mismos.

R.C.: Pero eso es cierto en la mayoría de tu ficción, ¿no? El encuentro de gente a partir de formas populares de arte como películas, tangos, programas de radio. Desde *La traición de Rita Hayworth* donde el pequeño niño va a ver películas todos los días con su madre y escribe sobre ellas en la escuela.

M.P.: Sí, el comienzo de *El beso de la mujer araña* está todo en la composición escolar de *La traición de Rita Hayworth*. En una sociedad represiva algunas personas sólo se atreven a discutir a partir de cuestiones metafóricas.

R.C.: Pero ahora podemos ver cómo has desarrollado el tema desde un niño pequeño en la escuela hasta adultos en una prisión, desde la vida provincial en las pampas hasta la vida urbana en Buenos Aires.

M.P.: Seguro, porque me mudé a la ciudad. Yo crecí en un pequeño pueblo en las pampas y mis experiencias posteriores son todas experiencias de ciudad.

---

[11] Originariamente "An Interview with Manuel Puig" fue publicada en *Partisan Review* 44.1 (1977): 52-61. La última versión aparece en "A Last Interview with Manuel Puig", *World Literature Today* 65.4.91: 571-578.

Yo empecé a ir a la escuela de internos en la capital cuando tenía 13 años y luego mi familia se mudó a Buenos Aires cuando yo tenía 17. Así que no puedo decir mucho más sobre pueblos pequeños, porque tengo esta impresión de que he dicho todo lo que tenía que decir sobre ellos en las primeras novelas.

R.C.: Empezaste tu carrera queriendo escribir guiones para películas y, en algún sentido, *El beso de la mujer araña* es un retorno a ese deseo. Está íntegramente escrito en forma de diálogo.

M.P.: Eso no fue intencionado del todo. Mis dos novelas anteriores han usado mucha técnica narrativa –dispositivos de fluir de conciencia, cartas, diarios íntimos, tercera persona clásica– y creí que esta tercera novela necesitaría todo eso de nuevo. Pero pensé también que el primer capítulo podría ser tratado más fácilmente en forma de diálogo. Y una vez que había empezado, no podía parar. Vi que el diálogo era un vehículo ideal para la narración, un diálogo donde lo que no se dice es muy importante, donde lo que está omitido expresa tal vez más que el resto.

R.C.: Ésa es otra constante en tus libros, ¿no? Como la conversación telefónica de "un solo lado" en *La traición de Rita Hayworth*, o los pasajes, en *The Buenos Aires Affair*, describiendo lo que los personajes no ven, no consideran.

M.P.: Acá es especialmente importante, desde el momento que tenemos dos personajes y se encuentran sólo por medio de palabras. Ellos verdaderamente no pueden verse el uno al otro, y ni hablemos de tocarse el uno al otro, porque son hombres y eso está prohibido. La comunicación es sólo verbal en esa celda. Pero lo que los personajes hacen sin prestar atención siempre me interesa. Lo que no está en el foco de tu atención pero está ahí de todas formas.

R.C.: Mientras estabas escribiendo la novela, ¿alguna vez pensaste en convertirla en una obra teatral?

M.P.: Técnicamente, sería muy difícil. El desarrollo del argumento es demasiado largo y fragmentado para encajar en una obra. Me han propuesto hacer una adaptación teatral, pero es muy difícil para mí olvidar la estructura de la novela con la cual ha nacido el argumento. Necesitaría una estructura totalmente nueva, una teatral.

R.C.: Entonces empezaste con una película que fue rodada en Nueva York, *Cat People*, de los años cuarenta.

M.P.: No era *Cat People* en el primer proyecto. Era más una cosa sobre Drácula para el primer capítulo. La estructura de la novela estaba toda resuelta. Estaba acá en Nueva York alrededor del final de 1973 cuando había partido de Argentina, y estaba reuniendo todo el material de la novela; he hecho cierta de investigación.

R.C.: ¿De qué tipo?

M.P.: Primero que todo me entrevisté con prisioneros en Argentina.

R.C.: ¿Prisioneros políticos?

M.P.: Sí, era muy fácil en junio de 1973, porque cuando los peronistas llegaron al poder de nuevo, el presidente era Cámpora, y él puso en libertad a todos los prisioneros políticos. Yo le pedí a un abogado amigo que los defendía que me ayudara a entrevistar a algunos de ellos. Dos meses después el equilibrio político se inclinó hacia la derecha y yo decidí partir del país.

R.C.: ¿Entrevistaste a gente gay también, como el prisionero Molina?

M.P.: No, yo ya conocía ese tipo de personas muy bien y quería trabajar con un tipo no sofisticado, un reaccionario en cierta manera, el tipo de homosexual que rechaza toda experimentación, todas las nuevas tendencias. Ellos han aceptado los modelos de conducta de los años cuarenta –tú sabes, la mujer sometida y el hombre fuerte– y se han identificado con la mujer sometida, a través de la mujer heroica. Y no quieren cambiar la fantasía, o no pueden. Este tipo de personas, aunque están locos de película, rechazarían las heroínas y héroes de las nuevas películas. Ellos todavía están atados a los prototipos de *One way passage* y *Now Voyager*. Yo creo que una de las preguntas más importantes de la novela es: ¿las personas pueden cambiar su erotismo después de cierta edad? Yo creo que es enteramente imposible; las fantasías sexuales se cristalizan durante la adolescencia y te encarcelan para siempre. Estoy diciendo todo esto con la ceja arqueada de Claude Rains.

R.C.: Está bien la ceja arqueada, pero sí hay una especie de parodia de los homosexuales...

M.P.: No, no una parodia. "Parodia" es una palabra en la que no confío mucho porque carga con algún grado de desprecio. No me dejo llevar en dirección del desprecio muy seguido. El personaje es paródico en sí mismo. Si él está imitando a una mujer de los cuarenta, un personaje de cine de los cuarenta, él es a pesar de todo, paródico. No soy yo el que está haciendo la parodia. A Green Garson no le hubiera gustado que yo hiciera eso.

R.C.: ¿Qué hay sobre el revolucionario, Valentín?

M.P.: Ah, no, no hay espacio para la parodia en este caso. Yo traté de dar retratos realistas. Ambos, Valentín y Molina, cada uno a su manera, son excesivos; pero el exceso no está en mi tratamiento de su naturaleza.

R.C.: El revolucionario aprende mucho del homosexual. ¿Qué hay sobre el homosexual del revolucionario?

M.P.: Eso se lo dejo al lector: personalmente, yo creo que Molina sólo "usa" las posibilidades melodramáticas que le ofrece el revolucionario, las posibilidades de convertirse en un héroe secreto.

R.C.: Pero el homosexual protege al revolucionario; por ejemplo, él no le da toda la información que podría a las autoridades.

M.P.: Sí, pero no por razones ideológicas, sino por razones sentimentales.

R.C.: Y de alguna manera, eso lo prepara para su muerte, la cual es melo-dramática, escenográfica.

M.P.: Sí, una muerte de película y fue el personaje quien la eligió, no yo.

R.C.: ¿Qué te hizo abandonar Drácula y elegir *Cat People* de Jacques Tour-neur?

M.P.: Yo estaba haciendo una investigación en la biblioteca, acá en Nueva York, para los capítulos tres y cuatro de *El beso de la mujer araña* sobre las caracte-rísticas del lenguaje de la propaganda nazi y vi *Cat People* en televisión. La había visto muchas veces y era una de mis favoritas, pero de algún modo no había pen-sado en ella para la novela. Entonces, simplemente no me pude resistir. Me dije a mí mismo: "Esto tiene que estar en un libro, el personaje lo habría elegido". La elección era una imposición del personaje. Él habría contado esa historia.

R.C.: ¿Tenías todavía las otras películas en mente?

M.P.: Sí, la película nazi estaba enteramente lista, pero tengo que explicar que es una película inventada. Sucedió así: no pude encontrar un solo film nazi que sirviera para mi propósito. Entonces yo inventé uno que tiene partes de muchos, principalmente de *Die Grosse Liebe* (*El gran amor*, 1942) con Zarah Leander. El film mexicano no lo tenía listo todavía. Para eso fui a México un par de meses más tarde y vi muchas películas de cabaret mexicanas, un género en sí mismo y, desafortunadamente, desconocido en Estados Unidos.

R.C.: Entonces una parte de la investigación fue para *El beso de la mujer araña*.

M.P.: Sí, pero para cada uno de mis libros tengo que hacer esto.

R.C.: Lo cual te dirige inevitablemente a esas notas a pie de página.

M.P.: Tuve que leer mucho. Me di cuenta de que el lector no sería capaz de juzgar la acción de la novela sin la información apropiada de los orígenes o cau-sas de la homosexualidad. Al principio creí que toda esa información debía lle-gar a través de los personajes, que estos textos citados deberían estar presentes de alguna manera en la celda. Dado que uno de los personajes es instruido, un lector ávido, yo pensé que podía tener esos libros en la celda. Pero no era posi-ble, simplemente porque ese tipo de información ha sido violentamente negada a la gente.

R.C.: ¿Entonces cómo?

M.P.: Es sólo recientemente que estamos empezando a ver libros que pre-sentan una explicación organizada de los orígenes de la homosexualidad. En Freud, en Jung, en los textos psicoanalíticos importantes, la información está fragmentada y, por supuesto, pensada para una élite, una audiencia de muy pocos especialistas. La información general es muy reciente. A este respecto, me gusta mucho *Opresión y liberación* de Dennis Altman (Londres, 1971, Avon).

R.C.: ¿Qué hace tan bueno el libro de Altman? ¿Es completo?

M.P.: Sí, es fácil de leer y cubre mucho. Hace accesibles y comenta claramente libros pesados de leer como los de Marcuse (*El hombre unidimensional* o *Eros y civilización*).

R.C.: ¿Vos esperás que los lectores de *El beso de la mujer araña* tomen las visiones expresadas en las notas al pie de página seriamente?

M.P.: Por supuesto, por supuesto. Esta información ha sido negada violentamente a la gente, como te estaba contando. Sólo en los Estados Unidos, en los últimos diez años, estos temas han empezado a ser discutidos abiertamente y con un cierto método. Y está restringido a esta parte del mundo. Y tú debes recordar que mi novela estaba destinada, primero que todo, a un lector hispano-parlante. Entonces me dije a mí mismo: "Bueno, la información ha sido violentamente negada, entonces yo la incorporaré violentamente en la narración, estará ahí como una explicación, una nota a pie de página", no teniendo nada que ver con el texto; el texto literario, quiero decir.

R.C.: Y es en el único punto de la novela realmente donde el narrador se entromete en el texto.

M.P.: Sí, es mi voz pero no mi juicio. Yo simplemente repito en una forma condensada los criterios de especialistas.

R.C.: ¿Cómo decidiste cuándo agregar una nota a pie de página?

M.P.: Yo creía que había algunos momentos en los cuales la falta de información en los personajes reforzaba el potencial dramático, el conflicto.

R.C.: Como un coro en un drama clásico, dando antecedentes a los protagonistas, realzando el conflicto. Pero, ¿sabes?, un número de gente con la que he hablado se pregunta: "¿Esas notas a pie de página son reales?" Ellos sospechan que las notas son también ficción.

M.P.: No pensé en eso. Todas las notas son citas excepto una.

R.C.: ¿Estás dispuesto a decir cuál?

M.P.: Bueno, yo... tú verás... yo adelanté una idea mía. Pero quería presentarla bajo un nombre muy respetado, no con el nombre de un escritor de ficción, y... bueno ahí está.

R.C.: Y tenemos que encontrarla nosotros mismos. Otro misterio detectivesco, como tus otros libros. Pero las notas no son citas directas, ¿o sí lo son?

M.P.: No, no son citas directas, son paráfrasis.

R.C.: ¿Cómo han sido recibidas las notas a pie de página –el asunto homosexual entero, en todo caso– en Latinoamérica y España?

M.P.: Algunos de los críticos han asegurado muy pedantemente que las notas son de dominio público y que realmente no eran necesarias. ¿Puedes creerlo? ¡En la España de 1976! ¡En el México de 1977! ¡Y eso es totalmente falso! En esos países la gente tiene muy poca información sobre los orígenes de la homosexualidad. O ninguna del todo.

R.C.: ¿Tienes una teoría?

M.P.: No, no realmente. Yo he elegido, en el libro, presentar eso que a mí me parece lo más interesante.

R.C.: ¿Las actitudes hacia la homosexualidad son muy diferentes en Latino-américa que las que hay acá?

M.P.: Bueno, para empezar, el rechazo es universal. Universal. En este país ha habido un avance, un avance muy grande, quieren elaborar un nuevo respe-to propio –los movimientos de liberación, etc.– la manera en la que crean sus propios lugares. Para mí todo eso tiene un aspecto muy positivo: respeto pro-pio. Pero al mismo tiempo veo gran peligro en la actitud americana. Los homo-sexuales americanos tienden a pensar en sí mismos como totalmente diferentes de los heterosexuales, y a segregarse a sí mismos drásticamente, lo que significa negar el verdadero origen de todo esto. Para mí, la única sexualidad natural es la sexualidad total. Con una persona sea de igual sexo o con una persona del sexo opuesto, con un animal, con una planta, con cualquier cosa. Sólo mientras no sea ofensivo para otra parte. Yo veo la homosexualidad exclusiva y a la hete-rosexualidad exclusiva como resultados culturales, no como sucesos naturales. Si las personas fueran realmente libres, no elegirían dentro de los límites de un sexo. Al mismo tiempo yo creo en la pareja, ya sea homosexual o heterosexual. Yo creo que con una persona tú desarrollas las cosas en el tiempo; el sexo tam-bién se torna mejor, más rico, más refinado. Pero... yendo de vuelta al rechazo del asunto, yo creo que los gays se segregan. La segregación está mal. Los guetos están mal... la reproducción básica de una comunidad sexual. Ni lo heterose-xual ni lo homosexual –no importa cuán ideal y remoto suene– debería estar prohibido.

R.C.: Los problemas reflejados en el libro, donde no puede haber ninguna elección libre, y la celda misma es el microcosmos de la sociedad.

M.P.: Los personajes no tienen elección del todo.

R.C.: Lo que significa que la novela, como las otras tuyas, es una crítica a la sociedad.

M.P.: Sí. Tú ves, yo quería reproducir en la celda la situación de afuera. Esta-mos restringidos por condicionantes culturales a una elección muy limitada.

R.C.: ¿Tú piensas que los lectores van a malinterpretarlo, o a pensar que estás representando a los homosexuales como "reinas" tontas?

M.P.: No, no, espero que no. En el libro hay suficiente discusión para mos-trar que no todos los homosexuales son como eso. Molina es sólo el último de los románticos, la última de las mujeres románticas. Eso me interesa. En los setenta, la única mujer que todavía podía persistir con esos viejos clichés eran personas que adoptaban los modelos de conducta y no tenían manera de expe-rimentar con ellos. Molina se quiere casar con un hombre fuerte y convertirse en una esposa sometida. Aunque esa experiencia es imposible, él nunca será capaz de matar esa ilusión. En la sociedad presente, por lo menos hasta muy recientemente, tú no tenías mucha elección. Seguías a tu madre o a tu padre, ellos eran los modelos. La conducta de una mujer en los cuarenta estaba determinada por la mística de entonces. La del hombre también. No debería haber esa delimitación. Después de todo, ¿por qué el campo de la mujer debe estar tan separado del campo del hombre? ¿Dos planetas absolutamente separados? Tú sabes, la órbita de la sensibilidad era la de la madre y la órbita de acción era la del padre.

R.C.: ¿Esto no muestra que la manera en que Molina ha sido formado es exclusivamente por películas y la del revolucionario por libros? Con el contraste de que el lector nunca llega a aprender los libros específicos que lee el revolucionario.

M.P.: Por supuesto. Y al lector no se le cuenta qué títulos, porque él ya tiene información sobre todo eso. Nosotros sabemos cómo es un hombre joven de izquierdas, cómo es su mundo, lo que lee.

R.C.: Pero durante la formación del revolucionario, su lectura, es respetada en silencio, hay una crítica, implícita al menos, en el campo sensible de la reina.

M.P.: No estoy de acuerdo. No trato mucho con la formación del revolucionario, pero lo hago con el resultado de sus reflexiones. Y si hay alguna crítica consciente de mi parte es a las actitudes "extremistas" o "segregacionistas" de ambos, el revolucionario y el homosexual. Lo que es más, mi intención (no sé cómo suena en el libro) era ser más severo con el personaje educado por que él tiene más acceso a información. Los únicos modelos de conducta disponibles para el otro personaje eran los romances de las películas. Las películas eran su comida espiritual.

R.C.: Ahora esa comida está regresando también para la gente educada.

M.P.: Sí, pero con una perspectiva diferente. Detrás de ellos había una actitud de confianza total. Las películas eran tomadas como el mundo real, especialmente por la gente que vive en países subdesarrollados. Estas fantasías falsas que vienen de países desarrollados eran miradas como la realidad, como lo que el mundo debería ser.

R.C.: Entonces la "reina" miraba para lo extranjero, lo exótico, mientras que el revolucionario está mirando su propio país...

M.P.: Desde que el rechazo es total en Latinoamérica, el homosexual no tiene otra manera, excepto escapar, entonces hay gran dificultad en desarrollar movimientos de liberación. No te olvides que la mayoría de estos países están bajo reglas militares.

R.C.: El verano pasado estaba mirando la marcha por los derechos gays con la escritora argentina Luisa Mercedes Levinson. Ella dijo que le gustaría poder mostrar esa manifestación a los generales de su país. ¿Tú no puedes tener esa clase de cosas en Argentina? ¿O sí puedes?

M.P.: Mira, ¡no es posible tener una reunión de más de veinte personas!

R.C.: Y tus libros están prohibidos allí.

M.P.: Sí, con la excepción de *La traición de Rita Hayworth* y *Boquitas pintadas*.

R.C.: Pero no estás prohibido en toda Latinoamérica, a pesar de todo.

M.P.: Estoy listo para algo especial. No se me distribuye en Cuba tampoco. Argentina en la derecha y Cuba a la izquierda, ambos tienen algo que objetar a mis libros. En Cuba ninguno de mis libros pudo aparecer. Extraoficialmente me dijeron que mi trabajo estaba demasiado relacionado con el erotismo. Todavía peor, *El beso de la mujer araña* estaba comprometido con el homoerotismo y eso a Castro sin duda no le gusta. La persecución de los homosexuales en Cuba es bien sabida. Odio decirlo, porque hay aspectos de la Revolución Cubana que respeto y admiro.

Todavía, hay, después de todo, un aspecto positivo de la vida sexual en los países latinoamericanos. El hecho de que las madres estén realmente sometidas por sus esposos en estos países le da crecimiento a un tipo de hijo homosexual decididamente "femenino", quien en general tratará de ser su madre, obligado a repetir el rol sometido femenino. Entonces los machos fuertes tienden a ver a la mayoría de estos homosexuales como mujeres. El macho latino, para dominar todo, no tiene dudas sobre su "virilidad", entonces él va al frente y tiene sexo con un hombre gay —exclusivamente de forma activa, por supuesto, al principio— sin sentirse "contaminado" del todo. Esto tiene un lado horrible: lo que lo hace posible es que los roles son tan rígidos. De todas maneras hay una forma de bisexualidad acabada en la parte del macho. Es una fórmula enferma, pero el contacto está establecido. En muchos casos lo que empieza como un romance sombrío termina en una amistad, el fuerte eventualmente casándose mientras el gay elige el traje de la novia y espera ser la abuela de los chicos. En los Estados Unidos, un hombre fuerte sentiría que es un asunto confidencial para siempre si él tiene una aventura en un cuarto cerrado con llave con un compañero. Un ejemplo más: en países machistas una mujer fuerte aceptaría más fácilmente una propuesta lesbiana porque una mujer ¡está tan despojada de cualquier trato sexual que esto no despierta grandes miedos!

R.C.: Yo he encontrado muchos homosexuales casados latinoamericanos que tienen chicos y viven una vida ostensiblemente heterosexual, pero mantienen una vida homosexual del otro lado.

M.P.: Entre las clases más altas. Esto antes era completamente común, pero nunca se hablaba sobre ello. El lado homosexual del hombre se pensaba de la siguiente forma: "Él es una persona delicada pero una vez mató a alguien. Aun así, es básicamente delicado". Sería un estigma acerca del cual nadie habla. Pero creo que eso es verdadero entre las clases más altas en todos los países.

R.C.: Pero cuando Valentín tiene una relación sexual con Molina en *El beso de la mujer araña* no refleja la situación sobre la que estuvimos hablando recién.

M.P.: No. Valentín lo hace racionalmente. Este gay es realmente una persona honesta que odia la opresión. Él termina en esa celda con la reina gritona y sin saberlo produce un sistema de explotación. Cuando él se da cuenta de que está explotando a la persona más débil en ese mundo enclaustrado, se siente terriblemente culpable y trata de remediar la situación. Por supuesto actúa sexualmente porque él necesita, tú sabes, el cuerpo de alguien, un cuerpo en una isla desierta. Pero la excusa que Valentín se da a sí mismo se basa más en la caridad cristiana que en la justicia.

R.C.: ¿Qué hay sobre el énfasis en el dolor durante la relación? Me acuerdo que Molina expresa dolor y Valentín le dice que, si no le doliera, dejaría que la reina se lo hiciera a él.

M.P.: Entre las mujeres de los cuarenta o los cincuenta está este cliché, ellas dirían siempre: "¡Eso duele!" Es parte de la actuación. Una mujer frágil, romántica tiene que estar equipada con una vagina muy angosta. En la novela es parte del acto del personaje gay haciéndolo.

R.C.: Ambos están atrapados en una ignorancia que les condiciona, uno es víctima de una fantasía de masas; el otro, un iluso al pensar que entiende la estructura cuando ni siquiera ve el poder de su compañero de celda. Pero sus historias no son como una parábola de cuán revolucionarios y homosexuales son sus actos, ¿o sí?

M.P.: Si tú cuentas una historia real, el criticismo está implicado. Si tú eliges una buena situación en sí misma es crítica. Pero no todas las historias "reales" tienen significado, o ni siquiera interesan.

R.C.: ¿Entonces tu virtual ausencia como narrador de ninguna manera implica que estés ausente de la crítica social?

M.P.: Bueno, yo estoy presente desde el momento que elijo contar esta historia y no alguna otra. Y he elegido ésta porque creo que tiene significado. Yo trato de dar al lector todos los datos posibles. No quiero que mi juicio sea opresivo. El lector debe tener espacio para resolver por sí mismo. Y ahí estoy en manos del destino.

R.C.: ¿Cómo decidiste, desde tu primera novela, estar afuera de la narración lo más posible?

M.P.: Bueno, yo creo que eso es porque yo soy *veddy moderne*. No, realmente es porque estoy convencido de que Freud mató la novela del siglo XIX. Antes de Freud tú pensabas que la psicología de una persona estaba contenida en su conciencia, con un pequeño margen para esas cosas oscuras de las que difícilmente se hablaba, los instintos. Entonces los autores que pensaban que conocían la conciencia de un personaje –que estaba ahí para ser mostrado– se sentían realmente al mando de la situación. Esos autores actuaban ultrajantemente pero de forma inconsciente; eran inocentes y eso los bañaba en gracia. Pero ellos eran perspicaces. Trataban principalmente con héroes, no con hombres pequeños y esclavizados. Luego Freud llegó y reveló el espacio posterior entero, al cual nosotros tenemos acceso directo. Lo cual significa que tú nunca podrías decir más: "Estoy seguro de por qué se comporta así". Puedes presentar fragmentos de conducta pero nunca la totalidad. Nunca puedes decir, como hizo Tolstoy: "Ana estaba celosa", porque esos sentimientos son mucho más complejos. Entre los escritores del siglo XX admiro especialmente a Kafka. ¿En qué está interesado él? La telaraña, el mundo del inconsciente, el sistema que de alguna manera nos manipula a todos, pero que está ahí y no deja actuar libremente. Ahora el lector está buscando principalmente no héroes, sino el hombre de la multitud y por qué no puede actuar de otra manera. Pero es extremadamente difícil capturar esa red invisible de represión. De todos modos, eso es lo que me interesa: tratar de capturar el inconsciente de los personajes. Cuanto más "comunes" son éstos, más arquetípicos son, más me interesan a mí. Por qué están en la misma celda con millones de otros como ellos. Los héroes no me interesan. No, realmente. Yo se que no puedo aproximarme a los contenidos inconscientes de forma directa, no se revelarían ellos mismos. Uno tiene que revolver alrededor de un matorral.

R.C.: Pero a veces vas detrás de material desconocido, como en el final de *El beso de la mujer araña*, en la fantasía inconsciente de Valentín.

M.P.: Pensé que sería interesante tener acceso a su mente en un momento en el que él es libre. Y con una persona controlada como Valentín eso sólo puede pasar bajo sedantes.

R.C.: Y es la única vez que él tiene alguna alegría. Las últimas palabras que se leen en la novela: "Este sueño es corto pero feliz".

M.P.: Sí, es cierto. Pero está también el film que él completa en su pesadilla en el capítulo siete.

R.C.: En general, no obstante, tú como narrador no debes ser omnisciente. Todo lo contrario.

M.P.: Seguro, ¿cómo puedo se omnisciente, cómo puedo ser tercera persona maestra, si yo no estoy seguro de ello o más o menos?

R.C.: ¿Ser omnisciente es reproducir la represión?

M.P.: Exactamente.

RC: ¿Y el método dramático de las obras y las películas es menos represivo?

M.P.: Bueno, veamos... yo no iría tan lejos. ¿Qué puedo decir? Desde que las películas tienen que ser aceptadas por tan vastas audiencias para ser exitosas, están ideadas conscientemente. Consecuentemente están limitando fantasías y, de alguna manera, formando parte de las barreras encarceladoras.

R.C.: ¿Para quién diseñás tu ficción?

M.P.: Siempre es para complacer a alguien en particular, para convencer a alguien de algo. Siempre ha sido así. Para mí escribir es un acto de seducción. En cierto punto, hay una persona importante en mi vida, alguien a quien yo respeto, que no me respeta a mí. Pero tiene que ser un desafío sexual. Nosotros no estamos de acuerdo en algo. Y yo, en cambio, quiero mostrarle a esa persona que no soy tan callado como sueno. Para el momento que termino la novela o la novela ha finalizado, he exorcizado alguna forma de demonio. Por lo menos ha sido así con mis cinco novelas.

R.C.: Volviendo a Kafka, ¿él es importante para tu escritura?

M.P.: Tú verás, yo estuve expuesto a la literatura después de haber estado expuesto a películas. Las películas fueron realmente la gran influencia artística en mi vida. Pero debo decir que hay dos magos literarios modernos: Kafka y Faulkner, los cuales pueden fascinarme verdaderamente tanto como Von Sternberg o Hitchcoock. Kafka recurrió a fantasías para expresar su opinión acerca de la manipulación del inconsciente; pero Faulkner se atrevió a ir dentro de la realidad, y de alguna manera sus descripciones del ambiente nos dan acceso a ese desconocido pantano del inconsciente. A mí me hubiera gustado hablar con el acento de Michael Chekov en el papel de analista del niño en la película *Spellbound*. Pero las películas son mi verdadera influencia: Von Sternberg, toda la estética de la MGM, si se puede definir de esa manera… no especialmente los grandes directores de la MGM, sino un cierto estilo visual al que contribuyen productores como Thalberg y Mayer y directores de segunda línea como Victor Fleming, Sheldon Leonard, Mervyn Le Roy… y los rostros de sus actrices.

R.C.: ¿Entonces para vos las estrellas, las fantasías, importan más que las cualidades que el cinéfilo descubre en las películas?

M.P.: Sí, para mí está la fantasía que las estrellas encarnan. La constelación de virtudes y defectos. Cuando era chico yo le tenía miedo a Marlow. Pero no adoraba a la heroica mujer sometida representada por Norma Shearer en los treinta y que se convirtió en Greer Garson en los cuarenta. Yo protegía a la abandonada Louise Rainer. Como Garbo y Lamarr eran demasiado fuertes y demasiado hermosas no me necesitaban, salvo que murieran al final, como Garbo en *Camille*. Luego sufrían glamurosamente; cuando ellas morían yo moría e iba al cielo con ellas. Muy, muy peligrosos clichés. Y porque su disfrute de sufrir estaba ahí, había también una pizca de masoquismo.

R.C.: Pero muy diferente de las fantasías de masoquismo que tú ves hoy en día.

M.P.: Ah, ¡Lo odio! Estoy muy contento de que lleguemos a ese tema. Creo que es horrible y tiene una explicación simple. En los Estados Unidos nadie castiga a los homosexuales, entonces se tienen que castigar ellos mismos. Es sólo una moda, la explotación del lado enfermo de la condición homosexual.

Espero que esta fase sea superada pronto. La encuentro extremadamente tonta.

R.C.: Si tus personajes estuvieran creciendo hoy, ¿quién sería su modelo?

M.P.: ¡Eso no podría saberlo! ¡Para eso tienes que tener doce años! Yo debería tener un hijo en Argentina ahora, para saber cómo Laura Antonelli lo influye.

R.C.: Toda tu ficción presenta este conflicto generacional, ¿no?

M.P.: Bueno, sí. En el nuevo libro la heroína está por encima de los treinta y pertenece a ese grupo de quienes no se pueden identificar con viejos modelos, quienes se originaron después de la revolución sexual. Está saliendo en España en marzo *Pubis Angelical*. Es también sobre otra forma de discriminación, la represión sexual de gente mayor, de gente no atractiva. El Estado debería ser cuidadoso con eso. La satisfacción sexual del viejo, del feo, y del deforme.

R.C.: ¿Sexo socializado? ¿Como la medicina socializada?

M.P.: Sí, sí. Seguro. Lo estoy diciendo con una cara seria.

R.C.: ¿Puedo citar eso: "una cara seria"?

M.P.: ¡Sí! Y, si es posible, agregá: con la mirada idealista, fija en el vacío, de Ronald Colman, en el primer plano del último fotograma de *Tale of two cities*.

1979   (1974-1979)

Entrevista con el autor de *Pubis angelical*

MANUEL PUIG: "SOY CONOCIDO EN NUEVA YORK"

Conversación con Amparo Tuñón

> "Por entre el coraje del cortinado se infiltraban rayos de luna, de ellos se embebía el satén de la almohada. La mano de la nueva esposa, junto a los cabellos negros, ofrecía la palma indefensa. Su sueño parecía sereno" (Comienzo de *Pubis angelical*, Manuel Puig).

Manuel Puig es un estrella rutilante de la literatura, ha publicado cinco novelas: *Boquitas pinadas, La traición de Rita Hayworth, The Buenos Aires Affair, El beso de la mujer araña* y *Pubis angelical.* Todas ellas editadas en Seix Barral. Estuvo en Barcelona de vuelta del Congreso de Escritores de Canarias. Es argentino y vive un segundo exilio en Nueva York. Enseña y corrige a escritores jóvenes en un taller.

"En el año 73, cuando el primer gobierno peronista y el regreso de Cámpora fue espléndido..., pero duró mes y medio. Después empezó a sentirse la influencia de la derecha y entré en las listas negras de prensa... artículos sobre *The Buenos Aires Affaire*, que eran levantados (¿se dice aquí?)... tenía que ir a la televisión y, de repente, se canceló... sentí que venía una especie de discriminación, pero muy suave... yo salí de la Argentina pensando que volvía a los pocos meses, tenía que salir para revisar la traducción italiana de *Buenos Aires*, pensé, 'Bueno, me quedo unos meses más afuera, hasta que todo se calme'... pero las cosas fueron cada vez peor... la novela se prohibió y la Junta renovó la prohibición".

Siempre mamaron sus historias noveleras de la realidad –más allá de la política– argentina. Sigue estando vetado. En *The Buenos Aires Affair* él quería reflejar la violencia contenida que sintió cuando regresó a Argentina, después de once años fuera, en el 67. Él nunca se comprometió políticamente en militancias activistas.

"Yo no estaba en ningún movimiento. Ninguna fracción me había cobijado bajo su ala".

UNA PASIÓN CINEMATOGRÁFICA

Antes de empezar a escribir con tal fortuna –traducido a quince idiomas y en alta consideración– fue ayudante de dirección en muchas películas. Ahora también escribe guiones, *Boquitas pintadas*, la novela que marcó su fulgurante estrellato se llevó al celuloide. Un tono de folletín.

"Empecé a escribir, tú sabes, sin realmente proponérmelo. Yo no pensaba en la literatura, pero me encontré queriendo hacer un cine en el que los temas que se me ocurrían requerían un espacio mucho mayor... y no tenía para nada el poder de síntesis que requiere una película... me interesaba justamente un análisis detallado de la situación... los temas que se me ocurrían me imponían esa condición... gran espacio y hasta hace poco siempre se me ocurrían historias muy complicadas que exigían todo un largo de novela para desarrollarse".

Él guió a Hedy Lamarr en el filme *Argelia* y mezcló la historia de la actriz contada en revistas cinematográficas con las fantasías de la protagonista de su última novela, *Pubis angelical.*

"Tengo influencia, no de las revistas del corazón como se dice, sino de las de estrellas, la historia de Heidy Lamarr –casada con el hombre más rico del mundo al que abandonó utilizando a su criada, eso es un poco la novela– es una de las más espectaculares del cine. Heidy Lamarr era el objeto bello por excelencia y luego está la paradoja de que ella quiere realizarse como actriz y cae en Hollywood, donde él *star system* la usa nuevamente como mujer objeto total... era tan bella que no querían que gesticulase demasiado, ¿te das cuenta? Su destino de mujer siempre está fatalmente escrito: no puede sustraerse".

"La historia de Hedy Lamarr es una historia de un contenido feminista claro, porque era la mujer objeto por excelencia que se revela".

LUGARES DE ESCRITURA

Cambió tres veces de departamento hasta conseguir uno silencioso, una de las condiciones que él tiene para escribir. Fue en Nueva York, ciudad a la que llegó por segunda vez, escribió allí *Boquitas pintadas*, cuando corría el año 1976.

Boquitas pintadas fue un parto muy fácil, tú sabes... *Pubis angelical* me llevó tres años... y estuve a punto de tirar todo el material a los dos años... Fue una experiencia muy dolorosa... era difícil conseguir el lenguaje del inconsciente y luego estaban los dos planos de la novela: el de la realidad y el de la fantasía, si uno no incidía sobre el otro, si corrían separadamente, no se producía el efecto requerido... y mientras yo estaba en uno de los planos, me sentía totalmente alejado del otro".

–El de las fantasías de mujer parece más conseguido que la historia política que cuenta en la mujer real...

"Ah, sí, pues a los argentinos les ha interesado más la parte realista".

Además del silencio, cuando escribe, él se ve impedido a no leer otras novelas.

"Leo poquísima narrativa, porque trabajo todos los días y si leo narrativa me parece que estoy revisando el mismo material, es como si quisiese corregir el estilo de Jonathan Swift, digamos... todo lo miro críticamente, entonces eso no me descansa... lo que leo con gusto mientras escribo es una biografía o ensayo lo que puedo abordar..."

Sólo piensa en un lector al escribir: él mismo. El personaje y la trama le llevan: sus obsesiones las saca así. La experiencia influye en su escritura. Prepara ahora una historia de dos heterosexuales... un protagonista norteamericano.

"Es la primera vez que tengo un protagonista que no es de habla hispana y que no es argentino. Lo que yo capto siempre es a través del lenguaje y esta vez es inglés, no sé si es traducible... Ahí está implícito el problema fundamental de la novela... si va a interesar este personaje en español o no, supongo que sí... pero necesitaré una pirueta de traducción muy especial..."

NUEVA YORK, MUY DEPRIMENTE

Se deja traslucir el paso de tiempo en su apariencia de hombre cansado: el azul claro de la camisa y el pantalón, prendas de rebajas, parecen, hacen destacar más blanca la piel y resaltar el escaso cabello que un día fuera negro intenso. Sólo hace ocho años estuvo en Barcelona, florido como una adolescente de mirar tierno... ni imaginarse podría su edad, cercana a los cuarenta. Venía de Londres y no eran tiempos difíciles...

"Nueva York era una ciudad muy poco estimulante... no pasa nada literalmente hablando, y como no pasa nada, se inventan figuras... es muy deprimente... Yo he estado a raíz de este taller en inglés, con jóvenes norteamericanos y, realmente, se sienten mal; no hay líneas directivas, no hay grandes figuras y los éxitos son falsos, son inventados... Además, te voy a decir una cosa que puede sonar muy reaccionaria, pero mira, el escritor norteamericano no tiene la menor amenaza de censura, pero, al mismo tiempo, se da cuenta que no tiene la menor posibilidad de efectos sobre el sistema, entonces, nosotros, los de habla hispana, nos estamos quejando de la lucha contra la censura, pero hay una parte, paradójicamente, positiva: la censura te da existencia..., si alguien se ocupa de que lo mío no circule es porque tengo algo importante que decir, te da la ilusión de que, realmente, tienes algo subversivo que decir... supongo que todos estos sistemas son más frágiles, sin embargo, allí el sistema es fuertísimo, son unos cimientos feroces y ellos lo sienten".

"Y, además, como está planteada la industria editorial: se decide en una mesa directiva qué libro va a tener éxito o no, porque un libro que no se lanza con 200.000 dólares de publicidad se sabe que no va a poder pasar a un público grande: el lector no tiene posibilidades de descubrirlo... si el librero no ve que el libro no está muy publicitado no lo pide... el público está condicionado por la publicidad... la publicidad es increíble y, aunque tú estés fuera, después de un tiempo caes: es implacable. Terminas interesándote en un producto promocionado".

Dicen de él que es un escritor bastante conocido en Nueva York, a pesar que no sale en televisión sin pagar, síntoma de que has llegado a ser alguien rentable.

"No, no soy muy conocido. La literatura extranjera es un gueto. Interesa a un público muy restringido. En las juntas famosas de directorio, se funciona así: *El beso de la mujer araña* algo que sucede en una cárcel de la Argentina no puede ser de interés general, no puede producir en el americano medio una respuesta a una campaña de 200.000 dólares de aviso: se necesitarían 400.000 dólares... Tienen que ser temas, los publicitados, que les toquen muy de cerca..."

NO LEE A LOS DEMÁS

Estuvo en Canarias, en el polémico Congreso Internacional de Escritores.... "Para mí fue muy positivo, porque me fue bien encontrar a amigos que vivimos en diferentes países: españoles, canarios, gentes de letra que no residen en Madrid o Barcelona. Conocí a gente de Valencia, de Andalucía, del norte... Muy bien..."

Lo de Cuba armó un follón...

"La polémica sobre Cuba no pareció interesante; me parecía estar escuchando las impresiones de hace diez años. Tras veinte años de gobierno no sé puede discutir la validez de la revolución, había que hacer otro tipo de análisis: logros, desaciertos, pero no decir: saludamos a los cubanos o no los saludamos... era cosa de hace diez años".

Tiene amigos entre los escritores catalanes: Terenci Moix sin ir más lejos. Del idioma no están tan cerca.

"Tengo una actitud muy especial para el catalán, como no lo entiendo tiendo a ignorarlo, porque me siento excluido: es un idioma más que hay que aprender, ¡Dios mío! Para un extranjero ésa es la primera reacción... Conozco sólo a los clásicos catalanes, a Guimerá, ya sé que se me lee a mí, pero yo no leo a los demás: estoy con un problema de producción... lleva tiempo ponerse a escribir... Mientras me concentro, me hago un té y saco un lápiz y la máquina... corrijo siempre con lápiz, antes lo hacía con bolígrafo...

III. RÍO DE JANEIRO,
TRÓPICO DE CAPRICORNIO (1980-1990)

> "Un astrólogo me dijo que es propio de mi signo:
> Capricornio, porque logramos desdoblarnos y vivir el
> pensamiento del otro, y que por eso puedo ser novelista,
> porque puedo meterme en la cabeza de otros, de los per-
> sonajes" (Manuel Puig, conversación con Elena Ponia-
> towska. *Cfr.* pp. 108-111 de este volumen).

El trópico para Manuel Puig es el lugar de la utopía, que toma lugar durante
su residencia en Río de Janeiro, a comienzos de 1980, también el lugar
donde alcanza su madurez escrituraria y disfruta de su consagración mientras indaga en una estética de nuevo tipo. Al *kitsch* y el lugar común se le
suman con más sutileza una estética surrealista que ya había explorado anteriormente, pero que en esta etapa acentúa.

En este período, Puig también desarrolla de forma más madura aquella
formación primera como guionista –que acompañó sus comienzos de escritor– y dramaturgo que en la etapa mexicana incursionara más tímidamente,
y realiza un exceso sobre el trabajo ya realizado, amplificando lo que habían
sido gérmenes de un modo de escritura.

En sus declaraciones comienzan a aparecer nuevamente posicionamien-
tos y declaraciones sobre lo político, sobre la guerra de las Malvinas de
1982, la censura y la vida social de un país que siempre amó y al que le
hubiese gustado retornar.

CHISTES DE ARGENTINOS O EL ÚLTIMO TANGO EN VENEZUELA[1]

(1980-1990)

Por Manuel Puig

Durante mi estadía en Caracas, cada vez que alguien me quería expresar su máximo grado de apreciación me decía "Tú no pareces argentino". Acto seguido yo contaba mis problemas de toda la vida con la idiosincrasia de mis compatriotas, especialmente los porteños. Pocos minutos después, inexorablemente, me contaban el último chiste sobre argentinos. Y allí mis lentísimos reflejos empezaban a actuar, me empezaban a señalar una zona de peligro, se me producía un vago pero persistente desagrado que no lograba comprender y menos aún expresar. Apenas llegado a Caracas incluso hablé negativamente de mis conflictos con los argentinos en una entrevista de prensa. Algo me di cuenta de que había actuado mal, estaba de ese modo atacando a una minoría que evidentemente comenzaba a ser señalada, si no perseguida. Lo que más me alarmó fue ese arsenal de chistes con los que se acribilla el gigantesco (?) ego argentino. Me recordó la oleada de chistes sobre judíos que devastaron las pampas en los años cuarenta, mientras otros vientos devastaban Belsen y Auschwitz. Me recordó los chistes sobre homosexuales, que devastaron y devastan el planeta entero y seguramente también Marte, que por algo también lleva nombre de macho guerrero.

Creo que es muy fácil, aun para los afortunados a quienes nunca les tocó, imaginar lo muy difícil que se le hace la vida a una minoría cuando cae en desgracia. Es posible que caiga en desgracia porque comete errores que reclaman castigo, pero aun en ese caso hipotético ¿son los culpables todos o solamente algunos de los miembros de esa minoría? Lo que resulta seguro es que el castigo sí alcanzará a todos. Y una minoría, por definición, tiene escasa posibilidad de defensa. Me cuentan compatriotas, y algunos uruguayos, más que chilenos, que se oye mucho la frase "gente del sur, no".

Pero comprobar la veracidad de una campaña de rechazo en el campo laboral, por ejemplo, requeriría una investigación que no me es posible hacer. Supongo que la situación no es tan crítica, y así lo espero, teniendo en cuenta la generosidad y riqueza de este país. Pero los famosos cuentos sí existen, lo cual implica que sí existe una posibilidad, por remota que sea, de esa espantosa operación del inconsciente colectivo que se llama discriminación.

---

[1] Este artículo fue encontrado durante el inventariado del archivo en el primer año de trabajo, y publicado en forma póstuma en *Gnomo: Literatura & Historieta*, Buenos Aires, Año I, N° 1; pp. 16-19.

Lo único que se me ocurre en este caso, llevado por un afán de aclaración, es tratar de explicar lo que a mí me molesta de la manera de ser de mis compatriotas, y cómo la interpreto. Ante todo ¿por qué yo mismo "no parezco argentino"? Lo vengo oyendo desde que salí de mi país por primera vez, hace más de veinte años.

Parece que es porque proyecto timidez, he tenido siempre problemas con las figuras que simbolizan autoridad, no me he podido identificar con ninguna, ni con mi padre, ni con los deportistas campeones, ni con Perón. Por lo tanto no puedo actuar como ellos.

Lo cual me lleva a derivaciones especiales, por ejemplo, rara vez me empeño en entablar una discusión, y menos aún en ganarla; de una discusión lo que me interesa realmente es escuchar la parte del adversario, ver por qué llega a esas conclusiones, para mí "equivocadas". Pero ni bien logro comprender las bases de su razonamiento "equivocado", ya empiezo a aceptarlas, veo la "equivocación" justificada y no me urge más imponer mi "verdad".

En sesiones de análisis, que coinciden con cálculos aventurados –pero sabrosos– de astrólogos, se me dice que tengo la tendencia –por capricorniano– a interesarme más de lo común por las motivaciones psíquicas ajenas, lo cual me hace por otra parte novelista. Lo malo es que si en alguna discusión tengo realmente razón, no me preocupo demasiado por convencer de ello al contrincante, y lo dejo perpetuando su error sin mayor remordimiento de mi parte, el simple hecho de comprender su error ya me satisface y a otra cosa. En cambio un argentino típico, en su deseo de afianzar el yo, pondría su punto de vista bien a salvo y señalaría el error del adversario con descontado énfasis. A esto volveré después.

En el exterior se entiende por argentino típico el nativo de la capital: Buenos Aires, una de las ciudades más brutalmente competitivas que conozco, y que sin duda supera a Nueva York en ese sentido. Allá para sobrevivir hay que mostrar las uñas. Yo nunca pude resistir por demasiado tiempo esa tensión, me vi obligado a viajar. La ley de la jungla que impera allá dicta entonces que no se puede demostrar debilidad, qué digo, ni siquiera la menor grieta de una duda. Hay que proyectar convencimiento total en las ideas que se plantean. ¿Pero quién puede realmente estar convencido de lo que afirma, cuando va pisando terrenos tan resbaladizos, o cenagosos, como son los que inevitablemente recorre un pueblo nuevo? Un pueblo nuevo tiene ante todo el problema de la búsqueda de su identidad, problema que el pueblo argentino no ha resuelto. ¿Algún país latinoamericano ha logrado resolverlo? Y en medio de esa oscuridad el sistema social-económico inhumano surgido a orillas del Plata a lo largo del siglo exige al pueblo argentino actuar con seguridad en sí mismo.

Digo todo esto para señalar que la actitud pedante y altanera que pueden notar en algunos argentinos residentes aquí, no está determinada por una reacción ante este país. Así actúan ellos en Argentina, entre argentinos. Es una actitud que siempre me disgustó, que me parece ante todo engañosa, porque lo que se trata de encubrir con esa máscara de arrogancia es una profunda inseguridad. Si a un adolescente se lo obliga a actuar como adulto llevará el modelo de sus mayores a una crispación, a una caricatura.

Pero es muy difícil asumir la propia inmadurez, cuando se crece en un medio como aquel, que no la admite, que no la perdona, que la fustiga con el mejor látigo: al inmaduro, al inseguro no se lo escucha, se lo ignora.

Pero aquí en Venezuela están en peligro de ser fustigados por la causa opuesta. En fin... duro destino. Y creo que después de tanta crítica puedo, aunque sea mi gente, señalar algunas de sus virtudes. En el caso citado más arriba de la discusión ganada, yo me callo ante el adversario y mi actitud "conciliadora" puede pecar de demagógica, puede ser propia de un "simpático profesional". El argentino típico no quiere pasar por simpático, se hace odiar gratuitamente, pero al menos no es demagógico, no está tratando de engañar a nadie. Su aspereza puede contener un elemento redentor. Última anotación: los argentinos han estudiado, han trabajado duramente, como yo no he visto en otra parte del mundo, por salir de ese subdesarrollo latinoamericano que pareciera imposible superar. No lo han logrado. Justamente por dar la más dura batalla contra ese estado de cosas, es que la mayoría de los argentinos hoy en Venezuela debieron dejar su país. No estoy de acuerdo con los métodos que emplearon, ni con las líneas de políticas propuestas, pero sí se puede decir que el propósito final era terminar con la explotación laboral. Lo cual ya hace atendible más de un reclamo. La situación es entonces difícil para el huésped. Aunque también para el dueño de casa. Pero ha sido privilegio de los países democráticos recibir estas inmigraciones forzosas. En París tuvieron que digerir la llegada de los refugiados de la revolución rusa, Argentina misma recibió millares de refugiados del franquismo. Tal vez el venezolano como dueño de casa podría señalarle al argentino más recalcitrante otra manera de vivir, más distendida, más tropical. Y el mismo dueño de casa tal vez podría sacar algún provecho de la presencia de los argentinos, tal vez podría verse más claramente a sí mismo por contraste con el huésped. Apreciar más las propias virtudes, tal como su espontaneidad, su alegría de vivir, su amor al momento presente. Y analizar los propios defectos, de los que no está exento ningún pueblo, pero que no me corresponde a mí señalar. La asimilación de las inmigraciones es parte del proceso de maduración de un país. Supongo que en este caso una de las soluciones es la discusión franca del problema, entre ambas partes. Por cierto no el chiste malicioso dirigido contra una minoría.

1980, 24 de diciembre   (1980-1990)
LLEGARÁ JUNTO A SU NUEVA NOVELA
MANUEL PUIG SE RADICA EN BRASIL
Convicción, Buenos Aires, Argentina

Como si su destino fuera vivir donde no se habla el idioma en que escribe, el autor argentino Manuel Puig abandonó Nueva York, después de cuatro años, para radicarse en Brasil.

Puig, cuya última novela, *Maldición eterna a quien lea estas páginas*, acaba de ser publicada por la editorial Seix Barral, comentó que éste "es mi primer libro donde uno de los protagonistas no es argentino. Los hechos ocurren en Nueva York y son una transposición de mis propias dificultades de adaptación a este medio".

"Me preocupa la recepción de los lectores", comentó Puig en una entrevista con United Press International, "porque es muy distinta a mis obra anteriores. Francamente no sé cómo reaccionarán".

La obra no tiene referencias cinematográficas, ni mujeres, ni homosexuales que cubran el rol femenino, como en *El beso de la mujer araña*, ni otras formas de la cultura popular.

"Son dos hombres solos, que por diversas causas han perdido a la mujer y se están secando como plantas. Un viejo argentino, enfermo, y un joven norteamericano a quien envidia por su salud y su puesto en la vida. El hecho de que el joven está destruido y necesita de apoyo más que el anciano, desencadena el conflicto", señaló.

El exitoso escritor, de 49 años de edad, comentó que tuvo un mes difícil, con la aparición de *Pubis angelical*, en Italia y en Francia. Señaló que "contabilizó como polémicas las críticas negativas", y recordó que "cuando el libro apareció en España, fue bien recibido. En cambio, cuando apareció en México, fue lapidado por la crítica. Entonces me sentí más tranquilo".

La versión teatral de *El beso...* está en segunda temporada en Italia, y en marzo se presentará en España, protagonizada por José Martín.

También se prepara una versión en Nueva York, y otra en París, con la participación de Pierre Luiggi Pizzi.

"Al mismo tiempo –se quejó Puig– dos actores peruanos siguen presentando una versión pirata, adaptada por su cuenta, sin permiso ni pago de derechos".

Para señalar lo inadecuado de la adaptación, Puig recordó que en la novela "uno de los dos personajes niega la existencia de su cuerpo masculino, mientras que en esta versión lo hacen desnudar en escena, lo cual es totalmente contrario a la esencia del personaje".

Terminado el semestre de taller literario en la Universidad de Columbia, Puig va a residir en Brasil, donde se presentará la versión escénica de *El beso*.... que, dijo, "escribí a instancias de un grupo teatral muy prestigioso de Río de Janeiro, del que forman parte Dina Sfat y Paulo José".

Puig está trabajando ya en su próxima novela, pero prefiere no adelantar otro detalle, indicando sólo que "será una historia de decidida intención romántica".

1981, 13 de junio   (1980-1990)
Cambio 16
Madrid, España

DIRECTAMENTE de Río de Janeiro al teatro, Manuel Puig, por primera vez, ha oído sus textos en voz alta. Y desde la publicación ya lejana de *Boquitas pintadas*, es de suponer que nada le haya emocionado tanto como la versión teatral de *El beso de la mujer araña*. Tierno, suave, romántico sensitivo, pero también preciso hasta la manía, el "rey del bolero" habló de todo eso con palabras exactas.

"EL EXILIO ES PELIGROSO PORQUE ME PUEDO QUEDAR SIN PÓLVORA QUE QUEMAR"

El autor estaba "emocionado y perturbado". Por primera vez en su vida de novelista triunfante, el calor del éxito no le llegaba a través de cartas, escalonadas críticas literarias, lista de *best-sellers* y otras apoyaturas exteriores, sino de un público puesto en pie que le aplaudía vuelto hacia él. Manuel Puig, autor de *El beso de la mujer araña* y de su versión teatral, que cada tarde se representa en el Martín, vivió "una sensación muy extraña. No podía concentrarme, y como los actores lo viven tan visceralmente, me perturbó extraordinariamente. Quiero verlo otra vez, con otra tranquilidad".

EL EXILIO

Dice él que ha pasado de ser el autor de *Boquitas pintadas*, aquella bomba llena de boleros, cine antiguo y tristeza que catapultó su nombre a mediados de los años sesenta a dos o tres continentes, a ser e creador de *El beso de la mujer araña*, donde con profética intuición puso el dedo en la llaga del diálogo entre las grandes y áridas justicias y las pequeñas y gozosas libertades individuales. Ahora se le conoce en el mundo por esa última obra y quedan en segundo plano *La traición de Rita Hayworth*, *The Buenos Aires Affair*, *Pubis angelical* y hasta esa última y extraña historia titulada *Maldición eterna a quien lea estas páginas*, fruto de sus cuatro años y medio de exilio en Nueva York.

M.P.: Esa novela no estaba prevista para nada. Ha sido un cambio dictado por necesidades de los personajes. Yo siempre me he burlado de la gente que escribía sobre un país o una lengua que no era la suya. Pero se me cruzó un personaje irresistible que no pude por menos de retratar... Mira, en el año setenta y tres comenzó el exilio...

–Largo exilio para una personalidad tan arraigada a su tierra, como Manolo Puig...

M.P.: Largo y peligroso, sí. Me puedo quedar con pólvora que quemar. Pero es imposible volver: tengo un expediente por pornografía, dos obras prohibidas, hasta hace poco un estricto boicot en la prensa... Ahora todo eso parece haber cedido, hay cosas alentadoras, pero no pienso volver. Estoy en Río, que es un poco más lo mío que Estados Unidos.

Un personaje irresistible

–Y antes...

M.P.: Primero estuve en México, luego desarrollé intolerancia al clima y decidí recalar en Nueva York. En los años sesenta la primera vez que estuve allí, era una ciudad maravillosa. Pero en el setenta y seis sólo quedaba la resaca del sueño anterior. No hubiera escrito nada, sino aparece Larry.

–Pero ¿quién es el Larry? Ese personaje extraño de una tan extraña novela de Puig que no parece suya. La novela que menos ha gustado de un escritor famoso por comunicar a la primera con grandes públicos...

M.P.: Para mí, un personaje cargado de claves, un exponente de la resaca que ahora viven los Estados Unidos. Recuerdo que al llegar a USA en 1963, ya estaba muriendo el sueño americano oficial: la casita con jardín en las afueras. Hasta que esos suburbios ajardinados se revelaron auténticas cárceles que no permitían los contactos comunales: cada uno vivía para sí y se empobrecía humanamente. Y así nació el proyecto *hippy*, un hermoso sueño colectivo sin un planteo político de bases insostenibles. Y así acabó ese proyecto. En el setenta y seis, ese vecino que yo veía cruzarse siempre sólo había partido de un proyecto individual y lo había realizado: hijo de obreros, se había hecho sólo, trabajando y estudiando se hundió en la depresión más negra. El proyecto individual no les bastaba. Era profesor de sociología, marxista convencido y al no lograr integrarse en un plan que trascendiese su empobrecida individualidad, había abandonado todo, renegaba de cualquier compromiso intelectual y buscaba empleo como jardinero.

–¿Y cómo intuyó el autor esa historia tras un silencioso vecino de escalera?

M.P.: Primero me intrigó la soledad, y su miedo a entablar diálogo. Luego empezamos a hablar y a pelear. Pero toda comunicación era imposible, cada vez me intrigó más. Pronto pasó a ser el símbolo de todo lo que Nueva York me resultaba incomprensible y hostil. Era alguien que necesitaba desesperadamente ayuda pero no podía pedir y menos que menos, darla. Perdió un trabajo mínimo que realizaba en una oficina para sobrevivir, y le ofrecí pagarle las horas de conversación. En base a esas notas escribí esa novela. Nada de lo que dice Larry está inventado por mí.

–Pero Manuel Puig, antes, siempre sabía encontrar el lado humano de sus personajes. Hasta un esquemático y dogmático Valentín en *La mujer araña* acababa por traslucir quien era debajo de los dogmas.

M.P.: Pero Larry, es la civilización, el medio en que vive, el que lo hace así. Es reseco. No tiene nada que ver con Valentín, claro. Por eso creí que podía tener interés mostrarlo, porque es un producto típico de esa sociedad que se nos propone como meta. Sociedad que él odia, rechaza, pero no puede superar. Hay un problema con lo útil que es clave en Estados Unidos: coarta toda acción que no produzca un beneficio inmediato. Es tremendo. Sólo viéndolo se comprende.

EL VIEJO CELULOIDE

Y su único sedante, su ventana al paraíso, su coraza contra todas esas pesadillas sigue siendo el viejo cine, las películas antiguas con amor y argumento que tantas veces han salido en sus novelas. Manuel Puig también en Madrid, entre función y función de teatro ha corrido a la filmoteca para encerrarse en su jardín de las delicias de celuloide particular. Siempre el viejo cine.

M.P.: El cine nuevo me toca poco, y no por causas nostálgicas. Es que yo no creo en el cine realista. Realismo y cine no se complementan, y verás por qué: realismo es análisis, y el análisis necesita espacio, lo que te da la literatura. El cine es síntesis, y ahí van bien la alegoría, el sueño. Por eso, cierto cine fantasioso de los años cuarenta está añejándose también. Y además, parte de ese cine escapista puede ser objeto de una nueva lectura: era un cine fabricado para consumo de pueblos carentes de libertad sexual, civil. El cine vendía sueños, y a través de los sueños es posible interpretar cuáles eran las carencias.

–Coleccionista del celuloide rancio ¿cuáles serían las cinco películas que nunca podrían faltar en su maleta?

M.P.: Primero: Algo de Hedy Lamarr, porque es la perfección humana, la exaltación de lo humano, la glorificación de la raza (entre 1938 y 1942, porque después vienen las primeras arrugas y pierde magia y belleza). Segundo: algo con Rita Hayworth bailando, porque es la exaltación del cuerpo humano en movimiento. Podría ser *Gilda*. Tercero: Algo de Lubitsch, por su alegría de vivir. Cuarto: Algo de Von Stenberg, el descubridor de Marlene, por su fascinación ante el sexo. Quinto: Algo de Hitchcock, por su capacidad de goce dentro de la peripecia. Y los tres juntos, por ser grandes, grandes narradores.

Ha medido cada palabra, cada coma, cada razonamiento y hasta el punto final.

1981, martes 17 de febrero   (1980-1990)
Manuel Puig, a propósito de *Maldición eterna a quien lea estas páginas*:
"MI ÚLTIMA NOVELA PROVOCÓ REACCIONES CONTRARIAS; HAY
QUIEN DICE QUE ES LA MEJOR, OTROS QUE LA PEOR"
Conversación con Elena Urrutia
Unomásuno, Ciudad de México, México

La crítica que ha suscitado la última novela de Manuel Puig, *Maldición eterna a
quien lea estas páginas*, "se ha polarizado de modo curiosísimo", confiesa el
autor en su breve paso por la Ciudad de México en viaje hacia Puerto Rico,
adonde se dirige para participar en un cursillo que se desarrollará en torno a la
obra de Manuel Puig. El diario tal vez más prestigioso de Madrid, *El país*, decidió que *Maldición eterna...* es su mejor novela, y *La vanguardia* de Barcelona, a
grandes titulares, dictaminó que ésta es la peor novela de Manuel Puig. "Huber-
to Batiz, en México, fue más bien tibio. ¿Recuerdas la manera tan violenta en
que atacó *Pubis angelical*? Estoy muy sorprendido por estas reacciones que se
repiten también entre mis amigos: están o muy entusiasmados o casi no la han
podido leer. A mí, en general, el sentirme escritor polémico me ha halagado
siempre, pero esta vez realmente es una ducha escocesa.

–Ahora es Nueva York el escenario en el que se desarrolla tu última novela y
un personaje real el que inspira uno de los interlocutores de ese diálogo ininte-
rrumpido entre Larry y el señor Ramírez ¡por qué Nueva York! ¿Quién es Larry
en la vida real?

M.P.: Yo quería de algún modo ilustrar y analizar un estado de ánimo mío;
la dificultad de aceptar Nueva York como lugar de residencia. Después de dos
años en México donde me había sentido muy bien, la estadía se interrumpió
por un problema de salud muy inquietante en el que desarrollé una intolerancia a la altura. Me fui entonces a Nueva York y me encontré ahí con un personaje, con un ser real vecino del Village, que de algún modo encarnaba todas las
incógnitas neoyorquinas; es decir, Nueva York, para mí, era una ciudad llena de
atractivos pero a la que yo no sabía integrarme, y este personaje también era
alguien lleno de interés con quien no se podía establecer el menor diálogo.
Ambos estábamos en un momento de crisis personal, los dos solos y al mismo
tiempo incapacitados de ayudarnos mutuamente. Él venía de una experiencia
matrimonial que yo le envidiaba, y yo venía de una experiencia profesional
(mis cuatro libros publicados hasta ese momento, 1976) que él me envidiaba.
Yo tenía la intuición de que podíamos complementarnos; él, en cambio, no. El
misterio que lo envolvía me fue obsesionando: él era un símbolo viviente de
mis dificultades en Nueva York. Le propuse entonces hacer un trabajo de investigación juntos: una larguísima entrevista durante la cual él debía tener el valor

de responder a todas mis preguntas. No quería. Se resistió. Pero estaba sin trabajo y le ofrecí una paga por horas. Estaba desocupado por razones muy curiosas: había perdido la confianza en su trabajo de sociólogo y se había puesto a hacer chambas insignificantes como jardinero, pero como no era buen jardinero perdía todos los trabajos. Todo ese material fue recogido en inglés y yo no me sentía capaz de tocar una sola línea de nuestro diálogo trascrito ya en la máquina. Nunca usamos grabadora. Él estaba sentado al lado mío y yo tomaba nota a máquina de lo que íbamos diciendo. Cuando tuve la impresión de que había agotado las posibilidades del interrogatorio, pasé esas doscientas hojas al castellano y entonces sí me sentí libre, ya dentro de mi idioma, para armar una narración autónoma en base a todo ese marasmo.

-¿Y los diálogos oníricos? ¿Las alucinaciones del señor Ramírez?

M.P.: Agregué las partes no realistas de la novela, me refiero a las alucinaciones de uno de los protagonistas: el viejo argentino lisiado. Agregué esas páginas porque me parecía que se necesitaba algo más para dar un acceso más seguro a la intimidad del personaje, pero es justamente ante este recurso que se dividen decididamente los lectores. Hay quienes tienen exactamente la reacción que yo esperaba: logran una identificación con el personaje, una captación de su esencia sólo a partir de estas alucinaciones, mientras que hay otros lectores que encuentran estos pasajes prescindibles y hasta un estorbo. Tú leíste la novela, Elena, ¿tú de qué parte de estas dos facciones te pones?

—Te lo he dicho ya: me estorban completamente; pienso que frenan ese diálogo incesante sólo entorpecido por los propios baches, por las mismas dificultades que lo hacen un diálogo en el que pausas y silencios tienen una particular función.

M.P.: Yo lo sentí como una imposición de la historia misma —completa Manuel Puig—; la palabra los une y los separa. No hay otra forma posible de conocerse el uno al otro que no sea la palabra. Creo que me propuse una novela sobre la pura afectividad, de ahí la elección de dos personajes sin posibles complicaciones sexuales, económicas, etcétera.

—Y, sin embargo, sí aparecen, en un momento dado, complicaciones políticas.

M.P.: Sí, pero justamente están evitadas a lo largo de toda la novela por el viejo, y sólo después de que se separan se establece el puente de comunicación sin darse cuenta que, si bien en el pasado su actuación política obstruyó sus relaciones afectivas, en este caso era la vía más corta para un entendimiento con su interlocutor.

—¿Cuál ha sido la reacción de los editores estadounidenses ante *Maldición eterna...* en la que, además, una buena parte estaba originalmente en inglés, en el borrador?

M.P.: La versión inglesa, en efecto, se hizo muy rápidamente porque había mucho material original ya en inglés. Hubo que traducir principalmente las

partes imaginarias y ya el manuscrito ha sido presentado a mi editorial en
Nueva York (Knopf). Esta editorial acaba de sacar las ediciones de bolsillo de
El beso de la mujer araña y *The Buenos Aires Affair* con ventas superiores a lo
esperado y, por lo tanto, creí que no iba a tener inconvenientes para la aceptación del libro siguiente... Nada de eso. *Maldición eterna...* los molestó, tanto a
ellos como a la siguiente editorial a la que fue presentado. Las reacciones fueron insólitas, y si bien en un principio me defraudaron, en un segundo tiempo
me alentaron. Yo creí que justamente todo lo que decía sobre la vida estadounidense, sobre las frustraciones de este personaje marxista nacido en Queens,
Nueva York, barrio de clase media baja, hijo de obreros, como decía, creí que
todo esto podía interesar fuera de Estados Unidos pero que allí mismo, todo lo
expuesto por mí, resultaría una acumulación de lugares comunes. Nada de eso
se confirmó en las agrias discusiones con los editores: me acusaban de presentar un personaje falso, y precisamente es del único defecto que yo estoy seguro
que el personaje no adolece: todo lo que el personaje dice en la novela está
tomado de los propios labios del ser real, así que se me ocurre que hay algo
irritantemente real en este personaje... No sé si será por un modo mío de conformarse ante los rechazos... El tiempo dirá el porqué de estas reacciones tan
extremas.

–¿Qué hay de tu versión teatral de *El beso de la mujer araña*?

M.P.: Estoy aprovechando también el viaje por México para conversaciones
sobre la puesta en escena de mi adaptación de *El beso de la mujer araña*. Yo no
creía en las posibilidades teatrales de esa novela. A comienzos del 79 me escribieron de un grupo experimental italiano para solicitarme una adaptación mía
de la novela, pero yo estaba trabajando en esta obra (*Maldición eterna...*) y no
me atraía el proyecto. Les di entonces el permiso de adaptarla y hace más de un
año está en cartel, primero en Milán y actualmente en Florencia. No estoy de
acuerdo con la adaptación de ellos pero el público y la crítica han respondido
bien. No he viajado a Italia en este último año y no he visto la obra pero sí he
leído la adaptación. El protagonista es Giulio Brogi, que tal vez recuerdes como
personaje central de *La estrategia de la araña*, de Bertolucci. Cuando llegué a
Río, donde estoy viviendo desde hace un año, un grupo teatral de allá me abor-
dó con la misma finalidad. Esta vez lograron convencerme e intenté la ardua
tarea de cambiarle forma a una obra nacida para otro medio. Ante mi sorpresa,
el resultado final no es tan forzado... Vamos a ver. Tal vez me he dejado conta-
giar por el entusiasmo de estos cariocas. La obra sube a escena en mayo, pero
antes se estrena en Madrid. También hay proyecto para Nueva York; ya está
siendo traducida por un escritor muy prestigioso: Michael Feingold, el traductor oficial de Brecht en Estados Unidos. No será por falta de traductor que la
cosa fallará. Veremos qué sucede.

Todo este proyecto para mí es algo extraño porque no es algo nacido de una idea mía y no sé hasta qué punto he sido objeto de una seducción por parte de "dudosos teatrantes", yo, habituado a la "pureza" de mi quehacer novelístico en mi torre de imitación marfil: un tipo de plástico nuevo que descubrí en Nueva York, durable y lavable.

1981, 7 de marzo   (1980-1990)
PUIG: UN NARRADOR NATO
Conversación con Diana Álvarez Amell
El Reportero, San Juan, Puerto Rico

Manuel Puig demostró en sus charlas en la Universidad de Puerto Rico por qué es autor de novelas con amplia difusión en español y varios otros idiomas. Su popularidad lo hace vacilar, señaló, sin embargo, el escritor argentino, que contó su reacción al enterarse de las críticas elogiosas que recibió en España su penúltima novela, *Pubis angelical*: "Me sentí incómodo, ¡estoy escribiendo para satisfacer el público!"

Puig desplegó, con voz confidencial, sus dotes de narrador ante el torrente de luz que lo enfocaba en el proscenio del teatro. Abrió en sus charlas un resquicio, en que permitió, a todo el que estuviera escuchándolo, entrar en su vida de todos los días, y, sobre todo, pasearse en la sala de su proceso creador: la trastienda de cómo ha redactado las seis novelas que lo han hecho célebre: que trabaja en la tarde ("como soy de presión baja, tardo en despertarme y no estoy muy despierto en la mañana... doy vueltas, cualquier excusa es buena para evitar encontrarme con la página en blanco... es mejor escribir en una hoja escrita ya, al dorso... me causa pavor una hoja nueva... viene del sentido de economía de la Pampa, en los años cuarenta todo se importaba y no se podía desperdiciar una hoja...")

En sus charlas, desechó todo intento de teorizar sobre la novela hispanoamericana, su obra incluida, "esa pregunta es para críticos... me apasiona la escritura, pero luego pensar en lo que he hecho me aburre... quiero vivir de mis libros, quiero que la gente lea mis libros... pero hay un elemento de narcisismo que me falta para gozar de esta situación".

LA TRAICIÓN DE RITA: EL CINE VERSUS LA AUTORIDAD

Puig con gesto modoso, como si no importara mucho, dio la oportunidad a "los amigos de sus libros" de observar con lupa la fábrica misma de su creación novelística: lo que significaba para un niño crecer en un soporífico pueblecito argentino de los años cuarenta, con el mundo mágico del cine como el único medio de fuga; fuga de la autoridad, fuga del idioma español y su gramática ("era el idioma de la represión"), todo lo que lo llevó a refugiarse en "el único lugar en que me sentía cómodo, en el cine", lo que inició su recorrido de "fuga para encontrar Hollywood".

Asimismo contó de sus infructuosos intentos de introducirse en el cine en Roma, su animada aversión por la autoridad lo incapacitó para ser director como quería, su fracaso en redactar guiones de cine: "volvía a escribir *Rebecca all over* y en inglés *Macarroni*, con faltas de ortografías".

Siguiendo el consejo de sus amigos: "Manuel, escribe sobre lo que hayas vivido, sobre lo que sepas", empezó su primera novela, *La traición de Rita Hayworth*, en que el autor intenta recuperar "las voces del recuerdo", en la hermosa definición del autor, que descubre con la escritura que "era más divertido enfrentarse a la realidad que huirle, si más doloroso, pero más interesante".

Contó cómo empezó a escribir su primera novela, cuando iba a cumplir 30 años y ya se desvanecía la pasión por el cine y se enfrentaba al problema de explicarse su propia vida. "¿Qué pasó? ¿Cuáles eran los errores cometidos? ¿Por qué no me interesaba tanto el cine?"

Se fue a Nueva York y trabajó en el aeropuerto, mientras la escribía. "Empecé con monólogos... sin una sola palabra en tercera persona omnisciente... así evitaba el juicio explícito".

"Con monólogos, transcribía la conversación que recordaba de aquella tía que no paraba de hablar... Eso me recordaba algo que había leído, *Ulises*, ahí había monólogo".

El diálogo es su forma de "dar la opción al lector para que haga su propia crítica... que se haga cargo del problema del personaje.. para dar un mínimo de objetividad... hasta que me di cuenta que yo elegía los datos para que sacaran la conclusión que me convenía a mí".

EL *BOOM* Y PUIG

"Luego de escribir la novela, me enteré que había una crisis n la novela, de la que yo no estaba enterado para nada... en 1965 me enteré que había un *boom*... empecé a leer en español. Leí a Borges... recordaba vagamente las conferencias de Borges en inglés en Buenos Aires...".

Aunque luego confesó en privado que había exagerado en su charla su desconocimiento sobre la novela, no así sobre Borges. "Lo de Borges es verdad. En los años sesenta, sólo cuatro locos leían a Borges".

"No comparto las características del *boom*. Yo vine después. Aunque me he favorecido por el interés que se despertaron en la novela hispanoamericana", contestó con cierto mohín de desagrado ante la que parece ser ahora nefasta palabra.

PROCESO CREADOR

"Una novela, si uno no se pone todos los días, no sale... Si hago dos o tres, o cuatro páginas al día, me siento contento".

"Lo primero que viene es el problema, luego una historia que encaja con el asunto y tercero, la estructura. Excepto la primera, *La traición de Rita Hayworth*, que nunca tuvo un planteamiento formal".

Al escribir *El beso de la mujer araña*, "...había todo un plan en las películas que contaba un preso al otro. Estaba al principio de la novela, cuando vi la película sobre la mujer pantera, que pasaron por televisión en Nueva York. Era exacto lo que necesitaba para escribir la novela y lo puse al principio".

PERSONAJES A SUELDO

En *Maldición eterna a quien lea estas páginas*, su última novela, continua la inusitada costumbre de "conversaciones pagadas". Para incorporar en sus novelas ciertos personajes que él no logra entender, se busca personas reales que representan aquello que quiere integrar en sus novelas y les paga para que contesten sus preguntas. De estas conversaciones, en muchos casos transcritas literalmente, surgen el norteamericano desencantado de *Maldición...* ("símbolo de todo lo que no comprendía y me interesaba de Nueva York"), y el izquierdista peronista de Pozzi en *Pubis angelical*.

"Necesitaba un personaje que defendiera la alianza izquierdista con el peronismo, no creía en esa argumentación de la izquierda con Perón, hasta que me encontré con un periodista en Roma que tenía mucho que ver con el personaje".

En su intento de acercarse a una realidad que lo deja perplejo, paga ahora a un albañil carioca, personaje de su próxima novela, sin título, que lleva ya un año escribiendo, y de la que evade hablar con renuencia supersticiosa.

El albañil carioca "vino a hacer un trabajo en mi apartamento. Tenía un desprecio fenomenal por la mujer; sin embargo, cuando veía a una, entraba a temblar. Cuando le pregunté si había querido alguna mujer, me contestó que sí... una en su pueblo, pero que había enloquecido cuando él la dejó... fenomenal... ¡locura de amor!".

ESCRITOR Y COMPROMISO

Aunque el marxismo es tema reiterado en su obra, dice Puig sobre el escritor "comprometido": "el escritor de ficción tendría que mantenerse aparte de un partido político, para que sea su imaginación la que haga su labor, aunque supongo que para el ensayista es diferente. Creo mucho en el poder subversivo del inconsciente".

El feminismo es otro tema, del que él mismo señala, "soy el autor que más trata el problema de las mujeres... porque tengo la sensación que el gusto por exprimir y explotar se aprende en la célula básica de la familia".

PUERTO RICO

"Me gusta venir, porque noto la falta de agresividad. Se conserva el gusto por la vida... es increíble, no se ha perdido el gusto por conversar", dijo Puig al auditorio que escuchó encantado de enterarse que el autor, oriundo del pueblecito pampero de General Villegas y trotamundos confeso, había pensado originalmente trasladarse de Nueva York, en donde residía, a Puerto Rico. Optó por Río de Janeiro, su actual dirección, porque era menos complicado el papeleo legal de residencia para sus padres "que ya están muy viejos".

"Río de Janeiro tiene algo que ver con esto. Es un lugar muy pacífico", dijo Puig, que pasó varias vacaciones en Puerto Rico en los años sesenta.

"Pero eso fue en los sesenta antes de que escribiera o nada", aclaró Puig que dijo luego, ante el público, que escribir justificaba su existencia: "Publico, luego soy", lo expresó con la gráfica parodia cartesiana.

1981, 20 de junio   (1980-1990)
CONVERSACIÓN CON MANUEL PUIG
Blanca Andreu
Pueblo, Madrid, España

Cuarenta y nueve años, varios "horrendos guiones en inglés", seis novelas escritas en castellano y traducidas a varios idiomas (una de ellas, *The Buenos Aires Affair* prohibida en Argentina y en España), cinemanía, sahariana azul cobalto, una pasión nada oculta por Rita Hayworth, voz lenta, de esas delicadas, una rara sintaxis oral y un exilio de ocho años: Manuel Puig. Ha venido a España para presenciar la dramatización de su novela *El beso de la mujer araña*, protagonizada por Pepe Martín y Juan Diego, y dirigida por José Luis García Sánchez. Ver teatralizada su novela ha supuesto para Manuel Puig una experiencia traumática y sumamente extraña.

—Sí, porque no podía concentrarme en el texto, sentía una especie de horror. Estuve mirando todos los detalles y me parecía que, como yo me distraía, todos los espectadores se distraían también. Ha sido una experiencia nueva y absolutamente demencial. La interpretación me ha gustado mucho; Pepe Martín y Juan Diego lo hacen muy bien, pero ahora desearía volverla a ver con más tranquilidad, sin ese miedo al texto de la primera vez.

Manuel Puig me enseña un programa exhaustivo, rebosante de escenas, entrevistas (ocho por día), mesas redondas y homenajes, y me habla de su afecto por el matrimonio Martín. Después, a pesar de su cansancio, iniciamos una larga conversación acerca de sus novelas, de su vida:

—Mis novelas van describiendo una trayectoria vital. Las dos primeras tienen que ver con mi infancia. En *Boquitas pintadas* y en *La traición de Rita Hayworth* aparece mi niñez marcada por lo cinematográfico. La tercera *The Buenos Aires Affair*, viene a cubrir en cierto modo el Buenos Aires de mi adolescencia y primera juventud. Después, en *El beso de la mujer araña*, reflejo lo político irrumpiendo en la vida de los argentinos. Yo llevo ocho años en el exilio, hace ocho años que no he ido a Argentina para nada. He vivido en México, pero tuve que irme por motivos de salud, no me sentaba la altura. También viví en Estados Unidos. Actualmente vivo en Río de Janeiro. En Nueva York nunca estuve cómodo, allí lo que hice fue esperar hasta encontrar un lugar adecuado para vivir. Busqué ese lugar en las costas de Venezuela y en Colombia, porque yo no quería bajar tanto, ¿sabes?, no quería traspasar el ecuador, sino quedarme cerca de mis centros editoriales, pero finalmente encontré lo que buscaba en Río, porque yo necesito playas y lugares saludables, y al mismo tiempo necesito gran ciudad. Lo que me gusta de la gran ciudad es el anonimato. Creo que esto tiene que ver con haber sido espectador de cine, porque, ¿sabes?, en el cine yo me sentía reducido a una mirada, sólo, te sientes únicamente la mirada que contempla la pantalla y desaparece. En la ciudad también pasa esto: tú sales miras, y nadie repara en ti, eres una mirada ambulante. Esto produce una cierta sensación de ficción, de seguridad, porque cuando estás corporizado, cuando alguien acusa tu presencia, ya estás en peligro.

Manuel Puig se preocupa por el "grabador", mueve las manos, no como tejiendo una tela arácnida imaginaria, sino con otro tipo de leve coquetería y se niega a hablar de Vargas Llosa, de la tía Julia de Vargas Llosa, y de la fórmula novela rosa subcultura aplicada a la estructura de la novela.

–No sé, no sé. Eso hay que dejárselo a los críticos, yo estoy en mi onda personal y no soy el más adecuado para juzgar el trabajo de los demás.

Se ríe con malicia y continúa:

–Los escritores que me han marcado, las escrituras impresionantes que recuerdo no lo son tanto como las películas primeras. No es, exactamente, la literatura lo fundamental para mí, por que vino en un segundo término. Yo entré en contacto por primera vez con lo narrado a través del cine, y mi primera gran vulnerabilidad la tuve ante él, ante la narración cinematográfica, los libros me sorprendieron cuando ya yo estaba más curtido. Las grandes admiraciones que sentí en mi infancia fueron primero para las grandes figuras: Greta, Rita Hayworth y todos los nombres importantes de entonces. Más tarde me di cuenta que detrás de esas grandes figuras había un gran narrador, un Hitchcock, un Lubitsch, un Von Sternberg. Yo había leído cosas sólo en condensaciones para niños, cosas que ni hay que mencionar, y la primera novela que leí completa fue la *Sinfonía pastoral*, de André Gide, en el año 1947. Hasta entonces yo no había tenido espacio libre para aficiones literarias. Estaba completamente cubierto por la afición cinematográfica, pero Gide acababa de ganar el Nobel, había una película premiada que todavía no había llegado a Argentina, todo hacía atractivo el libro. Además, yo empezaba a entrever que había algo más que el cine. En esa época el cine era despreciado en los altos círculos, y yo sentía mi pasión por él como algo no demasiado prestigioso, ¿comprendes?, no era un gran honra ser cinéfilo como sucede ahora. Es posible que quedaran en mí cosas de Gide, también es posible que me gustara la *Sinfonía pastoral* porque se trataba de un a lectura típicamente cinematográfica, de una escritura muy concisa, con velocidad de relato e imágenes bellas. No es que Gide sea un narrador muy visual pero recuerdo esa lectura poblada de imágenes intensas, ese poder leer rápido. Con esa novela comencé a leer. Más tarde, al estudiar idiomas, tuve que leer a los clásicos, para mí los idiomas de la realidad eran los idiomas del cine pero, aunque mis lecturas de clásicos franceses no me llenaron demasiado, sí las de los italianos. Sobre todo Dante, Petrarca y un gran poeta épico: Ariosto. ¿El teatro? El teatro siempre me gustó por las mismas razones del cine, por lo que tiene de visual, aunque eso de sentirme autor dramático haya sido una experiencia tan extraña...

–Creo que resulta un poco contradictoria esa pasión tuya por lo visual, por ser espectador, que es un acto pasivo, y el que tu seas escritor, creador.

–Yo no puedo estar soñando todo el día. Creo que para poder soñar la mayor parte del día tengo que volver a la realidad unas cuantas horas, y esas horas quiero emplearlas en un mayor conocimiento de la realidad. La realidad es profundamente complicada y muchas veces molesta, pero es inútil obviarla. Eso traté durante 30 años, cuando estaba en mi etapa cinematográfica. Antes de escribir novela hice unos guiones horrendos en inglés, malas copias de películas existentes. Procuraba no hacer nada, o casi nada, pero vi que era imposible, porque se debilitaba el vicio, perdía interés. Entonces descubrí que era mucho mejor poner los pies en la tierra por unas horas.

–Parece que para ti la escritura no es un placer, no es el famoso acto lúdico del que hablan tantos escritores.

–Bueno, hay también un momento de libertad que es cuando eliges la forma para contar la historia. Las historias están escritas de antemano y, en general, no son demasiado alegre, pero me puedo permitir el lujo de elegir cómo las voy a contar. Eso me hace soportable el proceso del conocimiento de la realidad. Si fuera todo análisis de datos sería demasiado masoquista la operación. Como existe este doble aspecto en literatura, yo encontré en ella algo que hacer durante el día y aguardar que llegue la noche para que sucedan las cosas mágicas. Debo decir que encontré otras magias en esta tierra. ¿Por ejemplo?, sexo. Sexo, no tengo otras debilidades. Mi hígado no resiste el alcohol y las drogas suelen darme sueño. Me quedo con el sexo porque posee siempre un elemento de aventura, de poesía, aun bajo sus formas más degradadas.

–¿Eres un escritor a pesar tuyo? ¿Te habría gustado más hacer cine?

–A mí lo que me gusta es ver cine, pero realizarlo es muy conflictivo. Todo el mundo termina muy neurótico y yo no quiero que mi actividad diaria sea una tortura. La creación se ve muy limitada si no se realiza con libertad y medios, porque la ambición del proyecto y la experimentación se reducen. Con bastante papel y un lápiz te puedes permitir lo que quieras, puedes escribir algo que deje la *Divina comedia* a la altura de un frijol. Lo único que se necesita es talento y tiempo. Sin embargo, en el cine, hace falta un mínimo de condiciones y también hace falta estar predispuesto a que las cosas salgan a medias.

–Cuéntame cómo construyes tú una novela, cómo nace.

–Mis novelas siempre comienzan con un conflicto personal no resuelto que necesito sacar al exterior. De pronto se cruza una anécdota, o un personaje concreto, y la novela encarna su problemática a partir de eso. En mis dos últimas novelas son personajes concretos los que se cruzan, y yo, a través s de un personaje, me siento con más energías para resolver mi conflicto. Por ejemplo, mi última novela no se basó en una anécdota previa, sino que encontré a un personaje que prácticamente me la dictó. Actualmente con lo que estoy escribiendo ocurre lo mismo, pero me parece que quiero volver a la libertad, o, mejor, a la posibilidad de juego, que me daba el partir de una anécdota. Sí, personajes reconocibles sí, pero no lo que me ha sucedido en estos dos últimos casos. Yo jamás había pensado que iba a escribir algo con un protagonista no argentino. Me reía cuando alguien me decía: "Fulano está escribiendo una novela sobre Francia y con franceses". Qué disparate, escribir algo si no conoces, si no manejas ni el idioma ni la psicología de un pueblo a fondo. Y ya ves, yo estaba en Estados Unidos, en un Estados Unidos con la resaca del setenta y seis, con dos cadáveres muy a la vista: uno, el del sueño americano, el otro, el del *hippismo*. El sueño del confort se empezó a agriar en los cincuenta. En el bajo lado Este [Down East Side], que es el de los recién llegados, vivieron en el siglo pasado los judíos: a principios del treinta, los negros: luego, los puertorriqueños, y pronto va a cambiar a otro pueblo. Esa gente había soñado con la casita de las afueras, que resultó ser una trampa perfecta, ideal para crímenes psicóticos. Los niños crecen en el aislamiento del suburbio y la marginación. El personaje de mi última novela pertenece a ese mundo de suburbio, no al bajo lado Este, sino a esa gente que ha logrado pasar a un suburbio mejor, y que cuando se casa es agobiado por su familia para ascender a otro suburbio más alto. Esta exigencia condujo a mi personaje a una especie de locura, de rechazo. Yo vivía en el Village y estaba en una relación bastante conflictiva con el medio: sentía una resistencia interior frente al idioma inglés: estaba mal de salud. Entonces fue cuando conocí a este hombre, al que yo envidiaba porque estaba en su país, porque podía hablar su idioma. Pero cuando empezamos a conocernos resultó que el tipo odiaba su condición de americano y, sin embargo, tenía una idea muy especial de lo que era un autor. Cuando supo que yo era un autor publicado y traducido y vio en qué estado me encontraba –de soledad, de salud–, le vino un ataque de odio, porque le destruí un mito. Como vi que me servía de personaje, firmamos un contrato para que él cobrara derechos, *derechos de personaje*, claro. Lo que hablábamos lo iba escribiendo directamente, y como me sentía tan carente de fuerzas, tan sin deseos de incorporación al medio, imaginé al viejo acabado, sin esperanzas. En ese momento me sentía sin proyectos. Mi único proyecto era pensar: "A ver qué me cuenta esta bestia que tengo delante". Comenzamos a no entendernos. Él era un ejemplo clarísimo del fracaso absoluto de un sistema, y aunque al principio se prestara a esa especie de psicodrama, cuando empezó a ver que el proyecto iba bien, como no podía admitir que algo saliera bien, comenzó a sabotearlo. Se dedicaba a hacer groserías: si yo tenía frío, abría la ventana, me insultaba... Era una relación imposible, infernal. No he querido volver a verlo.

La novela que estoy escribiendo ahora también es en base a un personaje real, no a partir de algo que conozco y deseo desarrollar, sino a partir de la novedad. Este nuevo proyecto novelístico lo inicia el estudio de un desconocido, el acercamiento a un enigma, pero no a un enigma cerrado, sino a algo que está dispuesto a revelarse.

1981   (1980-1990)
SEMINARIO SOBRE LA OBRA DE MANUEL PUIG
EN LA UNIVERSIDAD DE GÖTTINGEN (ALEMANIA)
Diálogo con Manfred Engelbert, José Amícola y estudiantes
de Hispanística
Encuentro del 29 de mayo de 1981[2]

La discusión general vuelve al tema de la adscripción a los roles sexuales en la
sociedad y en las novelas de Puig.

M.P.: Yo siempre tuve presente aquel ejemplo de los empleados de mi padre,
que eran muy sumisos, que eran una persona allí en el trabajo, después volvían
a casa y se transformaban con la mujer y los hijos. Cambiaban de voz, cambiaban de gestos. Esta no integración era una cosa esquizofrénica. Yo veía así cómo
ellos trasladaban problemas laborales a la célula familiar, y cómo se descargaban
de todas las humillaciones. Siempre una cadena de explotación, siempre tenía
que haber alguien que pagaba por los platos rotos.

J.A.: Eso es muy complejo. Hay una represión psicológica, se imitan formas, luego, claro, está el tema de la explotación.

M.E.: Para mí es muy importante lo que dijiste ahora de tu padre. Hay una
experiencia en tu vida en la cual directamente tú mismo observaste esa cadena
que va desde una empresa concreta a la familia o familias concretas, y precisamente porque lo observaste en un conjunto que para ti era otra vez "familiar",
por eso te impresionó tanto, que ahora lo estás reproduciendo en cierta manera
en tus libros. Pero aparece más, diría yo, en los libros con un conflicto familiar,
como un conflicto que tiene su contraparte en la vida social.

M.P.: Ahora de todo esto, lo tremendo era que en ese momento yo lo vivía
como una cuestión natural. A mí no me gustaba para nada todo ese orden de
cosas, pero se suponía que así tenía que ser, que eso era el orden de las cosas, no
digamos el orden divino, porque nunca fui religioso, pero se suponía que era
así, una cosa de la naturaleza. Que la presencia de un ser dominante en el ejercicio de su dominio se realizaba, sentía placer pleno. En mi casa yo notaba los
diferentes momentos de esa plenitud, digamos. Mi papá parecía que había un
momento en que sí, pegando un grito o imponiendo una orden aplacaba sus

---

[2] Este texto apareció publicado como apéndice en: José Amícola, *Manuel Puig y la tela
que atrapa al lector*, Buenos Aires: Grupo Editor Latinoamericano, 1992, pp. 270-286. Y en
la edición de *El beso de la mujer araña* del volumen 42 de la Colección Archivos de la UNES-
CO (Madrid *et al.*, 2002).

miedos, pero después seguían unas zonas de culpa, en que no bastaba el poder. El ejercicio del poder lo hacía sentir que era el diablo, porque el poder bien empleado te vuelve Dios, el poder mal empleado te vuelve diablo. Siempre este péndulo y la constante angustia, la dificultad de mantener esa posición de dominio, que se suponía era importante para que la mujer se excitase sexualmente. Esto era así, el nudo de todo entre los hombres. Yo oía decir: "Hay que ser 'hijo de puta', porque si no, las mujeres no te quieren". A esa ecuación se reducía todo. Entonces yo notaba a través del personaje de un primo que vivía en casa, que era mayor que yo, y que era así, que sabía, que había aprendido este código perfectamente. Él había tenido la intuición exacta de qué era lo que gustaba en esa época. Entonces se había propuesto tener relaciones con todas las adolescentes del pueblo que le gustaban. Él era mayor que yo y yo quería escuchar, le preguntaba todo, y él me decía: "Vas a ver que una por una caen todas". Había otros que eran más lindos que él, más simpáticos, pero él tenía un secreto y era el del desprecio; él las despreciaba desde lo más hondo, despreciaba a estos seres: "¿Para qué han nacido? Nada más que para eso, son una mierda, son traicioneras", porque él había perdido la madre y era un chico huérfano, y tenía un hueco, un problema con la figura femenina terrible. Y esto lo hacía irresistible. Tenía una chica, lograba desflorarla, y, al tiempo, claro, empezaba el terror de la chica de que la iba a dejar y de que iba a contar a todo el mundo, entonces, adiós, pocas semanas y a otra. Entonces yo iba viendo este tendal de víctimas que caía. Chicas que entraban así en la órbita de interés de él y empezaban a sentir la fuerza de la hipnosis. (Risas). Porque el sistema de él era perfecto: las despreciaba, no se interesaba por nada y, por ahí, como quien no quiere, empezaba a prestarle atención a una. Y les contaba en algún momento que él se sentía muy triste. La segunda etapa era despertar la madre en la chica. Entonces, en ese momento, pum, y después el rechazo era matemático. Yo seguía esta operación. (Risas). Y todo el mundo desgraciado. Después que entraban en la hipnosis, tenían dos semanas de gloria y ya después desaparecían. Yo las veía que aparecían con los ojos rojos de llorar, que venían del colegio y se iban a la casa. Unos dramas increíbles, pero realmente eso así de no poder creer.

M.E.: ¿Permites una pregunta personal?

M.P.: No sé, ¿qué pasa?

M.E.: ¿Cómo ves a tu padre y cómo sentiste la relación con él en esta época?

M.P.: Yo lo sentía muy lejos, porque no lo podía comprender. Alguien que no se comprende produce cierta distancia. Él me era muy difícil.

M.E.: ¿Y con la empresa misma?

M.P.: Él era fantástico, tenía cosas muy buenas. Además todo se complicaba, porque él tenía un principio de inquietud socialista, y pagaba mejor que nadie a los obreros. Y en mi casa siempre el servicio doméstico –había una o dos muchachas– se sentaba a la mesa con nosotros, porque mi papá no quería hacer distinciones. Así que él tenía cosas muy positivas, pero, al mismo tiempo, le gustaba imponerse, imponer su autoridad. Era todo muy confuso. Él no era un villano.

J.A.: Eso es lo que engendraba el conflicto.

M.P.: Claro. Había cosas muy buenas y era muy querido, pero temidísimo por los empleados. De chicos nos decía: "Yo no pego, pero el día que te pego, te mato". Es decir, tenía una violencia contenida muy terrible. El día que se enoja-ba en el negocio, todo el mundo se moría de miedo.

M.E.: ¿Él había tenido que trabajar mucho para montar esa empresa?

M.P.: Sí, bastante.

M.E.: ¿En qué época fue eso?, ¿en los años treinta?

M.P.: Fines del veinte. Así que no era fácil.

Una participante pregunta acerca de si tenía contacto directo con su padre.

M.P.: No, porque yo no le entendía el código para nada, entonces no sabía cómo hablarle.

M.E.: ¿Él estaba muy sumido en su trabajo?

M.P.: No. Tal vez yo creo que todo se basa en que él era una persona muy sensible, muy poeta, muy soñador, muy imaginativo, y eso estaba mal visto, eso era de mujer. Entonces él estaba siempre en pose de hombre de negocios y entonces mi mamá tenía que ir siempre detrás, diciéndole: "no, esto no; esto sí", pero muy disimuladamente para que él no se sintiera disminuido. Era todo muy confuso, pero todo el mundo se sentía incómodo. Roles muy duros, que no permitían elasticidad. Y es que en el momento en que cambiabas, el respeto de los demás se venía abajo. Ahí estaba la cosa. Si un marido le daba un poco de libertad a su mujer, ya todo el mundo lo llamaba "el cornudo". Todo se sostenía por un convenio colectivo tácito.

M.E.: Pasamos otra vez a la crítica. Vamos otra vez a *El beso de la mujer araña*. Vamos primero a las notas para ver la función.

M.P.: ¿Podría decir una cosita más sobre las técnicas de *The Buenos Aires Affair* para cerrar? En el capítulo segundo hay una intención clara bastante paródica del objetivismo francés que estaba muy de moda en ese momento. Se lo había tomado muy en serio en cierto momento. Y a mí me resultaba la cosa como ya digna de una parodia. A mí ese momento me resultaba bastante com-plicado. Cuando recién salió Robbe-Grillet yo estaba todavía haciendo mis cosas de cine en Roma; cuando salieron las primeras cosas de Nathalie Sarraute. Tenía amigos que leían, y como ya iba a ser filmado por Resnais, me llamó un poco la atención y me deslumbraron. Y sobre todo me deslumbró la película *L'Année dernière à Marienbad*. Y ¿qué pasa?, con los años vuelvo a leer un poco eso, pocos años, esto es años setenta, setenta y uno. Pasan, como digo, siete años, una cosa así, vuelvo a ver la película y se me desmorona totalmente. Todo aquello de "J'étais tué l'année dernière" me parecía casi de film cómico. (Risas). Delphine Seyrig. Pero, "¿qué es esto? ¿cómo me pudo gustar tanto? ¿y ahora lo encuentro tan vacío, todo tan afectado, todo tan *voulu?*" Bueno, y no sé, se me ocurre que con este movimiento ocurrió una cosa, por lo menos creo encontrarle esa explicación en mi caso, se los cuento porque tal vez les interese: y es que cuando se inició la escuela, parecía abrir una puertas inmensas, que por delante se presentaba un mundo nuevo, una cosa de infinitas posibilidades, y uno veía las primeras obras y leía las primeras obras del objetivismo francés, un poco llevado por esa confianza en lo que iba a venir: "esto es el comienzo de esa cosa maravillosa que se avecina". Entonces había un depósito de confianza en lo que iba a venir, en lo que eso significaba, que valorizaba muchísimo la lectura o la visión de esa obra en particular; entonces, ¿qué pasa?, con los años, la promesa no se cumple, no se revelan nuevos mundos, no se revelan nuevas motivaciones de las conductas de los personajes. Todo queda así en promesa y ya la lectura y visión de estas primeras obras se hace mucho más crítica. Y sí, tenían un encanto, tenían cosas, pero ya ahora las vemos como diciendo: "Ah, sí, ¿qué? ¿con eso qué?". *Marienbad* daba la impresión de ser una especie de abecedario nuevo que se empieza a estudiar y, en base a eso, vamos a comprenderlo todo de otro modo. Y no se cumplió. Entonces, esas obras han sufrido tanto. No recuerdo otro movimiento literario o cinematográfico que haya envejecido más rápido, que se haya agrietado de ese modo. No sé si con el pasar de otra década se vuelva a valorar. Eso es imposible decirlo, pero pocas han sufrido esa crisis tan fuerte. Entonces, justamente en ese momento de decepción ante la escuela, lleno de resentimiento escribí ese segundo capítulo que es una especie de parodia de aquella actitud. Lo que no era simpático –de esto estoy seguro– era la suficiencia de aquellos artistas. Ellos hablaban como si hubiesen descubierto, estaban seguros de haber descubierto El Dorado, L'Atlantide.

M.E.: Fue muy interesante. Estás revelando una formación francesa que bien me sospeché, que debiste confesar antes. La pregunta era sobre las notas a *El beso de la mujer araña*. Ya te dije que la función y el logro que nosotros habíamos visto fue derribar las fronteras que había entre ciencia y literatura, y construir con los dos sectores algo que es literatura, pero, al mismo tiempo, ya no lo es puramente. Así lo habíamos tratado de explicar. Tuvimos un pequeño problema sobre la segunda nota, tan larga, sobre la película alemana, preguntándonos si no se había puesto intencionalmente para despistar a un posible censor, que podía leer la primera nota (que era algo que no comprendía muy bien y no le interesaba tanto) y llega otra nota sobre una película alemana y ya deja de leer las otras notas.

M.P.: No, la intención fue otra. A mí me interesa muchísimo ese período de la historia alemana, porque esa intensificación de una actitud autoritaria la veo como latente en la Argentina. En la Argentina ciertas propuestas autoritarias han gustado, prenden mucho y viene todo este ejercicio machista muy natural. Por eso me interesaba mostrarles esto, porque lo hice todo en base a una "pesquisa" de documentos de propaganda nazista, traducidos al español en la embajada española en Berlín durante esos años. Y me parecía que en Argentina todo esto sobre todo tenía que encontrar un eco, un interés. Ahí había referencias muy claras a la situación de la mujer. Nada es inventado lo que se dice allí, todo sacado de documentos: "La mujer en el parlamento desmerece", "Que la mujer que ha dado once hijos, ha dado más que cualquier mujer en cualquier campo". Yo le dediqué exclusivamente todo esto a mis compatriotas. Así que no fue una estrategia con la censura, al contrario. Eso fue una de las cosas que allá más podía molestar en ese momento.

M.E.: ¿Por qué? ¿porque se revela qué...?

M.P.: Que hay una burla —se ve en el narrador— de ciertos valores militaristas, patrioteros. Hay toda una burla. Eso lo cambias, pero levemente, y puede entrar en un discurso de la Junta Militar de la manera más natural. Ellos se permiten decir cosas sobre la familia, sobre el hogar, que son risibles en otro contexto, pero ahí no. Y no quiero decir que toda la Argentina sea así. Hay, como se dice en *Pubis angelical*, manifestaciones increíbles, de gran sofisticación intelectual, pero hay una faja en la Argentina de población en la que ciertas propuestas autoritarias prenden, gustan. Para qué se va a negar, si es así. Y no se entiende bien cómo cierto brillo que hay en cierto estrato superior puede corresponder con aquel otro espectro.

J.A.: ¿Estás aludiendo al peronismo, cuando hablas de gustar de formas autoritarias?

M.P.: Sí. Hay cosas negativas del peronismo, porque el peronismo es como movimiento de lo más heterogéneo. Por un lado resume lo más activo de la búsqueda socialista, real. El único partido que ha hecho cosas en ese sentido. Pero también incluye el peronismo ciertos vicios. Yo supongo que se debe a que se toma siempre la figura personal de Perón como centro, en vez de hacer un planteo teórico más claro, un planteo ideológico más limpio. Se usan grandes palabras como "soberanía política", "independencia económica", y no se detalla un plan de acción.

J.A.: Pero países machistas también hay otros, como México, por ejemplo. De otro tipo, pero muy parecidos en cuanto al origen y ese autoritarismo no se ha dado.

M.P.: No, el origen es diferente. Ellos tienen una masa indígena diferente, que cambia las relaciones. Ahí el peso está en otra parte. Y ellos tienen problema de analfabetismo, cosa que Argentina no tiene. Y, sin embargo, no se entiende cómo, con cierto nivel de educación, en la Argentina puede caerse en ciertos errores.

M.E.: ¿Vas a decirnos quién es el científico inventado? Tú en la entrevista con Ronald Christ dices que hay una invención en las notas, donde expresas algo que sería más bien tu conclusión personal.

M.P.: La doctora danesa Anneli Taube no existe. (Risas). En la edición danesa le dije: "Pongan este otro nombre, la inglesa tanto...". Y se olvidaron y dejaron la danesa Anneli Taube. (Risas). Pero nadie se dio cuenta de nada.

M.E.: Porque nosotros estuvimos buscando, pero, como hay varios libros que no encontramos, entonces quedaba abierta la duda.

M.P.: Sí, es ella.

J.A.: Lo que yo quería preguntarte sobre lo que tú habías dicho la vez pasada sobre la ciencia, que de pronto interviene en la literatura. ¿Por qué lo hace? La última vez hablamos también de dos funciones. Manuel dijo que la literatura era otra cosa, pero aquí literatura puede ser ciencia.

M.E.: Como conocimiento del hombre.

J.A.: Nos referimos a las notas ahora. Ahí pareces decir: "Aquí renuncio a hacer literatura". Eso representa una toma de partido tuya muy importante. Me interesa especialmente aclarar este punto. Eso está muy conectado con la fijación de roles.

M.P.: Sí. No estaba previsto el personaje homosexual protagonista. Le huía a esto, porque siempre pensaba: "¿Cómo se puede hacer para situar a un lector medio ante un personaje homosexual, sin tener información sobre orígenes, causas de la homosexualidad?". Porque, cuando estaba yo planeando esta novela, en español no habían salido libros que trataran de homosexualidad. Sí, ensayos de psicología había, había alusiones, estudios, pero nunca un libro absolutamente dedicado a esto, un volumen en sí, y, menos que menos, una revisión de las diferentes teorías sobre qué produce la homosexualidad, qué es. Yo me veía enfrentado a un lector en el año 73, un lector español que estaba ahí, más o menos víctima de aquellas interpretaciones generalizadas que eran: "bueno, es una cuestión tal vez de hormonas", o "no se sabe, parece que puede ser una cosa de educación", y eso era lo máximo a que se podía llegar. Yo recuerdo, antes en los años cuarenta, también existía la versión sobre contagio: "ah, fulanito se hizo amigo de ése y se contagió". (Ríe). Como un vicio, como alguien se puede interesar por la cocaína, prueba y de ahí no sale más. Entonces, ¡qué difícil en una novela tener al protagonista del cual un lector medio no va a saber casi nada!, pero ya metido en el brete de una protagonista defendiendo el rol de la mujer sometida ya no hubo modo y dije: "bueno, ¿cómo a ese lector le doy algo a saber?, ¿cómo lo pongo en la celda? ¿Valentín puede tener libros sobre esto? No. ¿Y que discutan y que le lea algo?". Porque esos libros eran absolutamente difíciles de conseguir; empezaban a salir en inglés en esos años. Además no son libros, no es un tema que interese especialmente a Valentín. No entra, no entra allí en esa celda esa información. Es completamente ajena a esos dos personajes. ¿Cómo incorporarlo? Únicamente se me ocurrió la salida de las notas al pie de página como una parte del texto totalmente despegada.

J.A.: Es una labor meritoria, porque las notas están muy bien hechas. Son un gran resumen y eso no es fácil de encontrar.

M.P.: Me alentó un poco en esa época pensar en los lectores de España, España que, mientras yo escribía la novela –ya sabía que esa novela no podía salir más que en España, donde de alguna manera estaba encontrando ciertos lectores, ya que había perdido a mis lectores argentinos: habían prohibido la novela anterior, y ésta no tenía miras de ser admitida–, entonces pensé mucho en un chico homosexual de quince años que está recién abriéndose los ojos a su condición en un pueblo de España. Era una España que estaba esperando la muerte de Franco minuto a minuto. Entonces, digo, tal vez cuando se acabe este libro ya murió el viejo maldito, y a esos chicos de esas aldeas, por ahí les cae el libro, hay que explicarles el complejo de Edipo, porque por algo estaba prohibido en España todo. Pero, bueno, se volvieron las notas muy elementales en ciertos puntos, pero los que ya lo saben que se la aguanten. Fui criticadísimo. La mayoría de las críticas encontró que eran inútiles, que eso todo el mundo lo sabía. Una actitud elitista terrible. *Le Monde*, *The New York Times*, todos los periódicos más encumbrados, todos me pusieron la tapa de lo lindo, y demostraron un elitismo, una actitud horrible, todos lo encontraron como que "¡ah, qué nos viene a decir acá!".

M.E.: Hay valentines en todas partes, valentines que no han encontrado su Molina. (Risas).

J.A.: Interesante es el hecho de cómo allí se pueden integrar los dos aspectos. No es el primero que lo hace, tal vez, si pensamos en *Libro de Manuel*, donde Cortázar pone textos disímiles. Aunque quizás ese caso no sea de la misma cualidad que las notas de las que hablamos.

M.E.: Lo que a mí me sigue pareciendo tan logrado en este libro es que la estructura misma del libro repite el conflicto entre los personajes, porque hay un nivel de sentimientos, de conocimiento por las entrañas, y hay otro, por la cabeza. Y es exactamente la configuración de los protagonistas: hay uno que lo hace por la cabeza y otro que lo hace por las entrañas. Por eso yo no diría que las notas son una cosa totalmente aparte. El logro del libro es precisamente esto: que integrando a la ciencia hace una literatura que ya no es literatura pura y que, en ese sentido, va en la dirección de síntesis final de este libro que es un "sueño corto y feliz". La existencia de tu libro va concretizando ese sueño.

M.P.: A mí un poco los críticos me habían convencido de que estaba mal. Ríe.

M.E.: No. (Risas).

M.P.: No sé. Nunca lo terminé de ver como una cosa elegantemente resuelta. Siempre me pareció como un poco forzado, pero tal vez esa impresión la dan siempre las cosas diferentes o nuevas, y, como no hay punto de referencia, entonces me encuentro ante un fenómeno. Tal vez dentro de unos años parezca mejor... o peor.

J.A.: No, esto último iría contra la tendencia actual de la literatura.

Una participante interroga a Puig acerca de la intensidad de la comunicación entre Molina y Valentín, sobre su acercamiento a través de las palabras o sobre su distanciamiento por ellas.

M.P.: Eso es una cosa muy tremenda, porque las palabras pueden unir y separar a la gente. Es tan peligroso. No se sabe si dejar que la piel se exprese mejor, o cuándo empezar a hablar. Yo supongo que sí, que decir las cosas, nombrarlas, es lo mejor, pero, a veces, las palabras también separan. No es un método garantido. Yo he peleado tantas veces hablando, me he alejado tanto que no es que tenga una confianza total en el poder de la palabra, pero sí tendría que ser mejor hablar.

Una participante quiere saber si el tipo de homosexual como Molina se reencuentra en el personaje.

M.P.: Sí. Se sienten muy bien en el libro. Están ahí.

Se pregunta acerca de la comprensión de la novela por los no homosexuales.

M.P.: No pueden creer que haya esa fijación. Es más difícil la comprensión, pero yo supongo que es útil la información que se da, así rapidita; rapidita hasta cierto punto: todas las teorías que hay sobre la cuestión.

J.A.: Lo interesante es que sientan simpatía por un personaje que en la vida real no causa simpatía.

M.P.: Puede causar alarma por ser distinto. Lo distinto es lo que alarma.

J.A.: No solamente por lo distinto, sino también por lo ridículo, por la caricatura.

M.P.: Yo creo que, en general, la cosa racial, todas las dificultades con las minorías se inician en que lo diferente da miedo. Y entre los sexos también. "Al enemigo mejor dominarlo que entenderlo. Mejor someterlo que comprenderlo". Creo que es la actitud que primero viene a la cabeza. ¿Hay unos minutos? Quería hablar de una cosa, pero no sé si tenemos tiempo.

M.E.: Tenemos muchos minutitos todavía. (Risas). Falta todavía lo de la vida propia de los personajes. Tú dijiste a Ronald Christ: "The character chose it" (El personaje lo eligió) en relación con la muerte de Molina.

M.P.: Sin duda. Cuando hay un personaje, al que el que está escribiendo conoce tanto, que sabe lo que ese personaje haría en una situación, no hay peligro alguno. El problema viene cuando uno trabaja con un personaje que interesa, pero del que no se tienen suficientes datos, del que no se sabe cómo actuaría en determinadas situaciones. Yo me siento mucho más cómodo trabajando con un personaje del que sé los repliegues. Eso me lleva a lo que quería decir. (Ríe). Últimamente –y esto empezó con el personaje de Pozzi en *Pubis angelical*– he trabajado con el personaje ahí al lado de la máquina de escribir y creo que ya se está acabando el ciclo, porque resulta bastante problemático. Yo nunca había trabajado así tan cerca como sucedió en el capítulo siete, cuando Ana, finalmente, se dispone a escucharle toda la explicación sobre el peronismo a Pozzi. Yo más o menos tenía alguna de esa información sobre lo que Pozzi cuenta, pero no podía ponerme en la cabeza de un peronista que, de algún modo, sigue firme en ciertas posiciones pese a todo lo que ha sucedido, pese a la traición de Perón a la izquierda. Según la estrategia del partido, no se puede decir esto. Para mí ésos son los errores del peronismo. Por la estrategia se van cubriendo cosas, no se van hablando cosas, porque parece políticamente errado, pero entonces da lugar a malentendidos. Perón trajo a la izquierda y después no dio lo que había prometido, o nunca prometió nada y la izquierda se lo imaginó. La cuestión es que cerró la puerta en cierto momento y eso no se lo admite. Es un tema que se calla. Entonces esa cuestión, esa actitud de aceptar esa estrategia me resulta ajena. Yo no puedo hacer hablar a un personaje de ese punto, porque yo no lo concibo. ¿Cómo puede alguien inteligente creer que eso está bien, aceptar esa estrategia? Entonces pasaba por Roma en ese momento y tenía un amigo, periodista argentino, que vivía allí, que tenía la misma ideología de Pozzi, y le dije: "¿No me explicarías tal cosa?, porque yo no la entiendo". Entonces almorzamos juntos y yo le dije: "¿Te importa si anoto?". Yo tenía preparadas todas las preguntas que le haría Ana. Entonces le dije: "Mirá, estoy escribiendo algo y tengo puntos que no entiendo. ¿No te importa?". Y él es una persona de muy buena fe, es una persona que respeto mucho, pero que está dentro de esa posición. Entonces yo tomé nota de todo eso y en una tarde me quedó escrito el capítulo (Puig se refiere aquí al capítulo ocho –y no siete– de *Pubis angelical*). Entonces hice ese descubrimiento. No creí que fuera la base de una elaboración más trabajosa, pero la verdad es que lo que dijo él, pasó casi íntegramente al libro, porque se trataba de un personaje con coincidencias psicológicas casi totales con Pozzi. Entonces no era un injerto, era algo que entraba naturalmente en la cosa, que tenía que ver con las necesidades del personaje. Entonces me impresionó mucho ese episodio. Nunca había corporizado así a un personaje a tal extremo. Eran siempre recuerdos, visiones de cosas vistas, pero no las palabras así transcriptas, casi en crudo. Quiere decir que la elección ya determina. Y el hecho de existir esa posibilidad de un amigo dispuesto a hablar y tan parecido a Pozzi. Entonces cuando lo conocí a Larry –al muchacho, al señor ese que me inspiró a Larry–, yo tenía ya ese punto de referencia (se trata aquí de *Maldición eterna a quien lea estas páginas*), entonces ¿por qué no repetir con este así, no en un solo capítulo, sino a todo lo largo de una misma novela, la misma experiencia de interlocutor? Basta que yo me vuelva ese interlocutor y motivar al otro personaje para que hable.

J.A.: Eso había sucedido con los presos políticos para Valentín.

M.P.: Sí, pero era diferente. Yo charlé mucho con esos muchachos, tomé notas.

J.A.: ¿Hablaron de homosexualidad?

M.P.: No. Ellos hablaron de renunciar a una vida afectiva propia, pero era todo en abstracto. Me contaron todo cómo eran las horas de las comidas, esas cuestiones. Ah, y otra cosa más linda, me dieron un vocabulario de prisión argentina que después no usé, porque no entraba, pero ellos tienen toda una jerga. Una vez que se entra parece que en la prisión alivia hablar en ese idioma de la prisión, porque recuerda menos la vida de la libertad, ayuda un poco a entrar en esa vida, en esa enajenación. Y es todo un vocabulario especial que incluso los presos políticos aprenden, porque los alivia, los ayuda; es como un elemento de juego que entra en esa situación tan poco simpática.

Una participante acota que los presos políticos argentinos también hablan con las manos.

M.P.: Eso debe de haber sido un desarrollo posterior, porque en mayo del 73 de eso no hubo alusión para nada. O fue algo que no me quisieron contar. Es posible. Hicieron mucho. Me dieron todo ese vocabulario, como una cosa divertida, algo de lo poco divertido que había sucedido ahí dentro, pero no era nunca ponerlo ya en un personaje. Eran datos. Lo mismo para otras cosas, había hecho "pesquisas"; nunca era el material incorporado casi en crudo. Ahora este nuevo método de trabajo, a mí en el caso de Larry me permitió trabajar con un personaje del que yo no tenía las claves para nada. Me parecía cosa de locos poner un protagonista de otra nacionalidad y otra lengua. Pero allí, como se trataba de un personaje tan especial, con una necesidad tal de comunicar y con toda una historia no contada, se produjo la cuestión y me dio esa posibilidad de trabajar con un material que, de otro modo, estaba prohibido para mí, pero, al mismo tiempo, me limitó mucho la experimentación formal, porque yo como autor me siento mucho más dependiente del personaje, porque el conocimiento del personaje es a través de su expresión verbal; tengo que escucharlo hablar y eso me reduce a mí en mi experimentación formal. Tuve que reducirme a ese registro de la voz, porque hay personajes que pueden resultar expresivos por sus actos exteriores, porque tienen una vida completamente sin secretos. Hay arquetipos, hay padres de familia, un padre de familia que se lo ve venir como tal, hacer algo y ya tenemos muchos datos, porque él comparte con mucha gente una condición, pero en el caso de Larry, él era una persona que estaba sola todo el tiempo y cubierto por una máscara de simpatía completamente sintética –en el sentido de plástica–. No había más remedio que escucharlo hablar. Y dije: "Bueno, nunca más". Pero en Brasil conocí a este otro personaje (Puig se refiere a Josemar de *Sangre de amor correspondido*) y otra vez la tentación de entrar en un universo que no comprendo, pero me apasiona de algún modo, y de descifrarlo a través de un personaje alienado. Lo de Larry era como empresa una locura, porque quiero comprender una sociedad a través de un producto de rechazo, pero, tal vez, ese producto de rechazo sea más representativo de cierta problemática escondida. Lo mismo con este personaje brasileño, pero basta. Quiero que la próxima novela sea algo donde yo vuelva a una libertad de búsqueda formal mayor (la siguiente novela publicada por Puig sería *Cae la noche tropical*), porque me he sentido en estas dos últimas novelas realmente muy constringido, con el bozal puesto todo el tiempo –el bozal es lo que se les pone a los caballos para que coman–. Pero no sé si será una evolución o una involución. De crítica y de ventas *Maldición eterna...* no va muy bien. Así que vamos a ver qué pasa con este nuevo libro (es decir: *Sangre de amor correspondido*). Creo que el que está tratando de expresarse tiene que proceder al tanteo y cometer errores que siente. Las necesidades de conocimiento del momento lo llevan a uno a una obra bien expresada, o no. No se puede planear, decir: "Yo rindo más en ciertos terrenos". Si a uno lo ataca la fiebre por conocer, por incursionar en cierto terreno, tiene que hacerlo, me parece. Ahora lo que no tendría que hacer es publicar todo lo que escribe. (Ríe). Pero aquí también viene la cuestión de crítica. En mi caso la crítica no me ha guiado demasiado, me han atacado muchísimo y también elogiado. Muy confuso todo. Pero, ¿debe el –no quiero emplear la palabra "creador", artista, o lo que quieran– dejar que lo guíen? No. Yo creo que le corresponde más aventurarse, pero no sé. Hay problemas con *Maldición...* Parece que hay muchos lectores ofendidos, que esperaban de mí otra cosa y no aceptan el producto. Están enojados. ¿Qué se le va a hacer?

J.A.: Eso vale para los próximos libros en un sentido: ¿qué hace un autor de habla española en un país de lengua portuguesa? Yo noto que usas la palabra "pesquisa" que es un portuguesismo.

M.P.: Pero eso se decía mucho en la Argentina antes. Yo lo uso, porque me recuerda que en las películas policiales se hacía una "pesquisa".

J.A.: En las policiales.

M.P.: Y como nadie la usa. ¿Es portuguesismo?

J.A.: En el sentido policial, no, pero en el sentido de "pesquisa científica" es portuguesismo. No podemos decir que yo en tanto que crítico literario estoy haciendo una pesquisa.

M.P.: Pero a mí me gusta esa cosa "policiesca", porque como siempre son crímenes sociales los que estoy tratando de escribir. (Risas).

J.A.: Bueno, pero no contestaste a la pregunta.

M.P.: Eso es terrible. Es una cuestión terrible, porque yo por primera vez estoy en un país que me gusta, de donde no planeo salir, entonces, ¿qué va a pasar?

J.A.: Tendrías que empezar a escribir en portugués.

M.P.: No. Imposible. Yo creo que es imposible. El próximo proyecto es una cosa argentina de años cuarenta (Puig se refiere a materiales para una novela no publicada que se llamaría "Humedad relativa, 95%"[3]). Para la que yo tengo todo el material, porque son recuerdos. Hay otra vez investigación que hacer –viste que no dije "pesquisa"–, tengo que hacer investigaciones, pero el material más importante lo tengo y eso es todo en español, pero ¿hasta cuándo tengo cuerda? Pero también si yo me siento bien en Brasil, no me voy a ir de Brasil para escribir, para seguir escribiendo. Primero la vida, después la literatura. Así que es un buen lío.

M.E.: Lo que a mí me parece extraño es algo como casi una contradicción que ahora encuentro. Tú alguna vez has dicho que parece represiva la articulación de un punto de vista narrativo autorial y ahora parece que la no formulación de un punto de vista como narrador te resulta represiva a ti mismo.

M.P.: ¿Cómo es eso? ¿Cómo es la cosa? ¿Qué es lo que me resulta represivo?

M.E.: Es que aceptando la perspectiva de personajes que se te imponen y que te fascinan –pero dándote totalmente su perspectiva–, eso te impide hacer cosas, te hace difícil escribir.

J.A.: Porque está coartando tu libertad.

M.P.: Sí, pero te acuerdas, Manfred, que yo dije que había dos momentos en el trabajo literario: uno de enfrentamiento con la realidad, con el material –lo que va a ser el contenido– y otro momento de mayor libertad –que es el de la elección formal–; y es esa la parte en la que yo me siento más constrigido ahora.

M.E.: La parte formal.

M.P.: Sí, pues estos personajes son tan dictatoriales que no me permiten...

M.E.: Que no te permiten tu punto de vista.

M.P.: No es tanto el punto de vista. No, yo creo que es la experimentación. Sí, o la pluralidad de puntos de vista es lo que a mí me atrae más.

M.E.: ¿En qué sentido –ahora en el sentido muy tradicional de punto de vista de narrador omnisciente o, por lo menos, que sepa algo–, en qué medida eso era represivo? Por otra parte, tú estás contando con un lector medio para *El*

[3] Posteriormente, cuando tuvimos acceso a los archivos de manuscritos y materiales de Puig, pudimos comprobar que "Humedad relativa..." es de su primer época de escritura, la novela que seguía a *La traición de Rita Hayworth* (N. E.).

beso de la mujer araña que no tenga gran idea sobre un complejo de la vida en común –evito la palabra "social"–, ¿cómo va a sentirse finalmente frente a este material? ¿Cómo va a defenderse frente a este material, si tiene que elegirse un camino, entonces, sin que le indiques una dirección? Porque hay un camino bastante claro en *El beso de la mujer araña*, tienes un punto de vista.

M.P.: Sí, yo creo que es inevitable plantear una visión de las cosas, pero yo supongo que es más persuasivo hacerlo así, dejando margen para la propia conclusión del lector. Claro, soy yo quien elige los datos; es decir, siempre hay un autor manipulando.

J.A.: Y este autor no es inocente. ¿No es jugar con cierta ingenuidad? Tú dijiste con respecto a Dostoievski –y a otros autores similares– que eran ingenuos, que ese punto de vista narrativo parece hoy demasiado simple por ingenuo. Y, en definitiva, lo que tú haces, es más nuevo, pero también implica la ingenuidad de creer que no hay manipulación del autor. Porque necesitamos un poco más de tiempo para darnos cuenta de eso, porque la cosa es bastante reciente como recurso, pero dentro de unos años vamos a decir: "también aquí hay punto de vista".

M.E.: Y finalmente fuerzas al lector a aceptar tu "punto de vista", porque tiene que entrar en el juego para comprender la fuerza de tu dirección. Eso fue una impresión muy fuerte que sentí con *El beso de la mujer araña*, con *Pubis angelical*, con *Maldición*..., que una vez que entras en el juego, parece como una obstinación. Yo lo conté en el seminario una vez: que volví a casa y de repente lo vi todo con las gafas o la mirada de Larry.

M.P.: Bueno, es la diferencia que hay entre imposición y persuasión. (Risas).

J.A.: ¿Estás tan seguro? Parece que sí, que tú estás seguro. Yo no lo veo tan diferente. Para mí hay mucha imposición en lo que tú llamas "persuasión".

M.P.: Mira, hay una cosa en la que quiero hacer hincapié. Quiero que estén seguros de que mi intención es sincera, de que lo que digo es cierto. Cuando, por ejemplo, en *The Buenos Aires Affair* o *Boquitas pintadas* presento diferentes partes de un todo y supongo que se produce una dialéctica entre las partes, al desmembrarlas así, que da lugar a conocimiento de algo nuevo, que es nuevo para mí también. ¿Comprendes? Es decir, yo sé mucho más del tema al terminar una novela que al empezarla. A veces enfrentar ciertas zonas, entre ellas se produce...

M.E.: El conocimiento...

M.P.: Con el otro método creo que se requiere un mayor conocimiento previo de la materia. Es decir, si tú ingresas en un terreno con una dirección que no se varía, se te exige un mayor dominio de la cosa, mientras que empleando técnicas así más arriesgadas, es posible que los elementos adquieran una dinámica propia y revelen al autor cosas al mismo tiempo que al lector.

J.A.: Yo creo que eso que tú dices se daba también antes. Flaubert seguramente sabía mucho más del tema al terminar la obra.

M.P.: No, pero él ya estaba en una búsqueda muy especial, por ser uno de los primeros que empezó a tomar notas.

M.E.: Sí, pero a mí no me gustaría comparar a Manuel con Flaubert. Flaubert... lo odio y lo amo. (Risas). Pero más lo odio. (Risas).

M.P.: No se habla de Gulliver en el país de los enanos.

Nos espera Lilian Harvey (en una proyección de cine alemán pedida por Puig).

M.E.: Después de una última pregunta. De mi parte sería la última. Hemos hablado un poco del lector medio. ¿Sería posible dar alguna precisión sobre el público con el cual tú cuentas? Has dicho en alguna entrevista, la de Sosnowsky en particular, que tú querías hacer una literatura en cierto modo...

M.P.:...popular...

M.E.: Y viendo la distribución de tus libros, me pregunto o nos hemos preguntado: ¿cómo comprendes eso y cómo esperas llegar a un público que pudiera ser popular? o ¿cuándo empieza un público para ti a ser popular?

M.P.: Pongo un ejemplo: *Boquitas pintadas* es un libro que ha leído gente que no está acostumbrada a leer para nada; y lo pueden leer muy fácilmente. Todo lo que hay de experimentación no les resulta una barrera, al contrario, les facilita la lectura. Entonces me alentó mucho, pero, claro, no todos mis libros han sido tan fáciles.

J.A.: Eso vale más para *Boquitas...* y no para *Pubis...*

M.P.: Claro.

J.A.: Creo que nos lo planteábamos para el caso de *Pubis...* por lo folletinesco.

M.P.: Claro, pero *El beso...* también es fácil de leer. Está el hecho de que yo tengo el gusto formado en el cine y el cine es un espectáculo de masas. Sobre todo cuando yo lo veía era de clase baja, media y alta. Ahora en Brasil es de clase media acomodada para arriba.

M.E.: Sí, como aquí.

M.P.: No es de clases populares para nada. Entonces ya no sirve el paralelo tampoco. Pero mi gusto tiene que ver con ciertos límites de mi percepción. Tengo dificultades para la concentración en la lectura, porque estoy acostumbrado a la percepción cinematográfica. Entonces, escribo un poco para lectores con los mismos límites míos. Trato de facilitar, de dar una agilidad. No creo que agilidad, amenidad esté reñido con profundidad conceptual. Creo que se pueden dar las dos cosas al mismo tiempo. Ahora con el precio de los libros hablar de literatura popular pareciera un disparate; en Brasil, por ejemplo, es una cosa vedada totalmente para clase obrera, digamos.

J.A.: En esa entrevista realmente no se entiende este concepto.

M.E.: Pero incluso en tu aclaración, me pregunto: ¿en qué medida, por ejemplo, para gente que no esté trabajando intelectualmente es fácil la lectura de los libros de Manuel Puig? Dejemos aparte las dificultades lingüísticas que tenemos, pero –como dije– para entrar en el juego de las novelas es necesario cierto tiempo seguido de lectura y no basta finalmente con la lectura de un capítulo. Si no lees enseguida el siguiente y el tercero y el cuarto, estás perdiendo el hilo conductor. Y si se te pierde la construcción de los personajes, que tienes constantemente que construir, reconstruir, que cambiar, porque siempre se están añadiendo informaciones, matices nuevos, etc., todo eso es porque precisamente exiges una labor de la fantasía de construcción y reconstrucción. Eso es algo que necesita un lector realmente despierto. De manera que para una lectura después de un día de ocho horas de trabajo; te puedes meter muy bien ante el televisor y mirar una película de los años treinta o de mala serie de hoy, pero leer una de tus novelas no es lo mismo.

M.P.: ¿Les parece tanto?

J.A.: En realidad no es una crítica.

M.E.: No, no es una crítica.

J.A.: Habría que diferenciar los géneros.

M.P.: ¿Les parece que exige un esfuerzo de concentración, de participación?

M.E.: Una participación muy fuerte, si quieres.

M.P.: Pero no de atención. Yo trato... Ahí está la cuestión. Trato de dar elementos de intriga anecdótica que ayuden a zambullirse dentro. Una vez que estás adentro, puedes realizar las otras tareas de lector. Pero para eso trato de facilitarlo con los ganchos de la intriga.

M.E.: Claro, pero son ganchos y finalmente... Si te falta uno, entonces quedas pendiente en el aire.

M.P.: No sé. Querría estar en la cabeza de los lectores. Sobre todo eso me interesa muchísimo: saber hasta qué grado una persona de poca educación puede leer, por ejemplo, *Pubis...*

J.A.: No lo conversamos a pleno, pero nos inquietó durante mucho tiempo el papel que cumple la parodia de todos los tipos novelísticos: novela policial, etc., etc.; entonces si hay parodia, esto es una reelaboración tan literaria, en mi opinión, que significaría una barrera.

M.P.: Pero ése es otro tipo de lectura. En una lectura de primer grado la cosa emocional es lo principal, que el lector se identifique con la necesidad de un ideal de Larry. Si hay otras dimensiones para un lector más exigente, ¡fantástico!, pero lo principal sería captar a ese lector. Eso es muy difícil saberlo. Tendrían ustedes que buscar conejitos.

M.E.: Sí. Ahora estoy pensando cómo se podría hacer como experiencia eso.

M.P.: Pero un obrero argentino no lo tienes acá.

M.E.: No, pero, si la traducción es medianamente buena, entonces tendría que funcionar con la traducción también. Lo ideal sería, claro, comprobarlo con el original.

Una participante acota que el cambio de mentalidad del lector alemán sería una valla. Se dice también que la experiencia ni siquiera podría hacerse con un grupo de trabajadores españoles en Alemania.

M.P.: El problema de la lengua podría quedar zanjado.

M.E.: Ahora tocamos otro problema que ya tocamos antes de llegar Manuel y también con él: lo enigmático que resulta que unas novelas que, en definitiva, fueron escritas por un argentino que vive en Nueva York y en Brasil, pero ha vivido en Argentina y en muchas partes, con una vivencia fundamental de argentino, tengan una visión del mundo que a nosotros nos da mucho que pensar en tanto alemanes. Creo que no miento, que no estoy mintiendo, si digo que para todos nosotros la lectura de estas obras fue una aventura positiva. Descubrimos mucho de nosotros mismos en estas novelas. Entonces, ¿cómo puede pasar esto? ¿Existe cierto universalismo que, por un lado, estamos tentados de negar? ¿En qué medida es peligroso lo que podría parecer una universalización? Sin embargo, tenemos que admitir que lo que encontramos somos nosotros mismos. Por ello volviendo al problema de una posible popularización, insisto en que, de cierta manera, tendría que valer la experiencia también con un grupo sindical o político alemán. Ese sería casi un trabajo de doctorado: hallar un grupo.

M.P.: Si le regalas el libro, si ya no lo tienen que comprar. Sería una investigación bien interesante.

1981, 15 de octubre   (1980-1990)
MANUEL PUIG, MALDICIÓN ETERNA AL ABURRIMIENTO
Cultura, Madrid, España

El novelista argentino Manuel Puig acaba de pasar por Madrid, pero esta vez ha sido para ver teatro. Se trata de la versión escénica de *El beso de la mujer araña*, realizada por José Luis García Sánchez como director y José Martín y Juan Diego en los dos únicos personajes. La adaptación es del propio Puig, quien –según sus palabras– quedó muy satisfecho, cosa que no ocurrió en Italia, donde el éxito del espectáculo –la mujer araña convertida en pantera– estuvo en relación inversa a la opinión del autor. Sin embargo, aquí le costó permanecer en la butaca y eso simplemente "por una cuestión de pudor", afirma el novelista. "Acepto releer mis textos porque es una tarea de corrección de estilo, pero cuando vi la película sobre *Boquitas pintadas* o en este caso, me parece que se están exponiendo mis cosas íntimas".

Una saludable desconfianza de la facilidad me ha llevado a la concusión de que definir a un escritor mediante interpolaciones de su propia obra es un error. Con respecto a Puig la tentación es permanente.

Por otro lado, el novelista se encarga de identificar sus obras con sus "cosas íntimas", "mis conflictos se los endilgo a los personajes", dice. Ese "sacarse de adentro" y objetivar en la novela contradicciones y enigmas interiores es visible en alguna medida en todo narrador. La diferencia con Puig es su interés en señalarlo. Más que de atmósfera o intriga a él le gusta hablar de los personajes de sus novelas.

SÍMBOLO AMBULANTE VS. NOVELA CORAL

"Hay personajes que conocía muy bien, por ejemplo, los de mi infancia, que no había querido 'ver' a los diez años, cuando quise revisarlos escribí mis primeras dos novelas, *La traición de Rita Hayworth* y *Boquitas pintadas*. Yo tenía los datos, lo que tenía que hacer era concientizarlos. En *El beso de la mujer araña* se trataba de enfrentar dos tipos conocidos, ponerlos en una celda y ver qué pasaba, respetando su dinámica propia. Estos tipos de personajes son de algún modo posibilidades mías. Pero hay algunos que son enigmas para mí. Por ejemplo, en mi última novela, *Maldición eterna a quien lea estas páginas*, me había encontrado con un personaje muy interesante y no resistí la tentación, pero al mismo tiempo me sentí muy constreñido porque sólo podía expresarse por el diálogo. Cuando hace poco me fui a vivir a Río de Janeiro tenía el proyecto de hacer una novela sobre la Argentina de los cuarenta, pero de nuevo se me cruzó un personaje arquetípico y en este proyecto estoy trabajando ahora. Espero no encontrarme por un cierto tiempo con otro irresistible "símbolo ambulante", y volver a lo que hacía antes, con modelos reconocibles, pero desde varios puntos de partida, un tipo de novela más coral en sus resultados, con personajes que me permitan un juego de formas, que es lo que a mí me interesa".

DE FREUD A RITA HAYWORTH

Con los personajes "al lado" Puig experimenta en el lenguaje o las formas. Confiesa sus trucos –de magníficos resultados– cuando en la década del sesenta empieza a escribir sus primeras novelas en español, mientras sus idiomas de adulto eran el francés o el italiano. "El único español que recordaba era justamente el idioma que me interesaba revivir: el de los personajes de mi infancia. Ellos podían cometer errores y tal vez hasta fuera considerado un mérito del escritor".

Como resultado de las pruebas, *collage*, en fin, de la manipulación del escritor, los personajes deben ganar vida literaria; la intención del novelista es que no sean abstracciones. "Yo no quiero intervenir, pero ya se sabe que todo pasa por la subjetividad del autor. Por eso mi desconfianza por la tercera persona, casi no la uso y en general es falsa. Ahora tengo un proyecto en el que aparece una tercera persona, pero absolutamente personalizada; es un narrador omnisciente, clásico pero que avanza una posición llena de prejuicios, *partis pris*, etc.". Parece entusiasmado por quebrantar normas, esquemas y costumbres –"me aterra crear dependencias"–, y con un poco de ingenuidad se disculpa por arriesgar una teoría sobre la crisis del narrador. "Yo creo que esta crisis empieza con Freud. Los novelistas del siglo XIX creían que abarcaban la psiquis de sus personajes con sólo el conocimiento del contenido de su conciencia; quedaba un margen oscuro pequeñísimo donde se relegaba lo inexplicable. La crisis implica buscar nuevas técnicas para aprehender los contenidos del inconsciente, lo que por definición es tan difícil y lo que resulta tan interesante: el momento en que se manifiesta, sobre todo el inconsciente colectivo".

LA NOSTALGIA DE LA POESÍA

Cuando se le pregunta a Manuel Puig por el cine que ve hoy, se queja de la tendencia realista imperante. Cuando se le pregunta por su vida en Estados Unidos se horroriza de la ausencia de un proyecto colectivo que pudo comprobar allí. Y aunque Puig no es uno de sus personajes no podemos dejar de recordar que uno de ellos ha afirmado que el bolero es una concepción del mundo.

Una de las primeras personas que lo animó a que siguiera escribiendo le dijo: "Adelante, porque *tiene poesía*". Desde entonces había transcurrido más de quince años, el reconocimiento y el éxito lo rodean, y, sin embargo, Manuel Puig dice que sigue esperando la mejor opinión crítica: que su obra "tiene poesía".

1984   (1980-1990)
ALGUNAS CONFESIONES
Conversación con María Esther Gilio
Revista de la Universidad de México, Ciudad de México, México

Cada vez que pasé por Río de Janeiro, desde hace tres años, llamé a Manuel
Puig para hacerle una entrevista. La respuesta fue siempre la misma. "No me
siento bien, estoy muy resfriado". "Estoy con angina y fiebre". Esta vez encontré el argumento definitivo: "Yo me quedo hasta que se le pase". "Mire que a
veces me dura 10 a 15 días". "No importa, yo espero".

Tres días más tarde estaba subiendo las escaleras hacia su piso en Leblon, a
dos cuadras de la playa, en una calle ciega sombreada de viejas mangueiras. "Si
le toca un periodista testarudo su argumento puede resultar peligroso", le dije.

M.P.: ¿Y si yo no me hubiera mejorado en un año? –dijo con aire paciente.

Le miro la cara y sé que no habría podido vivir de la culpa. "Fíjese que apenas aguantó tres días".

–¿Qué le parece si empezamos con su infancia, en esa lejana provincia que
para muchos es la Pampa?

M.P.: No, no. No quiero hablar de mi infancia. Ya hablé mucho.

–Resulta difícil hacer una entrevista a un escritor sin hablar un poco de su
infancia.

M.P.: Sí, yo entiendo. Pero es que no quiero, no quiero ir para atrás, tan
lejos. No quiero.

–Lo único que me puede convencer de no insistir, es que ir para atrás lo
ponga triste.

M.P.: No sé, no sé si es eso. No sé –dijo con una voz tan melancólica que
para mí fue evidente que era eso. Luego supe que ese tono, que usa muy a
menudo, nada tiene que ver con el dolor, sino con una especie de cansancio y
desinterés en hablar sobre sí mismo.

–Está bien, dejemos su infancia. ¿Cuándo descubrió que quería escribir?

M.P.: Después que tenía empezada la primer novela.

–Eso es muy extraño. ¿Y cómo empezó?

M.P.: Yo quería hacer cine. Hacía guiones con temas muy escapistas en
general que, además, copiaban películas de Hollywood, y que sobre todo no
gustaban a nadie.

–Salvo a usted.

M.P.: No, a mí tampoco. Menos que a nadie.

–¿Y por qué los hacía?

M.P.: No sé. Mientras los hacía me gustaban. Pero cuando los terminaba me
daba cuenta de que hacía algo que no funcionaba.

–Esto le ocurría siempre... ¿Por qué insistía?

M.P.: Porque yo escribía rememorando películas que me habían dado mucho placer.

–Y el placer se repetía. De allí venía la confusión.

M.P.: Tal vez.

–¿Cuáles eran las películas?

M.P.: Aquellos grandes dramones de fines de los treinta y principios de los cuarenta. *Rebeca*, por ejemplo.

–¿Algunas francesas?

M.P.: No, ésas no llegaban allá.

–*La mujer pantera*, claro.

M.P.: Ésa es posterior. Con aquella actriz que tenía cara de gata. Simone Simon. En esa época alguien me aconsejó escribir sobre experiencias más personales. Ahí pensé en una historia de mi adolescencia y también de mi infancia; los amores de un primo mío.

–¿Qué edad tenía en ese momento?

M.P.: Ya era grande. Estaba por cumplir 30 años y tenía que resolver mi situación económica. Vivía en Roma y estaba muy cansado de lo que hacía.

–¿Traducía?

M.P.: Hacía traducciones de subtítulos, que no es fácil. Hay que acertar los diálogos guardando la esencia, adaptar el humor de un país al otro y otras cosas. Toda mi actividad estaba vinculada al cine, pero nada de lo que hacía en cine era lo que yo realmente hubiera querido.

–¿Qué pasó cuando se enfrentó a un material real como los amores de su primo?

M.P.: No me ubicaba. Decidí entonces hacer una especie de bosquejo previo de cada personaje a fin de aclarármelo. Ese bosquejo tampoco sabía cómo hacerlo. Lo que sí tenía claro en la memoria era la voz de los personajes. No sabía si quería hablar de los personajes en tercera persona.

–No sabía.

M.P.: No. Hablar en tercera persona significaba juzgarlos y esto me resultaba antipático. Lo que sí me pareció posible fue comenzar a registrar la voz de cada uno de ellos.

–Quiere decir el habla, las palabras.

M.P.: Sí, sí, las palabras y los pensamientos. Para empezar pensé escribir una hojita con las cosas que decía una tía mía, pero esa voz empezó a dictarme y ya no pude parar. Escribí de un tirón 30 páginas.

–¿Y qué cosas decía la voz de esa tía?

M.P.: Cosas de entre casa, banalidades, cosas cotidianas. ¿Qué hacer con esto?, pensé. Extractar algo, tal vez. Sin embargo, no. Lo que resultaba expresivo era la suma de las banalidades. La acumulación. Y eso no era un material cinematográfico. Eso era literatura. Así seguí haciendo hablar a algunos personajes hasta que pasé a otras formas de expresión.

–Siempre evitando la tercera persona.

M.P.: Sí, decididamente me chocaba la tercera persona.

–¿Por la razón que me dijo, únicamente?

M.P.: También era algo que tenía que ver con la pérdida del idioma español.

–¿La pérdida en qué sentido?

M.P.: En el sentido de español castizo. Se me planteaba el problema de cómo pasaría un lenguaje argentino al español castizo.

–¿Usted piensa que debía hacer ese pase, que debía abandonar su lengua?

M.P.: No, no sé, creo que en el fondo eran pretextos. Creo que la verdadera razón era una resistencia a juzgar a los personajes colocándome en el lugar de la autoridad... –dijo, y se detuvo prestando atención a unas voces que gritaban su nombre desde afuera: "Manuel... Manuel". Manuel se asomó a la ventana. Y gritó en portugués que estaba ocupado y no podía salir. La voz protestó: "¡O, como você a chato!"

Manuel volvió a sentarse. Sonreía con su media sonrisa. Una pequeña, vaga sonrisa que baña todo su rostro de melancolía.

–Decía que no quería juzgar a los personajes.

M.P.: Sí, no quería colocarme en el lugar de la autoridad.

–Más que un dios creador quería ser un testigo.

M.P.: Sí, yo quería saber por qué habían sucedido ciertas cosas en mi infancia.

–Y la manera de saber era relatarlas.

M.P.: Sí.

–Es decir que registra la historia a fin de entenderla. Entonces lo que llega primero es la historia.

M.P.: Más que la historia, los personajes. La anécdota se deriva del carácter de los personajes. Si se colocan varios personajes juntos y se los conoce bien, uno sabe qué hará cada uno de ellos.

–¿Qué leía de chico?

M.P.: Las grandes novelas en versión para niños. Pero mi intención al leer era siempre la de ver esa historia transformada en cine. Mi pasión era el cine.

–Su pasión se realizó, *Boquitas pintadas* llegó al cine. Y *Pubis angelical.*

M.P.: *Pubis angelical* no la he visto todavía.

–Creo que *Sangre de amor correspondido* es muy cinematográfica. Alguien va a querer hacerla.

M.P.: Están por hacer *El beso de la mujer araña.*

–¿Cómo trabaja, con regularidad, con horarios, sólo cuando tiene ganas?

M.P.: Con regularidad. Y no puede ser de otro modo. Cuando uno hace novela tiene que ser así. Yo trabajo todos los días y todos los días tengo la misma resistencia a sentarme y seguir.

–¿Quiere decir que para usted escribir es un trabajo?

M.P.: Por lo menos me demanda un enorme esfuerzo. Creo que hay allí, en esa resistencia a empezar, cada día, el terror a la página en blanco, el terror de equivocarme. La cuestión es que hay, antes de sentarme, una hora o dos, en que doy vueltas y vueltas y vueltas. Todos los días es lo mismo, desde hace 20 años. Más, hace 21 años que escribo y esto no cambia. Al contrario, cada vez se hace más difícil.

–Esas razones que me dio de "la página en blanco", "el temor de equivocarme", no me resultan convincentes. Tratemos de buscar otras razones.

M.P.: Se necesita un grado de concentración muy profundo para toda la zona que uno quiere. Entonces hay que hacer un gran esfuerzo para no escuchar la primera voz que se oye.

–Ésa no sirve.

M.P.: En general, la primera voz es la de las influencias, la del conformismo. Hay que tratar de llegar a otros sustratos.

–Debe ser muy difícil eso, saber cuándo la voz que se escucha es la verdadera.

M.P.: No, no es difícil. Cuando la escucho la reconozco, sé que es ésa. Con todo, hay veces en que caigo en la facilidad. Es tiempo perdido.

–¿Muchas cosas van a dar a la basura?

M.P.: Sí, para qué guardarlas.

–Pero todo no puede ser esfuerzo. Tiene que haber también el momento del placer.

M.P.: Cuando logro establecer un contacto con la zona que me interesa, ahí, ahí...

–Está el placer.

M.P.: Sí, porque llegué a la verdad, llegué a las esencias. A lo que para mí son la verdad y las esencias. Ese momento es muy remunerativo.

–García Márquez dice que él nunca deja de trabajar hasta que no llega al momento en que sabe perfectamente cómo va a seguir. Allí deja. Ese sistema me parece que le haría ganar tiempo.

M.P.: Yo tengo bastante poca resistencia. Me canso muy rápido. Si estoy cansado tengo que dejar esté donde esté. A la mañana corrijo. A veces corrijo traducciones. A la tarde entre cuatro y ocho escribo.

–La traducción al portugués de *Sangre de amor correspondido* me pareció fantástica.

M.P.: Lo que se ocurre es que largos párrafos fueron tomados directamente de la cinta que yo grabé.

–¿Quiere decir que el protagonista está tomado de alguien que conoce de aquí, de Brasil?

M.P.: Sí, se trata de un obrero brasileño. Alguien con quien tuve una enorme empatía. A pesar de ser tan diferentes.

–Cuénteme.

M.P.: Se trata de un albañil. Lo primero que me llamó la atención en él, fue su forma de hablar. Despertó muchísimo mi curiosidad. Siempre había en su lenguaje, un desvío, un trabajo metafórico.

–Sí, yo recuerdo que en un momento le dice a la mujer a la que había pasado un tiempo sin ver: "Las flores de mi jardín te están precisando", o algo parecido.

M.P.: Sí, eso me llamó la atención y quise registrar su habla, tratar de captar su lenguaje, sin pensar que además había en ese hombre una historia. Y menos aún que esa historia podía transformarse en una novela.

–Es un tipo ¿de qué edad?

M.P.: Es joven. En ese momento tendría 31 años. Pasaron ya tres años.

–¿Él encontró natural que usted lo grabara?

M.P.: Sí, porque estaba pasando un momento de tremenda angustia.

–Le hacía bien hablar.

M.P.: Sí, en todo sentido le vino bien. Él me contó cómo estaba perdiendo su casa, la casa de su madre. Entonces yo le propuse un contrato; él, a cambio de las sesiones de conversación, recibiría una parte de los derechos del libro. Pero con el problema de la casa yo terminé dándole el dinero para comprar otra. Él la buscó, yo la vi, me pareció buen precio y así le pagué. Es decir que para él fue como un cuento de hadas.

–Qué dijo cuando leyó el libro.

M.P.: No lo leyó, no sabe leer. Lee sólo algunas palabras separándolas en sílabas.

–Este debe haber sido uno de los libros que le dio más satisfacciones mientras lo hacía.

M.P.: Sí, pero ahora me está trayendo problemas. La novela, aquí, no fue bien recibida.

–Pienso que puede resultar un poco difícil.

M.P.: ¿Sí? Bueno, es una novela que aquí pasó con cierta indiferencia de la crítica y que no tuvo buena venta. Aunque el público brasileño no se deja llevar mucho por la crítica. Lo que funciona en el público es el boca a boca. En este caso no lo hubo.

–Es una novela que se diferencia bastante del resto de su obra. Usted se maneja en general con estructuras bastante rígidas. En ésta uno tiene la sensación de que hay puertas abiertas hacia todos lados. Quién sabe si eso no molesta al lector.

M.P.: Yo pienso otra cosa. Pienso que el lector de clase media puede sentir que esas voces no le conciernen. Me equivoqué. Yo pensé que este libro, por tratarse de una historia de aquí, interesaría más que los otros. Fue el que interesó menos. Hay algo que los críticos no han visto: el deseo indiscutible de desentrañar una verdad. Esa sinceridad de mi parte no fue valorada; al contrario, chocó mucho a cierta crítica española.

–¿En qué sentido chocó, qué dicen?

M.P.: Encuentran el libro muy procaz.

–¿Procaz? Qué raro.

M.P.: Yo creo que es tan ingenuo… Sin embargo los españoles lo encuentran hasta grosero. No soportan la aspereza del lenguaje de los personajes.

–Puede ser que en español resulte más áspero que en portugués.

M.P.: No sé. Hasta ahora ha salido sólo en estos dos idiomas. En este momento está por salir en inglés y habrá que ver qué pasa.

–¿Cómo imagina su vida sin la literatura? ¿La imagina como algo posible, se ve haciendo otra cosa?

M.P.: No soy un lector ni un devorador de libros. Tengo un problema muy serio con la ficción, con la novela.

–Usted está hablando de usted mismo como consumidor de literatura, no como productor.

M.P.: Sí. Tal vez, debido al hecho de que trabajo en ficción, me cuesta muchísimo leer. Llega la noche, estoy cansado, busco una novela y la leo como si estuviera revisando un texto.

–Es decir que novela no lee jamás.

M.P.: Se me ha hipertrofiado el gusto por la ficción. No sé cómo explicarle, pero mi lectura es siempre crítica. No puedo acercarme a un texto con actitud inocente. Siempre me implico.

–Una lectura así es un martirio.

M.P.: Me agota. A las tres o cuatro páginas caigo muerto de cansado. En cambio puedo leer biografías. Yo tomo una biografía y de pronto me doy cuenta que son las tres de la mañana y me cuesta parar.

–Esto le debe traer algunos problemas con sus amigos escritores.

M.P.: ¡Pero sí! Porque ellos leen mis cosas y yo tengo que hacer juegos malabares para leerlos.

–En el caso de sus amigos, creo que su sentido crítico seguramente los beneficia.

M.P.: Pero es que a veces se trata de gente consagrada. Mi opinión no importa.

–Esto le ha cerrado toda un área de placer.

M.P.: Sí, yo recuerdo con nostalgia la época en que leía novelas y me gustaba.

–¿Lo angustia que sus libros no sean bien recibidos?

M.P.: Me angustia cuando siento que en la crítica hay mala intención.

–Siempre se habla de ser uno mismo. Ésta parece ser una búsqueda constante en los seres humanos. Pienso que esta búsqueda debe ser más intensa o desesperada en el caso de un escritor. Porque cuanto más adentro de sí mismo llegue, más rico será lo que haga. Usted hablaba hace un rato de "llegar al centro".

M.P.: Sí, aquello que no está contaminado por las influencias y las ideas fáciles.

–¿Cómo sería el proceso por el que llega a lo más auténtico de usted mismo? Le voy a decir por qué se me ocurrió esta pregunta. Fue a partir de algo que dice Céline: "Tal vez la razón de vivir sea sufrir lo más intensamente posible para llegar a ser uno mismo antes de morir". Como si el sufrimiento nos acercara a la esencia de nosotros mismos. ¿Comparte eso?

M.P.: Sí. Creo que sí, porque el sufrimiento nos acerca a la muerte. Para apartarnos de ese abismo buscamos lo que hace posible la vida. Nos defendemos de la muerte recurriendo a las fuentes del deseo de vivir. En cuanto a su pregunta sobre el proceso por el que se llega a uno mismo... veamos. Cuando yo empiezo a trabajar en una novela es porque he encontrado un personaje con el que siento una afinidad especial.

–Sería a través de ese personaje que usted intenta el análisis.

M.P.: Es a través de ese personaje que yo planteo cosas que no podría plantearme a mí mismo directamente. A través de él me planteo problemas míos no resueltos.

–Deme un ejemplo.

M.P.: Pensemos en un caso extremo, el del albañil de *Sangre de amor correspondido*. Aparentemente nadie más alejado de mi realidad. Se trata de un muchacho más joven, con una salud rebosante, muy físico, la menor educación, muy imbuido de machismo, de otra clase social y de otra raza.

–¿Qué raza?

M.P.: Él tiene mucha sangre india. Yo soy europeo por todos lados. Parecería que no había nada que pudiera acercarme a él. Sin embargo, cuando lo conocí yo sentí esa necesidad que tenía de transformar las cosas, de envolverlas en poesía.

–Eso lo acercó.

M.P.: Me acercó y me provocó una inmensa curiosidad. Deseos de conocerlo a fondo haciéndole hablar.

–Lo atraía esa gran semejanza en medio de tantas diferencias. Vamos a suponer que conoce a un ser muy perverso. ¿También sentiría curiosidad?

M.P.: No, porque no he desarrollado mi perversidad para nada.

–Es decir que realmente no se interesa por los que son, en esencia, totalmente diferentes a usted.

M.P.: No, no me intereso porque alrededor de un ser así no puedo construir nada. ¿Sabe por qué? Porque no consigo entenderlo. Un torturador, por ejemplo, nunca podría ser un personaje mío, porque lo rechazo de tal manera que no consigo penetrar ni sus razones ni sus sinrazones.

–Yo recuerdo un diálogo de *El beso de la mujer araña*, una discusión entre los dos personajes (me refiero al teatro, no a la novela). Yo sentí allí, muy claramente, que usted era cada uno de ellos, y no porque fueran muy parecidos ya que eran muy diferentes.

M.P.: Yo puedo ser los dos personajes, ambos son posibilidades mías.

–¿Cuál es, según usted, la razón que mueve al revolucionario a acostarse con el homosexual en esta pieza? Es evidente para mí que en la obra de teatro resulta más importante que en la novela. ¿Piensa que es el deseo?

M.P.: No, en su comienzo no. Lo que lo mueve, para mí, es la necesidad de dar algo a cambio o en pago de lo mucho recibido. Se siente muy pobre, no tiene otra forma de corresponder a toda la bondad del otro. El factor inicial es la piedad. Luego, claro, juegan otros factores. Pero es la piedad la que lo hace superar los prejuicios.

–En el beso final (siempre hablo del teatro), uno siente muy claramente el afecto. La intención de cada uno en ese beso es bien diferente, pero la base es el amor tomado en su sentido amplio. Como dicen los psicoanalistas: "el amor es uno". Pienso que es por eso que la obra no resulta chocante sino que inspira ternura y piedad.

M.P.: Sí, estoy de acuerdo, el amor es uno.

–Me gustaría que recordara las experiencias que marcaron en su vida un cambio, un viraje.

M.P.: Un momento muy importante me lo marcó la entrada como interno a un colegio de Buenos Aires, a los 12 años. Allí conocí a un chico de 13 años, del primero del Nacional, que ya leía y vivía en un mundo de fantasías literarias, así como yo vivía en un mundo de fantasías cinematográficas. Él me reveló *La sinfonía pastoral*, que fue un hito en mi vida. Antes y después de *La sinfonía pastoral*. Yo hasta ese momento había creído que tenía que esperar mucho más para empezar a leer, me parecía una cosa de grandes, casi de viejos, leer. Con este chico se me abrieron las puertas de un mundo totalmente nuevo. Justamente en un momento en que el cine me empezaba a decepcionar. Era el año 46, 47, plena crisis de Hollywood, comienzo del neorrealismo italiano y del cine francés, más intelectual. Mientras, Hollywood intentaba repetir fórmulas, pero sin acertar. Lo que habían hecho en los 30 y en los 40 ya no tenía cabida. Todo eso me perturbaba, era un mundo que se venía abajo.

–La literatura era un buen sustituto.

M.P.: Sí... este chico, que me metió en ese mundo, se reía de las películas de Hollywood, las encontraba tontas. Y yo, en algunos casos, quería defenderlas, pero no tenía instrumentos para hacerlo. Luego, más tarde, en Roma, un amigo al que aún veo me llamó la atención sobre la falta de realismo de las cosas que yo escribía.

—Él quería que usted hiciera realismo partiendo de la realidad.

M.P.: No, él entendía que yo procuraba hacer una cosa de otro orden, algo vinculado con lo poético. Pero para eso yo debía partir de mis propias experiencias, no de experiencias prestadas.

—Y usted lo escuchó.

M.P.: Sí, lo escuché. Encontré razón en lo que decía. Y es allí que empezó, también, una nueva etapa.

—Fíjese que las etapas en su vida están más vinculadas al trabajo que al amor.

M.P.: ¿Sí? No lo había pensado.

—Usted tuvo mucho éxito ya con su primer libro, *La traición de Rita Hayworth*. ¿No habrá allí otra etapa? Debe haber sido importante para usted el sentimiento de que podía vivir de escribir, ¿o ese sentimiento lo tuvo más tarde, con *Boquitas pintadas*?

M.P.: *Boquitas pintadas* fue el libro que me hizo conocido Pero esa primera etapa no es tan satisfactoria. Hay cierta amargura. Cuando entré al mundo de la literatura yo venía del mundo del cine, tan difícil. Donde expresarse implicaba la movilización de medios fenomenales. El cine era de pesadilla en oposición a la libertad que me daba la literatura. Durante los años de escritura del primer libro yo me sentía en un terreno muy especial.

—¿Que luego perdió?

M.P.: Sí, que luego perdí. Yo sentía que eso que yo escribía iba dirigido a un lector especial. Que mi palabra llegaría directamente, sin transferencias a la gente. Pero luego, al intentar publicar, descubrí todo ese mundo de interferencias que existe en la literatura.

—No sé a qué se refiere, ¿tal vez a la crítica?

M.P.: Sí, a la crítica, a la prensa mal intencionada, al lector mal predispuesto.

—Es decir que con esa primera publicación usted se sintió como arrojado a un mundo enemigo.

M.P.: No sé si tanto, pero a la primera sensación de haber encontrado un medio noble de expresión que me permitía corregir, revisar y que, a diferencia del cine, no tenía cortes ni censura, se sobrepuso la realidad. Yo no podía, como lo había creído, comunicarme directamente con mi lector.

—Había algo que se metía en el medio.

M.P.: Muchas cosas, por ejemplo cierta izquierda que me exigía panfletos en lugar de novelas.

–Habla de *The Buenos Aires Affair*, por ejemplo.

M.P.: Sí, era la hora del endiosamiento de Perón, no se admitía una actitud crítica. Fue dolorosa esa primera etapa.

–¿Cómo ve ahora sus primeros libros?

M.P.: Me parecen escritos por otro. Hay cosas que no entiendo de dónde pueden haberme salido.

–Para algo está el inconsciente. Tal vez sólo para sorprendernos.

M.P.: Y... ése es el punto. Cuando digo que siento haber tocado una verdad, es que logré contacto con algo mío muy profundo y en relación con un inconsciente colectivo. Ahí, si consigo deslindar mi inconsciente del plano del inconsciente colectivo, lograré una visión de la realidad que será mía, única.

–Respecto a *El beso* me gustaría saber la razón de esas largas explicaciones, en letra chica, sobre la homosexualidad. Me parece que hace salir al lector del clima de la historia para meterlo en otra cosa, de carácter científico.

M.P.: Cuando el libro salió en España, en el año 76, sentí que había que darle al lector todo ese conocimiento. Sentí que el lector tenía que colocarse entre mis dos personajes con esa información.

–¿No podía incorporarlo de otra manera, a través de los mismos personajes, por ejemplo?

M.P.: Era imposible porque mis personajes no tenían esa información.

–¿Usted piensa que esa relación que se da entre los dos personajes podía haberse dado en una situación diferente?

M.P.: No. Se necesitaba una cohesión del medio, muy fuerte, para que cada uno saliera de su esquema.

–¿En qué sentido el homosexual salió de su esquema?

M.P.: El homosexual tiene una total aversión a lo político. Es como una señora de los años 40, como su madre. Se resiste a salir del esquema femenino de su madre.

–Usted piensa que todos tenemos esa dificultad para salir de los esquemas que nos hemos creado.

M.P.: En la vida real nos es tremendamente difícil, a todos, salir de nuestro personaje. Al público le impresiona mucho el cambio. Le gusta ser testigo de cambios. Ése es un gran alivio. Pensar que podemos salir de nuestras celdas interiores, que son nuestros esquemas de vida, y volvernos otras cosas.

–Creo que tiene razón en lo que dice. ¿Por qué piensa que es tanto mayor el número de homosexuales hombres que de mujeres?

M.P.: Por la mayor libertad sexual que tiene el hombre. Aun las sociedades más represivas dan libertad sexual al hombre. El hombre va al prostíbulo y tiene relaciones fuera de matrimonio como algo permitido. La mujer no. Aunque yo creo que la homosexualidad no existe.

–No entiendo.

M.P.: Existen personas que llevan a cabo actos homosexuales. Pero como considero las actividades sexuales totalmente intranscendentes, no admito que la identidad pase por la sexualidad.

–¿Cómo habrá el hombre conseguido esa mayor disponibilidad de su sexo en comparación con la mujer?

M.P.: Lo que yo supongo es que en el patriarcado pasó a dar peso a la sexualidad.

–A la sexualidad femenina.

M.P.: Sí, a la femenina, claro. Se le dio un peso negativo para que el hombre pudiera tener a su disposición a la santa en la casa y a la puta en la calle. Si la sexualidad no hubiera tenido ese peso, la mujer también se hubiera liberado. Así fue que la sexualidad fue perdiendo su carácter inocente inicial, con lo cual pasaron a crearse los roles del explotador y del explotado. El orificio pasa a identificarse con el terreno del ser explotado, y el falto con el instrumento de la explotación. Se crean entonces los buenos explotados y los malos explotadores. Y no hay para los seres humanos, o no había, otra posibilidad de elección.

–¿Qué opina sobre los movimientos de liberación de la mujer, de los homosexuales?

M.P.: Admiro los movimientos de liberación que han conseguido igualdad en terrenos laborales. Pero esos mismos movimientos ha ayudado a crear ese otro gueto: el gueto gay.

–Es decir que el movimiento gay habría errado el objetivo.

M.P.: El error está en no ver que la especie humana no es mi heterosexual ni homosexual. La homosexualidad no es incuestionablemente diferenciable de la heterosexualidad. Ambas actitudes no son irreconciliables como aceite y vinagre.

–Cree que son actitudes que tiene más que ver con lo cultural, por ejemplo.

M.P.: Tienen que ver con las presiones que las sociedades represivas vienen ejerciendo desde hace siglos. Si la elección del rol sexual no fuera coercitiva en nuestra sociedad, si la sexualidad gozase de toda la libertad que su carácter de juego presupone, no habrían existido los personajes caricaturescos que hasta haces pocos años resultaban ser el macho, la hembra y el homosexual o la homosexual, típicos de nuestra sociedad.

–¿Cómo vivió la experiencia de ver una de sus obras en teatro o, como dice Vargas Llosa, en posición vertical?

M.P.: Frente al texto de la obra de teatro yo tenía una sensación de mutilación y empobrecimiento. Pero no había contado con el aporte de la presencia física de los actores y con el director.

–¿Cómo es la relación con sus personajes, semejante a la que tiene con la gente real?

M.P.: Es una relación totalmente paternal, me siento sobreprotector.

–¿Le duele hacerlos hacer cosas que los hagan sufrir?

M.P.: Yo siento que no decido nada, siento que *les jeux sont faits*. Tal tipo de personaje, frente a tal otro, en determinada sociedad, desencadenará una acción que yo, desgraciadamente, no puedo modificar.

–Mientras escribe, ¿cómo inciden en su obra los hechos de la vida? ¿Llega a ser más importante lo que escribe que lo que vive?

M.P.: Mis novelas surgen siempre de personajes reales que me las sugieren, de modo que mi ficción nunca está aislada de la realidad.

Hacía rato que se había hecho de noche y la entrevista había terminado. Le pedí dejar la grabadora en su casa hasta el día siguiente por temor a que me la arrancaran de las manos, cosa que puede ocurrir en las calles de Río. Al día siguiente pasé a buscarla. Por la ventana me gritó que no subiera, que él me la bajaba. Bajó los cuatro pisos corriendo. Su expresión era más alegre que la del día anterior. Vestía *short* y camisa blanca y no representaba más de 40 años. "Venga, sentémonos un poco", dijo sentándose en el muro del jardín, "quiero decirle algo más sobre la sexualidad. Tome nota: La sexualidad, como le dije anoche, es algo intrascendente. Algo opuesto a la efectividad, que sí es trascendente. Lo que ocurre es que se confunden esos dos planos cuando no se deberían confundir. Por eso, para mí, el concepto de hombre es un concepto reaccionario".

Comenzó a prestar atención a algo que ocurría lejos de nosotros, en la esquina.

–¿Qué pasa?

M.P.: Nada. Que deben ser las 11 porque allí llega el cartero. Éste es uno de los mejores momentos de mi día, las cartas.

–Entonces usted dice que "el concepto de hombre es un concepto reaccionario"...

M.P.: Sí –dijo dirigiéndose ya al encuentro del cartero.

1981, diciembre   (1980-1990)
SÍNTESIS Y ANÁLISIS. CINE Y LITERATURA[4]
Por Manuel Puig
Revista de la Universidad de México, N° 8, Ciudad de México, México

Vivir en un pueblo de la Pampa no era la condición ideal para quien se sentía
incómodo con la realidad del lugar que le había tocado en suerte o en desgracia. Otros puntos de referencia estaban muy lejos; catorce horas de tren a Buenos Aires, un día entero de viaje del mar, casi dos días de viaje de las montañas
de Córdoba a Mendoza. Existía sí otro punto de referencia y muy cercano: en la
pantalla del cine del pueblo se proyectaba un realidad paralela: ¿Realidad?
Durante muchos años así lo creí. Una realidad que yo estaba seguro existía
fuera del pueblo y en tres dimensiones. La primera prueba negativa me la dio
Buenos Aires, al ir a estudiar el bachillerato de 1946.

En Buenos Aires no existía la realidad del placer, la realidad apetecible.
Sobre todo no existía en la escuela oficial del cine, el Centro Sperimentale di
Cinematografía, que se erguía en el corazón mismo de Cinecittá. Yo había llegado allí con una cara de idolatría poco adecuada: Von Sternberg, Franck Bor-
zage, los grandes rostros; Greta, Marlene, Michele Morgan, los poetas Prévert y
Cocteau. Porque estábamos en 1956 y la ideología reinante era el neorrealismo.
Dentro de la escuela había que moverse al compás de dos represiones de signo
diferente, pero hermanadas en el fondo. Se trataba de una escuela estatal y en
esa época estaba en el gobierno de la Democracia Cristiana. Por lo tanto, director y parte administrativa eran supercatólicos, de aquellos que todavía subsistí-
an en los años 50, puritanos a un nivel hoy risible. Por ejemplo, se objetaban
los escotes de las alumnas actrices, se exigía decoro y cualquier actividad sexual
era considerada ofensa. Me refiero a actividades heterosexuales entre alumnos
–así que ni hablar de homosexualidad.

En cuanto a drogas, la mención de la palabra evocaba en ellos algún trucu-
lento fumadero de opio en Macao. En otras palabras: ascetismo conventual. A
esa represión de parte disciplinaria aparentemente se oponía la ideología del
profesorado, imbuido de neorrealismo. Todo se había originado en la inmediata posguerra con filmes de autor, como *Roma, ciudad abierta*, de Rossellini,
Lustrabotas de De Sica y *La terra trema* de Visconti. De la obra de esos autores,

---

    [4] Este texto será luego el prólogo a dos guiones cinematográficos que se publican en
1985, *La cara del villano/Recuerdo de Tijuana* en Barcelona, Seix Barral. Aparece como
escrito póstumo bajo el título "El fin de la literatura", en *Los ojos de Greta Garbo*, Seix Barral,
Buenos Aires, 1993.

los críticos y teóricos del cine habían intentado extraer un dogma, una serie de principios que manejaban como cachiporras contra todo lo que fuera cine diferente al que hacían Zavattini y sus seguidores. Sí, no sólo saber narrar era reaccionario; el cine de autor también era reaccionario. Todavía no existía ese término, *auteur*, acuñado por *Cahiers du Cinéma* en la misma época, que en el 56 no se había popularizado. Recuerdo un ejemplo de cine puro que propuso Zabattini: una obrera sale de su casa y hace las compras, mira vidrieras, compara precios, busca zapatos para los hijos, todo en el tiempo real de la acción, lo cual bien podría llenar la hora y media clásica de proyección. Y no debía, claro, intervenir para nada la mirada del director; la mirada del director no podía ser subjetiva, porque eso era pecado mortal. Era la cámara fría, impersonal, pero reveladora, la que solucionaba todo. ¿Una cámara reveladora de qué? De un realismo fotográfico, superficial.

Debo agregar que el año 56 fue además el año de mayor crisis para los teóricos del neorrealismo: el público se estaba retirando y eso, en vez de hacerlos reflexionar, había vuelto aún más rígidos sus postulados. Ese año se había estrenado *Il tetto* de De Sica, filmado bajo el terror zavattiniano y había sido un fracaso de público y también de crítica en los festivales internacionales. Sólo la defendían los teóricos neorrealistas porque había sido filmada según las reglas de la casa, las cuales habían conseguido ahogar el aliento creador de De Sica. ¿En qué terminó todo? Los productores desistieron de cualquier experimento serio y se acabó una brillante cruzada iniciada por autores, no por la crítica, en la posguerra. Pero ¿por qué los productores desistieron? Porque el público se retiró: el cine de denuncia, el cine político, se había vuelto tan purista, tan reseco que sólo una élite lo podía seguir. El gran público, la clase baja, la clase trabajadora, que en Italia tenía pasión por el cine y podía pagar una entrada, no entendía ese cine que aparentemente le estaba dirigido. Cine de élite, de iniciados, para el pueblo.

La cosa no funcionó. Pues bien, ahí estaba yo, con el corazón dividido. Por un lado me gustaba la idea de un cine popular y de denuncia; pero me gustaba también el cine bien contado, que parecía exclusividad de los reaccionarios. A todo eso me debatía con mis primeros guiones, que no conseguían ser más que copias de viejos filmes de Hollywood. Mientras los escribía me entusiasmaba, pero al terminarlos no me gustaban. Me seducía en el primer momento la posibilidad de recrear momentos de espectador infantil, protegido en la sombra de la sala cinematográfica, pero el despertar no era placentero; el sueño sí, el despertar no. Finalmente me di cuenta de que no podía ser más interesante explorar las posibilidades anecdóticas de mi propia realidad y me puse a escribir un guión que inevitablemente se volvió a la novela. Estaba planeando una escena del guión en que la voz de una tía mía, en *off*, introducía la acción en el lavadero de una casa de pueblo. Esa voz tenía que ser de unas tres líneas de duración, cuando mucho, y siguió sin parar unas treinta páginas. No hubo modo de hacerla callar. Ella sólo tenía banalidades para contar; pero me pareció que la acumulación de las banalidades daba un significado especial a la exposición.

Ese asunto de las treinta páginas de banalidades sucedió un día de marzo de 1962, y yo tampoco me he podido callar desde entonces. He seguido con mis banalidades; no quise ser menos que mi tía. Ahora teoricemos, como hacía Zavattini. Creo que lo que me llevó a ese cambio de medio expresivo fue una necesidad de mayor espacio narrativo. Una vez que pude enfrentar la realidad, después de tantos años de fuga cinematográfica me interesaba explorar esa realidad, desmenuzarla, para tratar de comprenderla. Y el espacio clásico de una hora y media de proyección cinematográfica no me alcanzaba. El cine exige síntesis y mis temas me pedían otra actitud; me solicitaban análisis, acumulación de detalles.

De esa novela pasé a otras dos más, siempre con la convicción de que al cine no volvería más. Pero en 1973 el director argentino Leopoldo Torre Nilsson me pidió los derechos de *Boquitas pintadas* y después de muchos titubeos acepté la oferta y también acepté encargarme de la adaptación. Torre Nilsson me dejó toda libertad, como productor y director, pero yo no me sentí cómodo en esa tarea, porque tenía que seguir el procedimiento contrario al que me había ayudado a liberarme. Tenía que resumir la novela, podarla, encontrar fórmulas que sintetizasen aquello que en su origen había sido analíticamente expuesto.

Cuatro años después hubo otro llamado del cine. En México el director Arturo Ripstein me pidió que adaptase la novela corta de Donoso *El lugar sin límites*. De entrada dije que no, pero Ripstein insistió y volví a leer el texto. Se trataba de un cuento largo más que de una novela y lo que había que hacer en ese caso era agregar material para completar el guión. Ya ahí me sentí mucho mejor y del buen entendimiento con Ripstein surgió otro proyecto: la adaptación de un cuento de la argentina Silvina Ocampo, "El impostor", para el retorno al cine del productor Barbachano Ponce. ¿Qué tenían esos dos relatos en común? Me refiero a *El lugar sin límites* y "El impostor". A primera vista nada. Pero después de terminar ambos trabajos de adaptación vi un claro parentesco. Ambos relatos eran alegorías poéticas, sin pretensiones realistas, aunque en última instancia se refiriesen a problemas humanos muy definidos.

Mis novelas, por el contrario, pretenden siempre una reconstrucción directa de la realidad; de ahí su naturaleza analítica. La síntesis en cambio va bien con la alegoría, con el sueño. ¿Qué mejor ejemplo de síntesis que nuestros sueños de cada noche? El cine requiere síntesis y por lo tanto no es el vehículo ideal de la alegoría, del sueño. Lo cual me lleva a otra suposición. ¿Será por esa razón que el cine de los años treinta y cuarenta ha envejecido también? Se trataba, sin duda, de sueños en imágenes. Tomemos dos ejemplos: dentro del mismo Hollywood, un producto de clase B, como *Siete pecadores* de Tay Garnett y *Los mejores años de nuestras vidas* de William Wyler, sería entre comillas, superproducción que arrasó Oscares y fue considerada una honra para la cinematografía.

¿Qué pasó con esos dos filmes después de casi cuarenta años? *Siete pecadores* no pretendía parecerse a nada viviente. Era una desprejuiciada reflexión sobre el poder y los valores establecidos; una alegoría más sobre ese tema. Por lo contrario, *Los mejores años de nuestra vida* se proponía dar una imagen realista del regreso de los soldados norteamericanos, después de todos estos años, de ese filme cuando mucho se puede observar que es un válido documento de su época, mientras que de *Siete pecadores* se puede decir que es una obra de arte. Sí, examinando lo que va quedando de la historia del cine encuentro más y más pruebas de lo poco que se puede rescatar de los intentos de realismo, en los que la cámara parece resbalar por la superficie, sin lograr pasar a otra dimensión que no sea la de un realismo fotográfico, de dos dimensiones.

Ahora bien, apuntadas así brevemente esas diferencias que me parece vislumbrar entre cine y literatura, paso a contestar una pregunta que se viene formulando desde hace un tiempo. ¿Pueden el cine y la televisión terminar con la literatura, con la narrativa para ser más específicos? Mi impresión es negativa: imposible que eso ocurra. Porque se trata de dos lecturas diferentes. En el cine la atención se ve requerida por tantos puntos de atracción diferentes que resulta muy difícil, o directamente imposible, la concentración en un discurso conceptual complicado. En el cine la atención tiene que dividirse entre el reclamo de la imagen, el de la palabra, el de la música de fondo. Además, el reclamo de la imagen en movimiento es algo que tiene que ser especialmente tenido en cuenta. No es lo mismo que el requerimiento de un cuadro, donde se cuenta con el estatismo de la imagen. La concentración que en cambio permite la página impresa da margen al narrador a otro tópico de discurso, más complejo en lo conceptual especialmente. Además, el libro puede esperar, el lector puede detenerse a reflexionar –la imagen cinematográfica no.

En conclusión, hay historias que sólo la literatura puede abordar, porque la atención del lector así lo determina. Quien lo decide todo en última instancia es la naturaleza de la atención humana. Tiene límites, puede focalizar un cierto material y otro no. Se fatiga, logra penetrar en la página escrita densidades que expuestas en la pantalla resultarían imposibles de abordar. Tuve una experiencia curiosa al respecto. Hace unos tres años vi una película italiana, *Il sospetto* de Maselli. Es un relato de muy complicado contenido político, hecho con excepcional empeño. Promediando la proyección de la película empecé a alarmarme: simplemente no lograba seguir la narración. Los personajes planteaban cuestiones cuyo hilo no se lograba seguir. Supuse que escritas, esas mismas tiradas de diálogo serían más inteligibles ¿o no? ¿qué ocurría? ¿era todo un galimatías o sencillamente la atención del espectador no conseguía abarcar todo lo que se le presentaba? Me interesó la cuestión y a través de mi editor en Roma conseguí el guión original del film. Lo leí y entendí todo perfectamente. Había, sí, dos o tres pasajes algo oscuros, que volviendo atrás la página y releyendo se aclaraban. Pero esa operación no había sido posible en la sala cinematográfica. No se puede detener la proyección.

Por todo esto creo poder afirmar que la lectura del espectador cinematográfica es otra que la del lector de novela y que esa lectura cinematográfica, si bien tiene algo de la lectura literaria, tiene también mucho de la lectura de un cuadro. Sería entonces una tercera lectura, que participa de características de la lectura literaria y de la plástica, pero que es también diferente. ¿Y a dónde voy con todo esto? A manifestar mi siempre renovada admiración ante las ventajas de la narrativa impresa, con su margen generoso para la experimentación del autor y al mismo tiempo el amplio territorio que propone para el encuentro de ese autor con su lector.

1981, 17 de febrero   (1980-1990)
MANUEL PUIG DENUNCIA MORBOSIDAD EN LA CRÍTICA
Conversación con Ismael Torres de The Associated Press
El nuevo día, San Juan, Puerto Rico

El novelista argentino Manuel Puig y el crítico uruguayo Emir Rodríguez Monegal coincidieron ayer aquí en que hay críticos literarios que descargan todas sus frustraciones, resentimientos, envidias y problemas neuróticos en sus evaluaciones literarias.

"Hay críticos que aman la crítica, que hacen su trabajo con pasión, y hay escritores frustrados, novelistas frustrados que pasan a la crítica, no gozan con dicha actividad, y entonces lo que descargan en esa crítica es frustración y otras muchas cosas", apuntó animadamente Puig, quien está de visita aquí invitado por la Universidad de Puerto Rico para ofrecer varias charlas sobre su obra, junto al profesor y crítico literario Emir Rodríguez Monegal.

Según Puig, la crítica argentina fue muy dura con su obra, particularmente cuando salió a la luz pública su primera novela. *La traición de Rita Hayworth*, en 1968. Dijo que la crítica llegó a señalar que su obra se trataba de algo ya superado por muchos años en la literatura.

"La crítica excesiva lleva a desarrollar mecanismos de defensa muy fuertes para protegerse ya que vienen muchas cargadas de resentimientos, envidias, temores, problemas neuróticos, y otras cosas", comentó el destacado novelista argentino al comentar que todavía siente temor por algunos críticos que no logran entender cuál es su función real como tales.

A lo expresado por Puig, el uruguayo Rodríguez Monegal, advirtió que la función del crítico debe ser la de señalar situaciones y no la de dar soluciones ya que eso es asunto del autor. En la animada rueda de prensa celebrada en esta capital, Puig y Rodríguez Monegal, hablaron con los reporteros de la función de los críticos, así como de la de los escritores. Para Puig, el escritor debe siempre presentarle asuntos nuevos al lector, o al menos alternativas nuevas.

"Hay críticos que están escondidos por ahí con un palo en sus manos esperando que algún nuevo escritor saque la cabeza para molerlo a palos", comentó el uruguayo al describir la actitud de muchos críticos que, según él, realmente no gozan la actividad de ser críticos.

Recordó que cuando joven, él también tumbó varias cabezas, pero se convenció que cuantas cabezas cortaba, seguían vivas y produciendo, por lo que entonces optó por hacer otro tipo de crítica. "Más seria y más formal, además de positiva", comentó.

Tanto Puig como Rodríguez Monegal, que dieron muestras de tener extraordinarias relaciones de amistad, confesaron que se admiran mutuamente y

Puig dijo que Rodríguez Monegal siempre ha leído los manuscritos de sus novelas y que en ocasiones "ha metido la cuchara" en sus trabajos.

Mientras tanto, el novelista argentino que ha forjado lograr una realidad de nuevas dimensiones, a través de la búsqueda de diferentes formas expresivas, con el instrumento del lenguaje como estructura esencial, participa hoy martes de una charla titulada "El autor y su obra", mientras que el miércoles se celebrará un diálogo con Manuel Puig, en el Recinto de Río Piedras, Universidad de Puerto Rico [...]

1982, abril   (1980-1990)
UNA NARRATIVA DE LO MELIFLUO
Conversación con Nora Catelli
Quimera, Barcelona, España

Hace años, refiriéndose a Manuel Puig y a otros narradores argentinos de su generación, Onetti dijo que en realidad, no se sabía cómo escribían, que carecían de estilo. Jan Sasturain[5], un crítico argentino, comenta que al decir eso Onetti no describe una carencia sino "un mecanismo expresivo, una modalidad tan ardua como fabricarse un estilo o un gestuario" y que *Maldición eterna a quien lea estas páginas* "es la apoteosis de esa manera de entender la ficción que privilegia la presentación en bruto de los materiales". Finalmente concluye: "Es muy sencillo: no hay narrador". De todo ello se podría deducir que la inexistencia de un narrador presupone la existencia de "materiales en bruto", como si el diálogo no fuera un producto tan elaborado como cualquier otra forma de discurso en la ficción. Pero si Sasturain habla de "materiales en bruto", las últimas novelas de Puig le dan la razón. Cada vez más oculto tras el ruido de las voces de sus personajes, cada vez menos dispuesto a diferenciar o separar al grabador del escritor, cada vez más conscientemente sometido al vaivén de esa serie de tonterías, lugares comunes, conversaciones banales, abruptas interrupciones donde a veces naufraga el sentido, Puig se construye un estilo abiertamente reconocible. Hasta qué punto sabe de qué se trata, hasta qué punto accede a hablar de ello, se puede ver en la entrevista que sigue. Él mismo, tímido, amable, distante, dijo una vez que sus novelas le habían servido, entre otras cosas, para demostrar que era menos tonto de lo que parecía. Pero no parece tonto en absoluto, aunque, claro, yo lo he conocido después de sus novelas, no antes. En cambio, es cauteloso, reflexivo, atento al diálogo, poco dispuesto a opinar y mucho más a contar.

A los treinta y seis años publicó su primera novela (todavía prohibida en España), *La traición de Rita Hayworth* (1968). Le siguieron su mayor éxito porteño, *Boquitas pintadas*, y más tarde *The Buenos Aires Affair, El beso de la mujer araña, Pubis angelical* y *Maldición eterna a quién lea estas páginas*.

Esta entrevista se efectuó antes de la publicación de su última novela, *Sangre de amor correspondido*, por lo que está ausente de referencias a dicha obra.

–Acabas de recibir un importante premio en Italia, donde también te han publicado dos guiones[6].

---

[5] "Boquetes frustrados", revista *Humor*, Buenos Aires, 1981.

[6] *Límpostore - Ricordo de Tijuana*, Edizione La Rosa, 1980, Torino, Italia. "El impostor" es un cuento de Silvina Ocampo. *Recuerdo de Tijuana* es una idea original de Manuel Puig.

M.P.: Sí, es un premio que dan cada dos años a la mejor novela latinoamericana. Se inició en 1971 y lo han ganado Lezama Lima por *Paradiso*, Onetti por
El astillero, Di Benedetto por *Zama* y ahora me tocó a mí por *El beso de la mujer
araña*.
–Creo que tu novela compitió con algunos títulos muy sonados.
M.P.: Sí, pero fue muy indiscreto por parte de los jurados el dar a conocer el
nombre de dos de los finalistas y no incurriré en la misma indiscreción.
–En el prólogo a esos dos guiones que mencioné antes hablas bastante sobre ti
y tu formación. Es raro porque generalmente no hablas demasiado de literatura.
M.P.: Pero ahí "me despacho". En primer lugar está la cuestión del neorrealismo. Creo que mi experiencia en Italia tuvo mucho que ver con el tipo de
cosas que hice después. Lo que sucedió es muy interesante: yo llegaba a Italia en
1956 con una beca y una especie de idolatría hacia las grandes figuras como
Lubistch, Hitchcock y Fritz Lang en una época en la que todavía no estaba acuñado el término "cine de autor" y hay que ver que las palabras ayudan. Con
ellas puedes definir muy rápido una cantidad de cosas. En Italia se había creado
un situación especial con el entorno neorrealista. A partir de las primeras películas de De Sica y Rossellini, que habían sido totalmente personales, los italianos dedujeron toda una teoría. Sólo contaba el conocimiento de la realidad. El
cine debía ser sólo un medio de exponer la realidad y denunciar lo que la sociedad hacía con los individuos. Se tenía que usar una cámara detrás de la cual el
autor debía desaparecer. Entonces se condenaba a todo el cine de Hollywood
por escapista. Y al cine francés, que había sido más realista, se lo condenaba por
demasiado personalizado. Molestaba la presencia de los autores, se le veía como
un obstáculo, como demasiado autocomplaciente.
–Pero todo esto supongo que tenía implicaciones de tipo técnico en cuanto
al montaje, el suspense, el armado de la historia.
M.P.: A eso iba. Ellos identificaban narración con cine reaccionario. Hollywood había sabido narrar. Imagínate cómo sabe narrar Hitchcock y las cosas
que los norteamericanos han hecho en este sentido. Pero como todo eso formaba parte de un cine si inquietud política y social, se producía un horrible malentendido. Para Zavattini, que era el teórico, el arte de narrar y la preocupación
por la narración eran reaccionarios.
–Tendrías que definir entonces ese "saber narrar" del cine y la novela.
M.P.: De algún modo esa pureza ideológica, esa ausencia de una mirada
personal y esa prescindencia de todo recurso narrativo hacía que el enfoque
resultase real, sí, pero fotográfico. Era una realidad fotográfica pero no dramática. Se permanecía en la superficie de los problemas y lo peor de todo es que al
no haber dramatismo el público se desinteresaba. Esta denuncia social iba dirigida al gran público y quería despertar conciencia y ese gran público se retiró y

no fue más a ver cine neorrealista. A mí me inquietó mucho esta condena. Para mí, narrar es, de algún modo, conocer. Yo me valgo de tantas formas y recursos... En *Pubis angelical*, por ejemplo, por un lado avanza la historia a base de lo que la protagonista controla, lo que dice y lo que escribe en su diario. Separadamente va aquello que yo supongo que son sus fantasías reprimidas, sus miedos, sus deseos inconfesados. Yo intenté un experimento: ver qué tensiones se establecían dividiendo estos contenidos.

–Pero en los dos relatos el tono es uniforme. Quiero decir que es uniformemente folletinesco.

M.P.: Sí, porque yo supongo que el inconsciente está poblado por el folletín, habla en términos altisonantes.

–Sin embargo el personaje de Ana no es exactamente el de una mujercita alimentada a folletines como las de tus primeras novelas. Tú recortas esos aspectos no folletinescos.

M.P.: Porque eso es lo reprimido. Sus aspectos no-folletinescos ella no los acepta. Lo que me interesaba aquí era ver hasta qué punto se pueden superar ciertas presiones del medio. No te olvides de que ella ha sido criada como objeto sexual en el ambiente de los cincuenta. Todo lo que viene después la encuentra ya formada. A mí me preocupa mucho cierta imposibilidad de cambiar. Por ejemplo, las formas cristalizadas de respuesta erótica y ya después, por más que el psicoanálisis o las lecturas lo intenten, eso permanece.

–¿Ese mundo anterior es el que reflejan las historias paralelas de *Pubis angelical?*

M.P.: Sí, es lo que desgraciadamente parece resistirse a cambiar. A mí me parece terrible que ciertas cuestiones parezcan ser decisivas, definitivas. Que le gusto sexual y el erotismo, que todo aquello que te va a configurar, se congele en un momento tan temprano, en la adolescencia casi.

–Tú sacas de la vida de tus personajes todo lo que no sea ese mundo empobrecido y melodramático pero no dejas fuera la cuestión política. Desde *The Buenos Aires Affair* hasta *Maldición eterna a quien lea estas páginas* se va a desarrollando un discurso o una teoría acerca de la historia argentina y el peronismo. Precisamente en *Pubis angelical* hay un diálogo, entre Ana y Pozzi donde Ana pregunta desde la extrema banalidad y Pozzi le contesta desde el lugar común "politizado": ambos trazan una especie de panorama histórico del peronismo.

M.P.: Eso tiene que ver ante todo con el personaje. Yo diría que no tengo una visión muy clara del peronismo. No me animaría a plantear estas cuestiones en una tercera persona. Me valgo de un personaje porque pienso que ese personaje sí asume un punto de vista. Te diría que yo te puedo dar muchos datos sueltos, pero no me atrevería a sacar conclusiones definitivas sobre el asunto.

–Pero a lo largo de tus novelas tú vuelves siempre sobre la inmediatez de la historia argentina.

M.P.: Porque me interesa, me toca directamente. Pero me parecería un acto de irresponsabilidad enunciarlas yo, ya que eso implicaría un estudio mucho más serio. No más serio, porque este trabajo de algún modo pretende ser serio, pero sí más profundizado. A mí me interesa contar estas historias y presentar visiones personalizadas. Me parece que a través de la visión personalizada y deformada de un personaje el lector puede tratar de comprender algo.

–Entiendo esto en el caso de *El beso de la mujer araña*. Se ve muy claro porque la novela transcurre en un ámbito cerrado que excluye otro tipo de discurso o de voz y los personajes mismos se desarrollan sólo ahí y por lo tanto tienen más entidad como personajes. Pero en *Pubis...* Pozzi es un interlocutor que entra y sale de la vida de Ana, casi sin cuerpo. Entonces me sorprendió la contundencia de ese discurso abiertamente político, si quieres, y lleno de definiciones sobre la Revolución Libertadora, los radicales, Onganía, Lanusse.

M.P.: A mí me pareció necesario eso porque era la información a la que tenía acceso el personaje protagonista. Era Ana ante todo la que me interesaba y para ella era importante en ese momento hacer esas preguntas. Escucha lo que puede, no lo quiere.

–Tú pareces oponer la escucha ingenua, tan ingenua, de Ana al lugar común de Pozzi, como si de la oposición surgiera una especie de rechazo.

M.P.: No, más bien es que ella tiene humildad, cosa que a mí me atrae mucho en la mujer argentina. Con lo argentino tengo mucho conflicto, sobre todo con cierta pose de seguridad absoluta típica del hombre argentino. Yo me entiendo mucho mejor con las mujeres en Argentina. Bueno, por lo menos hasta hace años. Ahora no sé qué pasa. Pero en aquel momento, en 1973, yo notaba en el hombre una disposición bastante fácil a la seguridad de opinión. Todo el mundo, el mundo masculino, tenía un punto de vista definido.

–¿Tú te fuiste en 1973?

M.P.: Sí, en septiembre. Cuando hicieron salir a Cámpora y propusieron la fórmula Perón-Perón y fue aceptada, yo dije: yo no tolero esto, no puede ser. Iban tan bien las cosas. Recién "renunciado" Cámpora se habló de una fórmula Perón-Balbín. Eso permitía tener todavía alguna esperanza, pero cuando todo el mundo aceptó la fórmula Perón-Isabel yo me sentí tan ajeno...

–¿Vivías ya de la literatura antes de irte?

M.P.: Sí, a partir de *Boquitas pintadas*. Fue un *best-seller* muy fuerte. Yo me había mantenido desde el 67 al 69 con los ahorros que había traído desde Nueva York y cuando empezaron a acabarse se produjo el éxito, tan inesperado, de *Boquitas*. Completamente inesperado. Yo esperaba que con *La traición de Rita Hayworth* sucediera algo, pero al principio tuvo unas ventas apenas discretas.

–Por tu edad y producción eres un caso bastante raro en la literatura argentina. ¿Reconoces algún parentesco o contactos con alguien dentro de esa literatura?

M.P.: Yo fui amigo en aquellos años de Ricardo Piglia, de Osvaldo Lamborghini, de Luis Guzmán. Los tres de algún modo han continuado escribiendo.

–¿Quiénes te interesan?

M.P.: Ellos tres me interesan.

–¿Podrías definir la relación de la literatura argentina con la latinoamericana? ¿Le encontrarías algunos rasgos propios?

M.P.: Estas cuestiones críticas se me escapan un poco. Creo que hay características propias. La más notoria es la ausencia de paisaje. Eso es fatal. Y nos acerca a Felisberto Hernández y a Onetti. Es la misma cosa.

–A pesar de que se escapan un poco, como dices tú, las cuestiones críticas, de tu obra se ha escrito mucho, sobre todo en lo que se relaciona con la parodia o lo paródico en tu producción. Muy a grosso modo, podríamos decir que la parodia es un doble movimiento de rechazo o atracción hacia un objeto o modelo. ¿Sobre cuál de los dos ejes te moverías tú?

M.P.: Yo busqué en el diccionario la palabra parodia y dice "imitación burlesca". Yo no me quiero burlar de nada. He parodiado géneros, y a veces se parodian cosas para mostrar que por más que se las ridiculice no se las puede matar. Eso en cuanto a los géneros. Hay un aspecto que es más complicado, porque yo trabajo muchas veces con personajes que son paródicos. Hay personajes de clase media o de baja clase media argentina de los años treinta y cuarenta, hijos de inmigrantes y ex-campesinos que habían llegado a Argentina con algunas tradiciones que más bien convenía olvidar porque denunciaban su origen. Ellos venían a cambiar de clase social, querían ser propietarios o comerciantes. Sobre todo es la generación de sus hijos la que me interesa, la primera generación de argentinos. Era difícil para ellos encontrar un modelo de lenguaje. Los modelos a mano eran los folletines y la radio: lenguajes muy cargados precisamente para impresionar a un público poco refinado. Se cargaban las tintas para lograr un impacto y crearon, de hecho, una cierta sensibilidad. Las primeras letras de tango van dirigidas a un público que tiene que entender sea como sea, con trazos de brocha gorda.

–Sí, ése es el mundo de *La traición de Rita Hayworth* y de *Boquitas pintadas*. Pero en tus novelas posteriores tú conservas esa versión trivializada o meliflua de la sensibilidad, como si lo folletinesco totalizara tu visión. En *Pubis angelical* por ejemplo.

M.P.: En las alucinaciones sí. Y también en las de *Maldición eterna...* porque hacen referencia a formas narrativas muy emotivas.

–Me desconcertaba que el personaje del viejo, Ramírez, que se va descubriendo, a lo largo de la novela, como un intelectual cuyo mundo y experiencias no parecen corresponder a ese estilo, lo exceden...

M.P.: Pero en él también esas experiencias son contenidos reprimidos y también él tiene asociado, por su edad, "ficción" o "aventura" al lenguaje folletinesco, a Verne, a Salgari, porque fueron las fantasías que nutrieron a esa gente. Yo creo que muy en el fondo uno tiene ese lenguaje no asumido, no puede ser que no lo tenga si uno lo ha escuchado y leído tanto. El otro personaje, Larry, es diferente. Tiene un lenguaje seco. Se puede tomar incluso el personaje como un caso clínico porque yo trabajé con el personaje real. Todo lo que sale de la boca de Larry es auténtico, él lo ha dicho, con la excepción por supuesto de las alucinaciones que están a cargo del viejo. La historia también es verídica. En realidad, esta novela surgió a raíz del encuentro con el personaje. Yo no tenía prevista una novela con protagonistas no argentinos. Era por el año 1977 y yo ya llevaba un año de segunda estadía en Nueva York. Había estado en N. Y. en los sesenta pero era otra cosa, había otro aire. Estaba muriendo el sueño americano, el *american dream* clásico, gente, empobrecimiento de la experiencia. Y el sueño del confort se había revelado una terrible pérdida de tiempo. Eso terminó. Ahora, a partir de los setenta, se ha vuelto a dar mucha importancia a la ropa, al maquillaje. Piensa en el tiempo que les lleva a las mujeres y la complejidad de todo esto. Y sin ayuda doméstica, que en Estados Unidos sólo existe para la clase muy alta. Todo se hace a base de un esfuerzo que a la gente la drena. Larry es ese personaje, que renuncia a ese mundo y se margina.

–Pero la novela termina con una suerte de redención...

M.P.: Porque Larry se salvó en la realidad. Yo tenía otro final previsto, de tono pesimista, que incluso conservé en la primera escritura del texto. Pero luego, el proceso positivo del personaje real hizo que me inclinara por el "final feliz". Te contaré lo que pasó. Yo había estado más de dos años en México, de donde me tuve que ir por problemas de altura. Allí estaba más adaptado. Pero el Nueva York de la segunda vuelta fue muy triste par mí. Era el de la resaca, se había acabado la aventura *hippy* y no había proyecto colectivo. Yo trataba de interesarme por las cosas del país y hacer amistades, pero me sentía muy aislado. Aunque domino el inglés, me cansaba muchísimo, porque corresponde a una sensibilidad muy diferente. Bueno, yo iba todos los días a nadar a una piscina municipal porque tenía problemas de salud, de presión, por el exilio supongo, todas somatizaciones. Allí, en la piscina, estaba este hombre, más joven, que regalaba salud. Además yo lo veía como alguien que tenía todo en la vida. Pero estaba solo, siempre, a todas horas. Y se me produjo una terrible curiosidad. ¿Qué pasa, qué desperdicio hay aquí? ¿Qué hace con su vida este personaje? Empezamos a hablar y era muy diferente a lo que había pensado: odiaba ser norteamericano, tenía admiración por la gente que sabía idiomas, era marxista y quería escribir. Yo quería ser él y él quería ser yo. Cuando empezamos a hablar no nos entendíamos para nada. Él tenía una imagen muy idealizada del escritor, como de alguien muy seguro de sí mismo. Estaba desocupado y quería ser jardinero. Entonces le propuse diálogos tres veces por semana, pagándole. Nos encontrábamos dos horas cada vez. Él no quería grabadora, así que todo lo que iba diciendo yo le escribía a máquina. Ese diálogo, en el que yo me ponía en el lugar del viejo, es la novela.

–¿Has usado esa técnica otras veces?

M.P.: Sí, precisamente en ese diálogo de *Pubis angelical* entre Pozzi y Ana que te llamó la atención. Yo me puse en el lugar de Ana, busqué alguien que respondiera a las características de Pozzi y armé la escena de esa manera.

–Evidentemente no le tienes miedo al lugar común ni al peligro de la falta de selección.

M.P.: Yo uso todos los recursos, salvo el narrador omnisciente, en tercera persona. Aunque puede haber una tercera persona falsamente omnisciente, como la de *The Buenos Aires Affaire*. No creo en la objetividad de la tercera persona. Ahora tengo un tema brasileño. Desapareció totalmente lo argentino. Tal vez esté tan presente que no tenga necesidad de corporizarse en un personaje. Hace un año que estoy trabajando en ella: cada novela me lleva de dos a tres años. Las más trabajosas fueron *La traición* y *The Buenos Aires Affaire*, esta última sobre todo por la escritura.

–¿Has vuelto a los guiones?

M.P.: Bueno, cuando yo pasé del cine a la novela, esto fue por una necesidad de espacio. En las primeras novelas yo trataba con personajes de la infancia y trabajaba por acumulación de detalles. Ése no era material cinematográfico. Se trataba de un procedimiento analítico. En realidad, mi regreso al cine fue forzado, porque me pidieron *Boquitas pintadas*. Yo no creía demasiado en las posibilidades cinematográficas de la novela pero acepté hacer el guión porque pensé que cualquier otro se encontraría con las mismas dificultades y por lo menos yo conocía bien la novela. Pero no trabajé cómodo, precisamente por la reducción de espacio. No fue divertido. En cambio, unos años después, en México, Arturo Ripstein me pidió hacer una adaptación de *El lugar sin límites*, de Donoso. Releí la novela y me pareció que era un relato corto, casi un cuento y que allí había que agregar material para una película de dos horas. Es un relato muy fuerte y muy escueto. Lo hice con muchas ganas y entonces me di cuenta de que había algo en esa historia que ayudaba, que no era sólo la brevedad y es que se trataba de una alegoría. No eran personajes reales, por lo menos para mí, sino alegóricos. Entonces cargué las tintas por ese lado. Ahí me di cuenta de que en cine yo me puedo sentir cómodo haciendo algo no realista mientras que es un acercamiento realista lo que me gratifica en literatura. El realismo en cine, no queda más que en fotografía, no funciona. Mientras que ya un despegue de la realidad de tipo alegórico puede funcionar bien. Por eso me lancé a hacer el guión que tú viste, *Recuerdo de Tijuana,* en el que la idea y el guión son originales.

–Volvamos a la cuestión del realismo. No entiendo si defines como "realista" dentro de tus novelas el cuidadoso coloquialismo, el diálogo (que en las últimas está recogido, por lo que veo, con métodos casi de antropólogo) y las descripciones enmascaradas en esos relatos de tu falsa tercera persona. Pero siempre está presente una carga de fantasía y folletín –eso que tú defines como contenidos inconscientes– que es "romance", estilización, en fin, literatura de género.

M.P.: Sí, pero son siempre elementos que van a permitir la construcción de una realidad reconocible. Mi intención es siempre una reconstrucción reconocible de algo y en lo posible aclaratoria. Pero en cine me sentí bien en otros términos, por lo menos en mis últimas incursiones por él. Esos personajes no son reconocibles.

–Para terminar casi con un tópico, ¿cuál de tus novelas prefieres?

M.P.: En esto se produce una especie de protección de los padres por los hijos. Las que siento tal vez más cerca son *The Buenos Aires Affaire* y *Maldición eterna,* quizá porque son las menos comprendidas.

–Perteneces –así dice la prensa– al grupo de Windsor. ¿Cómo lo definirías?

M.P.: Ah, no lo sabía. De lo único que estoy enterado es de que hubo un congreso en Canadá donde se dijo que sería interesante que nos volviéramos a reunir, y efectivamente así fue, en Berkeley. Pero, eso es todo lo que sé...

1982   (1980-1990)
PASIÓN LITERARIA CORRESPONDIDA
El socialista
Madrid, España

Manuel Puig es uno de los novelistas más populares en nuestro país. Tras el éxito teatral de la representación de *El beso de la mujer araña,* ha venido a España desde Río de Janeiro, donde vive en la actualidad, a presentar su nueva novela, *Sangre de amor correspondido.* Y ha hecho estas declaraciones para *El socialista.*

La traición de Rita Hayworth, Boquitas pintadas, The Buenos Aires Affair, El beso de la mujer araña, Pubis angelical, Maldición eterna a quien lea estas páginas, Sangre de amor correspondido, Bajo un manto de estrellas (obra dramática inédita todavía)... si se lo preguntas se echa a reír y dice que no.

Pero la verdad es que da la impresión de que a Manuel Puig, de General Villegas, provincia de Buenos Aires, en la Pampa seca que carece de paisaje, nacido en 1932, apasionado por el cine y novelista, primero se le ocurren los títulos y luego los encuentra tan conseguidos que no tiene otro remedio que ponerse a escribir una novela.

Él dice que no, que primero, como Dios manda, concibe una trama, escribe la novela y busca por último un título. Título que a veces da lugar a divertidas anécdotas.

"Mi editorial, Seix-Barral, acaba de reeditar, en libro de bolsillo esta vez, mi novela anterior, *Maldición eterna a quien lea estas páginas.* Pues bien, por presiones de los libreros se ha abreviado el título, quedando en la portada únicamente *Maldición eterna* y en el interior el título completo. Esto ya no les importa a los libreros y es que, al parecer, eso me han contado, muchos clientes se ofendían con el título y rechazaban la novela. Fíjate qué cosas le pasan a uno". Y Manuel Puig sonríe con ironía.

ENCUENTRO CON EL PARAÍSO

Precisamente con esta novela de incomprendido título hubo algún crítico que señaló que Puig cerraba el camino a la nostalgia y colocaba las bases de nuevas novelas.

"Es posible –dice–, pero tengo en proyecto una novela argentina situada en los años cuarenta, que no es nostálgica creo yo, pero sí de algún modo es "retro". Yo no pienso que mis novelas sean nostálgicas, sino que en ellas hay una voluntad de comprender lo que sucedía con la generación de mis padres y, si bien destaco mucho valores de aquella época, también critico la atmósfera represiva que caracteriza a aquellos años".

Pues bien, en enero de 1980, terminada *Maldición eterna*, Puig se instala en Brasil. Tiene en mente ponerse a trabajar en esa novela de los años cuarenta, no nostálgica, sino "retro". Viene de Nueva York, ciudad en la que no ha estado cómodo Puig, en donde su soledad, uno de sus fantasmas personales hechos materia literaria, ha sido más intensa.

Río de Janeiro, todo Brasil, le deslumbra. Cree haber encontrado el paraíso. Hay que comprenderle: provenía de un pueblecito seco de la Pampa argentina más extrema, aquella que no tiene paisaje. Ha vivido en México, en donde la altura no le sienta nada bien. Su estancia en Nueva York no ha sido fácil: conoce bien el inglés, es persona extrovertida, pero..., y encuentra esa realidad brasileña que se hace tópica sin dejar de ser real.

Al poco de llegar, conoce Puig a un joven brasileño de color, que va a su casa a realizar algunos trabajos de albañilería. Entablan conversación y poco a poco Manuel Puig se olvida momentáneamente de su novela argentina. Una vez más, se encuentra con un personaje, el tema de la novela está ahí. Es el embrión de *Sangre de amor correspondido*, la última novela de Puig, que acaba de editar, como las anteriores, Seix-Barral y por ella ha estado en Madrid unos días el novelista argentino.

"Era éste –explica Puig– un personaje sorprendente, un hombre con una cualidad verbal especial, no decía las cosas por su nombre, sino que adornaba la realidad, le ponía música, la pintaba de colores. Sobre todo lo que decía se desprendía un perfume poético rural, que quise captar en las páginas de la novela".

Le propuso grabar las conversaciones, no fue fácil y Puig le convenció pagándole como si aquello fuesen horas extraordinarias.

"Al principio no creía que de aquello saliese una novela, simplemente quería captar ciertos rasgos de lenguaje campesino. Pero al oírle, me fui dando cuenta de que había allí una historia, no sólo un lenguaje. La historia, pues, me interesaba, pero pensaba aún que tendría necesidad de buscar recursos estructurales para mantener la intriga, para reforzar el contenido anecdótico. Pero sucedió algo imprevisto, el personaje se empezó a contradecir. Me di cuenta entonces de que aquel sujeto, al encontrar alguien que le escuchase, estaba aprovechando la situación para proyectar su versión ideal de sí mismo".

Esto, al principio, le molestó, consideró Puig que había traicionado su confianza. Pero se dio cuenta de que lo que hacía aquel joven "era lo mismo que a mí me lleva a escribir, esa incomodidad con la realidad, ese deseo de replantearse todo en términos estéticos; es decir, aquel joven era sin proponérselo un verdadero creador, que es lo que pretendemos todos:"

Y Puig se dejó envolver por esa historia de amor, protagonizada por un joven, fuerte, saludable, nacido "en una zona de hipertrofia de la naturaleza, entre cascadas y selvas". Y le perdonó, además, que le hubiera engañado.

GALERÍA DE PERSONAJES

"Pues la aparición en el relato de esas contradicciones me sugirió la estructura de la novela y así van surgiendo esas diferentes versiones y el lector me acompaña en el descubrimiento de la realidad del personaje, a pesar de los velos engañosos que se iban interponiendo. Esas contradicciones determinan el suspenso. Al principio, creo yo, el lector piensa que se le está contando la verdad pero las sucesivas mentiras le van revelando las carencias más íntimas del personaje y su necesidad desesperada de crearse realidades paralelas, al no conseguir la cruel verdad que le ha tocado en suerte".

Esto en cuanto a la estructura, que otro problema se le planteó con el lenguaje.

"Al pasar estas transcripciones de la cinta magnética, toda hecha en portugués, me encontré con que este lenguaje no podía corresponder a ningún modelo reconocible de lenguaje popular, no podía traducirlo a un lunfardo, el lenguaje porteño, o a una lengua popular pampeña. No tenía otra salida que inventar un lenguaje ficticio, pero que podía corresponder a la imagen verbal del personaje".

Este joven brasileño ha pasado así a la singular galería de personajes de sus novelas, galería en la que tal vez está colgado aquel personaje que más se parece al propio Puig, o aquel con quien más se identifica el escritor.

"No hay ninguno. Todos mis personajes son reflejo de mis problemas, sobre todo de los no resueltos y si pudiese elegir un personaje, elegiría alguien sin problemas".

El mérito de Manuel Puig parece ser el que utilice técnicas de folletín, de novela rosa, sin caer en el ridículo, sin convertir sus relatos en pastiches.

"Bueno, yo del folletín lo que quiero rescatar son ciertos rasgos que considero positivos, como la dosificación de la intriga, la velocidad del relato, el componente emocional. Durante mucho tiempo la aparición de lo sentimental causaba desconfianza entre la crítica pretenciosa, pero el sentimiento es parte de la experiencia humana y no veo por qué tiene que estar ausente de la obra literaria".

Esta última novela suya, asegura Puig, no hubiera sido posible sin su estancia en Brasil, es, en cierto modo, el homenaje literario del escritor hacia un país que tan bien le acogió.

"Uno de los acicates principales en esta investigación del personaje fue mi interés por resaltar esa fuente de alegría de vivir que tiene el pueblo brasileño, la clase baja. Una novela como ésta sólo la podía haber escrito en Brasil. Supongo que tiene mucho que ver la presencia de la raza negra. He podido ver que da muy buen resultado el cruce de ibérico con negro. En el Caribe, español con negro; en Brasil, portugués con negro. Yo veo la raza negra como un *reservoire*.

Es una raza expuesta a menos siglos de educación represiva y, por lo tanto, más sana, más atenta a las reales necesidades del ser humano, sobre todo, más alerta a las necesidades físicas".

CINE Y TEATRO

Cuando tenía Puig muy pocos años, su madre le llevaba casi diariamente al cine. En aquellas películas de los años treinta, facilonas, de "teléfono blanco", su madre, como tantas otras personas, se evadía de la realidad soñando a través de la pantalla. Ella, su madre, añoraba otra vida, la vida bulliciosa, intelectual, ella tenía inquietudes, de Buenos Aires. Aquel pueblo perdido en la Pampa, castigado por el aire seco, sólo contaba con una vía de escape: aquel cinematógrafo, que cambiaba, además, de programación todos los días. Puig creció, pues, casi predestinado: dirigiría su vocación por el cine. Fue a Roma a estudiar con Zavattini. El neorrealismo hacía furor en Europa. El no había ido al cine a eso y se alejó de él. Empezó a escribir una novela. A Puig la literatura, gusta repetir, le arregló la vida. "Encontré por lo menos una actividad que me es afín".

Pero la añoranza por aquellas viejas películas, que casi literalmente mamó, nunca la ha perdido y de vez en cuando vuelve al cine.

"He acabado la adaptación de mi novela *Pubis angelical*, que Raúl de la Torre está filmando en Buenos Aires, fuera del circuito normal, sin apoyo del Instituto de Cinematografía. Confío en que la película pueda ser exhibida y no prohibida".

El año pasado, en Valencia primero, luego en Madrid, en Barcelona y en otras ciudades, se representó una adaptación teatral, hecha por él mismo, de una de sus mejores novelas, *El beso de la mujer araña*. La buena acogida le animó y mientras se prepara el estreno de esta obra en Brasil, Alemania y Estados Unidos, ultima otro estreno, el de su obra teatral *Bajo un manto de estrellas*, en Brasil.

1982, 13 de junio   (1980-1990)
MANUEL PUIG Y EL OFICIO DE ESPECTADOR
Conversación con Maruja Torres
El País, Madrid, España

Manuel Puig es un hombre combinado en marrones, urdido en terciopelos. Están, para empezar, sus ojos, grandes, brillantes –*son para verte mejor* diría el lobo–, del color de un caramelo *toffee*. Y la piel tersa y tostada, con un aire de tapicería cara, bien conservada. Los terciopelos le afloran en la voz y en el gesto, que le sitúan a mitad de camino entre un adulto sabio y un crío alarmado por lo que no comprende. Hay mucho en él, todavía –pese a esa cincuentena que ya ronda y le fastidia, aunque no la aparente– del niño que creció midiendo la inmensidad de la Pampa por sus carencias, incluyendo la vida a través de sus desajustes, sembrando de fantasías los vacíos, entablando lazos de estrecha consanguinidad con seres de película.

Porque en el mundo de su infancia en ese país que nunca se abandona del todo, no había un papel escrito especialmente para Manuel Puig, y la gente de carne y hueso que le rodeaban recitaban el suyo con tal desatino que no le quedó otra salida que buscar, en el cine, la armonía que la realidad le negaba. Y fruto de ese entrenamiento en la ficción, de ese creer a pies juntillas en la superioridad del espejo, es el Manuel Puig novelista, que parece haber llegado al conocimiento del corazón humano colgado del estribo de un tranvía de circunvalación, de uno de esos viejos armatostes que avanzan traqueteando, agitando su toldito a rayas al compás de un antiguo ritmo, seguramente un bolero de amor.

La mujer tiene una importancia capital en todas sus obras. Y también en su vida, quizás por un proceso de identificación.

"Yo me siento solidario con la mujer, porque creo que es una forma de sentirme solidario con el ser humano. Siempre es un miedo a lo diferente lo que da origen a tanto problema. Con la mujer hay que dialogar. Yo que tuve una infancia en la que estuve rodeado de mujeres sometidas y muy incómodas en su rol, pero que aceptaban las reglas. Vi finales de vida muy tristes, porque era evidente que tenían posibilidades para haber desarrollado otra existencia, y no tuvieron fuerza o lucidez suficiente para rebelarse, otra cosa, que por otra parte, era muy difícil en aquella época. Yo recuerdo que en mi pueblo, en General Villegas, era una verdad indiscutible la necesaria presencia de un dominador para que se produjese el goce sexual de una mujer, decían que, sin doblegamiento, no se sentía nada. Imagínate, un paso más y estamos en la degradación".

Una realidad machista

"Y había hombres que no podían evitar un cierta expresión de su naturaleza, una cierta ternura, una cierta bondad, y ese tipo de hombres eran señalados públicamente como *proyecto de cornudos*. Yo me libré de la realidad de ese pueblo machista porque todas las tardes a las seis, se abría para mí otra realidad, en el Cine Teatro Español, una sala que tenía mosaicos andaluces en el vestíbulo. Allí estaban las películas, que cuanto más irreales más me gustaban, las comedias musicales, sobre todo, porque, en ellas, la gente cantaba...., mientras que, en la vida real, todos ladraban y, además, interpretaban mal su papel, estaban descontentos con el rol que les había tocado incorporar".

La novela que mayor éxito le ha proporcionado a Puig en España, *El beso de la mujer araña*, la pensó, en principio para que el personaje que se enfrenta dialécticamente al militante político fuera una mujer, en vez de un homosexual: "Pero en aquel tiempo, en el 72, todas las mujeres se estaban emancipando, o por lo menos dudaban del papel que representaban. Por eso, entre las mujeres que yo conocía, no encontré un tipo de mujer articulada dispuesta a defenderme ese papel".

"La única voz totalmente adherida al pasado era la de ciertos homosexuales con fijación femenina que yo conocía, que por el hecho de no poder realizar la experiencia podían seguir fantaseando. Y esto me lleva a pensar que, en la mujer, el hecho de estar esperando siempre al *príncipe azul* daba a sus pensamientos un vuelo lírico increíble, porque, fíjate, mientras tanto no llegaba –que no llegaba nunca, porque no existe– todo era posible para ello. Claro que el precio que pagaba a cambio era terrible".

La carne "huesífuga"

Manuel Puig es un hombre coqueto, preocupado por su aspecto que, a efectos publicitarios, sigue entregando la fotografía que le muestra más joven, con más pelo y una sonrisa de comerse el mundo. "Pero esta pequeña vanidad tiene efecto bumerán, porque cuando estoy firmando libros no me reconocen, no vienen a mí, y tengo que decirles, eh, soy yo, Manuel Puig soy yo". Le digo que está muy guapo, muy joven, y eso le complace pero añade: "Restos de ayer *m'hijita*. Pero la carne cae. Tengo un amigo que dice que, a partir de determinada edad, la carne se vuelve huesífuga, en vez de huesípeta, como sería lo deseable". Y hace un gesto abriendo las manos, con una desolación más fingida que real. Una desolación que no es sino otra forma de expresar su coquetería.

Cree el novelista en la predestinación, ¿Para todos? "Para todos, en mayor o menor grado. Lo que a mí me gustaría como escritor, a lo que aspiro en la parte temática, es a revelar justamente ese momento en que un personaje cree actuar libremente y, en realidad, está obedeciendo a los dictados de una sociedad represiva. Me gusta sorprender ese momento en que se virtúa la necesidad natural de un personaje para plegarse a la imposición del medio". En todo caso, el *hado* que al propio Puig le tocó en suerte tenía previsto que abandonase su pueblo, cogido de sus sueños de celuloide por los pelos y que, tras tentar por un tiempo la aventura del cine se pusiera a escribir pagando, quizás, una vieja deuda que, como todo nacido en General Villegas, tenía con las palabras.

"Porque allí, en medio de aquella Pampa inmensa, carecíamos de referencias directas de la naturaleza. Todo era liso, llano, infinito. Y había palabras como árboles, montañas, mar, que carecían de significado. Palabras como río o lago, que parecía que no teníamos derecho a utilizar. Que si las mencionábamos era como si hiciéramos poesía".

El ascetismo de la Pampa

Durante eso años de vagabundeo, esos años de búsqueda que precedieron a su dedicación a la literatura, Manuel Puig anduvo encerrado en sí mismo, solitario, víctima de "este carácter que a menudo me hace echar el freno. Porque yo fui criado en el ascetismo total de la Pampa, y tengo problemas de exceso de control. Nunca me ha sido fácil hacer amistades, y ahí sí que me alegré cuando, por fin, supe que estaba haciendo algo en la vida, algo útil, que yo era escritor, y además mi trabajo me proporcionó muchos amigos, porque la gente, al leerme, sabe cómo soy yo, mucho más que en una conversación conmigo".

Por eso, cuando escribe, lo hace siempre para alguien determinado. "Mis novelas corresponden a grandes sacudidas sentimentales, y cada obra mía ha estado dirigida a una persona especial, con la intención de demostrar algo que personalmente me era imposible explicar. Lo que ocurre es que una vez terminado el trabajo, me suele dar lo mismo que el destinatario se haya enterado o no. A mí me ha servido, y eso basta". Le digo que parece un hombre vulnerable, de sensibilidad a flor de piel: "Bueno, sí, m´hijita, pero en lo que se refiere a la crítica no me ha quedado otro remedio que desarrollar una coraza, porque la crítica siempre me ha considerado sospechoso por este material de la vida que yo utilizo para mis novelas, que es como si no estuviese elaborado, fíjate tú. Sin embargo, en lo personal, no, no me protejo, porque si no nos dejamos sacudir, si no nos ocurrieran esos grandes cataclismos sentimentales, si no sintiéramos nada... no valdría la pena".

Curiosamente, así como hay quien le reprocha su estilo por considerarlo demasiado fácil, él mismo desconfía de cuando no le cueste un gran esfuerzo:

"Es mi ascetismo, sin duda, el mismo que hace que sólo disfrute del ocio cuando salgo de horas de trabajo". Lo cierto es que, cuando se pone a escribir, permanece muy atento a que la voz que escucha, la voz que le impulsa a escribir al dictado, sea propia, y no prestada: "Porque cuando te aíslas, cuando te encierras a escribir, tienes que ir con mucho cuidado, no sea que te salga el tono de otro escritor. Tienes que detenerte y pensar si es eso lo que te conviene. Cuando escribí *El beso de la mujer araña* me salía todo de un tirón, es una novela que no tuve casi que corregir, pero yo desconfiaba, no podía creer que me estuviera resultando tan fácil, me interrumpía durante semanas pero la *voz* volvía a aparecer, hasta que ya no tuve dudas".

DESLUMBRADO EN BRASIL

Puig vive en Brasil, país en el que sitúa su última novela, *Sangre de amor correspondido*. "Allí vivo muy tranquilo, llevo una existencia muy rutinaria. Como soy hipotenso, por la mañana resuelvo asuntos que requieren poco esfuerzo: la correspondencia, solucionar cuestiones bancarias... Luego voy a la playa, leo el periódico, almuerzo solo y hago la siesta. De cuatro a ocho trabajo, y aquí sí, a partir de aquí ya me desbordo, me rodeo de gente, no puedo soportar la soledad por más tiempo". ¿Y cómo se siente un argentino en Brasil, cómo escribe un argentino sobre Brasil? "Desde mi asombro. Deslumbrado ante esa capacidad brasileña por la despreocupación. Porque los argentinos tenemos una hipertrofia del sentido crítico, y una adicción malsana al trabajo, y una ambición un poco desmedida, creo yo. Y, entonces, pues eso: deslumbrado. Pero en mi próxima novela voy a volver –idealmente, claro– a mi país, a los años cuarenta, porque estos últimos tiempos han sido tan surrealistas...".

Han sido, y están siendo, unos años terribles. Como una mala película. Y las malas películas hieren la sensibilidad a flor de piel de Manuel Puig, un hombre que aprendió a reinventar la realidad en el cine y que, quizás, se reinventó a sí mismo como escritor pensando en algún personaje cinematográfico. Aunque lo mas probable es que trasladara este oficio a su antigua e irremediable vocación de espectador, dando un único y definitivo paso más: el de contar a los otros y contarse a sí mismo.

LAS LETRAS Y EL CINE   (1980-1990)
MANUEL PUIG Y HUGO SANTIAGO SE PREGUNTAN
POR LO QUE VENDRÁ[7]

Hugo Santiago: ¿El cine de aquí a diez años? Ante todo una aclaración: el cine es
una manera de escribir. Razones puramente económicas (la posibilidad de trans-
formarlo en un extraordinario negocio) lo privaron de la libertad inherente a toda
escritura, lo sometieron a trabas y limitaciones implícitas en la idea de espectáculo.

Creo que esta década verá la culminación de los procesos desencadenados
en la anterior. Visiblemente, ya están afianzándose: la erupción de grupos jóvenes con un lenguaje propio, independiente. Aunque desordenado, aún contradictorio, ese movimiento ha sido irreversible. La competencia de la televisión
con la producción comercial es sólo aparente pues los grandes monopolios ya
han hecho las paces. La producción comercial sobrevivirá, pero sólo en manifestaciones determinadas: filmes de gran despliegue, con estrellas y altísimos
presupuestos. La televisión monopolizará la distracción de consumo. Esto deja
el campo libre al cine.

Porque el cine podrá ocuparse de lo que importa y nunca debió dejar de ser:
una disciplina de la poesía. (No en los llamados "contenidos poéticos" sino en
la estructura misma de su lenguaje.) Ese nuevo lenguaje que el cine podrá
hablar con libertad, coincide con esa cosa nueva que está ocurriendo en el
mundo, con el surgimiento de ese hombre nuevo que ya se asoma.

Los nuevos circuitos de distribución, las organizaciones independientes de
producción, distribución y exhibición, las salas pequeñas y los equipos móviles,
el 16 mm y el Súper 8: todo esto no es el futuro sino el presente. Sólo que
muchos aún no saben verlo. En los próximos años aprenderán a verlo.

Y, sobre todo, los casetes. Gracias a ellos cambia la estructura misma de la
exhibición. El cine que interesa no necesitará salas de exhibición. Sólo los filmes
espectaculares serán objeto del habito social de "salir": vestirse, desplazarse. El
casete se adquiere como un libro; se lo lee en casa, en el momento y el ambiente
elegido; se lo puede detener para observar una imagen, volver hacia atrás para
escuchar y ver de nuevo una secuencia, interrumpir la lectura para continuarla al
día siguiente. Es decir que un film será *leído* tan libre y minuciosamente como
un libro. Esto liquidará imposiciones y jerarquías ridículas: cada obra tendrá su
duración propia, su grado de dificultad (que el cine "que no se detiene" tiende a
rehuir). Y, para quienes los busquen, también habrá *best-sellers*.

---

[7] En las fotos que lleva la nota dice: "Con la cámara como un lápiz" arriba de la de Hugo
Santiago, y "Por los dispensarios sexuales" en la de Manuel Puig. El recorte se encontró en el
archivo del escritor sin mayor indicación de medio periodístico, autor de la nota, ni fecha.

La verdadera mutación, entonces, será un aporte de la técnica que nada tiene que ver con el relieve, los olores y otras trivialidades que absorberá la producción espectacular. Ese aporte serán las condiciones que permitan que el hecho de hacer un film deje de ser una casualidad y privilegio. Las cámaras pequeñas, de bajo costo y gran calidad de imagen; los negativos de extraordinaria sensibilidad que hagan innecesario el uso de luces y de equipos pesados; los equipos de grabación de sonido diminutos y livianos, tal vez acoplados a las mismas cámaras: las consecuencias de todo esto superan el ámbito de la técnica, atañen directamente a la cultura.

Cuando el cineasta pueda hacer su film sin gastos mayores que el del artista plástico ante una tela o ante un objeto, con la misma libertad con que incontables hombres de todas épocas tomaron un lápiz y compusieron un poema sobre una hoja de papel, varios millones de personas en todo el mundo se lanzarán a hacer *su* film, no sólo unos 10 mil como hoy.

Entonces el cine descubrirá a su Hölderlin, a su Rimbaud, a su Artaud. Y lo más hermoso de sus filmes es que nosotros ni siquiera podemos soñarlos, que todo el cine previo será la burda, torpe, ingenua, conmovedora prehistoria de su poesía.

Manuel Puig: Con la velocidad creciente con que se producen los cambios de un tiempo a esta parte, me parece inútil tratar de prever a qué habrán conducido, en diez años, los procesos actuales. No obstante, en literatura, me arriesgaría a prever que las tramas novelísticas se centrarán en los recién inaugurados dispensarios sexuales. (Me refiero, desde luego, a esas instituciones de salud pública adonde acudirán aquellas personas, de ambos sexos, que puedan tener dificultad para formar su pareja, y donde serán atendidas por voluntarios, también de ambos sexos, que dedicarán a esa noble misión algún rato libre. Ese servicio, desde luego, será gratuito, dado que el socialismo será la única forma de organización vigente dentro de diez años, y el afán de lucro habrá sido desplazado por una nueva forma, intensa y total, de caridad a la cristiana.)

Ese escenario, lejos de disminuir los conflictos posibles, permitirá centrarlos en la correspondencia (y la falta de correspondencia) entre la capacidad de dar y la de recibir, por parte de donantes y necesitados. Para entonces ya estará en claro que el gusto/tendencia/compulsión (hasta entonces imbatible) sólo puede evitarse con la puesta al día de las urgencias sexuales; decir que una persona es "fácil" será penado por la ley.

Caerán en el desprestigio total la altivez encarnada en Santamaría Goretti —declarada satánica por despreciar el cuerpo del prójimo masculino— y la dialéctica deseo/conquista/desprecio del porteño, que los sociólogos de M.I.T. formados por Chomsky, están estudiando, como lo revela el apéndice de *Chamuyo's Malingnancy – A Study in Señor Mondiola's Pasychopathology.*

1983, 6 de agosto   (1980-1990)
EL BESO DE LA MUJER ARAÑA
PUIG HABLA DE SU ESTRENO[8]
Conversación con R. B.
Clarín, Buenos Aires, Argentina

Ante el inminente estreno de *El beso de la mujer araña*, del novelista argentino Manuel Puig –con Pablo Alarcón y Osvaldo Tesser, dirigidos por Mario Morgan– *Clarín* tomó contacto telefónico con el escritor en su residencia de Río de Janeiro. No viene al estreno y descarta una radicación en la Argentina. Los motivos, en este reportaje, donde también habla de la pieza y la novela que le dio origen.

Pese a la voluntad de los productores del espectáculo –Carlos Perciavalle, Alberto González y Luis Amadori– el escritor Manuel Puig no asistirá al estreno de su obra *El beso de la mujer araña*, que con dirección de Mario Morgan y la interpretación de Pablo Alarcón y Osvaldo Tesser, sube a escena en el teatro Regina. Tratándose de un novelista argentino de fama mundial, consagrado con libros tales como *La traición de Rita Hayworth, Boquitas pintadas, Pubis angelical, The Buenos Aires Affair y El beso de la mujer araña* (adaptada luego por el autor al teatro) quisimos charlar con él. Lo llamamos a su domicilio de Río de Janeiro y éste fue su diálogo con *Clarín*:

–¿Por qué una ausencia tan prolongada de la Argentina? Te fuiste en 1973...
M.P.: Me fui en aquel momento porque mi libro *The Buenos Aires Affair* provocó reacciones adversas, muy ingratas para mí. Tuve problemas de censura, amenazas telefónicas de la Triple A, zozobras familiares. Me sentí muy mal y decidí poner distancia, al menos por un tiempo. Pero las cosas no mejoraron, el clima siguió enrarecido. Soy un escritor argentino que tuvo la suerte de ser publicado en diversos países donde se me trata magníficamente: era doloroso tener que dar explicaciones o sufrir persecuciones en la Argentina.

–Pese al tiempo transcurrido... ¿No volverás a fijar residencia aquí?
M.P.: No. Porque aunque ahora parecen abrirse nuevas conductas y el país se asoma a un a cambio profundo que todos esperamos lo más positivo posible, yo ya armé mi residencia en Brasil. Cuesta desarmar todo –incluyendo la actitud interior– cuando uno ya se asentó, se radicó en determinada ciudad.

–¿Tampoco vendrás al estreno de tu obra?
M.P.: Tampoco.

---

[8] Se trata del estreno de la obra teatral.

–¿La escribiste con una perspectiva argentina, esos personajes y esa situación nacieron en vos a partir de una realidad nuestra?

M.P.: Desde luego. Cuando salí de la Argentina, ya tenía en la cabeza la idea del libro. Inclusive hice algunas entrevistas para documentarme acerca del problema de fondo. Ese diálogo entre un guerrillero y un homosexual es ficticio, pero lo originaron sentimientos que pasan por un meridiano argentino.

–Pero no se basa en hechos concretos...

M.P.: No, es una reflexión sobre un problema general, no es una historia verídica. Los personajes tienen carnadura humana, es decir, podrían ser reales, pero la anécdota es ficción.

–¿Qué te impulsó a convertir la novela en pieza teatral?

M.P.: No fue idea mía. En 1979, estando en Roma, el grupo escénico de Marco Mattollini me sugirió la versión teatral. Yo no quise hacerla y ellos la hicieron. La autoricé, se estrenó y tuvo éxito. Pero luego, al leerla detenidamente, comprobé que no era lo que yo hubiera hecho: no distorsionaba el contenido del libro original, pero no me conformó. Entonces, ya en Brasil, encaré yo mismo otra adaptación teatral, que se estrenó en España en 1981. Ésta es la que ahora sube a escena en Buenos Aires.

–Existiendo una literatura latinoamericana que tiene contornos definidos... ¿Existe también un teatro en tales condiciones?

M.P.: En principio, lo de una literatura latinoamericana bien definida es relativo. Se trata de una literatura que tiene cierto denominador común que pasa por la inquietud política, pero allí termina la conexión. No creo que tenga mucho que ver Julio Cortázar con Juan Rulfo, por ejemplo. En el teatro aún no se perciben resultados llamativos, es un género que todavía debe desarrollarse.

–¿Nostalgia confesable?

M.P.: Las hay, claro. Ya te dije por qué me fui y por qué no vuelvo. Pero me gustaría, eso sí, pasar temporadas largas en la Argentina. Sobre todo, para tomar contacto con la vida de provincia: yo soy de General Villegas y me asalta cada tanto la curiosidad, la ansiedad por ver cómo están esos pueblecitos de la provincia de Buenos Aires que tanta influencia tuvieron en mi obra. Quizá me decida y encare esos viajes transitorios. Por ahora, envío a través de *Clarín* un fuerte abrazo a todos los que estrenarán *El beso de la mujer araña*. Estaré allí, aunque no esté...

1983, octubre   (1980-1990)
MANUEL PUIG
El testigo, Buenos Aires, Argentina

[...]

M.P.: En México se denomina "la cruda" y, coincidentemente, en España y Brasil se llama "resaca". En comparación a otros países, creo que el argentino bebe poco, es moderado. Eso fue lo que sucedió. Regresé a Nueva York muy triste y con nueve años más. Sin documentos, con relativa salud y sin país. De todos modos mi caso no era grave comparado con el de otros compatriotas que comenzaban a llegar por toneladas. Yo no tuve que empezar de cero. Ya tenía un nombre por mi actividad pública y por haber editado varias obras. Allí fui a dirigir un taller de escritores jóvenes en la Universidad de Columbia. Nunca había hecho ese tipo de trabajo y no por necesidad económica, mis libros daban para vivir, sino para solucionar el problema de la documentación. Fue un descubrimiento porque me gustó muchísimo ese tipo de trabajo. Ya en el 80, estando en Brasil, tuve que regresar para cumplir el último semestre del contrato. Fue una actividad muy grata y sentí abandonarla.

–¿Y en Brasil, cómo le va?

M.P.: Lo curioso fue que *El beso de la mujer araña*, como novela, resultase un *best seller* impresionante, una de las novelas más vendidas de la historia bibliográfica brasileña, es más: se vendió más en Brasil que en otros países de lengua española, no en la suma, pero sí unitariamente. Más que en México y España. En Brasil no sé qué ocurrió para despertar tanto interés. Después está la adaptación teatral que entra en su tercer año consecutivo en el eje Río-San Pablo, que además está prevista una gira a diversos estados y para 1984 se presentará en Portugal.

–¿Héctor Babenco dirigirá la película?

M.P.: Sí. En los próximos días comenzará el rodaje. Es una producción con actores internacionales: Sonia Braga, William Hurt, el actor de *Body Heat* que acaba de filmar *Gorki Park* y Raúl Juliá, un portorriqueño que hizo toda su carrera en Nueva York y es estrella en Brodway con la pieza *La ópera de Tres Centavos*, en una producción de Joseph Papp y que estuvo hasta ahora trabajando en un musical basado en *8 y ?* de Fellini que se denominó *Nine*, siendo figura teatral y cinematográfica. Con esta película tengo poco que ver, ya que no escribí el guión, ahí la responsabilidad no es más mía.

–¿Qué espera de las elecciones en Argentina?

M.P.: Si pudiese, volvería para votar a Alfonsín. Me agrada mucho su enfoque de las cosas, es muy moderado, muy práctico y con gran sentido común. En cambio desconfío muchísimo del peronismo, que sé, cuenta con gente valiosa. Pero esa gente valiosa, como siempre sucede en el peronismo, está mezclada con otras que dejan mucho que desear. Lo que me hace sospechar, lo que no me convence en el movimiento peronista es lo heterogéneo de su composición. Cuando hay un espectro tan amplio dentro de un partido, no sé, creo que la cosa no es práctica. Existen en sus filas ciudadanos de izquierda hasta extrema derecha y esta última, por actuar sin escrúpulos, termina siempre por imponerse, como ocurrió en el gobierno anterior. Yo no dudaría en desaconsejar al pueblo que vote al peronismo. No porque falten valores sino por la heterogeneidad de su composición. Hay gente muy honesta, muy escrupulosa que es siempre arrollada por los inescrupulosos.

–¿Su público lector es bonaerense, porteño o universal? ¿Dónde lo sitúa?

M.P.: El lector que está más capacitado para descubrir lo que en mi obra hay de válido o falso es el argentino, que es quien habla mi mismo lenguaje. Desgraciadamente es un público que a mí no me sigue como antes, pues hasta *The Buenos Aires Affair* estaba junto a él. *El beso de...* nadie lo leyó en Argentina. Espero que ahora empiece a circular *Pubis angelical*, logró entrar pero fue calificado como "Publicación de exhibición limitada" por la Municipalidad. En esa misma categoría está la revista *Playboy* que se puede vender pero no exhibir. Fue un libro que tuvo circulación mínima. Con *Maldición eterna...* sucedió un hecho análogo. Las pocas críticas que aparecieron por estas publicaciones eran de una mezquindad increíble, es decir, la crítica era parte de todo el aparato represivo. Yo no sé si eran críticas impuestas por el régimen o si realmente reflejaban la visión de los críticos argentinos.

La cuestión es que estaban muy por debajo de lo que se decía fuera de la Argentina. Yo encontré mis más severos críticos en mi país. Es triste todo esto porque sé que quien mejor puede apreciar mi obra es el crítico argentino. Una de las cosas que más me halaga es saber que el libro *El beso de la mujer araña* es lectura obligatoria en la Universidad en Francia, en los cursos de Pedagogía, es decir: todo el que haga profesorado tiene que leer esa obra y se tornó muy conocida en ese país. Lo que resulta curioso es que se trata de una novela contra el autoritarismo y de algún modo es ahora impuesta para su lectura...

–¿Estás adaptado a la vida carioca que es la que se vive en Río de Janeiro específicamente?

M.P.: Encuentro como cosa muy positiva del carácter carioca su capacidad de tolerancia. La gente aquí no posee una mirada crítica, no es exigente, no impone nada ni se asusta ni molesta con lo diferente. Aquí se nota en la mirada de la gente que no lo están juzgando, sino que lo están admitiendo como es; de otra nacionalidad, de otra lengua; de otra raza; de otra cultura. Las diferencias raciales y sexuales que originan en otras partes serios segregacionismos aquí no suceden. Yo lo atribuyo a la integración racial por la incorporación de la raza negra, india y europea. En los Estados Unidos no me gustaban la formación de guetos, producto de la herencia inglesa, que, por desgracia, heredaron. En Río de Janeiro eso no sucede y le da a la gente gran humanidad. Lo diferente aquí no es una amenaza, como en otros lugares y eso es para mí muy grato.

–¿Quiere regresar a la Argentina?

M.P.: Yo deseo que las cosas mejoren en la Argentina. Si eso sucede pasaría temporadas por allá. Estoy establecido en Río donde tengo mi casa y traje a mis padres. Pero me gustaría reestablecer un contacto con mi país. Cuando un escritor se va de su país, tiene que elegir entre dos graves peligros: uno, el de quedarse y desarrollar una autocensura inconsciente y el otro, irse y desarraigarse al perder contacto con su país. Una de las dos cosas puede suceder.

–¿De qué manera se evitan los dramas latinoamericanos?

M.P.: Sólo retornando a una democracia. Mis simpatías van hacia un socialismo democrático. Pero lo veo muy difícil. A mí me asusta siempre el fantasma chileno. Ellos lograron elegir un presidente socialista, pero no sólo Kissinger hizo caer a Salvador Allende, la extrema izquierda tuvo su colaboración, ya que exigió demasiado. Los procesos de cambio son muy lentos. Para mí la experiencia chilena tiene que ser realmente aprendida, en las dos fases; antes y después. Lo triste fue que hubo posibilidades de arreglar las cosas y no se dio ni tiempo ni espacio para que ello aconteciese.

–¿Su fase teatral va a continuar?

M.P.: Sin duda. Comenzó con *El beso de la mujer araña* que por suerte ya llegó a Buenos Aires, después de Italia, España, Brasil, México, Venezuela, Holanda, Alemania y finalmente Argentina. Tengo otra comedia estrenada que se llama *Bajo un manto de estrellas* que comenzó su carrera en Brasil luego en Caracas y hay varias ciudades más apalabradas. Escribí otra pieza teatral que aún está sin título y se está preparando en la versión italiana para estrenarla. En ella hay un panel fabuloso para una actriz de 40 años de difícil interpretación. El otro papel es para una joven y serán en realidad dos grandes protagonistas junto a un galán. Pero, repito, el gran papel es para la intérprete de 40 años.

1984, 20 de junio   (1980-1990)
ENTREVISTA CON MANUEL PUIG
A propósito de *Maldición eterna a quien lea estas páginas*
Conversación con Albert Bensoussan
París, Francia[9]

–El título, primero. Es francés en la novela, ¿no?

M.P.: Es lo que escribe el protagonista en su diario secreto de cárcel.

–Pero ¿no es alguna cita? Porque aparece en francés en el texto.

M.P.: El diario del protagonista está compuesto de una manera muy especial. Él no tiene papel ni quiere tampoco que le encuentren sus escritos. Es un preso político, un hombre ya de edad, al final de su vida, por sus ideas, por su ayuda teórica a un grupo de sindicalistas en Argentina durante el régimen militar de Videla. Pero resulta que este hombre tiene en su celda un volumen de *Les Liaisons dangereuses* en francés.

–¿El título evoca algo?

M.P.: Se lo dejan tener. El director de la prisión le permite tener ese libro y un lápiz. Y él compone su diario con palabras que va subrayando en el libro. A la fuerza, pese a ser argentino y la cárcel está en Buenos Aires, él compone su diario con palabras en francés. Sobre cada palabra que él usa en una página, él pone un número...

–Para poder encadenar...

M.P.: Sí. Entonces es un diario en código, lo que abre el diario es esta inscripción: "Maldición eterna a quien lea estas páginas". Porque él piensa que solamente va a ser leído con mala intención, con ojos de policía. Él no piensa que el diario un día pueda ser leído con otros ojos.

–Por un investigador.

M.P.: Sí, o por alguien que lo quiera conocer, comprender.

–Significa que hay un código en el libro, un cierto código.

M.P.: No hay tal código.

–Sencillamente, se trata de un hombre que fue un preso político y que se encuentra en el extranjero, cansado, amnésico, afásico ¿Qué valor das a ese fenómeno afásico?

M.P.: Sí. La posibilidad de replantearlo todo, incluso el lenguaje, descargarlo de contenidos inútiles.

---

[9] Esta entrevista fue reproducida parcialmente por su autor, amigo y traductor de Puig, en su libro *Retour des Caravelles*, publicado en francés en 1999, e incluida como anticipo en *Brújula. Periódico de Artes*, publicación mensual del Centro de Arte Moderno de Quilmes, Argentina, año 6, N° 50.

–Una especie de purificación.

M.P.: Sí.

–Pero ¿tú no crees que se puede relacionar el fenómeno del exilio, porque en fin es un argentino que se encuentra en Nueva York?

M.P.: Claro, claro. Yo era un argentino que vivía en Nueva York cuando escribí este libro.

–Entonces se puede relacionar.

M.P.: Claro. El viejo es una posibilidad mía. Mira, en mis libros esto es absolutamente inevitable. Siempre hay un protagonista...

–...con el que te identificas...

M.P.: Claro, claro, porque siempre se originan mis novelas en un encuentro con un personaje que me permite replantearme o plantearme por primera vez problemas míos no resueltos, con perspectiva; los problemas no resueltos son míos, pero también lo son del personaje. Al verlos incorporados a alguien que está fuera de mi órbita, a esos problemas puedo intentar analizarlos con otra perspectiva, con una distancia.

–Entonces la escritura tendría para ti un valor psicoanalítico.

M.P.: Sí, yo diría más bien pesquisa de mis propios intereses, y al mismo tiempo es una aventura estilística. Siempre para mí existen en la escritura estos dos aspectos, y uno, supongo, equilibra al otro.

–Pues por eso siempre se puede leer tu obra con una gran coherencia. Empezando por la pareja de personajes que aquí se encuentra de nuevo.

M.P.: Si yo no hubiese experimentado el placer de la búsqueda estética, de la elaboración estética, al escribir no habría podido realizar una obra de siete novelas, y piezas de teatro y guiones de cine, porque la otra parte, la que tiene que lidiar con la temática, no es placentera, te diría porque trata siempre de conflictos míos personales, y algunos de ellos sin solución ¿comprendes?, pero la otra parte compensa. Para mí en la literatura hay un momento de, ¿qué puedo decirte?, de mirada hacia mi interior horriblemente seria, hasta patética a veces. Pero después llega el momento del puro juego; la parte lúdica es la parte que alude al estilo. Yo, esas historias que cuento...

–la materia anecdótica...

M.P.: ...son historias con un final inamovible, no puedo cambiarlas. Son historias que existen a pesar mío..., la historia de este viejo, o la historia de la muchacha protagonista de *Pubis angelical*, o la historia de Molina en *El beso de la mujer araña*, son historias terribles que a mí no se me hubiesen ocurrido, las he sacado de mi experiencia personal, o las he visto suceder a alguien que tenía muy cerca, afectivamente. Hay personajes míos que tienen mucho que ver con mi realidad. Esa constatación ¿comprendes?, me produce una sensación de impotencia muy terrible, ya que no puedo cambiarles el final sin traicionar su esencia ¿comprendes?, pero yo sí puedo elegir el modo en que voy a contar esas historias, en ese momento de libertad absoluta, estriba el placer.

—A veces dices precisamente que es bonito, o el protagonista dice que le gusta porque es bonito, como en la película nazi de *El beso*...

M.P.: *Maldición eterna*, cuando me pongo a contar decido yo en qué términos le voy a contar, a la historia no la puedo cambiar, pero sí puedo elegir yo el estilo, la técnica, y ése es un momento de libertad estética que me da placer, porque si de algún modo resuelvo problemas expresivos, eso me gratifica.

—Precisamente lo que llama la atención es la estructura. Siempre encuentras una construcción muy particular, el *decoupage* de *Maldición eterna* con esos capítulos que todos tienen veinte páginas...

M.P.: ¡Ay! no sabía...

—Eso creo obedece a una perspectiva de equilibrio de los volúmenes.

M.P.: ¡Qué notable!... Ahora lo que me llevó a escribir *Maldición eterna* fue el encuentro con un personaje que estaba fuera de mí, pero que al mismo tiempo tenía que ver conmigo; está ese protagonista con el que no me identificaba pero que me intrigaba sobremanera, que me resultaba sumamente intrigante. Yo estaba en Nueva York, se había definido la situación argentina en esa época como terrible y de larga duración. Fue en 1976 que empecé a pensar en esa novela, en el comienzo de la dictadura militar.

—Había las desapariciones.

M.P.: Sí, ya, todo había comenzado con el gobierno de Isabel Perón, no hay que olvidar, los problemas comienzan allí. Y se recrudecieron con los militares. Nueva York se me presentaba como una posibilidad de radicación, una ciudad realmente fascinante, pero que de algún modo no me convencía, había una lucha en mí por aceptar o no esa ciudad para una radicación larga, había cosas de Nueva York que yo no comprendía y que no estaba dispuesto a aceptar ¿comprendes?, había cosas desagradables que yo no estaba dispuesto a perdonarle a la ciudad, pero también había otras que...

—¿La suciedad, las cucarachas, la pandillas, toda la porquería que aparece en tu novela?

M.P.: Eso es lo de menos...

—¡La soledad!

M.P.: Sí, hay una imposibilidad de diálogo, ¿no? Con cierto tipo de gente, que me asustaba, y de todos modos yo quería comprender mejor la ciudad, la idiosincrasia de ese pueblo. Se me cruzó entonces un personaje, un vecino que parecía realmente encarnar mi conflicto con la ciudad. Si yo lograba comprender a ese personaje, comprendería Nueva York, comprendería todo lo que sucedía, y le propuse trabajar, discutir...

—con grabador...

M.P.: ...no, se negó, eso él no quería, yo así al pie de la máquina de escribir y él ahí sentado al lado mío discutiendo.

–Y es este personaje.

M.P.: Es tal cual... Yo ante él me sentía realmente viejo, acabado, porque se trataba de una persona muy vital, y de una gran salud, y yo en ese momento venía de México con un problema cardíaco que después afortunadamente desapareció, diría. Por el momento está controlado, este problema, y no me preocupa. Hubo un momento en que sí me preocupó este problema de salud.

–De ahí en la novela la carpa de oxígeno...

M.P.: Ese personaje es una visión de mí mismo, el viejo argentino exilado, y yo quería de algún modo establecer un diálogo con Nueva York, o decidir finalmente que no tenía nada de qué hablar con esa ciudad.

–De ahí tu rabia contra este personaje. No le dejas nada al final. Ninguna herencia.

M.P.: Nada de ese personaje quedó librado a mi imaginación.

–En fin, es un personaje muy egoísta.

M.P.: Pero de un egoísmo muy justificado, él es un absoluto producto de su medio. Quiere cambiar, pero no sabe cómo hacer, y de algún modo los dos personajes por momentos inspiran en el otro lo peor, el uno saca a relucir lo peor del otro, y hay momentos en que no, se entienden, y logran mutuamente aclararse problemas. Es una difícil relación.

–El lector saca la conclusión de que hay un estado de desconfianza progresiva entre los dos personajes. Se manifiesta también al nivel de esos diálogos de fantasía, de pesadilla.

M.P.: A los diálogos realistas, tomados casi al pie de la letra de mis conversaciones con el neoyorquino, agregué otros, de naturaleza onírica. Son un relato paralelo al relato realista, compuesto en base a imágenes y alucinaciones.

–El viejo tiene la impresión de que el otro, el neoyorquino, ha entrado clandestinamente en su habitación y que está hablando con él, pero no lo ve.

M.P.: Todas esas imágenes son proyecciones del protagonista argentino. El protagonista neoyorquino siempre está presentado a través de sus propias palabras, de las pautas exteriores de su conducta, mientras que el argentino está también expresado a través de contenidos inconscientes.

–Que se manifiestan a través de un monólogo interior, percibido claramente con todos esos puntos suspensivos. Hay una página en la que no hay ninguna contestación de parte del otro.

M.P.: Para mí escribir esa novela fue muy importante, fue un esfuerzo por comprender ese fenómeno que es Nueva York y de algún modo Estados Unidos. No sé si para un europeo puede tener tanta importancia, pero para los latinoamericanos, sí.

—Finalmente esa experiencia es muy negativa.

M.P.: No se establece un diálogo, como no se establece tampoco un diálogo histórico. Acabamos de verlo con la reacción de Reagan ante el problema de las Malvinas. Apoyó a Europa pese a haber establecido toda esa política continental que se mostró absolutamente hipócrita, inexistente. Para nosotros es básico para cualquier posición política nacional tratar de comprender a los norteamericanos, porque tienen una gravitación terrible sobre nuestros países.

—Ahora la técnica de la suspensión, de los puntos suspensivos, que nosotros llamaríamos el *non-dit*, el no-dicho.

M.P.: Toda la novela está resuelta con diálogos, los diálogos reales y los interiores del viejo argentino. Hay muchos silencios, que espero resulten expresivos, no simples espacios en blanco.

—La idea que tenemos es la de una voz que choca contra el otro y vuelve, la idea de un rebote, la materialización de la no-correspondencia, del no-diálogo.

M.P.: Toda la novela es un esfuerzo por establecer una comprensión y un afecto, algo que una y ayude a esos dos personajes tan carentes. Hay momentos en que este puente se establece.

—Los silencios, ¿qué son también?, ¿pudor? Hay bastantes preguntas molestas, íntimas.

M.P.: De algún modo se combinan los malentendidos personales con malentendidos nacionales. En ciertos momentos quien habla es un argentino y no un viejo que se llama Ramírez, es un argentino que no sabe dirigirse a este norteamericano. Y a veces logran superar las vallas nacionales, pero son las vallas individuales las que impiden el diálogo, y también hay momentos en que ciertos elementos misteriosos permiten a ambos elevarse por encima de las barreras nacionales y neuróticas, personales.

—Hay escenas muy marcadas en las que el argentino que tiene dinero trata de humillar al neoyorquino pobre.

M.P.: Son escenas imaginarias. El viejo quería un momento de degradación del otro para ver si realmente es tan vil o si va a revelarse con dignidad. También el problema generacional, la diferencia notable de edades está presente. No sólo son de diferentes países, sino que son de diferentes generaciones, y de clases sociales diferentes. Lo curioso es que ambos quieren lo mismo, comparten los mismos ideales.

—Se ve por ejemplo en la escena de la biblioteca cuando están revisando los libros.

M.P.: Pero son muchos los factores que los alienan. Hay momentos en que se acercan, momentos en que por primera vez el norteamericano accede al mundo de la fantasía, y propone el juego de la noche de Navidad. Allí en el plano fantástico se encuentran ambos. Es la única vez que el norteamericano accede a esto. El argentino, el viejo, está siempre proponiendo un diálogo imaginario, mejor dicho, fantasioso.

–¿Significa que el norteamericano es incapaz de superar el lado pragmático, el producto, el rendimiento...?

M.P.: Sí, quiere deslindar las cosas. Yo creo que lo que prima en el neoyorquino es una desconfianza, él ha sido tan lastimado, ha sufrido tanto en sus relaciones familiares que no puede permitirse el lujo de confiar en este viejo ni un momento.

–Es pura prudencia.

M.P.: Es decir, hay un tal miedo al dolor que él no se permite ese acto de confianza, y no es cálculo, no es que él quiera explotar al viejo, es que de algún modo no puede confiar en él, irracionalmente. Él ya está como imposibilitado, su capacidad de, no sé, de fe en los demás está absolutamente quebrantada.

–Al final, con su trabajo en la universidad, parece que tiene una esperanza.

M.P.: Así es, cuando el viejo encuentra a este muchacho, éste no tiene ninguna esperanza, y al final de la historia en cambio sí. El libro parece muy negro pero es la historia de una curación.

–Del neoyorquino.

M.P.: Sí, claro.

–Pero el punto de vista del argentino es un punto de vista negro porque es la no-comunicación.

M.P.: El viejo tiene una vida terminada que no le permite extraer ningún provecho de la relación. Es una relación en que los beneficios se reciben a largo alcance. No son beneficios inmediatos. El viejo ya está muriendo y no tiene tiempo para recibir los beneficios.

–Me hace pensar un poco en el final del *Quijote*.

M.P.: El norteamericano es un muchacho, es un hombre joven relativamente. No ha cumplido todavía 40 años y puede esperar algo, puede recibir un beneficio de tal experiencia... Esta novela para mí significó un cambio muy grande, porque por primera vez tuve un protagonista no argentino.

–Eso es lo más importante.

M.P.: Sí, e incluso la novela no tiene un origen en la lengua argentina. Son diálogos originados en inglés.

–Es otra orientación en tu obra. Y entonces *Sangre* de amor correspondido sería la continuación en esta dirección.

M.P.: Un poco, sí, sí. El protagonista de *Sangre...* es brasileño. Y por primera vez dichos protagonistas resultan ajenos a las influencias de las culturas populares, de los *mass media*.

–Desaparece aquí el tema de los *mass media*.

M.P.: Sí, no tiene importancia como el cine o la radio, las canciones en otros libros.

–Es otro rumbo.

M.P.: Pero no decidido por mí de antemano.

–Es una casualidad.

M.P.: Es una imposición de los personajes.

–Y en *Sangre de amor correspondido* también.

M.P.: También. En mi caso veo que siempre es la temática –el encuentro con los personajes– la que define todo. Define la forma, imagínate, hasta el idioma. Yo jamás había pensado que iba a escribir una novela en inglés. Y esta novela fue pensada en inglés.

–¿Se publicó en inglés?

M.P.: Sí.

–Pero la traducción es una traducción, o es el original, ¿de cierta manera?

M.P.: El norteamericano habló con esas palabras y el lenguaje del viejo argentino es mi lenguaje, es mi inglés, es un inglés de extranjero.

–Por eso el otro te corrige algunas palabras.

M.P.: Sí. Yo no me propuse escribir una novela en inglés, no, me encontré con un personaje norteamericano que esperaba un interlocutor argentino, y de ahí surgió todo.

1984, 19 de septiembre   (1980-1990)
MORIRÉ EN RÍO DE JANEIRO
Revista *Siete Días* Nº 913, Buenos Aires, Argentina

Lo castigaron tanto sus críticos que prefirió el ostracismo. Desde su exilio voluntario el escritor Manuel Puig renuncia a las polémicas y su silencio y cuenta por qué se fue de la Argentina.

–Manuel, tu problema con el periodismo argentino surge a raíz de la tergiversación de tus entrevistas, de la mala intención de algunos periodistas e inclusive de algunos reportajes absolutamente inventados, ¿verdad?

M.P.: Sí. Yo te puedo hacer un historial. Hasta el 74, más o menos, salieron notas mías. Yo me fui del país en el 73, pero en el 74 todavía salieron reportajes. Después vino un silencio muy largo hasta 1979, en que no se me pidió nunca entrevistas, y los cables que llegaban a Buenos Aires sobre publicaciones mías no aparecían. Por ejemplo: recibí un premio en Italia sobre *El beso de la mujer araña* ¡y en Argentina no salió nada, ni una palabra! Salió en todos los países de América Latina, y en Buenos Aires, nada. A fines del 79, en el Festival de Huelva, en España, un periodista argentino me hizo una entrevista para Buenos Aires, y salió una nota en que él agregaba cosas, tergiversaba para ayudarme a que la nota apareciese; yo "decía" cosas "muy conformistas", muy especiales, que no coincidían con lo que yo pensaba. Entonces me aterroricé, pues a ese precio yo no quería que apareciese ninguna entrevista. Además, los libros tenían muy poca circulación en Argentina. En ese tiempo estaba entrando *Pubis angelical* en Buenos Aires, pero sin exhibición en vidrieras. Era la época de los libros de "exhibición restringida". Pero sí seguían prohibidas *The Buenos Aires Affair* y *El beso de la mujer araña*.

–A raíz de *The Buenos Aires Affair* surgió tu problema en Buenos Aires...

M.P.: Sí. Todo surgió en 1973. Fue una novela que desagradó a mucha gente; había cierta crudeza sexual –yo diría más bien "candor"–; las cosas se nombraban directamente; no había intención pornográfica sino desmitificadora de la pornografía. Había ese elemento y el político: yo hablaba de Perón en términos elogiosos. Y en ese momento había una gran parte del "intelectualado" que veía muy mal la discusión del "personaje Perón". Se exigía una adhesión incondicional. Y mi visión crítica molestó mucho. Estando allá todavía noté la hostilidad de medios periodísticos, tenía que ir a televisión, estaban notas por salir, y de golpe todo se paralizó. Esto a partir del 20 de julio de 1973. Antes del 20 de junio todo había sido tolerado perfectamente. Pero las cosas cambiaron mucho a partir del 20. El libro salió en mayo, y tuvo un primer momento bueno, no se tomaban medidas... Todavía no habían montado un "organismo". Y yo sentí esa hostilidad y pensé que no estaría mal salir unos meses, alejarme, evitar choques inútiles, creyendo que era algo muy pasajero.

–¿La idea fue por unos meses y nada más?

M.P.: Sí, porque yo confiaba que Perón no iba a aprobar una cacería de brujas. En enero del 74 el libro fue secuestrado, y de ahí en adelante todo fue empeorando. Ya después de la muerte de Perón, sí, la cacería de brujas se desató. Había pasado más de un año de mi salida del país, en septiembre del 73, cuando a mi casa llamaron de la Triple A, pidiéndome que saliera del país dentro de las 24 horas. Eso fue a principios del 75, en aquella época se pedía que cualquiera que pensara por su cuenta saliera del país, ¿recordás? Gente de diferentes ideologías se vieron obligados a salir, porque directamente el hecho de pensar por tu cuenta era considerado peligroso y subversivo. Yo jamás estuve ligado a ningún movimiento armado ni nada que se le parezca. Pero sí pretendía opinar, tanto a través de mis libros como en entrevistas, y eso no estaba bien visto. En el 76 esto se agravó más aún. Al venir la Junta yo pensé: "Bueno, ¿qué va a suceder?" Yo estaba visto como hostil al peronismo, entonces los militares me van a encontrar simpático... ¡Pero no! De una islita negra pasé a otra y para entonces ya había publicado *El beso de la mujer araña* en España, y no pudo circular: fue mi segundo libro prohibido.

–¿Los demás sí tuvieron circulación normal en Argentina?

M.P.: Los dos primeros que estaban publicados en Argentina sí, *La traición de Rita Hayworth* y *Boquitas pintaas*. Supongo porque son temas que se desarrollan en los años 30 o 40.

–Tanto de *Boquitas pintadas* como de *Pubis angelical* se hicieron películas en Buenos Aires. ¿Hiciste los guiones?

M.P.: Sí. Lo último que hice como trabajo en Buenos Aires fue justamente el guión de *Boquitas...* Y no estuve en la filmación. Para entonces, ya me había ido.

–¿De *Pubis angelical* también hiciste el guión?

M.P.: Hubo una colaboración mía al comienzo, pero lo que se filmó fue todo de De la Torre. Hubo de parte mía una colaboración inicial.

–Cuando llegaron las amenazas de la Triple A, Manuel, ¿dónde estabas?

M.P.: En México, pero me enteré mucho después. Sucede que quien atendió el teléfono era un hermano mío. Mis padres, por suerte, no se enteraron pues él no les dijo nada. Y él es muy perezoso para escribir, entonces yo me enteré meses y meses después.

–Qué extraño que las amenazas hayan llegado cundo ya estabas fuera del país.

M.P.: Es que no sabían que estaba fuera. Lo que pretendían era intimar a salir o a no volver. En mi caso habrá sido a no volver, a no intervenir en la vida del país, y con eso se conformaban.

–¿Hubo posteriormente otras amenazas concretas?

M.P.: No, no. Gracias a Dios fue la única. Yo no he tenido dificultades en ese sentido. Pero para mi trabajo fue muy problemático. Ante todo perdí a mis lectores, a los principales. Yo escribo, ante todo, para la gente que comparte mis problemas, más que nadie los comparte un argentino. Y fueron los años en que mis libros no llegaban a los argentinos.

–¿Y cuándo comienzan a llegar los libros?

M.P.: Comenzaron en el 79 con *Pubis angelical*, pero por cuentagotas. Después entró el libro siguiente, *Maldición eterna a quien lea estas páginas*; pero eran además muy poco comentados por la crítica, y el lector apenas se enteraba que existían estos libros. Su circulación era mínima comparada con mis libros anteriores. Yo era un escritor que tenía un público bastante numeroso: mi literatura es bastante pretenciosa pero accesible al mismo tiempo.

–¿Qué explicación te daba el editor? Él era, en todo caso, el responsable de que tu libro no tuviera un tiraje, una divulgación...

M.P.: Pero yo pasé a publicar en España *El beso de la mujer araña*. Ningún editor en Argentina podía en aquel momento publicarlo porque era exponerse a que le secuestraran una edición completa que, bueno, es un capital. Además existió eso por parte de la censura, algo muy efectivo, el hecho de no establecer un órgano de censura que se pudiera consultar, como en la España de Franco. Allí había una oficina de censura a la que se presentaban los manuscritos y te decían que tal cosa se podía pasar, tal otra no, y se negociaba. Pero cuando eso no existe, es mucho más arriesgado para el editor, ¿entendés? Entonces se produce la auto-censura, que es mucho más peligrosa. Es todo un capital que se arriesga.

–¿Con la crítica tuviste problemas?

M.P.: Sí, y ése es el punto para mi más doloroso. Porque en esa época en que había tanta dificultad para la circulación de mis libros –y hasta el año pasado–, las exigencias de la crítica se redoblaron. En lugar de ser apoyado, nunca se me trató peor. Realmente se leían mis cosas con malos ojos.

–¿Qué pasa con la posición de los críticos en relación a que tus libros se leen en las Universidades?

M.P.: Bueno, cuando te dije de la mala acogida de mis últimos libros por parte de la crítica argentina, también debo agregar que en los otros países donde se publican siempre causan polémicas. Pero polémicas realmente histéricas, desagradables. Para mí está muy bien que se discutan mis cosas, no pretendo que a todo el mundo le guste. Pero que esa discusión se haga en términos civilizados. Yo recibo insultos por parte de la crítica... increíble. Los últimos dos libros en España han dividido mucho a la opinión, y quienes hablan mal lo hacen realmente con palabrotas. Y en México también. Mis libros producen unas reacciones agresivas casi te diría inexplicables. ¿Por qué tal rechazo?

–¿Pero se venden bien tus libros?

M.P.: Sí, tengo siempre una cierta circulación asegurada, en ese sentido no me puedo quejar. Pero me gustaría tener una relación más civilizada con la crítica, tampoco que me adoren, claro. Pero me preocupa sobre todo la histeria de los opositores. Realmente no me favorece en nada, a mí no me hace bien. No sé en el sentido creativo si esto tendrá buena o mala repercusión, si un ataque me estimulará o no. Pero no sé, en otros niveles me entristece que el mundo de la literatura esté lleno de esta gente tan negativa.

–Porque puede estar de acuerdo o no con respecto a un escritor, pero lo importante es medir la palabra, que esa crítica no sea dañina, ¿no es cierto?

M.P.: Sí. Desde el comienzo, por ejemplo, la salida de *La traición de Rita Hayworth* causó polémica, mucha crítica en contra. Con el paso de los años, se sigue traduciendo, se sigue comentando... Ahora, ¿qué va a pasar con los recientes? Siempre tengo que esperar años para ver lo que dice el tiempo. Porque en última instancia, el juez es el tiempo, en literatura y en todas las artes. Siempre se necesita una cierta perspectiva de tiempo para ver qué es lo que queda de los esfuerzos de su creador.

Realmente a mí la crítica no me ayuda a continuar una obra. Sinceramente es demasiado. Es irreconciliable el crítico que habla a favor con el otro: No puedo escuchar ambas voces al mismo tiempo, son excluyentes. De mis últimos libros que han recibido el clásico tratamiento, no sé. Pero de *El beso de la mujer araña* sí te puedo contar, pues han pasado, del 76 hasta ahora, siete años. El libro fue al comienzo realmente hostilizado de una manera increíble. Feltrinelli, en Italia, había publicado toda mi obra anterior y cuando llegó ese manuscrito me lo tiraron por la cabeza, se enfurecieron. Finalmente salió el libro en París, y *Le Monde*, que es en cuanto a libros de traducción la "palabra máxima" –quien da el beneplácito en Francia es *Le Monde*, no para novelas francesas sino para libros de traducción– sacó una crítica pequeña que acababa así: "en ese mar de sentimentalismo". Con eso se acabó el libro. Pero unos años después un profesor lo puso en la universidad como lectura obligatoria. Eso fue algo increíble, pues toda literatura universitaria en Francia debía ser nacional (es algo nacional aún) y con esa proposición se dejó de lado por primera y única vez esa "ley", que decía que esa lectura debía ser nacional y debía ser obligatoria en francés para cursos de profesorado. Ahora, todo el mundo que aspire un profesorado allí tiene que leer esa novela. Entonces pasó a ser un libro muy conocido y apreciado allí.

–¿Y la crítica francesa?

M.P.: Yo pasé por la Sorbona hace dos años, y tuve un recibimiento por parte de los alumnos que fue inolvidable. Por supuesto, ni una palabra salió en la prensa argentina. Fue un recibimiento muy cariñoso... fue una ovación. Yo, si hubiese sabido, no hubiera ido, porque me hubiese aterrado la idea. Fui simplemente invitado a conversar con un grupo de alumnos. El encuentro era en un aula magna. ¡Dios mío! Todo eso lleno era impresionante. Y allí estaba el crítico de *Le Monde*, y estaba muy contento.

–¿Y la crítica en Brasil?

M.P.: Con mi último libro salido aquí, *Sangre de amor correspondido* hubo problemas enormes. El libro fue mal leído, o leído con aprehensión. No recibí el tipo de lectura desprejuiciada que yo pretendería que recibiera cualquier novela mía. Lo que he descubierto, que es muy horrible en el mundo de la literatura, y después de todos estos años de publicación, es que existe la lectura prejuiciosa. Es muy difícil evitarla. Un lector puede ser influido por comentarios previos para no prestar al libro la lectura virginal, abierta, descontraída.

–¿Está condicionado por la crítica?

M.P.: Sí, por la crítica o por una opinión general, un consenso general que se toma de algún modo.

–"De algún modo" debe ser la prensa...

M.P.: Sí, o la opinión de la gente formadora de opiniones... Yo, a través de estos años, he descubierto que existe ese horror, además de existir las censuras y las represiones. En la Argentina, la crítica ha sido estos últimos años despreciativa, condescendiente: "vamos a ocuparnos, a perder unas hojas leyendo este libro". Ésa era la actitud que yo sentía detrás de la crítica del sujeto. Pero lo que se produce es esa polémica muy histeroide. Ahora, una de las razones es mi terquedad para la experimentación. Es decir que cada libro mío es un intento de algo diferente. Eso nadie me lo va a negar.

–¿En qué diferente? ¿En estilo, en contenido?

M.P.: En temática... Por ejemplo, *Sangre de amor correspondido* no tiene nada que ver con *Maldición eterna a quien lea estas páginas*, y *Maldición...* no tiene nada que ver con *Pubis angelical*, y *Pubis...* no tiene nada que ver con *Boquitas pintadas...* De algún modo hay lectores que se molestan al no encontrar en la obra siguiente de un escritor una continuación de aquello que le agradó o que le interesó en su obra última. Supongo que eso tiene que ver. Pero, repito, pasan los años y las cosas mejoran para mí en cuanto a la apreciación de estos libros. *El beso de la mujer araña* está en montones de cursos universitarios; además claro, de aquel curso francés, que por ser nacional es monstruoso. Todo el programa en Francia es único, para todas las universidades, lo que no sucede en Estados Unidos, por ejemplo[10].

---

[10] Se refiere al programa y concurso de CAPES, que en Francia habilitan para ser docentes de nivel secundario y son nacionales. Efectivamente Puig estuvo en ese programa de concurso con su novela *El beso...*

1986, 21 de septiembre   (1980-1990)
DISTINCIÓN A MANUEL PUIG
Clarín, Buenos Aires, Argentina

CAPRI, Italia. El escritor argentino Manuel Puig recibió ayer en la isla de Capri el premio Malaparte por su "obra completa y por su vida", informaron los organizadores.

El premio Malaparte, que ha llegado a su cuarta edición, tiene como jurados a prestigiosas personalidades de la cultura italiana, entre ellos al escritor Alberto Moravia.

En la ceremonia estaba presente el ministro de Ecología, Franco De Lorenzo, el subsecretario de Bienes Culturales, Giuseppe Galasso, y representantes del mundo de la cultura y el espectáculo.

Varias de las novelas de Puig han sido llevadas al cine, [como] *Boquitas pintadas* y *El beso de la mujer araña,* y fueron premiadas en Italia y en otros países.

En el premio, se subrayó que Puig tiene "una capacidad literaria que llega al alma cosmopolita".

"Puig –continuó el elogio– abrió un diálogo a distancia con sus lectores. Cada novela es jugada por él como un elemento metafórico de una verdad más grande que es la libertad".

1986   (1980-1990)
Entrevista al escritor
Hoy en Capri recibe al premio Malaparte
PUIG: "LA ARGENTINA TIENE MIEDO DE MIS SUEÑOS"
Trad. del italiano: Ángela Bianchini

Esta mañana en Capri, Manuel Puig recibe el ambicioso premio de parte de
Curzio Malaparte otorgado por el jurado formado por Giovanni Russo, Alber-
to Moravia, Gilles Martinet y Enzo Siciliano, Rafaelle La Capria y Graciella
Leonardi, secretaria.

Manuel Puig, argentino de 54 años, lleva sobre sus hombros hasta el
momento una larga historia de éxitos literarios y también cinematográficos y
teatrales: desde sus primeros libros, *La traición de Rita Hayworth* (*Il tradimento
di Rita Hayworth*), del año 1968 (traducido al italiano en el 72) y de *Boquitas
pintadas* (*Una frase un rigo apena*) escrito en el 69, pero traducido en Italia por
primera vez en el 71; hasta *El beso de la mujer araña* (*Il bacio della donna ragno*,
Einaudi, 1968), conocido de ahora en adelante en el mundo entero en la gran
versión cinematográfica de Héctor Babenco y hasta la ultimísima novela *Sangre
de amor correspondido* (*Sangue di amor corrisposto*, traducido el año pasado,
siempre publicado por Einaudi). Tanta notoriedad, debida sobre todo a la
invención de un nuevo lenguaje y de nuevos modelos acondicionados por el
cine, por la novela de aprendizaje y por el tango, cambiaría la personalidad de
cualquiera. Y, al contrario, Manuel es siempre el mismo personaje dulcísimo,
extrovertido, bellísimo todavía, y por supuesto diferente del Rodolfo Valentino
de hace 15 años. En cierto sentido, no obstante, permanece inseguro, y, como
repite con obstinación, se siente hostilizado.

–Hace muchos años, cuando nos conocimos, dominaban tu paisaje geográfico
sentimental la Argentina y Nueva York, ¿y ahora?
M.P.: Ahora, el Brasil donde vivo. Permanecen presentes los Estados Unidos
porque allá voy a menudo, especialmente a Los Ángeles, donde desde la película de la *Mujer araña* recibo ofertas de trabajo. A este propósito hay también una
propuesta de hacer de ésta una obra musical en Brodway. En el papel, el proyecto es atractivo, pero hay que ver.
–¿Y Brasil?
M.P.: En Brasil vivo muy bien porque allá encontré la mirada tolerante, no
crítica, de los brasileños. ¿Ves? La Argentina es el país más crítico que conozco,
lo que no quita que mis amigos más íntimos sigan siendo los argentinos mismos, porque lo que me ata a ellos es la cualidad de soñador que procede de
nuestra misma realidad argentina. En nuestro país está Buenos Aires y después

la Pampa, es decir la nada. En Argentina, lo que domina es la ausencia. El paisaje argentino es como una pantalla blanca a la que puedes proyectar todo lo que quieras. Para mí y para mis padres, en la adolescencia, Europa estaba muy lejos y los paisajes de Galicia me venían de la familia paterna, mientras que los de Italia me venían de mi familia materna, procedente de Piacenza y de Busseto. En suma, representaban otro mundo. Todo era imaginado a través del relato de otra persona, inexistente y por eso solamente nos enseñaron a imaginar. Al revés, los cariocas, los brasileños en general, poseen allá su propia casa, su propio paisaje incomparable, las colinas y el mar, entonces están acostumbrados con menos necesidad de fantasía.

–Siempre me golpearon las palabras "crisis, terribles crisis" con las cuales, especialmente en el pasado, tú describías ciertos estados de ánimo.

M.P.: Cuando uno llega a vivir de fantasías y a imaginar el mundo a su manera puede ser difícil establecer un diálogo. En mi caso, pues, me hostilizaron tanto que es realmente complicado decidir si eso es la realidad o bien se padece de paranoia; y entonces uno tiende a encontrar pruebas concretas de esta hostilidad. Desgraciadamente yo tengo pruebas tremendas de cómo me hostilizaron en Argentina.

–¿Todavía?

M.P.: Todavía. Piensa que *El beso de la mujer araña* ni siquiera despertó interés durante tres años y se empezó a hablar de esta obra solamente después de la salida de la película. Piensa que cuando cayó la Junta, la editorial Seix Barral de Barcelona tuvo la idea de mandar muchísimas copias del libro a Argentina, segura de que dado el cambio de régimen y del clima político sería un éxito tremendo, pero no se vendió ni siquiera una copia.

–¿Pero por qué? ¿qué "razzia" de ambiente crítico existe en Argentina?

M.P.: No sé. Durante años sólo pude contar con una unanimidad de silencio. Es difícil, en tales casos, evitar caer en la paranoia. Y, con todo, con los argentinos a solas es posible soñar, y cuando uno se encuentra con la persona que sueña en la misma longitud de onda, cuando somos dos en soñar, se entiende que es una maravilla. En Brasil esto es más difícil: tolerancia colectiva sí, pero sueño no, y a mí me hacen falta las dos cosas.

–¿Cambió algo de tu relación con el cine después del acontecimiento de *El beso de la mujer araña*?

M.P.: De hecho no. Es siempre más estrecha mi relación con el viejo cine. Ahora, gracias al video, en Brasil veo las viejas películas italianas. Soy el verdadero guardián de Camerini, del *Signor Max*, *Gli unomini che mascalzoni*, y de tantas películas que de hecho no conocen los jóvenes de hoy.

–En suma, llegaste a ser una especie de bibliotecario de la Biblioteca de Babel del cine.

M.P.: Pues es un título que me gustaría mucho.

–¿Por qué recién ahora reconoció haberse alejado de Borges en el 51?

M.P.: Leí a Borges solamente después de haber empezado a escribir yo mismo. Como persona me había impresionado mucho, lo que escribió no.

–A propósito del cine y de la televisión, ¿tú crees que el lenguaje cinematográfico puede llegar a ser una estructura fundamental de comunicación como, por ejemplo, el lenguaje del *feuilleton*?

M.P.: Es cierto. El lenguaje cinematográfico, por ejemplo, el del *film noir* ya forma parte de la historia.

–Hace muchos años tú habías definido a Chile, en contraste con Argentina, como un país donde no existía el machismo y por esta razón no había una *sopraffazione*, existía espacio para una izquierda democrática. ¿Y ahora?

M.P.: Tú piensas que los hechos me contradijeron pero no es así. Mientras que en Argentina el regreso del peronismo era una necesidad interna, la dictadura en Chile fue importada de afuera y por eso hay esperanza para Chile.

–¿Qué piensas de la situación política latinoamericana?

M.P.: El problema de países como Brasil, Uruguay y Argentina, es el de una importante deuda contraída por gobiernos no democráticos, militares que no tenían el consenso del pueblo y que hoy el pueblo está obligado a pagar.

–En *Sangre de amor correspondido* me había impresionado cierta nostalgia por personajes menores que tú habías vuelto a ver en el 77, al regresar a lo argentino y de los que habías hablado. En suma, un material antiguo, revivido de otra manera.

M.P.: Es verdad, nunca hubiera pensado volver a dedicarme a pequeños lugares como en el que nací, en la Pampa, pero el personaje principal se presentó a mí en carne y hueso de manera irresistible: es un personaje que procede del campo y no de la ciudad. De hecho, no pude resistir. A este propósito tengo que decir que le estoy muy agradecido a la crítica italiana por la acogida que le hizo a *Sangre de amor correspondido* y que, creo, fue determinante también para este premio Malaparte, concesión a la obra entera pero en particular a esta última novela. De verdad agradecido, si te digo que en América Latina *Sangre de amor...* se considera como un fracaso y que en España, aparte de algunas voces diferentes y aisladas, fue de verdad masacrado.

Tú entiendes que tal vez tengo razón cuando afirmo que a veces para no caer en la paranoia hace falta mucha fuerza de ánimo. Es preciso que leas lo que escribió el diario español *La Vanguardia*: "es la peor novela de Puig. Vulgar, una verdadera maldición para el lector. Para utilizar palabras del autor: le deseamos maldición eterna a quien escribió esta página". ¿Qué te parece?

1993, 14 de julio [1979][11]   (1980-1990)
MANUEL PUIG Y EL PARAÍSO PERDIDO
Conversación con Jorgelina Corbatta.
Trad. del inglés: Graciela Rey
El cronista cultural, Buenos Aires, Argentina

Esta entrevista se produjo durante un fin de semana de septiembre de 1979
después de que Puig participara de un congreso de escritores hispanoamericanos que se realizó en Medellín, Colombia, y al que también concurrieron
Camilo José Cela y Juan Rulfo.

–¿Qué papel juega el lector en su obra?

M.P.: Siempre que escribo estoy pensando en el lector. Escribo para alguien
que tiene mis mismas limitaciones. Mi lector tiene cierta dificultad para con-
centrarse, cosa que en mi caso proviene de estar acostumbrado a ver películas.
Por eso no pido esfuerzos especiales en el acto de leer.

–Pero ¿no cree que esos cambios súbitos, el arte de narrar dos historias
simultáneamente o la misma historia desde dos perspectivas diferentes...

M.P.: Pido reflexión, pero ése es un tipo de operación mental totalmente
diferente. Lo que encuentro muy difícil es seguir cierta prosa que no tiene una
línea argumental y reitera la misma idea página por medio.

–Sigo creyendo que, aunque los elementos básicos de sus historias son fáciles de entender, el armar las piezas es un acto complejo. Algunos ejemplos: los
monólogos interiores de *La traición de Rita Hayworth*; las claves detectivescas
entrelazadas de *The Buenos Aires Affair*; las relaciones entre las películas y las
fantasías de los personajes en *El beso de la mujer araña*; o la doble personalidad
de Ana en *Pubis angelical*. Creo que...

M.P.: No digo que escriba para lectores estúpidos, pero en literatura la
morosidad puede llegar a ponerme nervioso.

–Proust, por ejemplo.

M.P.: No es un ejemplo adecuado.

–¿Quién entonces?

M.P.: Bueno, algunas novelas españolas del siglo XX. José de Pereda por
ejemplo. Además cada frase de mis novelas está escrita para convencer a alguien
de algo. *La traición de Rita Hayworth* fue escrita para convencer a un amigo. Y
Boquitas pintadas para convencer a un enemigo, un crítico argentino que detes-

---

[11] Esta entrevista fue publicada originalmente en 1979. Se reproduce aquí su segunda edición, ya fallecido Puig, en 1993; de ahí su inclusión en esta sección.

taba los géneros populares (las novelas de misterio, la literatura romántica, el folletín, etc.).

–Los críticos mostraron un disgusto parecido por *La traición de Rita Hayworth*, ¿no?

M.P.: No, no. Mis primeras dos novelas aparecieron casi simultáneamente porque *La traición de Rita Hayworth*, tardó mucho en publicarse. No, yo experimenté ese tipo especial de rechazo cuando volví a Argentina y sentí cierta pedantería, cierto gusto muy diferente al mío. Eso me estimuló. Pero volviendo al lector, usted me preguntó si el gusto del lector había condicionado alguna de mis novelas. No, para nada. El libro que más apreciaron mis lectores fue *Boquitas pintadas* y todos esperaban que siguiera esa misma línea narrativa. Sin embargo cambié porque estaba interesado en otro tipo de investigación y por eso escribí *The Buenos Aires Affair*. La acogida que le dieron a ese libro fue relativamente floja, pero yo sentí que había hecho algo bueno. Incluso hoy la novela no me desagrada. Al revés, creo que en cierto modo me gustaría seguir el camino que inició.

–Y que es...

M.P.: Y que es el tipo del error argentino.

–¿Qué tipo de error?

M.P.: Un error político, un error sexual.

–Me gustaría saber quiénes fueron sus modelos literarios. Sabemos bastante sobre su pasión por el cine, y también por los boleros y los tangos, pero muy poco sobre sus preferencias literarias. El poeta Père Gimferrer escribió en un artículo publicado en 1976 en la revista *Plural*, editada por Octavio Paz, que "sin duda Puig le debe poco, no sólo a sus precursores literarios inmediatos, sino a ninguna otra tradición literaria en general". ¿Usted qué piensa?

M.P.: No tengo modelos literarios porque no he tenido grandes influencias literarias en mi vida. Ese lugar ha sido ocupado por el cine. Creo que si observa con profundidad podría encontrar la influencia de Ernst Lubitsch en algunas de mis estructuras, de Joseph von Sternberg en la necesidad de cierta atmósfera. También de Albert Hitchcock. Otros... no sé. De los escritores modernos me gustan mucho William Faulkner y Franz Kafka. Pero eso no quiere decir que los haya leído exhaustiva o apasionadamente. Kafka ilustra realmente la manera en que el medio nos oprime como individuos. También muestra cómo el inconsciente controla nuestras vidas. Y habla de las prisiones internas que llevamos dentro. Pero al contrario de lo que hace Kafka, a mí me gusta referir todas mis ficciones al nivel de la realidad. Él en cambio las deja en un nivel imaginario.

–Hay otro aspecto en el cual los críticos no se ponen de acuerdo: o tiene una voz paródica o comparte personalmente el universo en el cual viven los personajes. ¿Qué puede decir al respecto?

M.P.: No tengo una voz paródica. A veces uso el humor porque de otra manera mis temas serían muy amargos, muy miserables. Terminarían siendo áridos. Mis historias son muy sombrías, por eso creo que necesito el ingrediente cómico. Además, la vida tiene mucho humor, ¿no? Y aunque sea difícil creerlo, los argentinos también tienen humor. No creo que el humor sea algo forzado en mi universo; es parte de él. Y volviendo a la cuestión de la parodia. Para mí la parodia es burla y yo no me burlo de mis personajes, comparto con ellos una cantidad de cosas, entre ellas el lenguaje y el gusto.

–¿Por qué cree que Carlos Fuentes, Luis Rafael Sánchez, Guillermo Cabrera Infante y Severo Sarduy introducen en su obra elementos de los medios de comunicación, lo mismo que usted? ¿Comparte algo con ellos?

M.P.: Es cierto que comparto con ellos ciertas preocupaciones, pero mi estilo es muy diferente del de Fuentes, y no tengo nada en común con Sarduy, Cabrera Infante o Sánchez.

–¿Con quién comparte un estilo?

M.P.: Lo siento, pero no sé mucho de literatura.

–¿Qué tipo de conexión existe entre su trabajo, el arte pop, el *kitsch* y el *camp*?

M.P.: Estoy muy interesado en lo que se ha llamado el "mal gusto". Creo que el temor a demostrar un supuesto mal gusto nos impide aventurarnos en zonas culturales especiales, algunas de las cuales están más allá del mal gusto. Me interesan mucho esas zonas y permito que mi intuición me conduzca hacia ellas. Por ejemplo, en lo horroroso de la letra de ciertos tangos veo la posibilidad de un tipo diferente de poesía. También me atrae el sentimentalismo excesivo de cierta clase de cine. Me pregunto, ¿qué hay más allá de esto? ¿Qué tipo de audiencia utiliza estos productos? ¿Qué tipo de necesidad intelectual o intuitiva satisface esta clase de cultura? Sí, me interesa explorar las diferentes manifestaciones del mal gusto. Pero, por supuesto, no con un enfoque frío; sólo me interesa el mal gusto cuando disfruto una letra de tango espantosa o veo una película que me hace llorar.

–¿También le interesan los boleros?

M.P.: Sí, por ejemplo los boleros de Agustín Lara... Me conmueven profundamente... Si nos reímos de ellos y nos los tomamos con seriedad creo que perdemos algo. Creo que tengo necesidades distintas que la élite intelectual. ¿Cuáles son esas necesidades? ¿Hay otra gente que las comparte? Quizás. Deberíamos tratar de entender esas necesidades íntimas y no deberíamos usar la ironía para reducir su poder.

–Sabemos mucho de la forma en que el cine le ayudó a evadir la realidad en su adolescencia. ¿Pero qué puede decirnos de algunas técnicas cinematográficas que usa en sus novelas?

M.P.: En *The Buenos Aires Affair* hay un capítulo que después se eliminó en que se podían ver claramente las influencias cinematográficas. Se refería a la madre de la protagonista, una mujer exigente y adoctrinadora que inconscientemente quiere que su hija muera y deje de crear problemas, deje de sufrir. Claro que no puede tomar conciencia de este sentimiento auténtico porque va en contra de su educación. Sin embargo, cuando la hija desaparece, yo quería que ella tuviera un deseo inconsciente de no verla más. Pero después de todo es su hija y una madre como esa no puede querer que su hija se muera, ¿no? La mujer no podía permitirse sentir una cosa tan horrible. En ese capítulo yo quería demostrar la ambigüedad de sus sentimientos. Tenía que haber un maligno narrador en tercera persona y no uno subjetivo. Y sólo después de recordar cierto ángulo de cámara usado por Hitchcock pude encontrar la voz apropiada para mi escena. Él la había usado en *Psicosis*. En la primera escena, si usted se acuerda, hay dos amantes clandestinos en una habitación de hotel. Es una habitación pequeña y siempre los vemos a través del ojo de la cámara que está en el placard o afuera de la ventana, es una cámara que los espía. Hitchcock nos dice claramente que no hay ninguna otra persona en el cuarto, sólo los amantes. Así que no es un criminal o un espía quien los observa sino esa cámara "espía". O sea que hay una cámara objetiva y una subjetiva, del mismo modo que en la literatura hay un narrador en primera persona y uno en tercera. En mi texto yo tenía que manejar el mal; los sentimientos malignos que siente esta madre incapaz de racionalizar sus propios sentimientos malévolos y que los transforma en un oculto elemento de su mente. Tuve que usar un narrador en tercera persona, una especie de diablo, que, debido a la economía interna del libro, no vuelve a aparecer.

–¿Por qué abandonó su ciudad ficticia, Coronel Vallejos? Se lo pregunto mientras pienso en otros lugares imaginarios como Yoknapatawpha, Santa María, Macondo...

M.P.: Sentí que ya había hablado lo suficiente sobre ella. Viví allí hasta los quince años y nunca volví. Si hubiera vuelto, las cosas hubiesen sido diferentes.

–¿Por qué escribe novelas?

M.P.: Escribo novelas porque hay algo que no entiendo en la realidad. Lo que hago es localizar ese problema especial en un personaje literario. Es más fácil. Y como todos mis problemas son más bien complicados necesito toda una novela para tratarlos, y no un cuento o una película. Es como una terapia personal. No hay libertad en esta elección. No es que elijo hacerlo sino que me veo forzado. Tiene que ser una novela porque necesito mucho espacio. Es una actividad analítica, no sintética.

–¿Qué le diría a un joven escritor?

M.P.: Juan Rulfo recomendaba que lo mejor para los jóvenes era leer mucho. Yo no estoy de acuerdo. Por supuesto que leer puede ayudar a entender lo que uno está escribiendo y ver lo que otros están haciendo, pero a veces el deseo de tener más información puede funcionar como un inhibidor. ¿Por qué? Porque si uno está demasiado consciente de lo que están haciendo los otros no le da espacio suficiente a sus propias preocupaciones. En realidad, a veces pienso que puede ser muy beneficioso olvidar lo que hacen los otros, estar totalmente aislado del mundo. ¡Es algo liberador! Otro consejo es el de no poner nunca la forma por sobre el contenido. Lo importante es investigar cierta realidad y encontrar formas de cambiarla.

–Una última pregunta. ¿Por qué el trópico es tan importante en su trabajo?

M.P.: Quizás porque estoy siempre dando vueltas en torno de la ausencia de paisaje de la Pampa. Mi mayor aspiración siempre fue vivir en el trópico.

–Una especie de paraíso perdido, ¿no?

M.P.: Sí, exactamente.

1988   (1980-1990)
CONVERSACIÓN CON OLGA NOLLA
Revista de la Universidad Metropolitana, Río Piedras, Puerto Rico

Olga Nolla: El tema sobre el cual conversaremos esta tarde se titula, según el programa, "La ensoñación en el mundo popular". Pensamos en este tema porque tanto Manuel Puig como Manuel Tamos Otero han elaborado esos materiales de la cultura popular en su narrativa. Creo que debemos, por lo tanto, comenzar por aclarar los términos. En primer lugar, ¿qué significa mundo popular? Porque éste es un término romántico, ¿no? ¿El mundo de la cultura de la clase trabajadora?, ¿Cultura de los medios de comunicación masiva? y luego, ¿qué entendemos por ensoñación; y muy especialmente, por la ensoñación colectiva, como por ejemplo, los carnavales de Río, los mitos. Yo pienso que hasta cierto punto la escritura literaria es una forma de ensoñación, pues recrea el recuerdo moldeándolo con la emoción y se inventa otra realidad. ¿Qué función tuvo la ensoñación en tu formación como escritor, Manuel Puig? Los géneros de literatura popular que leías, por ejemplo.

Manuel Puig: La ensoñación para mí tiene todo que ver con mi comienzo de escritor. Porque yo de niño decidí en algún momento que la realidad era la que tenía lugar en el cine, en la pantalla y que lo que sucedía en el pueblo era una película que había ido a ver por equivocación porque yo vivía en un pueblo de la Pampa. Y desde entonces, bueno, la ensoñación era la realidad para mí. Yo invertí los términos y quería hacer de mi vida una ensoñación constante. Pero la película, que era una diferente todos los días en ese pueblo, duraba una hora y media más 20 minutos de *show* que se daba: cortometraje, musicales, dibujos animados y noticieros. Entonces, cómo hacer que el resto del día fuese realidad con esa gótica, digamos. Una de las maneras era contar películas a los incautos que me pasaban cerca. Entonces era un modo de alargar. Otro, era leer revistas de cine. Por supuesto porque iba anticipando así el gran momento de la proyección. El colmo fue recortar el anuncio de estreno de cada película en Buenos Aires. Yo los apilaba y un día alguien que me odiaba me los revolvió todos. Yo me acordaba del orden (se ríe) de los estrenos en Buenos Aires de las películas por 6 años o 7 años, ¡qué inútil uso, (se ríe) de la memoria! Pero es así, sucede eso cuando se produce la gran alienación. Yo, después de todo lo que me ha pasado, después de haber logrado contar eso, mis novelas, etc., he llegado a una conclusión a mis 55 años de edad, y es que ese momento no de necesidad de fuga, ese momento de renuncia a dialogar con la realidad con "r" minúscula, la realidad de la otra gente, puede no ser tan enfermizo como se supone. Me parece que aceptar la realidad como se nos presenta, aceptar todas sus reglas, decir que sí a todo, puede ser más enfermizo todavía. Pero si sólo vivimos en un plano imaginario acabamos en una alienación total, no hay posible diálogo. Cuando se produce ese enrarecimiento ambiental, cuando se está solo, se está renunciando a la parte de los demás. Yo creo que la solución a todas las edades está en un diálogo entre la actitud realista y la actitud soñadora. Tenemos que tener el coraje de lanzarnos a nuestra utopía y pensar cualquier tontería porque si no se concibe esa utopía, no se va a cambiar nada en una sociedad donde hay tanto para cambiar. Pero el que quiere volar así en su imaginación cae (se ríe) tiene esa caída inevitable en la realidad. Ahí el secreto está, en ese momento de la caída, cómo no quedar lisiado, paralizado para siempre, cómo rehacerse, cómo, bueno, tener cierta capacidad con los propios sueños, cierta capacidad de ironía y reírse de los propios sueños y reírse de la realidad absurda que nos ha tocado.

O.N.: Sí pero me gustaría que contestaras la pregunta: ¿qué tú entiendes por cultura popular?, si es que para ti significa algo, claro.

M.P.: Yo creo que en base a la represión sexual, este siglo está por terminar y el siglo próximo nos va a ver como protagonistas de comedia. Nos van a ver como a monjes, monjas jugando a escondidas, en actitudes absolutamente absurdas, actuando en base a un código de pecado que van a hacer reír. Yo me quiero adelantar. Quiero no pertenecer al mundo de los reprimidos pero es inevitable, en fin, oiga, para mí, esto me marca, me pone todos los años que tengo encima y no puedo negarlo, para mí la cultura popular sigue siendo aquella que me marcó. La cultura actual no la entiendo. No puedo escribir con protagonistas jóvenes actuales, no tengo jóvenes muy cerca para poder estudiarlos. No entiendo el *rock and roll*, no entiendo la pasión por las telenovelas, hay una cantidad de cosas que no entiendo. Creo que es una cuestión generacional. Los mitos que nos marcan, quiero decir. Tuve una capacidad como de vivir los mitos, de adorar esos dioses del Olimpo respetados en aquel momento, los que me tocaron, los que vinieron después yo no los entiendo.

O.N.: O sea, que los elementos de la cultura popular que forman parte de la ensoñación de un escritor son los del momento en que ese escritor se forma en su adolescencia, en su infancia. Lo que sucede posteriormente en la cultura popular no importa. En tu caso particular sucede eso. Pero, ¿qué pasa con el carnaval de Río?, te lo pregunto porque tú vives en Río, de qué manera es como una ensoñación colectiva y forma parte de la ensoñación popular una actividad así?

M.P.: Yo vi uno, dos carnavales en los finales del carnaval popular, cuando era en la calle y no había crecido de tal modo. No era como los de ahora. Para el público en general había una posibilidad de integrarse a esos desfiles. Detrás de cada escuela de samba, la gente iba bailando, o al lado, al costado, era una cosa muy especial. Ahora, esos desfiles se volvieron mucho más ricos, mucho más aparatosos: son deslumbrantes. Pero ya no van por las calles, van por una pista que se han construido y cuesta una fortuna tener un buen asiento y tener un mal asiento cuesta media fortuna y es una tortura y es un espectáculo, es un *show*, es otra cosa. A la gente de ahora la enloquece y a mí me deprime porque recuerdo aquel otro asunto. Llega el carnaval y me hace recordar a mi papá cuando escuchaba otra cosa de las mías, de las de mi adolescencia y ponía una cara así; ahora hago yo la cara de él. Digo ahora lo que dicen todos los viejos; lo de antes era lo que valía.

O.N.: Bueno, vamos a dejarle ahora un espacio a nuestro escritor Manuel Ramos Otero para que nos hable sobre el mundo popular. Lo que él entiende por mundo popular. Lo que entiende por la ensoñación y la función de la ensoñación en su obra.

MRO.: Yo particularmente no entiendo el título. Realmente, yo nunca sueño cuando escribo y creo que he utilizado muy poco el recurso del sueño dentro de mi obra. Así que me acuerde, solamente tengo un momento en un cuento que se llama "La última plena que bailó Luberza", en que el personaje está soñando. O sea, el sueño no está ni en los personajes ni tampoco está en el momento en que yo escribo. Para mí, hasta cierto punto, la escritura es un exorcismo. Eso es lo más cerca que llego a la ensoñación. En términos de que cuando yo estoy escribiendo, yo estoy experimentando, estoy en una catarsis, yo estoy viviendo verdaderamente, lo que estoy escribiendo en ese momento y por eso me gusta escribir. Me gusta escribir porque soy parte de ese proceso de la escritura, del papel, de la palabra, etc. Tampoco entiendo el término "mundo popular", porque tal vez en el contexto puertorriqueño, todo aquello que tiene que ver con lo popular inmediatamente se le adjudica un valor de clase. Y yo sé, que no todo lo que es mundo popular en la cultura, tiene que ver, definitivamente, con las clases sociales. Lo que nosotros entendemos, creo, desde el ensayo de José Luis González, *El país de cuatro pisos*, en Puerto Rico por cultura popular, es la de las clases más oprimidas. Esa cultura que escapa a la llamada cultura nacional, impuesta y manipulada por las clases más altas. Como ya yo llevo 22 años viviendo en la ciudad de Nueva York, para mí lo popular tiene que ver mucho también, con los medios de comunicación masivos. Y aquí, tal vez, me acerco un poco más a este tema tan ambiguo que se le ha dado a la conversación que es la ensoñación del mundo popular. Yo nací en un pueblo de embuste, si usted quiere algo más de embuste en Puerto Rico que haber nacido en Manatí, la Atenas de Puerto Rico, verdaderamente, es asombroso. No solamente nací en Atenas de Puerto Rico, nací en el viejo edificio que había sido el viejo Casino Español de Manatí. Vivíamos en la planta baja, mi abuela en la segunda planta, en lo que como nos visitábamos, el casino se había convertido en cuatro apartamentos, pertenecía la familia de mi padre y uno iba de apartamento en apartamento y me decían, aquí era que se bailaba, aquí era que estaba la barra. O sea, que yo nací en un edificio de embuste. Me decían que era el casino y eso era lo que yo verdaderamente pensaba.

A la vuelta de la esquina, todavía está allí un teatro *art decó* que se llama el Teatro Taboa. Yo iba todos los días religiosamente, y religiosamente en el sentido literal de la palabra, porque para mí la religión era el cine, yo iba al Teatro Taboa, yo entraba de gratis, porque el dueño era amigo de papi, yo entraba de gratis todos los días al Teatro Taboa, y crecí viendo películas mexicanas, películas de Hollywood y en la televisión, cuando llegó a Manatí, que lo primero que se veía era el Indio, por semanas y semanas y semanas, pues en la televisión se daban muchas películas argentinas. Yo recuerdo, que lo primero que yo quise ser en mi vida fue actor de cine. Veía películas de Chachita y yo quería estar en el cine. Hasta que mi madre, un día, hizo una maleta y me dijo: "Te vas para México". Y yo, con el terror de que me iba, de que me había preparado la maleta, se me acabó la ilusión de ser actor de cine. Todos estos elementos que estoy mencionando del cine, el elemento de vivir en un pueblo que no existe, en un pueblo que todavía sigue soñando que es la Atenas de Puerto Rico. Lo veo todos los años en la celebración de las fiestas patronales, donde se hacen manuales de las figuras famosas del pueblo y se le llama la Atenas de Puerto Rico. Magali García Ramis me enseñó los otros días un librito con dos columnas griegas y en el medio el retrato del alcalde del pueblo. La gente todavía vive en esa supuesta ensoñación de la cultura helénica. Yo, por mí parte, además del cine, lo que más me acerca a ese mundo de la cultura popular, que para mí, necesariamente, no tiene que ver con clases, es el bolero. El bolero y la poesía "cursi". Mi madre cada vez, que era muy frecuentemente, que le daban estos corajes, mientras barría, cantaba boleros. Y yo siempre recuerdo que cantaba por ejemplo, enfurecida, (cantando) "mi vida la embellece una esperanza", la contradicción entre su furia y la esperanza azul, la escoba. Toda esta cuestión, mi padre se daba un trago e inmediatamente recitaba José Ángel Fuesa. "Pasarás por mi vida, sin saber que pasaste..." o el poema de Garrick, actor de Inglaterra. O sea, que yo crecí verdaderamente en un mundo como que no era demasiado real, al igual que lo que Manuel estaba diciendo. Sin embargo, mi acercamiento a la literatura vino porque yo ya estaba completamente condicionado por la soledad de unos medios. El cine se presta mucho a los seres solitarios. La maravilla de estar sentado en una sala oscura e inventando un mundo, un mundo frente a los ojos, en la pantalla y a este lado de la pantalla también, pero esto lo dejo a la imaginación de ustedes. Yo, pues, la soledad me venía muy bien, la escritura dentro del ser solitario que yo era. Ahora, para mí la escritura se convirtió en, prácticamente, un ataque contra esa soledad y se convirtió también, en un ataque que hasta en cierta forma era una guerra contra el lector que me iba a leer.

A través de toda la escritura se da esa dialéctica entre las voces narrativas, sea quien sea y el lector que me va a leer, que muchas veces está incluido dentro de mi escritura. Todas esas cosas tiene que haber contribuido a crear este mundo literario, porque de alguna forma yo sigo siendo el personaje principal de mi propia obra. Mi biografía es lo que alimenta mi literatura. Y no hay separación entre Manuel Ramos Otero el que escribe y Manuel Ramos Otero el que supuestamente es real para mí son uno solo y de la misma forma en que yo estoy escribiendo, no hay separación. Tal vez es una locura total lo que tengo encima, pero definitivamente esa locura me viene de toda esa biografía en que esos elementos, probablemente, ensoñaciones de la cultura popular, estuvieron presentes.

O.N.: Eso que tú dices de que en Puerto Rico a la cultura popular le damos una acepción de clase trabajadora exclusivamente, yo creo que, particularmente en Puerto Rico, la cultura popular permea todas las clases sociales y, de hecho, Danny Rivera o Lucecita Benítez son invitados a La Fortaleza. Danny Rivera y Lucecita Benítez se presentan en Bellas Artes, al igual que el Festival Casals. Los boleros los bailan todas las clases sociales, creo que particularmente en Puerto Rico, lo que se llama cultura popular, que es la música, fundamentalmente la música, es disfrutada por todas las clases sociales por igual.

M.R.O.: Ya que tu diferiste, yo quisiera diferir con lo que tú diferiste. Recuerda que cité un texto en particular. Un texto que ha tenido una importancia y una influencia muy grande dentro de los lectores puertorriqueños, que es el texto de José Luis González *El país de cuatro pisos*. Y en el texto de José Luis González se hace una diferencia entre lo que es una danza y lo que es la música de Tite Curet Alonso. Yo creo que el término "cultura popular" se utiliza únicamente para describir eso que llaman la cultura de la clase trabajadora. Una danza de Morell Campos, por ejemplo. Tú no hubieras cogido a Ismael Rivera grabando una danza de Morell Campos que yo recuerde. O sea, se ve una separación entre los músicos. Sin embargo, mi madre cantaba lo mismo un bolero de Pedro Flores que "Felices Días" mientras estaba barriendo y en ese sentido, verdad, pues esa cultura yo no quiero llamar únicamente popular, pues está presente en la ensoñación de cualquiera. Ahora, en términos de lo que nosotros interpretamos por cultura, me parece que unos términos bien generalizados se han tratado de distinguir en términos de clase.

O.N.: Sí, tal vez es cuestión de terminología, de lenguaje, verdad, lo que estamos tratando aquí de expresar. Bien, vamos a pasar entonces a la segunda pregunta. ¿Creen ustedes que la ensoñación, como actividad psíquica, posee ya un carácter audiovisual? Quiero decir que soñamos despiertos con imágenes y sonidos en una especie de edición, transformación y proyección de lo vivido. Entonces el cine sería el arte más perfecto de la ensoñación. Manuel ¿qué te parece a ti eso?

M.P.: Totalmente de acuerdo, porque yo viví en la gran época del cine y me enrolé en ese sueño totalmente, así que no tengo la menor duda. Ahora es la gente nueva la que puede diferir de eso que el cine ya no sea tan rico en proposiciones de ese tipo. No sé si el cine le permite tanto huir de la realidad. La lectura, por ejemplo, yo no sólo fui al cine, sino también a partir de cierto momento en mi adolescencia empecé a leer novelas y la novela, el hecho de poder detenerse en cierto momento, da el tiempo a la reflexión, la referencia personal. Ustedes saben, en la lectura siempre hay un espacio para este personaje, le sucede tal o cual cosa, ¿no? También se pueden detener las películas, aquella magia de la sala grande, la cuestión de que fue un fenómeno colectivo, le daba una fuerza particular, era un fuga en masa, porque estábamos viendo la película todos juntos, la cantidad de gente que se queda callada en ese momento.

O.N.: Sí, pero tú señalas una cosa muy interesante, y es el hecho que cuando estamos leyendo una novela podemos detenernos y crear nuestra propia ensoñación partiendo de los materiales que nos indica una novela, por ejemplo, yo en mi infancia más que ver cine lo que hice fue leer novelas como niña un poco súper protegida que no me dejaban salir mucho, y entonces lo que hacía era dedicarme a soñar despierta y a soñar, pues con que me pasaban cosas maravillosas, pero normalmente me identificaba con un personaje de una novela y entonces procedía a crear mi propia novela, yo como personaje, cómo me estaban pasando a mí todas las cosas que le pasaban a la protagonista, o sea, que a veces puede ser una cuestión individual porque la novela puede dar lugar a más espacio de ensoñación que el mismo cine.

M.P.: Para mí no, en absoluto, como vino primero el cine, a partir de la primera infancia el cine estaba asociado totalmente a mi experiencia infantil. La lectura de novela más o menos se inició a los 13 años: empezó en un momento que ya la gente empezaba a señalarme como un fenómeno. Yo realmente quería hacer del día completo una experiencia de realidades paralelas, pero mientras en el cine era total la entrega, en la lectura yo por primera vez experimentaba esta posibilidad de detenerme y reflexionar, así que ya para mi literatura ya está todo contaminado de reflexión adulta. Fue mi primera intención de reacción ante la realidad especial, aquella realidad con mayúscula del cine. La realidad misma no me podía servir de material de reflexión. Era demasiado conflictiva. Esa lectura de novela daba pie a un comienzo de reflexión.

M.R.O.: Como ya yo dije que yo no soñaba demasiado, diré que yo casi siempre he hecho mis sueños realidad. Vivo los sueños, o sea, que la separación entre sueño y realidad cotidiana para mí no es muy separable. Quiero decir con esto que todas las fantasías que yo tuve de amor las he realizado en mi vida, esos amores pasionales tremendamente conflictivos, ¿verdad?, de unas peleas descomunales, yo los he vivido. Como los veía en el cine, puede ser que del cine yo haya copiado los modelos del amor como lo hace todo el mundo. Ahora se hace con las novelas de televisión. Yo lo hacía con el cine y definitivamente puede ser que eso haya influido en cómo yo veo el amor. Ahora la cuestión sobre si el cine sería el arte más perfecto en la ensoñación es posible, es muy posible. Me acuerdo del primer cuento que yo escribí cuando llegué a Nueva York. Es un cuento que se llamaba "Hollywood Memoriabilia" y el proyeccionista es el protagonista del cuento. Es proyeccionista de un cine de segunda donde se exhiben películas de las que le gustan mucho a Manuel Puig y me gustan a mí también. Las películas de la Era de Oro de Hollywood. Para este hombre, su mayor preocupación, es que como él no encuentra el amor, él quiere proyectarse él mismo dentro de una película y al final del cuento lo logra, se proyecta en un personaje de *Cristina*, de Greta Garbo, y desaparece de una realidad, pero como podemos ver, en ese cuento también escapa de una realidad para que entonces el cine se convierta en otra realidad. O sea, que no hay dicotomía en el personaje. En ese sentido, pues, yo no sueño mucho despierto, yo trato de que todo ese sueño y todas esas cosas que yo imagino se me den. Como la vida es corta, pues yo la vivo.

O.N.: Tú desarrollas "Hollywood Memoriabilia" muy bien, aunque ese cuento es un cuento ambiguo, puede ser cursilería o patología del personaje si tú le das una lectura realista. Puede ser un personaje que está loco y que ha enloquecido de soledad. Cree que entra y se disuelve en la pantalla y entra a la realidad del celuloide. Pero claro, si se le da una lectura fantástica o lectura literal, pues entonces él sí entra a formar parte del celuloide, verdad, de la realidad proyectada. Pero sólo te quiero mencionar si cuando tú viste, por ejemplo, la película de Woody Allen *Purple Rose of Cairo*, donde la protagonista se enamora de uno de los personajes de la película, y el personaje se sale del cine y vive en la realidad real. Se produce un intercambio entre la realidad del celuloide y la realidad real parecida o ligeramente semejante a la que tú planteas en "Hollywood Memoriabilia".

M.R.O.: Sí, pero fíjate que son dos cosas distintas. En una, en mi cuento, el personaje escapa dentro del lienzo, dentro de la pantalla, dentro de la película. En la otra el personaje se sale del lienzo y se viene a vivir con la mujer en su vida actual y cotidiana. Son dos cosas completamente distintas. Yo tampoco haría una lectura psicológica, psicopatológica casi, yo no haría esa lectura de mi cuento, yo también soy lector de mi propia literatura. Yo cuando leo mi cuento lo leo como yo lo escribí. Y como yo selecciono ser ese tipo de lector, en mi cuento verdaderamente, el personaje escapa. Ahora, si a lo que tú quieres llegar es como lo que ocurre en la película de Woody Allen, que a mí me encantó, yo creo que sí, que muchas personas que se sienten totalmente solas y están dentro de una sala de cine darían la vida porque los personajes salieran de la pantalla y se fueran con él o con ella para su casa. Yo también pensé muchísimo en eso, pero, eso verdaderamente es una fantasía bien clara para mí. Para mí las fronteras están mucho más definidas y yo no veo que una contamine tanto a la otra. Sí se influyen, pero no creo que sean una sola realidad. Me parece que se mantienen separadas.

O.N.: ¿Qué relación ven ustedes entre la ensoñación y la esperanza? Porque el mundo popular es brutal, quiero decir agotador, trabajar tantas horas, trabajo físico. Y las compensaciones son escasas. Se trabaja para sobrevivir. ¿Por qué Rambo o su equivalente (Rocky) son tan populares?

M.P.: Sí, ya eso lo respondí un poco en la primera respuesta. Creo en la necesidad, en lo saludable de la imaginación. Ningún cambio, ningún progreso es posible sin antes imaginarlo. Cuando ya vemos realizada la obra es otra cosa. Pero hubo primero un loco que se sintió capaz de formar esa utopía y pasar de la utopía a la realización. No es fácil. Creo absolutamente en la esperanza como propulsor principal de la ensoñación.

O.N.: Sí, pero en el caso de las telenovelas es una esperanza falsa. Porque la telenovela promueve en la mujer unas ilusiones falsas, una visión falsa de la realidad. Entonces, a veces sucede, que lo que se hace es promover unas ilusiones fuera de contexto.

M.P.: La calidad de la utopía es lo que está en cuestión, ¿no? Pero sobre telenovelas prefiero no pronunciarme. Yo no las soporto, pero no puedo analizarlas, porque no he sido nunca capaz de ver una completa o media o un décimo. Así que, yo las detesto, sobre todo porque vengo de una país donde ocupan un lugar enorme en la televisión y realmente las veo como un medio de manipulación muy represiva, muy especial. Pero como yo no he experimentado.

O.N.: Sí Manuel, pero por ejemplo, en *Boquitas pintadas* las mujeres son víctimas de todo un tipo de literatura, y de una expectativa de la realidad que les ha dado la novela "rosa" la novela "folletín", que aunque no son las telenovelas, lo que hacen es hacer lo mismo que hacían estos otros medio anteriormente.

M.P.: Sí, yo por ejemplo recuerdo la radionovela. En mi infancia era muy importante. Pero duraban un mes nada más y tenían lugar en las horas de la tarde, eran cosas de amas de casa en un momento de pausa. No tenían este carácter invasor de las telenovelas actuales que, por ejemplo, en Brasil, empiezan a las 6.00 de la tarde, a la hora que la gente vuelve a la casa, se encuentran con una, dos, tres, cuatro telenovelas que seguir y eso les ocupa todo el espacio posible. Hay una de 6.00 a 7.00, 7.00 a 8.00, 8.00 a 9.00 y 9.00 a 10.00.

O.N.: Te informo que en este país es igual.

M.P.: Y también las siguen los hombres. Por lo menos, en mi época la radionovela era cosa de señoras. Solamente había, me acuerdo, una radionovela a las 10.30, un poco después que ya habían pasado todas las actividades y era como un modo de relajarse antes de dormir. Y eso era un poco menos nocivo, la radionovela de las 10.00 a las 10.30.

O.N.: Sí, pero específicamente en *Boquitas pintadas* tú hablas de una radionovela que escuchan Mabel y Nené y esa radionovela, si mal no recuerdo, era sobre un soldado en la Segunda Guerra Mundial y una joven francesa que lo cuida. Una historia muy cursi, totalmente desligada de la realidad Argentina. No tiene nada que ver con las vidas de estas mujeres. ¿Ésas eran las radionovelas de tu adolescencia? ¿Tenían que ver con soldados de la Segunda Guerra Mundial?

M.P.: Sí, eran irreales. Por eso me gustaban un poco. (Risas) Eran excéntricas, digamos, porque ahora lo terrible es que ni siquiera pueden permitirse mucho vuelo de imaginación, porque los medios no lo permiten, no se pueden filmar telenovelas de gran imaginación, la radio por lo menos promovía la imaginación de cada uno: los argumentos podían tener lugar en la Primera Guerra Mundial, en las Cruzadas, en lo que fuera, pues era con palabras que se construían las cosas nada más.

M.R.O.: Olga, tú tienes una parte de la pregunta que dice: ¿por qué las amas de casa ven telenovelas? Yo nací antes de la televisión, por lo tanto tuve el poder de decidir si veía o no, televisión. Nunca fue muy importante para mí. Siempre fue bastante chabacana y en mi casa parece que todos teníamos, más o menos, esa opinión. También resulta que mi familia es bien melodramática y entonces, el melodrama de la casa era mucho más dramático que el melodrama de las telenovelas. (Risa) A mí lo que me fascinaba de las telenovelas, el cine tenía actores y actrices extranjeros, fue que, de momento, pudimos ver y escuchar el acento (la manera de hablar) de nuestro propio país en televisión. Y a mí me conmovía tremendamente ver a Milagros Carrillo, por ejemplo, o Lydia Echevarría haciendo de mala, a Madeline Williamson de desquiciada, a Adela Villamil de abnegada, y siempre era un estereotipo. Lydia Echevarría siempre fue mala (risas); quiero decir en las telenovelas. Aclaro. De la misma forma que Madeline Williamson siempre fue la mujer enloquecida. Entonces estos estereotipos eran para mí claramente estereotipos. Porque yo veía la abnegación de madre de mi madre, la locura de mi madre, la belleza de mi madre, todo combinado en el personaje de una mujer bien real, con unas expectativas y unas frustraciones en la vida. En este sentido yo estoy muy de acuerdo en que las telenovelas lo que hacen verdaderamente es engañar, y yo me pregunto por qué: no solamente las mujeres; yo tengo unos vecinos en Nueva York, esta familia que la ventana de mi cocina da con la ventana de la sala de ellos, y desde que se levantan hasta que se encuentre, comen y ven telenovelas. En las estaciones latinas de Nueva York lo único que se da son telenovelas. En realidad, las telenovelas nunca han tenido mucha relación con lo que yo siento. No sé si contesto tu pregunta, Olga.

O.N.: Bueno, yo un poco quería indagar en el hecho de que cuando la gente trabaja mucho, ¿por qué necesita soñar? La necesidad de la ensoñación. En alguien que trabaja todo el día en un horario de 9 a 5, llega a su casa y prende la telenovela.

M.R.O.: Pero eso es como decir que los ricos no sueñan.

O.N.: Creo no es sólo que se las impongan. Por algo tienen éxito. Están tan agotados que prefieren escapar a ver cosas que los impacte. Tal vez, pregunto.

M.R.O.: Yo estoy de acuerdo contigo en que es un escape, una fuga del aburrimiento cotidiano de tener que hacer lo mismo todos los días. Ahora, hay una cosa que me parece interesante. Tú dices por qué Rambo o su equivalente Rocky son tan populares: y, definitivamente, ahí en el caso de Rambo y Rocky tú ves la necesidad que tiene la gente, por ejemplo, de ver más violencia, tal vez para descargar esa violencia que tienen por dentro. ¿Por qué es tan popular este actor y se siguen haciendo secuelas del primer Rambo y el primer Rocky? Yo no creo que el público masculino es el único que ve Rambo y Rocky y las mujeres ven telenovelas. A los hombres les encanta las telenovelas porque perpetúan esa relación entre el macho y la mujer desvalida. Y a las mujeres les encanta Rambo porque es ese macharrán que ellas necesitan para continuar su feminidad. Como dijo hace dos día Manuel Ramos Otero. Una mujer necesita sentir que el hombre la domina.

M.P.: Necesitaba. No me lo pongas en presente.

M.R.O.: Bueno, creo que todavía muchos disfrutan ver perpetuada esa relación en la pantalla, esa relación de opresión de la cual ellos no pueden escapar, porque eso legitima para ellos la vida que están viviendo. Si tu marido te dio pelea, y tú ves que en la telenovela sucede lo mismo a la protagonista, entonces dices, tú ves, eso pasa en la vida. (Risas).

M.P.: Depende mucho todo esto de la programación. Todos tenemos necesidad, después de un día de trabajo, de desligarnos de las preocupaciones. Pero podemos ver una buena película, buena fotografía, una ópera, una conversación interesante. Es decir, en manos de la televisión se encuentra el destino de la humanidad. Se puede hacer lo que se quiera con ese rato libre. La programación de Brasil, les anticipo, es de las más pobres que he visto, porque la televisión educativa tiene poquísimo dinero y no pueden comprar una ópera de Nueva York o un programa de la RAI (Radio y Televisión Italiana) algo que le eleve un poquito el nivel de la gente.

O.N.: Es extraño que digas eso porque en Puerto Rico de las mejores telenovelas que pasan son hechas en Brasil. Y actualmente están pasando una muy popular que se llama *Doña Beija*.

M.P.: Pero cuando decimos ensoñación, no es una palabra pequeña, ensoñación es el salto a partir de materiales dignos. A partir de una gran película, de un gran poema, de algo de calidad. Si la ensoñación se produce a partir de una telenovela que se filma con los medios más escasos, alargada, y que si había algo interesante inicialmente, a lo largo de los meses y meses se agota y sigue y sigue... ¿Qué plataforma es ésa para la ensoñación?

O.N.: Yo le creí, que en Ángela Luisa (Risas), cómo era posible que Doña Beija ya llevara muchos años acostándose todas las noches con un hombre distinto y todavía no tuviera una sola ojera y, además, sus hijos lucieran mayores que ella...

O.N.: Pero, para pasar a nuestra cuarta pregunta. Antes del advenimiento del cine y la televisión, la ensoñación a nivel popular se expresaba en la música, en cuentos y en leyendas. ¿Creen ustedes que el cine y la televisión han enriquecido esta tradición o la han empobrecido al sustituir una actividad más exigente desde el punto de vista imaginativo con imágenes ya hechas?

M.P.: En el caso de la televisión veo un empobrecimiento. En el caso del cine habrá que discutir, había cine de cierta riqueza. Una película donde estuviese Greta Garbo, por pobre que fuese el argumento, poco inspirado que tuviese el director, la presencia de ella era tan estimulante para la imaginación, era un personaje tan fuera de esquemas que era, creo, enriquecedor. Uno de los "por qués" de la eterna atracción de Greta Garbo es que era alguien que escapaba a todos los esquemas conocidos, y escapaba dentro de unos términos de la belleza increíble. Eso provocaba lo que puede llamarse una ensoñación positiva: hacía ver que existían cosas distintas, que la feminidad podía tomar otras formas. Ése es un tipo de fuga positiva. Supongo que, la ejercitación de imaginación que significaba leer una novela de Tolstoi antes de que existiera el cine, antes de la cultura audiovisual, eso ya lo podemos imaginar, porque somos criaturas de otra época. Supongo que la lectura de esos autores era muy positiva, activaba las neuronas, la lectura de gran literatura y asequible, podía ser lectura popular. La gente que tenía 50 años cuando comenzó el cine, habrá dicho, bueno tal vez pensaron que de ahí en adelante ya no sería posible imaginarse las heroínas, ¡qué empobrecimiento!

M.R.O.: Yo creo que el cine sí ha enriquecido la vida en el siglo XX. Desgraciadamente, tanto el cine, como la televisión le han robado público a la literatura. Los escritores han tenido que recurrir a los recursos del cine y la televisión para traer lectores. El caso de la televisión es desafortunado porque la televisión usa un lenguaje cada vez peor y aparta al público de la literatura. Los comentaristas en Puerto Rico, a veces, dicen cosas atroces. Es un lenguaje poco refinado, contaminado, que no le ofrece al público una oportunidad de aprendizaje. El cine, por el contrario, influyó muchísimo en la literatura del siglo XX. Se ha dicho que la novela mueve a principios del siglo XX. Los mejores novelistas del siglo XX, los que han revitalizado la forma literaria, precisamente porque ha traído a la literatura formas traídas de otros medios, sobre todo del cine. Yo, como lector de Manuel Puig, me parece, en gran medida, que una de las cosas grandes que Manuel Puig ha hecho como novelista ha sido agrandar el público de la literatura hispanoamericana por hacer la novela más accesible para el lector, al dejar que su novela esté influida por ese cine, ¿no?, ese cine que el público en todas partes del mundo ve continuamente.

O.N.: Si alguien en el público desea hacer un comentario o una pregunta...

Público: Aquí partimos de que la novela es ficción... Pero en la televisión las noticias comparten el *premier time* con las telenovelas. Y ficcionaliza más que las novelas. Aunque sea un lenguaje poco imaginativo, poco literario, es un lenguaje que deforma y que es una ilusión.

O.N.: Creo que señalas que en la televisión todo está ficcionalizado, hasta las noticias. Eso crea una confusión en un público a quien se lo venden como real, pero ficcionalizado a través del medio; el medio ya...

M.P.: Modifica.

O.N.: Modifica el mensaje.

Público: Lo mediatiza todo...

M.R.O.: Pero creo que lo mismo se da en la literatura. La literatura inventa mundos. Un libro es un invento. Y el mundo dentro de esas tapas es un invento también. No creo que el problema sea ficcionalizar o no, inventar o no. El problema es cómo se inventa y cómo se ficcionaliza. Lo que ocurre con la televisión es que reduce estos personajes de noticieros. Todos hablan de la misma manera, parece que todos van a Barbizon, todos mueven la boca de la misma manera, y parece otro tipo de telenovela. Entonces ¿cuál es la que es real y cuál ficticia? Bueno, el problema de la realidad y la ilusión es el problema fundamental del arte, ¿no? Y ésa es la dialéctica del arte. Creo que en la televisión, los procedimientos que se utilizan para crear ilusiones y para crear realidades son baratos, vulgares. En ese sentido, permiten muy poca imaginación.

Público: Sobre realidad e irrealidad, si se dice que vivimos en una realidad, entonces la ensoñación es irrealidad, ¿no? Pero si la sociedad que se dice que vivimos es absurda o se considera real ¿sabemos lo que es real y lo que no lo es? ¿Qué es la ensoñación? ¿Un estado de bienestar interior? ¿O es un estado interior donde se sabe lo que es real y lo que no lo es?

M.P.: Esta pregunta me lleva al centro de mi temática. En todas mis novelas hay siempre un deseo de deslindar lo que es personaje de lo que es persona. Creo que todos compartimos esa problemática. Para expresarnos en nuestro medio tenemos que aprender un código. El hecho de utilizar una lengua supone utilizar un código. Y eso nos va llevando a crear un personaje. Sobre todo, a cierta edad, cada uno de nosotros hemos tenido que elegir nuestro personaje. La gente pregunta: ¿qué querés ser?, dicen en Argentina. Se produce el aprendizaje de un personaje que va a tener unas necesidades y su propio lenguaje. Es a las necesidades del personaje a las que vamos a atender. Puede resultar que al cabo de muchos años te des cuenta que has estado alimentando las necesidades de un personaje que no son propias de la persona. Y que has triunfado en lo que te proponías, tu personaje es triunfante y tú misma como persona eres una desgraciada. Porque dentro del personaje no iban las necesidades tuyas como individuo. Eso creo que es un gran problema. Se nos imponen personajes que representar. Pero aún, nosotros mismos nos inventamos personajes que representamos. Ahí estriba la dificultad. Si interesó *El beso de la mujer araña*, creo que fue porque allí hay dos personas que consiguen salirse del personaje y ser ellos mismos, atender a las propias necesidades en vez de las necesidades del personaje que se han inventado. Eso tiene que ver también con la ensoñación. Hemos tenido el sueño de ser tal cosa, y lo logramos, y resulta que una vez llegado allí, el personaje era equivocado. Creo que esto se da mucho más todavía en Estados Unidos. El desorden propio de lo latino nos ayuda a mantener el desorden de la persona un poco más en primer plano y el orden del personaje un poco más en la superficie. Ese drama lo veo más en países donde la disciplina cuenta más que para nosotros.

Público: ¿No crees que la televisión, al ofrecer pocas alternativas empobrece la cultura popular?

M.R.O.: La televisión condiciona la cultura popular. Una ama de casa cree que la telenovela es lo único que ella puede entender. En una ciudad como Nueva York, por ejemplo, que el teatro se hace en las calles continuamente, que el teatro se lleva a las comunidades, que hay tantas oportunidades de ver otras cosas que no sean telenovelas, la cultura popular creo que es diferente, tiene diferentes manifestaciones a las que tiene en Puerto Rico. Hay gente en Puerto Rico que nunca ha visto teatro y precisamente porque nunca han tenido acceso a ello. Así es que estoy de acuerdo contigo; la televisión por su programación, obliga a ver lo que se está presentando. Y si tú no tienes los chavos para pagar el cable, pues...

Vanessa Droz: Yo quisiera hacer como una especie de defensa de la televisión. Primero, quiero confesar que soy adicta a la televisión, que hoy día, por ejemplo, me puedo poner a las 5.00 de la tarde e irme de rollo con la misma programación hasta llegar al final. Pero da la impresión, por lo que se ha hablado, de que la televisión es un método completamente negativo. Y me extraña, por otro lado, porque sobre todo Manuel y de lo que se quería hablar al principio es de cómo los elementos de los medios de comunicación masiva o de los productos o géneros de la subcultura, han influido en la obra de Manuel Puig en particular y cómo se han utilizado unas técnicas y unos recursos que son efectivos en esos géneros de la subcultura como son las telenovelas y novela rosa y la novela folletín, son tan efectivos cuando se utilizan en lo que llamamos la novelística más culta, más clásica. A mí me parece bien interesante la contribución que pueden hacer, por ejemplo, los discos de música popular al conocimiento de otros niveles más altos de la producción artística. Como son, por ejemplo, las miniseries que sí se han pasado en Puerto Rico, basadas en grandes obras de la literatura, como son, por ejemplo, la telenovela brasileña ésta de que estamos hablando o, como por ejemplo, pienso en la musicalización que hizo Juan Manuel Serrat de los poemas de Machado y de Miguel Hernández. Son, a lo mejor, el primer contacto que tiene un público bien general con unas cosas que, a lo mejor, de ahí en adelante lo motiva a leer la poesía de estos poetas. Y en el caso de la televisión, al leer la obra literaria para ver cuál es el trasfondo. Creo que la televisión hace esta contribución y quería comentarlo a modo de balance.

M.P.: Estoy de acuerdo en que el potencial educativo de la televisión no tiene límites, pero muy raramente se utiliza. Yo por ejemplo, si fuera programador y tuviera mucho dinero, un programa que haría ¡Historia del cine! En tal momento empezó tal cosa, en lenguaje muy simple, accesible. O, hoy vamos a mostrar que la ópera no muerde. Vamos a presentar un pedazo de ópera y quedamos incólumes. Había una tal Callas que tuvo un amante aquí y otro allá; la historia que habla de una falsa virgen, ¿qué? Y entonces habría modos infinitos de llevar la gran cultura a la masa, esa sería la cosa más fácil del mundo. ¡Pero no quieren! Al pueblo hay que mantenerlo en esa estupidez. Y vengo de países donde las cosas andan muy mal, y pese a una lucha por mantener los principios democráticos, hay fuerzas que luchan en contra; y lo económico no se resuelve. Esta parte cultural allá funciona muy mal, cuando sería facilísimo. No costaría tanto comprar un programa del Canal 13 de Nueva York, está al alcance de las emisoras de Brasil y en Argentina no se hace.

M.R.O.: Creo que el medio de la televisión es fabuloso pero no se utiliza al máximo. Creo que lo más creativo que hay en la televisión son los comerciales. En la televisión norteamericana son fascinantes. Hay uno de Coca-Cola del abuelito con el nene, los bellones de detrás de las orejas, y es casi mítico, cómo reproduce la relación entre este abuelo y el niño. Si invirtieran el dinero que utilizan en comerciales en la programación de televisión, yo creo que estarían haciendo una televisión maravillosa. El Canal 13, el que mencionó Puig, es el único canal que vale la pena en Nueva York; olvídense de Cable TV. Pero ¿quiénes lo ven? El público educado nada más.

M.P.: Ahí hay algo; me encanta que lo hayas mencionado. Hay como una separación no se hace nada especial por presentar el material culto de manera accesible, a quien está condicionado por la otra forma. Sería muy fácil dar entrada, a un público con más dificultades a ese ámbito de la gran cultura. Pero no se hace.

O.N.: Igual que tú incorporas a tu literatura los lenguajes de los medios de comunicación masiva, ellos en la televisión podrían adaptar la gran cultura al medio y no lo hacen.

Público: Sólo un comentario. En el Centro de Rehabilitación de Ciegos hay muchas películas que no pueden darse porque casi carecen de diálogo. Quizás se deba a que el director, Steven Spielberg, que es uno de los maestros de la imagen visual; cuando le entregaron el Oscar, dijo, exhortó a que devolvieran al cine la palabra que directores como él le habían quitado.

M.R.O.: Hubo un momento en que el cine había incorporado a sus filas a los escritores más importantes, por ejemplo, Scott Fitzgerald, Hemingway. Trabajaban haciendo libretos. Ahora eso no existe. Se buscan libretos que sean inmediatamente comerciales. El buen diálogo prácticamente no existe en el cine. Se ha explotado la imagen y se ha relegado el diálogo. Eso es algo bien interesante que tú haces en *The Buenos Aires affair* (se dirige a Puig). Tú recapturas, a principio de cada capítulo, ese diálogo maravilloso de las películas viejas y lo incorporas a la literatura. Hoy día se puede ser sordo e ir al cine. Una película a base de imágenes nada más, porque ya no se utilizan buenos diálogos.

O.N.: Sin embargo sigue siendo cierto que un buen guión es fundamental para una buena película, aunque no sean películas montadas sobre diálogos. El buen guión, la buena escritura, la estructura narrativa de una película es lo que posibilita su calidad en otros aspectos. Eso es fundamental.

1988, marzo-abril   (1980-1990)
DESDE LAS PAMPAS A HOLLYWOOD
UNA ENTREVISTA CON MANUEL PUIG
Conversación con Reina Roffé
The Bloomsbury Review, Estados Unidos

Nacido en Argentina en 1932, Manuel Puig vivió en exilio en Francia, México, Brasil y Estados Unidos durante el régimen de Perón y el desastroso "reinado de los generales", un gobierno que fue derrocado como resultado de la guerra de Malvinas de 1982. Durante esos años, el escritor escribió un número de celebradas novelas, obsesivas con el cine, entre ellas, *La traición de Rita Hayworth, Boquitas pintadas, Pubis angelical, El beso de la mujer araña*, y *Sangre de amor correspondido*, todas disponibles en libros de bolsillo de Vintage libros. El célebre director brasileño Héctor Babenco hizo *Kiss en un rasgo-largo*, película ganadora del premio de la academia en 1985, ganando extenso reconocimiento de Puig y su trabajo. Puig ahora vive en Buenos Aires. La siguiente entrevista fue conducida en Nueva York, en 1984, por la novelista argentina Reina Roffé.

The Bloomsbury Review: *La traición de Rita Hayworth* muestra el mundo de la mediocridad de la naturaleza monótona de la gente de provincia fuera de Buenos Aires. Tus personajes escapan de la realidad a través del cine. ¿Qué significa vivir a través del cine: una búsqueda de valores, la necesidad de ficción, o regresiones?

M.P.: Para mí era para sobrevivir ya que no podía aceptar la realidad que me tocaba, la realidad de esa seca pampa. Mi pueblo estaba en el centro de al República, lejos de todo, lejos de Buenos Aires. Doce horas por tren. Lejos de la montaña, del mar. La realidad era la total privación de esa pampa, un edificio llano donde nada crece, una gran pastura buena para el ganado. No es ni siquiera verde. La gente que ha nacido ahí y muere ahí y que nunca salió de ahí, realmente no sabe nada sobre naturaleza. Allí el mar y el agua fluyendo son cosas que se ven sólo en libros o en películas. Cada día las palabras hacen sentir esa carencia. Tú no podías usar algunas palabras, como "mar" o "lago" o "colina" o "montaña". "Ciudad" era una palabra peligrosa porque no se refería a nada en nuestras inmediaciones inmediatas. Ésas eran palabras de poesía. Entonces, si en una conversación tú decías "eso es como un lago" tu estabas tratando de ser poético, sonaba ridículo, esas palabras en nuestro lenguaje no nos pertenecían.

T.B.R.: Una vez tú me contaste que, como tu personaje principal en *La traición de Rita Hayworth*, merecías vivir otra vida, como en las películas de Ginger Roger y Fred Astaire.

M.P.: No podía aceptar ese lugar. Al estar en un lugar geográficamente poco atractivo era el completo reino del machismo. La manera de ganar prestigio era teniendo autoridad, poder, seguro no el tipo de valores que eran presentados en el cine. Yo entendía el mundo de la moral de las películas mucho mejor, la bondad, paciencia y sacrificio eran premiadas. En la vida real nada de eso pasaba. Mi mamá me llevaría a ver películas en la tarde para entretenerme, para entretenerse ella. En algún punto, yo decidí que la realidad estaba allí en la gran pantalla y que lo que me había tocado vivir en ese pueblo era malo, lo corto-vivido en las películas estaba llegando a su fin. Vida real era lo que pasaba por una hora y media todos los días en la pantalla de cine.

T.B.R.: En tus libros es como si el autor omnisciente estuviera pasado por alto. Por esto quiero decir que todo en diálogo, monólogos, cartas. La autoridad del autor no aparece ¿esto se origina en una aversión personal al rol de autor?

M.P.: Supongo que sí. En al primera novela todo tiene lugar a través de monólogos interiores o documentos escritos por los personajes mismos. No hay una sola línea en tercera persona. Supongo que al principio, cuando empecé a escribir, tenía una gran aversión a esta tercera persona, porque tuve problemas con el español estándar. No sabía realmente cuál me convenía: expresarme a mí mismo en español correcto o buscar una voz argentina verdadera. No sabía cuál elegir; luego se me ocurrió escuchar las voces de los personajes, para dejarlos que se representen ellos mismos.

T.B.R.: En otra novela *Boquitas pintadas* hay una serie de mujeres que se arrastran atrás del Don Juan del pueblo ¿Cómo es Don Juan?

M.P.: La novela trata con memorias reales de los 40. En la primera novela, *La traición de Rita Hayworth*, yo estaba interesado, primariamente, en los personajes que estaban muy atados a mi infancia, aquellos estaban muy cerca de mi mano, quienes habían tenido tiempo para pasar hablando conmigo, desde chico siempre intenté descubrir a alguien simple sobre el cual contar una película. Desde que el film terminaba, una hora y media, el resto del día debía ser transformado en uno también. Una de mis soluciones era contarle la película a alguien. Y la gente que tenía tiempo para escucharme era realmente muy especial; eran personas que tenían tiempo y, por la misma señal, no mucho éxito en la vida. En mi primera novela mucha gente sobre la que tengo hechos personales entraron en ese libro; esa primera novela se desarrolla en una galería de inadaptados, fracasados, tu podrías casi decir. Bueno, "fracasados" no eran completamente el mundo; todo lo contrario. Yo tengo simpatía por esas personas quienes rechazaban de alguna manera lo que les estaba siendo ofrecido a ellos como modelo de vida, ese machismo, esa aceptación de autoridad. Luego, ¿qué pasó? Después de esta primera novela, yo había abandonado un número de

gente importante del pueblo en el tablero de dibujar, aquellos que habían aceptado las reglas del juego y eran triunfantes: los doctores, la señorita Springtime,
etc. Ellos pasaron a formar parte de la segunda novela *Boquitas pintadas*.

T.B.R.: Este Don Juan muere de tuberculosis. Siempre hay mucha gente
enferma en tus novelas.

M.P.: En los 40 tú vivías con el miedo de la tuberculosis colgando arriba de
tu cabeza desde que había una enfermedad que no tenía cura antes de que apareciera la penicilina en escena; la gente resfriada estaba aterrorizada, porque un
resfrío descuidado...

T.B.R.: En *La traición de Rita Hayworth* tú haces uso de películas de Hollywood, pero en *Boquitas pintadas* tu instrumento de análisis se vuelve a la cultura popular de Argentina, en el tango, dramas de radio, la fotonovela. ¿Esto
coincide con algún cambio en la realidad sociopolítica argentina?

M.P.: No, creo que todos los personajes son diferentes como dije, son ellos
quienes más fácilmente aceptan el sistema social, lo dicho toda la exploración
de la mujer. Entonces, no creían demasiado en esa alternativa cinematográfica,
no necesitan proyectarse ellos mismos en algo tan remoto. El tiempo que gastan durmiendo era ocupado más en otras menos peligrosas expresiones, como
las canciones y las novelas. Esto puede sonar extraño, pero ciertos filmes "imágenes de mujeres" desde Hollywood como esos melodramas con Bette Davis y
Barbara Stanwyck, que presentaban a una mujer fuerte como protagonista eran
vistas como subversivas en ese contexto. En ellos todo giraba en torno a la
mujer y en mi pueblo nada giraba en torno a ellas; las mujeres no tenían poder.

T.B.R.: En 1973 *The Buenos Aires Affair* sale. Al mismo tiempo Juan
Domingo Perón llega al poder. En ese punto tu libro comienza a tener problemas para circular libremente.

M.P.: En *The Buenos Aires Affair* hay referencias a Perón, algunas aduladoras
y otras francamente críticas. Ese criticismo no fue bien tomado cuando el libro
salió porque la despedida argentina había soportado en masa el retorno de Perón
con el cual yo estaba de acuerdo mientras que la relación tenía un elemento crítico con él. En la otra mano la gente hablaba de "verticalismo", una palabra ver-
gonzosa. Con verticalismo tu aceptabas una orden desde arriba sin preguntas.
Esa palabra era dicha con una cara seria, y era realmente vergonzoso. Yo creo que
fue el principio de toda esta tragedia en Argentina, esa alianza errónea podría
haber trabajado sólo si se hubiera manifestado en términos críticos, no en términos de adulación. El primer gobierno peronista duró un mes o más o menos, fue
el de Héctor Cámpora; aguantó una atmósfera de diálogo. Mi novela salió
durante esos días y no hubo el más leve problema. Pero Cámpora cayó.

Ahí es cuando el problema empezó. Yo estaba en Buenos Aires y vi en las
noticias que estaba por quebrarse. Las entrevistas que habían sido exaltadas

para ayudar a lanzar mi libro habían sido canceladas. Creí que era el principio de la censura entre el staff de la editorial de revistas y las estaciones de televisión, y no me gustó nada el negocio.

En septiembre de 1973 tuve que partir para revisar las traducciones italianas de la novela. Había planeado estar afuera del país hasta que las cosas se calmaran, pero se fueron poniendo peor. En enero el libro fue prohibido e incautado. Con Perón como la cabeza electa del gobierno y por algún tiempo, luego de su muerte, se formaron grupos parapolíticos; la alianza anticomunista argentina se extendió. Empezaron a llamar por teléfono a personas para que dejen el país. No hicieron esto sólo a comunistas, sino a cualquiera cuya manera de pensar pusiera a la alianza incómoda.

T.B.R.: El mero acto de pensar se volvió peligroso.

M.P.: Sí. Ellos me llamaron a mi casa para darme sus términos, pero yo había estado afuera por un año. No me acuerdo exactamente, pero supongo que esto fue a finales de 1974, a comienzos de 1975. Cuando Isabel estaba dirigiendo el gobierno yo noté que caería y me preguntaba qué iba a pasar con la prohibición de mi libro. Tú habías supuesto que el libro estaba prohibido por ser antiperonista. Pero una junta totalmente antiperonista llegó al poder y renovó la prohibición del libro.

T.B.R.: ¿Y la censura aumentó?

M.P.: Todo se puso peor.

T.B.R.: Entonces esas primeras indicaciones fueron menores en comparación con lo que vino después.

M.P.: Mientras que se echaba hacia fuera

T.B.R.: Y tú continuaste teniendo problemas en Argentina.

M.P.: Bueno, *El beso de la mujer araña*, mi libro siguiente, nunca salió allí. No era una cuestión de censura completa, en el sentido que allí nunca había. Yo creo que un cuerpo de censura, hubiese sido un método más efectivo. Los libros –algunos publicados o importados en mi país– eran incautados, causando pérdidas económicas enormes a las editoriales. Era diseñado de esa manera y la propia censura, la peor forma de censura, era establecida en las casas editoras.

T.B.R.: ¿Es por eso que tú te fuiste de Argentina?

M.P.: Sí. Al principio era una molestia con ciertos estados de asuntos, pero luego las cosas ya se habían puesto mucho peor. De la manera que las cosas estaban en Argentina en aquel tiempo no creo que hubiera podido trabajar en calma. Creo que un cierto miedo psicológico me había paralizado y me había creado un tipo de censura, una autocensura muy peligrosa.

T.B.R.: En 1979 tu novela *Pubis angelical* sale de nuevo en el kitsch artístico. Ana, una mujer enferma confinada en un hospital de mexicano, sueña con una actriz, Hedy Lamarr, y también con su matrimonio con uno de los hombres más ricos de Europa. Hay un número de factores en el trabajo: política, sexo, hipocresía, los elementos concretos de la parapsicología, etc. ¿Cómo hiciste un juego con todo esto y fundiste todo en una novela tan compacta como *Pubis angelical*?

M.P.: Fue la novela que más trabajo me dio, con *The Buenos Aires Affair*. Debo confesar que me trajeron muchos problemas. *Pubis angelical*, más que nada porque está contada a través de dos puntos de vista paralelos que están siempre adentro de la mente del personaje, una chica enferma, pero traté de dividir las cosas y hacer la parte consciente de su vida, la parte que está hablando, la cual intenta controlar sus actos, completamente separada de lo que supongo son los contenidos inconscientes de la personalidad. Entonces es como si dos novelas se estuvieran moviendo para adelante al mismo tiempo de desarrollo, porque ningún párrafo estaba completo en sí mismo. Ésa es la influencia de esa obra narrativa paralela, y sólo el lector va a lograr una fusión de las dos. Técnicamente es lo más complejo.

T.B.R.: *Maldición eterna a quien lea estas páginas*; qué título, ¿de dónde sacas los títulos Manuel?

M.P.: Yo trato de dar con los títulos que atraen la atención, que tienen que ver con elementos de poesía que me interesa. Parte de cosas argentinas, uno que va en nombre de la solemnidad, es tener preferencia por la moderación, que yo no comparto. A mí me parece que una persona joven tiene derecho a ser estridente; entonces yo busco títulos estridentes que tienen que ver con lo que somos.

T.B.R.: En *Maldición eterna* tú presentas otra vez dos personajes: un argentino, un hombre enfermo y un norteamericano, su curador. Ésta es la primera vez que un personaje central no es argentino. ¿Por qué esta desviación?

M.P.: Cuando empecé a escribir esa novela había estado viviendo afuera del país por algunos años y, como dije, yo siempre trabajo con personajes que se han cruzado en mi camino. En este caso, la persona que me hizo empezar a pensar fue un neoyorquino. Él era vecino mío en el barrio en el que yo había estado viviendo desde 1976 hasta 1979. De algún modo me impactó porque yo quería ser él. Era un tiempo significativo en mi vida. Yo estaba teniendo problemas de salud, la controversia argentina se estaba convirtiendo en algo muy malo, seguro de durar un tiempo largo. En 1976 la junta asciende al poder, la situación en Argentina se veía muy negra para mí. El lenguaje, que necesitaba que yo me expresara en inglés, se me estaba haciendo muy tedioso. Yo he estudiado inglés por muchos años, he vivido acá en Estados Unidos y en Londres, pero el inglés es diabólico. Tú nunca lo aprendes completamente. Yo no siento que lo he materializado; me siento impotente con la lengua pero la admiro al mismo tiempo porque es una lengua maravillosa. Lo que pasa con las órdenes de los médicos, yo tenía que ir a nadar todos los días al gimnasio. Ahí vi a mi vecino que era muy joven, que tenía una salud infernal, y era señaladamente americano, un maestro de lengua inglesa. ¿Cómo es que alguna gente puede tener todo en su vida? Un día empezamos a hablar, resultó ser que él odiaba ser norteamericano. El odiaba el inglés y quería ser escritor: él quería se yo. ¿Qué pasó? Él había tenido la idea de que ser autor era muy especial. Creo que esa idea está bastante difundida. La gente piensa que un autor es una autoridad, hasta las palabras te dirigen hacia esa idea. A mí ni me conformaba a la imagen que él tenía de un escritor que ha sido traducido y más o menos extensivamente leído; eso lo hacía sentir incómodo. Él fue una sorpresa para mí, también, desde que él no podía ser feliz con la salud que tenía y todo lo demás. Nuestras conversaciones eran verdaderas batallas y se me ocurrió que eran muy significativas. Entonces le sugerí poner por escrito ciertas cosas sobre las que estábamos hablando, y de ahí es de donde viene la novela.

T.B.R.: Tiene un final dramático, como la mayoría de tus novelas. ¿Por qué vas por lo dramático? ¿No hay nadie que se salve?

M.P.: Bueno, en *Pubis angelical* las cosas se vuelven bastante bien ¿o no?

T.B.R.: Pero la mayoría de tus novelas...

M.P.: No sé. En *El beso de la mujer araña* hay dos personas quienes, hasta cierto punto por lo menos, llegan a un entendimiento. Y aquí todo termina en una separación, una disolución. No tenía el final de la novela, porque se iba desarrollando mientras se iba desarrollando mi relación con este personaje. Y sí, en una mano termina en una separación de los dos, pero ambos hombres progresan separadamente y me parece a mí que no pueden ayudar viendo eso. Hay una evolución en el personaje americano. Él era –es, él todavía está vivo– un gay con serios problemas, él no se sentía a gusto siguiendo en actividades políticas, etc., y después de nuestras conversaciones comprendió un número de cosas de nuevo. Yo creo que esa relación fue positiva y hay algo de eso en la novela.

T.B.R.: No hay héroes tampoco; tu trabajas con antihéroes.

M.P.: Sí, sí, porque yo me identifico con gente que me gusta porque han sufrido mucho un rol que les ha sido impuesto. Un héroe es alguien que procura estar libre de algo, que procura cambiar muchas cosas, pero no puede. Entonces me identifico con gente que ha luchado contra un sistema que, de alguna manera, ha determinado su destino para siempre. Con esto quiero decir que, no me considero a mí mismo totalmente libre. Yo me identifico con gente como yo, que han tenido las mismas experiencias, en quienes el ambiente ha determinado su destino, encasillándolos para siempre en algún rol. Porque hay ciertas cosas que tu puedes cambiar conscientemente, mientras que otras parecen cristalizadas en el tiempo que llegas a la adolescencia y son más difíciles de cambiar, algo que usualmente llamamos personaje.

BORGES-PUIG, UNA POLÉMICA EN EL ESPACIO Y EN EL TIEMPO
Aniversario de Borges, homenaje de Puig

Sin lugar a dudas Borges y Puig conformaron dos paradigmas que, especialmente se construyeron a partir de la recepción de la literatura argentina desde el exterior, una forma de simplificar las figuras claves del campo intelectual, los hitos que consiguieron atravesar el siglo: se los visualizaba como "Borges-Puig, milonga y tango", según el dibujo de *Le Monde*.

Sin embargo hay una anécdota contada por Puig, además de sus reiteradas alusiones en algunas entrevistas, que cuenta en una mezcla de gracia y respeto su relación con la figura de Borges en un homenaje que exhuma dos paradigmas, dos estéticas y dos públicos. El dibujo y el texto, no lo dijimos antes, representa lo que verdaderamente los enfrenta: "el pudor y la reticencia argentina" frente a las historias donde ficción y realidad se mezclan, donde la exageración y el "mal gusto" pueden formar parte de esa diferencia.

Imaginar a Puig leyendo una página de Borges parecía una quimera poco creíble o una fábula secreta, y sin embargo, cuando el periódico madrileño *ABC* preparó preparó un suplemento de homenajes de distintos escritores por su muerte en 1985[12], el de Puig fue el más asombroso para un lector que no imaginaba siquiera que se conocieran –o se reconocieran– como opuestos. Una visión nueva aparece en este breve texto de Puig que se erige en todo un símbolo, casi un emblema o una alegoría de los lugares que estos dos escritores argentinos y cosmopolitas ocuparon en el campo intelectual, donde aparentemente "se daban la espalda", tal como muestra un dibujo de Dessin d'Orlic publicado en el diario *Le Monde*: la caricatura con que, en 1972, se daba a conocer un escritor que se ponía "a la par" de Borges y se le oponía mirando hacia otro lado, se incluía en una reseña donde se anunciaba la publicación de *Boquitas pintadas. Folletín, Le plus beau tango du monde*, con la letra de un tango de origen francés con que la traductora Laure Batallon nominó la novela, supervisada, sin duda, por Puig. La caricatura mostraba a Borges con el disfraz de un cuchillero, a Puig mirando hacia otro lado, con el de compadrito, bailando el tango con una mujer, y un detalle: el brazo de Puig aparecía entrelazado con el de Borges. Nadie hubiese pensado entonces que esas tramas secretas se enlazaban en realidad. Esto es lo que cuenta el presente homenaje, que no descarta una pequeña venganza para

---

[12] El artículo fue encontrado entre las cajas de crítica que el escritor se preocupó por coleccionar a partir del año 1968 hasta 1990, con la intención primera de realizar un ordenamiento que luego lo sobrepasó.

Caricatura de Dessin d'Orlic publicada en *Le Monde* el 4 de agosto de 1972.

"reparar" tal vez el raro equilibrio que estableció entre las dos figuras la mirada del público extranjero.

Lo que exhuma este relato, convertido en fábula, son las relaciones ocultas en un campo intelectual que hacía impensable una lectura de "los opuestos", que tejen un fragmento de la historia literaria –descifrada frecuentemente en forma lineal– "cruzando" los textos, como sugiere el emblemático dibujo de *Le Monde*[13], en una trayectoria enrevesada, esquivando la simplificación, en una travesía de escrituras. Las imágenes de escritores y las formas que otorgan a esa imagen en la escritura cuentan, en definitiva, sus poéticas: "las formas del pudor y la reticencia argentina" que Borges ensayaba, frente al relato de la seducción que Puig, como Sherezade, frecuentaba.

---

[13] La imagen, emblema de la recepción de los dos cánones de la literatura argentina desde el exterior, había aparecido primero en *Le Monde*, acompañando una reseña de Claude Fell, profesor de la Sorbona, pero fue reproducida en diversos medios de otros países, por ejemplo en *Imagen* (Caracas, 1972).

1975, 10 de diciembre
Entrevista a Borges
PERÓN ES UN ACTOR DE SEGUNDA CATEGORÍA
Newsweek, Estados Unidos
Traducción: Waldo Mermelstein

Indudablemente, el premiado argentino Jorge Luis Borges es el más grande poeta y novelista de habla hispánica vivo. Lo que no es tan conocido –incluso por sus admiradores literarios más entusiastas– es el hecho de que el ciego Borges ha sido desde hace mucho uno de los pocos argentinos dispuestos a hablar abiertamente contra el recientemente retornado ex-presidente de su país, Juan Domingo Perón. En una entrevista en Buenos Aires, Borges habló con la periodista Ann Scott de *Newsweek* sobre Perón y la tremenda atracción del peronismo entre sus compatriotas. A continuación publicamos su conversación.

P: ¿Ud. sufrió mucho la primera vez que el general Perón estuvo en el poder?

Borges: Ellos arrestaron a mi madre y mi hermana por participar en manifestaciones y me han ofrecido el puesto de jefe de inspección avícola, un chiste municipal.

P: ¿Le molesta a usted el hecho de que Perón haya vuelto?

Borges: Para nada. No he tenido ningún contacto con el gobierno. Ellos saben que si me hacen algún daño esto causaría un clamor internacional. Y yo les he ayudado. Yo he contribuido a que el mundo sea más consciente de la Argentina, y por medio de mi renuncia al puesto de director de la Biblioteca Nacional un mes antes de que asumieran el gobierno les ahorré el problema de tener que echarme. Sentí que renunciar era lo más honrado que podía hacer.

P: ¿Qué opina Ud. del presente gobierno de Perón?

Borges: Mis amigos, que están ayudándome en mi libro ahora, están de acuerdo conmigo en no hablar ninguna palabra más sobre política. Pero hay muchas cosas que pueden suceder aquí. Ud. puede dejar claro que yo estoy en contra de este gobierno.

P: Se ha dicho que la Argentina no tiene alma. ¿Piensa Ud. que Perón puede ayudar al país a encontrar una identidad?

Borges: Perón es un actor de segunda categoría. Él no tiene nada de especial, nada de substancial. Cuando se muera será como si nada hubiera ocurrido. No tendrá ningún efecto en el país.

P: ¿Puede explicar entonces por qué más del 60 por ciento del pueblo lo ha apoyado en las últimas elecciones?

Borges: ¿Realmente lo apoyan? Durante su primer mandato nadie diría que lo apoyaba; tenían miedo de que se rieran de ellos. Ahora todos lo apoyan. Solo quieren conseguirse un puesto.

P: ¿Están los latinoamericanos atraídos por su filosofía tercermundista?

Borges: Es un chiste llamar al peronismo una filosofía. Nadie piensa en el movimiento, pero sí en sus propios intereses; en lo que puede sacar de él. No es para tomarlo en serio como el comunismo, por ejemplo. Yo no soy comunista, pero por lo menos es una idea, con una clara visión del mundo. El peronismo no es así de sincero.

P: ¿Piensa Ud. que las guerrillas de izquierda de aquí son sinceras?

Borges: Ellos son solamente maleantes, gángsteres, nada más. Yo mismo soy un "gorila" (un término de la izquierda para referirse al orden y la ley de la derecha en Latinoamérica).

P: ¿Qué piensa Ud. de Isabel Perón, la nueva vicepresidenta de la Argentina?

Borges: Una pobre sustituta para Eva. Una ramera también. La primera se murió, pobrecita, así que ellos dijeron: "Tenemos que encontrar un reemplazo". Las rameras son fáciles de sustituir.

P: ¿Cómo cree Ud. que el nuevo gobierno afectará a la cultura, al teatro, a las artes y a la literatura de la Argentina?

Borges: Yo nunca voy al teatro, pero entiendo que están tratando de hacerlo tan argentino como puedan, lo que significa que todo va ser una vergüenza. No hay cultura argentina. Hablar de nivel cultural aquí es una forma de ironía. El nivel es muy bajo. Y ahora será peor. En los últimos años, por ejemplo, uno no puede importar fácilmente libros extranjeros a la Argentina. Ahora podrán incluso limitar la entrada de revistas o diarios.

P: Muchos novelistas argentinos, como Manuel Puig, han sido ampliamente aclamados en los EE.UU. y Europa. ¿Su trabajo no refleja una cultura sofisticada?

Borges: Jamás he leído a Puig. Cuando supe que había escrito un libro llamado *Boquitas pintadas* dije: "Qué horrible".

P: Así que Ud. siente que la Argentina no tiene alma…

Borges: Yo quiero a este país, toda mi gente es de aquí desde hace generaciones. Pero ellos hablan de un aspecto nacional, pero ¿qué aspecto? ¿Los gauchos? Hay más en Brasil y Uruguay que en la Argentina. ¿La Boca? Es Italia. Nunca he estado allí en mi vida.

P: ¿Qué cree Ud. que le reserva el futuro a la Argentina?

Borges: Éste fue el primer país latino hace 50 o 60 años; hoy es el último. El peso no vale mucho, la literatura no es nada, la ciudad está maltrecha. No tengo esperanzas para ella. Las personas no sonríen, tienen el ceño fruncido y ahora se están matando unos a otros. Nadie quiere vivir o trabajar en el país. Todos quieren un trabajo de oficina en la ciudad, un sueño muy pequeño. Perón promete eso, un trabajo público seguro. Por eso ha tenido seguidores. Y él es un hombre rico, todos quieren ser como él.

P: ¿Ud. dejó la Argentina alguna vez?

Borges: Mi madre se siente culpable; ella siente que es mi deber dejar este país condenado, pero no puedo dejarla. Quizás pueda ser mejor ir a un nuevo sitio.

P: ¿Qué piensa Ud. del último premio Nobel?

Borges: Nunca he leído a Patrick White, pero tiene sentido darlo a un australiano. ¿Por qué no? Ellos están dispensados de darlo a americanos o latinoamericanos.

Supongo que la próxima vez lo darán a un africano, árabe o malayo.

1986, 21 de junio   (1980-1990)
MI PEQUEÑA VENGANZA[14]
Por Manuel Puig
"Sábado cultural", N.º 281, *ABC*, Madrid, España

Conocí a Borges en el año 51. Yo estudiaba inglés en el Consejo Británico de
Buenos Aires y vino a dictar un cursillo sobre la novela policial inglesa del siglo
pasado. Tendría unos 52 años, calculo, pero por momentos parecía mucho
menos, cuando nos leía, o mucho más, cuando caminaba agachado arrastrando
los pies. Daba las charlas en inglés, era el único conferenciante argentino del
instituto. En esa época sólo unos pocos iniciados lo conocían como escritor, y
para aquellos alumnos su nombre resultaba el de un profesor más. Ante todo
llamaba la atención su timidez, éramos unos pocos adolescentes atentos y des-
personalizados, silenciosos, pero conseguíamos hacerlo temblar. En segundo
término llamaban la atención las mangas raídas de la chaqueta, los zapatos que
amenazaban desprenderse de su suela en plena clase. La mirada era diferente
entonces, veía, pero no miraba a nadie, hasta que uno se sentía bien adentrado
en su exposición del día. Entonces elegía con la mirada a alguna muchacha del
grupo y se posaba en ella durante toda la clase. Ahí empezaba a transformarse,
poco a poco desaparecía su aprehensión y con palabras simples y desapasiona-
das, siempre evitando la hipérbole, iba comunicando su hiperbólico goce como
lector de aquellos autores. Se detenía con especial regodeo en Wilkie Collins.
Contaba las tramas de sus novelas, las analizaba, en términos de tal deleite para
quien las escuchaba, que se rehuía después el encuentro con el texto original
por temor a una decepción. Por lo menos así reaccionaba yo. Aquel hombre
abatido después de unos minutos cambiaba, se volvía un adolescente más que
descubría esas historias pasionales y vibraba de sorpresa con todos nosotros.
Pero siempre absteniéndose de todo énfasis, la emoción se comunicaba mediante una cualidad secreta, subterránea, que permeaba sus palabras. Tal vez esa
cualidad fuese simplemente expresión del pudor de alguien muy apasionado y
muy tímido al mismo tiempo. E invariablemente sucedía que al referirse a
algún rasgo físico de la heroína de turno, se ponía colorado. Las muchachas de
la clase siempre comentaban eso, y se esperaba tal momento como punto culminante del espectáculo. Por entonces yo tenía amigos mayores que conocían
algo del ambiente literario y les pregunté sobre este raro y entrañable personaje.
Me comentaron que era alguien que vivía para leer, que se estaba quedando
ciego por eso, que estaba pobre porque si trabajaba no podía leer, y que no se le

---

[14] Se conserva una primera versión dactilografiada con el título "La voz de una mujer".

conocían mujeres, ah, y que guay a acercársele porque era muy cáustico. Terminó el curso y no lo vi más.

Muchos años después se hizo célebre mundialmente y empezaron a circular sus observaciones cáusticas para consigo mismo y los demás. No me parecía posible que esas declaraciones perteneciesen a quien yo había conocido. Pero bastaba abrir sus escritos de la época anterior para reencontrar la magia de las clases del Consejo Británico.

En el 73 de paso por Nueva York un periodista de *Newsweek* le preguntó qué pensaba de mis libros y respondió como siempre que no leía nada que tuviese menos de 50 años de escrito, pero agregó que en mi caso eran tan horribles los títulos que ni al cabo de ese tiempo los leería. Ése fue mi último encuentro con él, a distancia. Ahora me piden de este periódico unas palabras en su memoria y sólo se me ocurre decir que su relación con la literatura es una hermosa historia de amor correspondido, él amó como pocos los libros y la literatura lo abrazo como a un amante privilegiado. Y junto a ambos, en sus últimos años de ceguera, se empieza a escuchar la voz de una mujer que le lee, una voz que le transmite la poesía y se va volviendo la poesía misma, la voz de quien él no podrá dejar por lo tanto de enamorarse. Una historia tan romántica que su pudor le impediría contarla. Si me oyese se pondría colorado, ésta es mi pequeña venganza, por aquello de los títulos horribles.

1988, 20 de noviembre   (1980-1990)
UN CARACOL SIN CONCHA
Rosa Montero
El País Semanal[15], Madrid, España

[...]

Se sienta justamente en el filo de la butaca, como un pajarillo algo torcido, inclinado deferentemente hacia delante como para escucharte y atenderte mejor. Su amabilidad es delicadísima, entrañable: cuando, en mitad de la entrevista, los altavoces del hotel vocean su nombre, Manuel Puig va y vuelve cruzando el salón a un trote moderado para no hacerte esperar. "Despacio, despacio", le indico con la mano, desde lejos, cuando le veo galopar hacia mí por la moqueta. Pero él no aminora el paso y cuando llega al sillón casi jadea. Se sienta y suelta una deliciosa sonrisilla de disculpa, aunque no se sabe bien si pide perdón por haber corrido o por no haber corrido lo suficiente. Manuel Puig pertenece a ese tipo de personas que, cuando sonríen, parece que llevan el corazón entre los labios.

–Acaba usted de publicar *Cae la noche tropical*, su última novela, tras seis años sin escribir narrativa. ¿Qué le sucedió? Porque, además, su novela anterior, *Sangre de amor correspondido*, tuvo una acogida bastante mala por parte de la crítica.

M.P.: Sí... Eso creo que no fue muy estimulante... Pero sucedió algo muy curioso. Yo no creí que la crítica me afectase, porque desde que empecé a publicar siempre he tenido problemas. Cuando recién salió *La traición de Rita Hayworth*, más o menos, la opinión unánime era que se trataba de un esfuerzo preliterario. Y después la gente fue cambiando de opinión, y a partir de entonces me ha ocurrido una cosa terrible, y es que han usado el libro anterior contra el que se acaba de publicar. El segundo fue *Boquitas pintadas*, y dijeron: "Ah, tiene cosas interesantes, pero no tiene la profunda humanidad de *La traición de Rita Hayworth*...". Cuando publiqué *The Buenos Aires Affair*, "Ah, experimentos muy audaces, pero no tiene el interés narrativo de *Boquitas pintadas*".

–Así que ahora pondrán bien *Sangre de amor correspondido*.

M.P.: Esperemos, finalmente. Porque fue siempre así. *Sangre de amor correspondido*, que salió en 1982, tuvo una crítica dividida y bastante hostil en muchos casos, y tuvo también la desgracia de salir en una pésima traducción en inglés. Era como si el libro estuviese maldito. Cuando de pronto, en el año 1986, me dieron en Italia el premio a la mejor novela extranjera por ese libro.

---

[15] Esta misma entrevista se publicó en inglés con el título "A novelist Copes with Critics". *World Press Review*, marzo de 1989, p. 60.

Bueno, regresé de recoger el premio, volví a Río y me puse a escribir una novela.

—De modo que es verdad que las críticas negativas habían influido.

M.P.: Yo creo que sí, yo creo que habían influido. Y por otro lado, también hubo la influencia, aunque no nefasta, de Pepe Martín y Juan Diego, que en 1980 me convencieron de que adaptase *El beso de la mujer araña* al teatro, y le tomé el gusto al teatro. Así es que después escribí directamente un par de obras teatrales. Pero, desde luego, aquel fracaso me influyó.

—Me asombra que, después de una carrera literaria tan sólida, siga usted siendo tan frágil.

M.P.: Yo creía que no, que no era tan frágil, porque además mis libros nunca tuvieron una salida clara, todas mis novelas tuvieron inconvenientes al principio, y en la séptima yo creo que ya debería haberme acostumbrado y ser más invulnerable; pero... También influyeron otros boicoteos que hubo. En Argentina sucedió una cosa terrible. *El beso de la mujer araña* no se había publicado nunca allí, y a finales de 1982, cuando ya se estaba retirando la Junta, Seix-Barral, mis editores, mandaron el libro para allá. Y fue boicoteado por la prensa libre. Es decir, ya no había censura de ninguna especie, y el libro no tuvo una sola gacetilla, una sola crítica, una sola reseña. Pero ni siquiera un ataque. Yo nunca me enteré de por qué pasó eso, en realidad... Y fue muy duro. Inconscientemente, las cosas así te van cohibiendo.

Su exquisita cortesía podría resultar excesiva si no fuera por la limpia tranquilidad con que se comporta Manuel Puig. No hay en él esa obsequiosidad crispada que obliga al obsequioso a traicionarse, a conceder siempre la razón al oponente, a vender halagos por aprecio. Él, por el contrario, permanece expuesto, se diría que inerme, ofreciéndose tal como es. O al menos, ésa es la impresión que se percibe: pocas veces he conocido personas que aparentaran una sinceridad tan despojada de cosmética.

M.P.: Con *Sangre...* hubo críticas malintencionadas que decían que el libro era transcripción directa de una cinta grabada. Cuando un crítico quiere molestar le es muy fácil. En *Maldición eterna...*, por ejemplo, había un personaje que decía banalidades terribles sobre el psicoanálisis. Y un crítico muy malintencionado de aquí, de España, que pertenecía a un periódico importante, citó esas frases como declaraciones mías, lo cual es muy deshonesto, muy grave.

—Durante esos años en los que no escribía, ¿estaba usted preocupado?

M.P.: Sí. Y voy a decirte más. Creí que no escribiría más. Pensaba que escribir novelas era mucho trabajo. Creí que era una etapa terminada; y nunca es agradable vivir el fin de algo. Ahora he hablado con la gente de Italia, vi a la persona que me dio aquel premio en 1986 por *Sangre de amor correspondido*, y le dije todo lo que les debía, le conté que gracias a ellos fui capaz de retomar el hilo... Porque te diré más: no es que no escribiera nada, es que en ese tiempo empecé dos cosas, dos novelas... Y las dejé...

Tiene 56 años, una calva pulcrísima y aspecto de administrativo maduro y algo apocado. O ésa es, al menos, su primera apariencia. Pero luego, a medida que transcurren los minutos, el físico de Puig comienza a fragmentarse, a complicarse. Primero está su piel, tan tostada y bruñida, lujosa piel de los soles tropicales. Pero, sobre todo, está la magia transformista de su sonrisa. Saca Puig a pasear su indisciplinado batallón de dientes, todos blanquísimos pero cada uno apuntando hacia una dirección distinta del planeta, y su aspecto se transmuta espectacularmente en otra cosa, como si a su rostro se asomara, por un instante, el joven que Puig en antaño fue, o incluso el que soñó llegar a ser. Y así, cuando ríe, se parece asombrosamente a Tyrone Power, a un satinado galán de cine mudo, Valentino disfrazado de jeque árabe en una apoteosis de palmeras de cartón piedra.

–Esa fragilidad ante las críticas de *Sangre de amor correspondido*, su vulnerabilidad ante las opiniones de los demás, supongo que tiene que ver con el peso de la mirada de los otros. El tema de "la mirada que juzga" siempre ha sido importante en sus novelas. Ha dicho usted repetidas veces que nos disfrazamos, que nos ponemos caretas para complacer a los demás, para agradar a los que miran.

M.P.: Lo terrible es que para establecer un contacto, si quieres comunicar con los demás, tienes que inventar como una especie de personaje que se comunica, que no es el mismo que está metido dentro tuyo, y por ahí empiezas a creer más en el personaje, te olvidas de la persona y crees en el personaje. Pero muchas veces es simplemente por esa necesidad de comunicarse con el medio...

–Por la necesidad de que te quieran.

M.P.: Sí, y entonces te tienes que vender de algún modo, e inventas un código que el otro pueda captar. Y ese código es siempre una simplificación y a veces una desvirtuación, una traición al propio *yo*.

–En una entrevista de hace algunos años dijo usted: "Yo tuve que vérmelas con una mirada muy terrible durante años, que, aunque bien intencionada, era equivocadísima: la mirada de mi padre". Entonces, cuando sufría todo el peso de esa mirada paterna, ¿su imagen interior era muy distinta a la exterior?

M.P.: Ah, sí sí, sí. Bueno, esto es un problema argentino muy grave. Hubo toda una generación de niños educados para presidentes de la República. Yo creo que era un fenómeno que venía de la reciente inmigración. De pronto, estos campesinos europeos tenían hijos médicos, y si el hijo había sido médico, el nieto tenía que ser presidente. Se daban pasos agigantados, y había una ambición desmedida, no había límites. No se buscaba la satisfacción, sino cumplir una especie de progresión geométrica. Date cuenta de que, durante la guerra mundial, Argentina era para nosotros el punto más apetecible del mundo. Éramos privilegiados, teníamos paz, teníamos progreso... Y no había límites para la ambición. Nuestros padres miraban a sus hijos esperando no se sabía qué, porque no se podía parar el impulso. Si mi abuelo había sido verdulero y mi mamá había sido química, ¡yo entonces tenía que ser qué!

Cuando recupera la seriedad, a Manuel Puig se le evapora la mágica juventud de su sonrisa y en su rostro se dibujan los estragos de la melancolía y de la edad, las cicatrices de los sueños que no fueron. Nació Puig en la Pampa argentina, en un pequeño pueblo que él odia cordialmente. Su realidad le resultaba estrecha y asfixiante, y desde muy chico aprendió a evadirse zambulléndose en el mundo luminoso de las películas. Pasó media vida huyendo de sus raíces y de sí mismo; estudió cine en Roma, y empezó escribiendo guiones cinematográficos, en inglés y en el más primoroso estilo hollywoodiense. Vivía en Nueva York cuando al fin decidió hacer un guión en castellano y con temas propios de su tierra. Y aquel trabajo se convirtió en *La traición de Rita Hayworth*, su primera novela. Manuel Puig tenía entonces 36 años y estaba comenzando a reencontrarse.

–De joven usted renegaba de todo: del pueblo, de su cultura, incluso del idioma... No le gustaba el castellano.

M.P.: Sí, claro... Es que como nosotros veíamos las películas en original y con subtítulos, inconscientemente asocié a la lengua extranjera el mundo maravilloso de las películas. Y no sólo el mundo de lujo y de situaciones irreales, de canciones, de danzas, sino también el del orden moral, y esto es muy importante. Porque en ese cine, el cine de los años treinta y cuarenta, había códigos muy claros. Y digo bien lo de código, porque las películas estaban regidas por el código Hays, que era la norma de censura de Hollywood. El crimen no podía salir triunfante; la virtud tenía que ser recompensada de algún modo; los malos, llegado su momento, pagaban siempre su maldad... Todo encajaba, ¿entiendes?

–Pero supongo que usted estaba recibiendo el mismo código moral por parte de sus padres.

M.P.: Sí, pero yo veía que en el pueblo había malos respetados. Que lo que en realidad se respetaba era el poder, y no la simpatía o la bondad... Después de aquello tuve muchos problemas con la *fisique du rol*. Es decir, si había alguna persona buena con cara de malo, me molestaba mucho, porque en el cine los buenos tienen cara de buenos, y eso era confuso. Y luego también, y eso lo fui notando con el tiempo, vi que las emociones en el cine eran mucho más fáciles de leer. En la vida real yo notaba cierta incomodidad de la gente dentro de sus roles. Los actores del cine eran mejores que los de la vida: en el mundo real la gente no representaba sus papeles tan ajustadamente como en las películas. Y luego estaban las mujeres, que en el cine tenían su espacio, su personalidad propia, mientras que en el pueblo no eran más que personajes definitivamente secundarios.

–¿No ha vuelto usted a su pueblo?

M.P.: No. Desde los 15 años, que fue cuando me marché, no he regresado. No sé, se me fue liando la vida. Primero, la represión en Argentina que cuando quise darme cuenta ya habían pasado 10 años, y luego, ya viviendo en Brasil, la cosa se complicó porque he tenido que traerme a mis padres, que de repente se habían puesto muy viejos y dependientes económicamente de mí por la catástrofe financiera argentina... Mi padre, además, está en condiciones terribles. Hace unos años tuvo una complicación de Parkinson con arteriosclerosis y quedó mentalmente aniquilado. Está con tres enfermeros rotativos. Así es que tenemos tres casas: mi mamá en una, mi papá en otra, porque tiene que estar aislado..., y yo.

–Pero en 40 años podría haber regresado en algún momento siquiera un fin de semana. Se diría que le da miedo volver al pueblo.

M.P.: Mira: nada me produce más curiosidad que mi pueblo... Pero yo querría volver como una mirada sin cuerpo. Como cuando ves una película. Quedar reducido a una mirada, ser un par de ojos, de oídos... Más allá del alcance del dolor. Ir a ver el pueblo como se entra a un cine, pues... Ésa es la película que más quiero ver.

–¿Sería una película de llorar?

M.P.: Seguro... Porque encontraría a todos 40 años más viejos...

–¿Y su vida? ¿Es también una película de llorar? No sé por qué, pero usted da la impresión de ser una persona que ha conocido estrechamente el sufrimiento.

M.P.: No, no. Yo te diría que he tenido una vida muy feliz. He conocido, sí, momentos terribles, pérdidas gravísimas. Pero empezaría todo de nuevo con mucho gusto. Lo que no me gustaría es pasar otra vez la edad, digamos, de los 11 a los 18 o los 20. Esa edad es terrible. Porque es donde se produce el terrible momento de escoger algo tan espantoso, tan artificial y tan dañino como el rol sexual. Hasta hace poco se creía que los roles sexuales eran mandatos de la naturaleza, que uno había nacido así o asá, y que tenía que ajustarse a ello, aunque el rol no te calzara demasiado bien. Y yo creo que es por eso que me causa horror. Porque en ese momento de la pubertad tienes dudas de todo, no sabes realmente lo que quieres, pero la presión ambiental te obliga a comprar una de esas mascaritas y a acomodártela sobre la cara.

Ha vivido en Italia, en Francia, en Nueva York y en México, y ahora reside en
Río de Janeiro. De su incesante peregrinar le ha quedado una imprecisa amal-
gama de acentos y costumbres: habla un extraño castellano de musicalidad ecu-
ménica, y tan pronto pronuncia un "pues claro" estrictamente mexicano como
une las puntas de sus dedos en un gesto romano y neorrealista.

M.P.: He llegado a un convencimiento: creo que todos los planteamientos sobre
la sexualidad son equivocados. La homosexualidad no existe, es una proyección
de la mente reaccionaria, y lo mismo la heterosexualidad[16]. Yo creo que lo sexual
pertenece totalmente a la vida vegetativa, está a la misma altura de la necesidad
de nutrición o de dormir. Son tres actividades de la vida vegetativa, está a la
misma altura de la necesidad de nutrición o de dormir. Son tres actividades básicas, importantísimas, pero las tres carentes de significado moral, de trascendencia moral. Las tres se agotan en sí mismas. Lo que sí tiene trascendencia, y es
esencial y específicamente humano, es el ámbito de lo afectivo. Pero el sexo no.
Lo malo es que, en algún momento aciago de la humanidad, se cometió el trágico error de adjudicar a lo sexual un significado moral. Es decir, alguien inventó
que el sexo podía ser fuente de mugre y de degradación. Penetrando a una señora se la degradaba. Se les podía haber ocurrido que de ese modo se la enaltecía,
pero, por desgracia, eso no se le ocurrió a nadie. De modo que el peso moral del
señor lo cargó la mujer. Si un hombre tenía grandes necesidades sexuales era un
modelo de salud. Y si una mujer tenía necesidades sexuales incontroladas era
ninfómana o, como decían en mi pueblo, tenía fiebre uterina.
    –Habla usted en pasado, pero la confusión entre sexo y pecado sigue siendo
una realidad.
    M.P.: Oh, sí, claro, la situación real sigue siendo mala. Si tú, a los 13 años,
tienes un encuentro homosexual que te resultó placentero, ya tienes que que-
darte ahí: y si años más tarde te apetece hacer otra cosa, ya va a ser difícil, o más
difícil. Y lo mismo si has estado instalado en la heterosexualidad hasta los 30
años y luego se te cruza una cosa diferente. Todo esto produce mucho sufri-

---

[16] Esta afirmación, si bien menos reiterativa que otras, se encuentra especialmente en "La
pérdida de un público", (incluida en esta selección) "Losing Readers in Argentina", en *Index
of Censorship*, publicación de una conferencia del autor en Amsterdam y publicada, en forma
parcial, "London conference on censorship. Writers and repression", en la revista *Index on
Censorship*, Inglaterra/Estados Unidos, vol. 13 N.º 5, el 5 de octubre de 1984, pp 28-31. En
Argentina el artículo al que nos referimos se publicó en la revista *El porteño*, año IX, septiembre de 1990 y había sido publicado en italiano con el título "La omosessualità non existe", de
forma parcial en *Primer Plano*, suplemento cultural de *Página/12*, el 5 de diciembre de 1993,
bajo el título "Censuras y rencores (La pérdida de un lectorado)", traducción de José Amícola.

miento. Cuando lo sexual es lo intrascendente, y no tendría que preocupar a nadie: hoy es con una señora, y mañana con un señor, y pasado con una cabra o lo que sea...

–Luego está también el confundir el sexo con el amor.

M.P.: Oh, sí, es una fuente inagotable de confusión.

–¿Le ha sucedido a usted alguna vez, ha confundido el sexo y el amor?

M.P.: Sí, pues claro, eso constantemente, constantemente. Puedes perpetuar espejismos del modo más tonto, perder un tiempo horrible... Lo terrible es eso, que la identidad pasa a ser definida por el sexo. Es decir, una banalidad pasa a definir lo esencial.

No es religioso, pero dice creer "en una energía positiva". Tiene un aspecto sedentario, pero es un aventurero interior, que es la aventura más difícil. Su condición de viajero perpetuo le ha hecho austero y despojado: "No poseo más que unos cuantos libros y unos videos". Así, liviano de vida y de bagaje, está siempre dispuesto a empezar de nuevo en cualquier parte.

–Tengo entendido que, de todos los sitios en los que usted ha vivido, donde peor lo pasó fue en Nueva York.

M.P.: Sí; la segunda vez que viví en Nueva York fueron unos años terribles, porque se juntaron muchas cosas. Es cuando escribí *Maldición eterna a quien lea estas páginas*. Cuando salí de Argentina me fui a México, y en México me sentí muy bien. Pero de algún modo desarrollé un problema con la altura. Y me fui a Nueva York. Y ése fue un momento terrible, porque fue entonces cuando se definió lo de la Junta en Argentina, y coincidieron tantas cosas malas que... El año 1975 fue un año tremendo. Yo tenía *El beso de la mujer araña*, y evidentemente el libro no se podía publicar en Argentina con los militares. Mis otros dos baluartes editoriales eran Feltrinelli, en Italia, y Gallimard, en Francia. Y entonces les mandé *El beso de la mujer araña*, y me lo rechazaron los dos. Y además fue feo, porque no dijeron por qué, es que no estaban de acuerdo políticamente con el libro, porque en aquella época la mezcla de cosas sexuales con revolución, marxismo, etcétera, les pareció que no era... Pero ninguno de los dos dijo que no estaba de acuerdo con la ideología de la obra. En vez de eso, argumentaron que la novela estaba mal escrita, que no publicara eso, que me iba a desprestigiar...

–Desde luego, como augures no parecen tener un gran futuro.

M.P.: Y aquí, en España, en cambio, Pere Gimferrer, en Seix-Barral, me tranquilizó y me dijo: "No, no, no, aquí no hay problemas, vas a ver que..." Y la cosa empezó a marchar bien aquí. Pero cuando Gimferrer dijo: "Aquí todo bien, no hay problema", entonces fue a mí a quien le vino el miedo. Porque mi familia estaba en Argentina. Ay, qué hago... Y el libro estuvo más de seis meses esperando, porque yo llamaba por teléfono y decía: "¡No, no, no lo publiquéis!!" Hasta que al fin ellos dieron la orden por su cuenta, y me hicieron un favor. "Lo que quieren en Argentina", me dijeron, "es que los revoltosos se vayan. Pero una vez que están fuera no les importa". Y así fue.

Empezó siendo un niño que se negaba a ser quien era, y con el paso del tiempo aprendió a reconocerse y fue abandonando los disfraces. Hoy Puig muestra esa rara desnudez de quien ha prescindido de corazas; es como el caracol que se ha despojado de su concha, carne esencial y blanda. Tan frágil en su apariencia y, sin embargo, tan densa, tan perseverante, tan elástica.

—La novela que acaba de publicar, *Cae la noche tropical*, trata de dos ancianas de más de 80 años. Usted dice siempre que en todos sus libros hay un conflicto personal no resuelto. ¿Cuál es el conflicto que oculta esta obra?

M.P.: Esta novela fue originada, más que nada, porque por primera vez tengo muy cerca de mí a unas personas que han entrado en la épica de la vejez. Me he dado cuenta de que la vejez es la edad épica por excelencia, porque todos los días echas un pulso con la muerte. A esa edad ya no eres dueño de tu futuro próximo. Todo tiene que ser consultado con la muerte: "Muerte, ¿puedo hacer una cita dentro de dos meses?" Todo tiene que planificarse con tanta habilidad... Y estas gentes no solamente son sorprendidas por la edad con estos terribles problemas, sino que además viven tiempos de cambios fundamentales. Mis padres, por ejemplo, después de haber tenido una vida sin demasiados apuros económicos, ahora lo han perdido todo por la situación financiera. Así es que de golpe están sin dinero. Adaptarse a todo eso es una épica tremenda.

—¿Le da miedo envejecer?

M.P.: A mí me pasó una cosa que me hizo ver las cosas bastante claras. Yo tenía un físico más o menos pasable, y había quien se daba vuelta por la calle para mirarme. Y más o menos a los 32 años fue como si una luz se apagara. Se me cayó el pelo, y me cambió el cuerpo, me encorvé y... Perdí completamente mi... Pasé a ser, no un monstruo, pero sí una persona sin ese poder físico al que yo estaba acostumbrado. Y eso yo lo perdí muy, muy pronto, más o menos a los 32 años. Se acabó. Y de repente ya, a partir de ahí, me sentí despojado de mucho. Ésa fue una de las pérdidas claves, dentro de las muchas pérdidas que hay en la vida.

—Pero, además de despojado, quizás se sintiera usted también liberado. Es decir, a partir de ahí quizás ya le costara menos seguir envejeciendo...

M.P.: Tal vez, sí, sí. Ahí dije: bueno, se acabó, ya no me pueden pagar, tengo que pagar yo. Ya no hay más que perder.

1989, primer semestre   (1980-1990)
ENTREVISTA INÉDITA CON MANUEL PUIG
Por Silvia Oroz
Trad. del portugués por Julia Romero

[Silvia Oroz, amiga cercana de Manuel Puig, era la voz que escuchaba, compartía y también narraba historias que Puig escucharía atentamente para su última novela publicada[17]. Esta entrevista, inédita hasta ahora, fue cedida generosamente por su autora, profesora de Cinematografía en la Universidad de Río de Janeiro y Brasilia, autora de varios libros, uno de los cuales parece inspirado por nuestro autor (*Melodrama. O cinema de lágrimas da América Latina*, Río de Janeiro, Río Fundo Editora, 1992, con otras reediciones posteriores). Ella declara que le debe el gusto por el melodrama latinoamericano. Yo le debo a ella, a su vez, sus agudas reflexiones.

Manuel Puig, muerto el 22 de julio de 1990 en Cuernavaca, México, fue el primer escritor que utilizó, de manera espontánea y sistemática las formas culturales incorporadas con la Revolución Industrial a la literatura. Para Puig, el radioteatro y el cine eran formatos diferentes de una misma preocupación: narrar historias. De ahí su fama de desmitificador de las "formas cultas", cuando lo que hacía era expresar nuevas realidades culturales que, paradójicamente, ya habían sido asimiladas por el público mas no por la literatura. La narrativa de Puig es solitaria, alguien ha dicho alguna vez que es casi "insular". Su literatura se diferencia radicalmente de la de sus contemporáneos, y constituye un caso único, más allá de las fronteras de habla española.]

S.O.: Vos escribiste *La traición de Rita Hayworth*, ¿cuándo percibiste que el cine limitaba tu expresividad?

M.P.: Yo estudiaba cine en Roma, en el Centro Experimentale, y estaba haciendo un bosquejo donde escribía una carta a una tía. Sé que una carta me llevó más de 8 páginas. Era imposible para el cine que yo quería hacer. Percibí que ése era un texto literario.

S.O.: Cuando terminaste de escribir *La traición*... no conocías a nadie en el mundo literario, y tu primer lector fue Néstor Almendros, que era tu colega en el Centro Experimentale.

---

[17] Un anticipo del libro fue publicado en el periódico *Brújula*, del Centro de Arte Moderno, Quilmes (provincia de Buenos Aires), diciembre de 2001, donde figura también esta entrevista, la de Elena Poniatowska y dos de las cartas a sus traductores italiano y francés incluidas en el presente volumen.

M.P.: No sólo no conocía a nadie, también ignoraba totalmente cómo funcionaba ese mundo. Néstor leyó el manuscrito y lo envió a Juan Goytisolo, en París. Resolvieron enviarlo a un concurso y me quedé asustado, pues pensaba que el título iba a espantar al jurado porque era irreverente. No conocía a Goytisolo y le mandé un telegrama diciendo: "Por favor, señor, cambie el título por *Desencuentro*". Goytisolo no me escuchó y lo envió sin una corrección. Quedé entre los finalistas, y el que ganó ese año fue Juan Marsé.

S.O.: Goystisolo cuenta que de cualquier forma algunos jurados, leyendo el título lo asociaban con una trayectoria cinematográfica.

M.P.: Sí, pues si leían mi currículo veían que había estudiado cine en Roma.

S.O.: Sos un escritor que se basa en radioteatro y en el cine. La televisión no es una referencia tuya.

M.P.: La radionovela, el radioteatro, las letras de los boleros, los tangos, eso, todo fue el elemento fundamental para mis personajes. Lo fue para mi generación. No así la televisión, que no resultó formativa y que rápidamente se transnacionalizó. Para comprender mis personajes y expresarlos bien, debo entrar en esa problemática. Las personas que estaban cerca de mí, sobre las que pude escribir, eran consumidoras de esos mensajes. Eso significa un código. Acredito que si alguien lo considera "impuro", parte de un equívoco. No importa la pureza de un código para convertirlo en literatura. Lo que interesa es lo que se consigue expresar con ese código. Aunque existen críticos que desconfían de ciertos trabajos míos por estar hechos sobre la base de un lenguaje coloquial de gente sin mucha instrucción. Aseguran que la simplicidad del código puede limitar o perjudicar la obra. Se adscriben a una literatura que juega con trascendencias tomadas de otras partes. He tenido inconvenientes en mi carrera por mi necesidad de divertir. No aseguro que la amenidad esté reñida con la profundidad, todo lo contrario.

S.O.: La crítica te acusa de no trabajar "grandes temas".

M.P.: La política, la economía, son tesis, no novelas. Es fácil, inclusive, una vez que se aprende el código. Lo difícil es tratar temas complejos en un lenguaje accesible. Es mucho más fácil el hermetismo. Lo ruin es que el hermetismo alcanza ahora también a la crítica. Cuando los principios son claros, no necesitan un lenguaje que oculte. Lo oscuro no libera.

S.O.: A pesar de las críticas, no dejaste de basarte en personajes femeninos reprimidos, en el melodrama, en la música popular...

M.P.: Mi identificación pasa por aquellos que fueron reprimidos. De ahí mi identificación con la mujer de los años 40, con los géneros desplazados, oprimidos por la cultura con "k". Cuidado: lo que quiero decir es que esa cultura también tiene su lugar. ¿Por qué un bolero de Agustín Lara o un tango de Lepera no pueden ser mencionados dentro de un contexto literario?

Pienso que con los así llamados "géneros menores", ocurre un poco como con las mujeres de la época machista: se gozaba con esos géneros, pero no se los respetaba.

S.O.: Estás (estamos) asistiendo a muchos filmes de ideología franquista...

M.P.: Sííí. Me llenan de expectativa filmes como *Murió hace quince años* de Rafael Gil. Producto típico de la dictadura de Franco, hecho con gran maestría. Los actores están dirigidos a la Wyler y mantienen unos diálogos imposibles... una espía rusa que dice: "Quiero ser yo misma, no quiero depender de un hombre..." Ésa es la peor de las mujeres. Luego dice: "Estoy esperando el hombre que sea digno de mi sacrificio total". Rafael Gil hace decir esas cosas de una forma nada ridícula, y además todo es una terrible verdad. Ese cine me atrapa.

S.O.: En *Cae la noche tropical*, vos te concentras en tu tema fundamental: el afecto. La historia y una conversación de esas dos viejitas están repletas de una aparente conversación sin objetivo; cuando de lo que realmente se está hablando es de afecto.

M.P.: En la vejez crece el ansia de afecto y, en el caso que no exista el objeto en el cual depositarlo, se inventa. Pocos observan que en esta fase de la vida, cuando no se puede más planear el futuro, se eleva la necesidad de afecto, de entregar afecto. La actividad última, casi única, es afectiva.

S.O.: El sexo parece excluido de esa temática...

M.P.: Nada es asexuado. Pero en la medida en que voy pensando en esos temas, trabajándolos, el sexo como temática me parece menos trascendente. Leyéndose con cuidado mi obra se observa que las anécdotas conducen a un intento de comunicación sentimental, accidentada y tamizada, pero la preeminencia de lo afectivo es ineludible. En lo sexual no encuentro ningún componente moral, pues se agota en sí mismo. En él procuramos el descanso, la reposición de nuestras fuerzas. En el sexo satisfacemos el deseo de ir hacia otro cuerpo, cosa necesaria pero intrascendente en lo moral. El que sí trasciende y es complejo, digno de estudio, es el mundo de los afectos. El sexo se me figura como un juego placentero, que se agota en sí mismo. No tiene sombra de pecado o de culpa en su realización. Quién inventó el pecado sexual, eso sí sería necesario descubrirlo. Aunque esto provee dos papeles sociales masculino y femenino del patriarcado, del machismo o como quiera que se llame. Un hombre con mayor apetito sexual equivale a más salud. La mujer, en una circunstancia similar, es repudiada. Se llegó a inventar un apelativo cargado de desprecio: "ninfomaníaca". Se inventó en los años cincuenta y fue el punto más alto, desde una cultura popular, para santificar esa herencia de desprecio. Lo popularizaron los periódicos norteamericanos y se aplicó con un cuidado especial a personajes femeninos de Tenesee Williams... Al definirse una persona por su actividad sexual, que es íntima, transitoria, se le coloca una etiqueta y se reduce la proyección de su personalidad.

S.O.: Debes estar cansado de la relación que se establece entre tu literatura y el cine...

M.P.: Me dijeron tanto eso que acabé por creerlo. Tomé del cine el gusto por la velocidad del relato, la dosificación de la intriga y el manejo de las emociones. Ahora me doy cuenta que eso que tenía que ver con el cine, no fue inventado por él. ¿Cómo llegué a esa conclusión? Recordé que cuando era chico, se hacían en el campo, donde yo vivía, unos churrascos que hacia el final, y con todo el mundo bebiendo bastante, comenzaban a llenarse de historias. Los gauchos las contaban... había algunos que se especializaban en historias de fantasmas. Y claro que nunca habían ido al cine. Pero ¡¡¡cómo dosificaban la historia!!! Las personas se quedaban hasta las dos de la mañana, en aquel frío y al aire libre, escuchando y escuchando. Ahí empezaban a traer los "ponchos" para cubrirse y continuar aquellas historias. Adoro la velocidad del relato, olvidarme de mí mismo. Esa cosa de ser absorbido por la historia me causa un tremendo placer. Eso lo aprendí del cine, pero el cine no inventó esos valores. Yo digo valores, para otros tal vez no lo sean. Para mí, lo son.

1990   (1980-1990)
MANUEL PUIG, DE VIVA VOZ
Conversación con Ángel Vivas
Época, Madrid, España

Aunque la novela que ahora acaba de publicar, *Cae la noche tropical*, hace la octava de las suyas, y sea autor además de obras de teatro y guiones cinematográficos, para el lector español, probablemente, Manuel Puig, (pronúnciese tal cual y no a la catalana) es, sobre todo, el autor de *El beso de la mujer araña*. Los más avisados conocerían alguna de sus novelas anteriores como *La traición de Rita Hayworth* o *Boquitas pintadas*, pero la gran mayoría descubrió al original novelista que es Manuel Puig a través de aquellos diálogos carcelarios protagonizados por un homosexual y un preso político. El gusto que Manuel Puig tiene por la narración oral, vuelve a ponerlo de manifiesto en *Cae la noche tropical*, en la que ni una sola vez interviene el autor directamente. Toda la novela está hecha de los diálogos de dos hermanas octogenarias, y de algunas cartas que los personajes se entrecruzan, más unos pocos informes oficiales. Los críticos oirán hablar de técnicas narrativas, de objetivismo y de diversas influencias. Pero para él la cosa es más simple.

M.P.: Toda esa afición por lo oral me viene de mi origen provinciano. Allá en la provincia, en los años cuarenta y últimos treinta, no había televisión, y se conversaba mucho. Se contaban largas historias, por supuesto películas, y todo tipo de sucesos. Todo eso era muy usual, y a mí se me quedó. Además, esas voces, como las de las protagonistas de *Cae la noche tropical*, me seducen, me parecen dueñas de un encanto particular. Y entonces, ¿por qué no usarlas como narradoras? Su diálogo me permite contar la historia que quiero, y al mismo tiempo me permite irlas describiendo a ellas mismas a través de lo que dicen.

–Supongo que conseguir esa naturalidad y esa gracia en el lenguaje oral debe de ser tan trabajoso como dar con el ritmo necesario o las metáforas justas escribiendo en tercera persona.

M.P.: No; en realidad, esta novela y *El beso de la mujer araña* son las que he escrito más fácilmente. Yo sostengo que si se conoce mucho a un personaje, aunque se le coloque luego en una situación especial inédita para el autor, el autor puede recrear esa situación. Yo a estos personajes les estoy oyendo, me dictan ellos a mí, no tengo que dictarles yo nada. Sin embargo, yo no sabría hacer hablar a un niño argentino de hoy, porque no tengo esa vivencia. He podido tener a dos argentinas octogenarias porque su lenguaje se ha quedado fijado en los años veinte, y yo lo vengo escuchando desde que nací.

De la vejez y otras pérdidas

Cae la noche tropical, título que ya resulta alusivo, trata, entre otras cosas, de la vejez, de la soledad y las pérdidas que trae consigo el paso del tiempo. Pero también de la vitalidad y la fortaleza que se pueden tener en el último tramo del camino. Es una novela rebosante de ternura y sensibilidad, y probablemente un poco a contracorriente de lo que se lleva. Cuestión que no le hace inmutarse a Manuel Puig.

M.P.: Va a contracorriente, como todas mis novelas. Cuando pasa el tiempo parece que se pueden incluir en alguna corriente concreta, pero por el momento no. No me sorprenderá si se producen problemas con la crítica, porque siempre los he tenido. Lo más divertido es que siempre se utiliza el libro anterior para atacar al que acaba de salir. Mi primera novela fue considerada "un esfuerzo preliterario", y en la segunda se decía que no tenía la humanidad de la anterior.

–Esta preocupación por la vejez, ¿responde a una inquietud personal?

M.P.: No; yo ya no soy joven, pero aún estoy lejos de los 80. El origen de la novela está en que hace unos años me traje a mis padres a vivir conmigo a Río. Ellos andaban por los 76, y de pronto se habían vuelto muy viejos. Había que hacerse cargo de ellos porque se habían vuelto muy dependientes. No sólo se les habían venido los años encima, sino la crisis económica de Argentina. Y de pronto me vi junto a esta gente que estaba viviendo la épica de la vejez, porque era impresionante tener que adaptarse, a su edad a un nuevo país, un nuevo idioma, otras costumbres. Creo que lo que más les impresionó fue tener que pasar de la cultura del ahorro a la de la hiperinflación. Tenían que aprender a no guardar el dinero y no demorar las compras, porque de un día para otro las cosas eran muchísimo más caras. Todo ese choque, cómo digerir esos cambios y querer seguir viviendo, fue dando origen a la novela. Como siempre en mi narrativa, la experiencia vivida dictó la novela. Cuando publiqué *El beso de la mujer araña,* llamó la atención que me ocupara de temas políticos, pero es que hasta entonces no se había dado la violencia política de aquella forma.

–¿Y cómo ve ahora la vejez?

M.P.: De toda esa experiencia de contacto con la vejez extrema y la pérdida constante de bienes, por una parte, y de seres queridos, por otra, veo que mientras hay un hilo de salud continúa el aferrarse a la vida. La soledad nunca es aceptada mientras queda la posibilidad siquiera de imaginar un objeto amado. Son esos recursos de la imaginación y una fortaleza increíble lo que me admira. Claro, que esa fortaleza es propia de una generación que no tuvo una vida fácil, que todo les costó y que, por eso, no están dispuestos a perder lo que les queda. No sé cómo va a ser el caso de la generación siguiente. Y, en definitiva, lo que me ha asustado es la vulnerabilidad con que se vive; comprobar que hasta el último momento se están perdiendo cosas y sufriendo reveses.

EL ÚLTIMO PUIG

El año 1990 estuvo marcado por la última mudanza de Manuel Puig. La vuelta a México significaba el retorno de un escritor consagrado a la ciudad de Cuernavaca, donde había comprado una casa que estaba remodelando. El 22 de julio la obra quedó inconclusa, su madre Malena y su hermano Carlos hicieron todo lo posible para reunir todo el material que el escritor había guardado, sus pertenencias, sus contactos. Tres meses antes de su muerte repentina, de esa operación de vesícula en que el corazón no le respondió, Puig había estado en Madrid. Después sigue estando presente en el cine y en los textos que mágicamente "sigue escribiendo".

Las siguientes intervenciones de Manuel Puig, en diálogo con estudiosos y críticos y con su público, son una selección de las que tuvieron lugar en la Semana de Autor sobre Manuel Puig, organizado por el Instituto de Cooperación Iberoamericana que se celebrara en Madrid del 24 al 27 de abril de 1990, tres meses antes de su muerte en Cuernavaca, México[18]. Se transcriben los fragmentos en los que participa Puig como integrante de la conversación.

---

[18] Existen dos versiones completas de las sesiones: un vídeo y una edición en libro, coordinada por Juan Manuel García-Ramos y que fuera publicada en Madrid, Instituto de Cooperación Iberoamericana, Quinto Centenario, 1991.

1990, martes 24 de abril   (1980-1990)
SESIÓN "CONTEXTO LITERARIO DE LA NOVELÍSTICA
DE MANUEL PUIG"

[Pere Gimferrer presenta a Manuel Puig luego de su propia intervención, la de Luis Suñén, Juan Manuel García-Ramos y la de Miguel Arias[19].]

M.P.: Querría conversar un poco sobre el bajón[20]. Veremos, con el tiempo, si fue un bajonazo o fue una subida. Yo voy a ser honesto. Yo estoy convencido de que fue subida y que nadie se dio cuenta. Pero lo que pienso yo o mi mamá no cuenta demasiado, respecto al valor de las obras, a la apreciación. Mi mamá porque no las lee, pues yo no se las dejo leer.

Les quiero contar un poco por qué creo yo que hubo dificultades en la lectura de esas dos novelas. Bueno, ante todo, siempre he tratado de escribir respondiendo a una necesidad interna muy, realmente, muy urgente. Cada novela mía ha sido dictada por la necesidad de aclararme un problema, problema que no resuelvo, ante el que en general, se me cruza un personaje de la vida real que lo comparte y lo aprovecho como protagonista, siempre con el afán de poder analizar mis propios problemas con otra perspectiva, con otra claridad. Volviendo,

---

[19] Pere Gimferrer, conocido poeta español y posteriormente integrante de la Real Academia de la Lengua Española, fue de mucha importancia en la inserción de Puig en el campo literario. Juan Goytisolo le había sugerido a Puig que se presentara al concurso de la editorial Seix Barral, pues conocía sus obras a través del director de fotografía y amigo personal de Puig, Néstor Almendros. En el concurso, a pesar de no resultar vencedor, Puig fue muy bien considerado, de hecho, no alcanzó el primer lugar por un solo voto. El entonces crítico Pere Gimferrer fue uno de los asesores editoriales que desde el comienzo brindó gran apoyo al autor, aunque por algunas desavenencias con Carlos Barral la obra no se publicaría hasta 1968 en la pequeña editorial argentina Jorge Álvarez. A partir de esta versión en español, fueron posible entonces las versiones en otros idiomas, en editoriales que sí habían aceptado el libro. Editoriales francesas (en primer lugar Severo Sarduy como director de Du Seuil y luego Juan Goytisolo como director de Gallimard), italianas (Einaudi, dirigida entonces por Italo Calvino) e inglesas (Hamish Hamilton) esperaban la edición de la versión original para publicarla en traducciones. [Correspondencia de Manuel Puig, archivo de la familia.]

Luis Suñén había sido crítico del diario español *El País* y director de la editorial Alfaguara, también ha publicado libros de poemas. Juan Manuel García-Ramos es profesor de la Universidad de La Laguna, Tenerife, ensayista, periodista, novelista y poeta español.

[20] En el contexto de la presentación del autor se había hablado entre muchas otras cosas que conforman una evaluación de la crítica hasta ese momento, del supuesto "bajón", refiriéndose a la eventual disminución de valor en la producción de Puig, que supusieron las novelas *Maldición eterna a quien lea estas páginas* y *Sangre de amor correspondido*. De este modo las consideraron en este encuentro, durante sus presentaciones, especialmente Luis Suñén.

mis propios problemas en otro los puedo ver con otra comprensión. Yo nunca he escrito una novela realmente en frío, nunca me he propuesto: "bueno, voy a hacer una novela de tal tipo", siempre ha habido como una compulsión a escribir tal cosa. Creo que a eso tengo que ser fiel. Entonces, ¿qué pasa con *Maldición eterna a quien lea estas páginas*? Creo que, tanto ésta como la otra comparten un problema terrible. *Maldición eterna a quien lea estas páginas* fue escrita en inglés, fue pensada en inglés. Les digo rapidito qué pasó. Estaba por el 79 en Nueva York, en un momento en que en Argentina ya se definían las cosas, como que iban mal y para largo y estaba la posibilidad de arraigarme en Nueva York. Bueno, ¿qué pasa?, estoy viviendo aquí, acepto esta ciudad con todos los problemas que ofrece, con todos los atractivos que ofrece. ¿Quiero a Nueva York o no la quiero? ¿Hago el esfuerzo por incorporarme a esta ciudad o no? Ése era un problema realmente muy profundo, no a la edad más adecuada. Cambio de país, de idioma, a los 47 o por ahí... O sea, feo momento para tanto cambio y para tanta adaptación. Se me cruzó un personaje real en ese momento que para mí era el símbolo de la ciudad. Tenía todas las ventajas y desventajas de Nueva York y si yo logro entender a John —era un vecino— este hombre que puede ser tan absurdamente desagradable y que puede ser, al mismo tiempo, tan..., ¿cómo podría decir?, era un persona que escuchaba muy bien, que ayudaba a sacar lo mejor que uno tiene, estimulante —digamos— era la palabra, tan horrendo y tan estimulante al mismo tiempo. Entonces yo dije: "yo tengo que saber todo de esta persona"; el modo de saberlo era que me contase su vida. Hagamos una especie de psicodrama, yo hablo, yo soy un viejo que tiene que iniciar su vida de nuevo en Nueva York, que era como me sentía, y te hago preguntas. Esa novela fue escrita en inglés por una necesidad absoluta de entender ese medio. Al final vi la parte negativa del personaje, muy preponderante, y me fui de Nueva York porque me parecía que no valía la pena el esfuerzo. Que yo no era para allí y me fui. Y esta novela, claro, primero salió en español, lo cual es, simplemente, una traducción. Entonces, ya ahí, empezamos con los problemas. Había abandonado a los personajes de clase media, etcétera, típicos en mi novelística y me había metido con un extranjero —el personaje realmente— que dialoga. El viejo no es tan importante como el otro. Además, yo quise poner de manifiesto en el personaje americano, la obsesión por el psicoanálisis. Las tonterías que él dice, los lugares comunes que repite sobre el psicoanálisis pretenden ser parte del personaje y no parte de la visión del autor. Pero, en fin, las intenciones no siempre quedan después claras en la página, como resultado. Ahora, lo que no perdono a un crítico de Barcelona es que citó pavadas que dice el personaje como palabras del autor. Entonces esta novela tiene ese problema. Luego me voy de Nueva York. Llego a Río de Janeiro y empiezo a descubrir una música y un colorido en el lenguaje popular que me fascina. Se me cruza un personaje con una historia extraordinaria y un lenguaje especial, y yo tengo, de algún modo, que analizar ese lenguaje. ¿Cómo este hombre, casi analfabeto o analfabeto del todo, logra ese colorido en su habla, ese colorido, esa musicalidad? Lo invité a hacer grabaciones de nuestras conversaciones y de ahí salió esta novela que fue escrita, no digo en portugués, fue escrita en un dialecto del estado de Río. Yo necesitaba, siguiendo mi investigación de siempre, la música y el color, los valores pictóricos del lenguaje popular. Necesitaba seguir mi búsqueda en un idioma, en un dialecto de allí. Luego yo mismo traduje la novela al español y, entonces, en Brasil cayó muy mal que yo escribiese una cosa sobre el lenguaje popular del lugar. Una cosa que parece que no se había hecho; pero yo, a todo esto, trabajé con asesores una vez que tenía mi texto listo para que no se infiltraran argentinismos y absurdos dentro de este lenguaje. Entonces, yo tuve que hacer estas dos... tomar estas dos desviaciones. Vamos a ver qué pasa con el tiempo. En general fueron mal recibidas pero en los lenguajes originales... en inglés yo sentí un frío glacial. Que hubiese yo publicado una novela en inglés produjo lecturas mal dispuestas y en Brasil de todos modos... Las bien dispuestas, por ejemplo, mi amigo García-Ramos, que me había seguido siempre, que había dedicado tiempo a mi obra, su lectura bien dispuesta se encontraba con un cambio, con un abandono de un mundo especial, de unos valores que le interesaban, y aquí está el problema. Mas ellos se encontraron con una traducción. Yo tuve que hacer esas obras porque en ese momento para mí Nueva York era importante, en el 80, y en el 82 era importante Río, y ahora viene la cuestión de mi reacción a la crítica. Fueron publicadas, creo, en el 81 y en el 82; ahora nada. Lo que no acepto es que se diga que hubo razones editoriales, necesidad de publicar. No, porque realmente, si yo hubiese, alguna vez, cedido ante eso, hubiese escrito diez versiones de *Boquitas pintadas* diferentes, o veinte, con toda facilidad y eso me hubiese dado... No. Creo que esto ha quedado claro. He abandonado filones que daban para más, siempre tratando de responder a esa compulsión interna, a una real necesidad de expresar algo, a veces no compartiendo con los lectores el interés por el tema. Yo estaba seguro que el tema de *Maldición eterna...* a los neoyorquinos les iba a interesar. No se enteraron de que existe la novela. Entonces, ¿qué pasa? Críticas muy malas, o más o menos frías, y yo dejo de escribir cuatro años, dejo de escribir novelas. Yo creí que, como siempre, había tenido ataques de la crítica, aunque no de esa unanimidad; creía tener la piel muy gruesa, que no me afectaba. En cambio, parece que sí, que me afectó cuatro años, tres años... De pronto *Sangre de amor correspondido* sale en Alemania y tengo las mejores críticas que había conseguido hasta entonces en el exilio; y al año siguiente, en Italia, esa novela gana el premio a la mejor novela extranjera del año. Yo retiré el premio, volví a mi casa y me puse a escribir. Así que yo les dejo a ustedes la conclusión. ¿Qué pasa, la crítica ayuda, no ayuda, ayudan los elogios, ayudan las críticas? Yo creo que la crítica y los bastonazos muy inteligentes pueden ayudar, pero no sé, no sé. Yo creo que el elogio fácil es fatal, por desgracia nunca me tocó, y envidio a muerte a los autores que tienen ese sí de la crítica prefabricada, tal vez un sí más político que literario.

Ahora, lo que más me ha podido molestar, lo que más me ha podido trabar en mi obra, es el ataque malintencionado, y hay cosas orquestadas, hay cosas terribles que pueden suceder. Por ejemplo, *El beso de la mujer araña* iba a recibir, por parte del editor americano, un presupuesto para publicidad que es absolutamente necesario para que el público se entere de que existe el libro, y fue mandado al *Sunday Times*, a la revista del domingo del *New York Times*; el jefe de redacción lo mandó a un crítico que dijo: "Esto está muy bien, me encanta. Resérvenle un espacio importante". Ahí sobrevino un silencio, se le retiró la crítica al crítico que le había gustado, fue mandada a otro, para colmo, un autor, un colega que dijo que la novela no valía nada, que era una gran desilusión para quien, más o menos, había seguido mis obras. Esas manipulaciones son tremendas. Existen a cada rato y ésas sí son cosas que yo creo que a nadie pueden estimular. Como salió una crítica negativa fue anulado el presupuesto para propaganda y la novela salió así, en tapa dura, y tardó cuatro años en salir en edición de bolsillo.

Así que yo les cuento la historia. Las cosas que nos tenemos que aguantar los autores son increíbles y por eso saqué un poco el tema para, de este modo, agradecer esta semana, porque la gente que no... estos amigos que no escriben, en general, para una crítica rápida de periódico o de revista, son quienes me han ayudado, no son muchos por desgracia, bastante pocos, pero permitieron que yo siguiera escribiendo, me creía invulnerable a la crítica y, en cambio, no lo era.

Pere Gimferrer: ¿Hay alguna pregunta?

Público: Yo quiero hacerle una pregunta muy sencilla, muy primitiva, y es saber qué escritores le apasionan a usted o le apasionaban en el momento ese álgido de la escritura y le apasionan ahora, en este momento. Quiero que sea específico. Hispanoamericanos, españoles...

M.P.: La pregunta es: qué escritores a mí me apasionaron en aquel momento, ahora, en el momento en que empecé a escribir, etc.

Bueno, trataré de ser breve. Los primeros deslumbramientos, así, de lector, fueron allá por los catorce o quince años. Muy seguidas una de otra, leí dos cosas absolutamente opuestas: Gide, que era la mesura, la economía, y dije: "¡Ay, éste, éste es el que me gusta!" Enseguida Faulkner, *Las palmeras salvajes*, la desmesura, la extravagancia, ésta es la verdad. Entre esas dos...[21] ahí, entre uno

---

[21] Es interesante ver en esta declaración la autoconciencia adquirida ya como autor y como lector de crítica. La perspectiva de sus gustos, de su literatura luego, iba a estar emplazada en ese "entre lugar".

y otro estaban mis gustos durante todos esos años. Diría que me apabulló Tolstoi más que nadie porque me parecía que, después de él, en tercera persona, no
se podía hacer nada mejor, igualarlo también era bastante ambicioso; entonces,
¿para qué? Fue uno de los por qués de mi búsqueda por otros lados.

Ahora, actualmente, y desde hace muchos años, por desgracia, sufro de
deformación profesional. Después de empezar a escribir, lo cual sucedió a los
veintinueve años a fuerza de releer mis manuscritos y revisarlos, leo todo como
si fuera un manuscrito mío. Leo a Proust con un lápiz en la mano y lo corrijo.
Digo: "Esto está muy largo... ". Entonces, yo no gozo más con la lectura de ficción. Perdí ese placer. Es el precio de haber querido escribir. En cambio, leo con
un entusiasmo brutal historia, biografías de directores de cine, sobre todo de
productores[22], es lo que más me divierte, donde no entren dos elementos: estilo
e imaginación, porque ahí, donde entra la imaginación, entra mi desconfianza.
No le creo nada a nadie porque he desarrollado un sentido crítico exacerbado
para limpiar mis cosas, no puedo leer a otro narrador. Se me arruinó la operación, así que no me pregunten porque no me gusta nada. Me gustan mis cosas
porque, porque... no me gustan, me interesan mis cosas porque hablan de problemas míos y punto[23]. Los demás a la basura en lo que respecta a mi placer de
lector. En cambio, yo gocé muchísimo con la lectura de novela hasta que empecé a escribir. Pero sí, las biografías y la historia me siguen apasionando, pero no
tiene que haber intención de estilo o invención, porque ahí se acabó.

Público: ¿En qué momento se dio cuenta que la cultura popular podía
transformarse en elemento literario?

M.P.: Sí, lo oyeron ¿no? ¿En qué momento sentí que la cultura podía ser elemento literario legítimo? Yo no me enteré hasta que me lo dijeran los críticos. La
cultura popular era parte de mis personajes, del mundo de mis personajes,
entonces entró por la puerta de servicio todo eso. Yo no me propuse una renovación de nada, lo que quise contarme... la primera novela, sobre todo, fue un
intento de aclararme por qué, de niño, yo solamente respiraba dentro del cine y,
afuera, si no estaba con un escudo no me sentía bien. Quise saber eso. Entonces
escribí *La traición de Rita Hayworth* basándome en las voces de mis vecinos, de
mis maestras, en mi propia voz de niño. Y a todos esos personajes, Rita Hayworth les resultaba importante, entonces yo no la podía dejar de nombrar. Pero
sentí, al poner esos nombres reales, que entraba en un territorio peligroso, pero

---

[22] El gusto por las biografías de productores conlleva el sentido de la identificación,
sobre todo si se piensa que como todo escritor, o como una *star* que se "produce" a sí misma,
Puig es un estratega de su imagen.

[23] La diferenciación entre el gusto y el interés es lo que marca nuevamente ese entre lugar
en el que Puig se ubica, subrayado por la duda en la oralidad de la frase.

me aventuré. Pero todo eso, es decir, la cuestión de las letras de boleros, era importante para mis personajes y para mí. Para mí sobre todo, años después. En la época de auge de los boleros, yo los detestaba porque cuando se produce auge de algo popular, se produce la saturación, ¿verdad? Entonces, en ese momento, yo oía un bolero y me descomponía. Pero después, con perspectiva, vi la belleza posible de alguna de esas letras en las letras de los tangos. Entonces, no sólo –ahí vino una segunda fase– eran importantes estos elementos para mis personajes, sino que también... ¡Ah!, ¿qué pasaba? Ahí había una belleza verbal que nadie había utilizado, gracias a Dios. Entonces entró todo eso dentro de mi obra.

Público: En cierta medida ya está contestada la segunda, pero de todas maneras se la hago. ¿A qué fuerza interior obedece esa participación de los elementos populares dentro de su obra?

M.P.: Yo tengo una identificación con la gente que ha sido reprimida. Entonces hay una identificación con la mujer de los años 40, una identificación con los géneros despreciados de los años 40 porque la cultura con "k" oprimía a esta cultura popular, ¿no?, y yo no quiero decir que esa cultura fuese más rica, pero sí tiene su lugar, y me interesaba ver por qué una letra de Le Pera suena linda y por qué no se la puede mencionar o colocar dentro de un contexto literario. Sí, ante todo hay una cuestión de identificación. Yo digo que con los géneros menores sucedía un poco como con las mujeres en la época del machismo, tan lejana: se gozaba con estos géneros pero no se los respetaba.

Público: En sus novelas, cuando dice que se le cruza un personaje, ¿qué quiere decir?, ¿que se le cruza el personaje como persona, o se le cruza su historia, la historia, todo la que rodea a ese personaje?

M.P.: No comprendí bien.

Público: Ha dicho que en Nueva York usted se encontró con un personaje, con una persona que se le cruzó en su historia, en su vida. En Brasil le pasó lo mismo. Entonces, ¿qué es lo que más le atrae en esta situación, el personaje o la historia? Quiero decir, ¿es el personaje el que tiene la fuerza?

M.P.: Son, tal vez, dos cosas indivisibles. El personaje es producto de su pasado, es su historia. Con el personaje de Río, por ejemplo, yo me preguntaba: "¿En qué puedo yo identificarme con esta persona? Mucho más joven, con salud de hierro, en su país". ¿Qué podía hacer? Y hablando, hablando, hablando, me di cuenta que este hombre no podía aceptar un hilo de realidad, que todo lo que contaba eran mentiras, que lo que precisaba él para seguir respirando era mentirse sobre su historia, mentirse sobre lo que le había pasado. Entonces dije: "Pero esto es lo que a todos... Le pasa lo que a todos los pobres que trabajamos con ficción". Estamos de algún modo creando una ficción porque la realidad no nos resulta cómoda pero, al mismo tiempo, la estamos repensando a esa realidad con, creo, la remota esperanza de un día aceptarla. Entonces yo, en el fondo, era igual a ese albañil treinta años menor. Nunca sentía a un protagonista mío más aparentemente alejado de mi realidad pero, en el fondo, éramos la misma persona. Él había tenido otro tipo de problemas con la realidad pero lo habían llevado al mismo punto que a mí, a una necesidad; él no tenía el cine de General Villegas para esconderse, donde yo me escondía. Él se vio obligado a crearse su cine y era casi un demente porque vivía en una mentira total pero con todas las apariencias de la salud, como unos cuantos de nosotros aquí presentes.

Público: En *Cae la noche tropical* usted no vuelve solamente a la escritura, sino también al tratamiento de temas argentinos. Recordemos que la mayor parte de sus personajes viven en el exilio. Lo que quiero saber es si Argentina le trae malos recuerdos.

M.P.: Con Argentina tengo el problema de que ya no puedo escribir sobre jóvenes de hoy, porque ya hace tantos años que me fui que los jóvenes de hoy no sé cómo hablan, no sé cómo son, entonces puedo hablar de argentinos fuera de Argentina y de cierta edad. Así que se me cruzó la posibilidad de una historia de personas –de argentinos– fuera de Río; y tenía muchas ganas de volver, después de dos novelas en otro idioma, sentí mucho deseo y el hecho, también, de haber tenido un acceso muy directo a personas de más de ochenta años me influyó. Yo nunca había estado cerca de gente de más de ochenta años. Mi mamá de pronto cumplió ochenta años –que no me oiga– y me interesó mucho esa edad, vi que no era aquella calma, aquella pasividad de la que yo tenia idea. Era una épica diaria, cada día inventarse una razón para vivir y una pantalla para no mirar al futuro inmediato que sólo anuncia el final. Así que eso me llevó, ante todo, a escribir esta novela.

P.G.: ¿No es hora de que dejemos libre a esta gente? Yo creo que sí. Gracias. Y para terminar, ¿quieres decir algo Juan Manuel?

Juan Manuel García-Ramos: Bueno, si me das la oportunidad. Primero quiero declararme lector leal de Manuel Puig. Fue motivo de mi tesis doctoral y me dediqué a defenderlo cuando esto era muy difícil hacerlo, sobre todo, como sabe el profesor Amorós, en nuestras universidades. Primero, por lo reciente, y segundo por lo arriesgado de las técnicas que estaban en esa narrativa, y luego porque también emitía un juicio demasiado cercano, es decir, fue una tesis que a mí me costó mucho y estuve defendiendo esa narrativa durante mucho tiempo.

Me has aclarado con lo que me dices de las novelas *Maldición eterna a quien lea estas páginas* y *Sangre de amor correspondido*, esa circunstancia de que sean traducciones. Yo intentaré leerlas desde esa perspectiva, sobre todo la última, para ver si efectivamente la vuelvo a recobrar.

Pero, efectivamente, tampoco creo que haya que hablar de bajones. Yo hablé, como decía Gimferrer y como decía Amorós, de una singularidad, de una insularidad en la aportación, y en efecto como dices, hay un cambio de entonación. Has explicado perfectamente –a mí me ha dejado además en algunos momentos, sobrecogido– esa experiencia vital, directa, con personajes que te has cruzado y a los que has querido un poco desenmascarar, poniéndolos en clave narrativa.

Bueno, yo pienso, aunque tú no lo aceptes, que son entregas quizás demasiado cercanas: 80, 82. Ese mismo silencio que te tomas de cuatro años, que también has confesado aquí, significa también la introducción de la autocrítica sana y, efectivamente, yo creo que observaba en esas dos novelas, en *Maldición* y en *Sangre*, o por lo menos echaba de menos dos cosas: una de ellas que eras un gran constructor aparentemente, la narrativa de Puig parece una narrativa que toma el lenguaje de la calle. Pero no, yo creo que había un rigor, excesivo en ocasiones, y que eso estaba muy bien fabricado. Yo eché de menos ese rigor en la construcción de esas dos fábulas. Eché de menos, también, el cuidado del lenguaje que, efectivamente, está reconocido cuando dices que son traducciones, y también me parecía que sobraban algunos comportamientos que ya había visto desarrollados, el de Larry y el del norteamericano. Yo los veía como filiaciones que habían sido desarrolladas, por ejemplo, en una novela como *El beso de la mujer araña*. Echaba de menos esas tres cosas y alguna cosa me sobraba. Y, efectivamente creo, como el compañero que ha hablado antes, que en *Cae la noche tropical* se recobra la voz de esa argentinidad que tan bien dominas; está de nuevo la construcción y está de nuevo, además, una sensualidad distinta porque, en efecto, esta franja de lo que es la edad del hombre y la edad de la mujer, era una franja que no habías explotado tan consecuentemente, y a mí me ha salvado, y te juro que vuelvo a ser un devoto de Puig y que intentaré seguir leyéndote con la pasión con que siempre lo he hecho y siempre con detenimiento, si me lo permites, porque también se trataba de animar un poco la mesa, y así la hemos animado.

Público: ¿Es verdad que el título de *La traición de Rita Hayworth* se lo eligió Juan Goytisolo?

M.P.: Le debo a Juan Goytisolo muchísimas cosas, pero no el título.

Público: No que se lo haya dado, sino que...

M.P.: Bueno, sí y no. Yo mandé ese título... Porque aquí está el primer lector del manuscrito completo, Néstor Almendros, que no va a pasar a la historia por esto sino por otras cosas, pero él... Yo no conocía a nadie en absoluto dentro del mundo literario y Néstor le pasó en París el manuscrito a Juan Goytisolo. Entonces, el título era *La traición de Rita Hayworth*, pero cuando me enteré de que Juan iba a llevarlo a un concurso, al "Biblioteca Breve", me asusté y dije: "¡Ay no! es demasiado". Para colmo, no existía la palabra *kitsch*, entonces, todavía –creo– por lo menos yo no la conocía. En el 65 no se usaba mucho.

Entonces decía: "Esto es horrible. Con ese título nadie va a abrir el manuscrito". Entonces le mandé un telegrama diciendo: "Por favor, señor, cambie ese título por 'El desencuentro', y muy sabiamente, no recibió nunca el telegrama, aparentemente, porque lo mandó así. Así que sí, de algún modo, él le puso el título[24].

---

[24] En la transcripción de las sesiones que realizó el Instituto de Cooperación Iberoamericana figura "De ese encuentro", lo cual creemos que es un error. Comparándolo con la correspondencia sabemos que era "El desencuentro". La anécdota está narrada al revés, ya que éste era el título primigenio y en el marco del concurso literario envía cinco opciones más del título entre las cuales Juan Goytisolo elige el de *La traición de Rita Hayworth*. "Me gustaba 'El desencuentro'", dice en una de las cartas, "por el tono de tango".

1990, miércoles 25 de abril   (1980-1990)
SESIÓN "EL FOLLETÍN CONTEMPORÁNEO:
AMBIENTES Y PERSONAJES"

[En la sesión del día intervinieron Luis Goytisolo, Milagros Ezquerro, cate-drática de la Universidad de Toulouse, especialista en novela latinoamerica-na y Manuel Puig. También Lourdes Ortiz, escritora, y Dante Carignano, profesor de literatura hispanoamericana en Orleans.

El debate se centró en el uso del folletín y la pregunta precedente, lanza-da por Luis Goytisolo a los participantes de la sesión había sido si conocían alguna novela influida por Puig o con cierta relación directa o indirecta con las novelas de otros autores.]

M.P.: A mí me ha sucedido, a partir de mi trabajo como escritor –empecé a escri-bir a los 29 años–, que perdí el gusto por la lectura de ficción. Perdonen los que me escucharon ayer. Yo antes de empezar a escribir leía a Tolstoi, Gide o a Faulk-ner con un enorme placer y ahora leo cualquiera de estos autores como un manus-crito mío más. He desarrollado una lectura hipercrítica, que es la que aplico.

No hago crítica o comentario sobre colega alguno porque no estoy autoriza-do. Estoy enfermo de deformación profesional, entonces no me gustan las cosas que se parecen a las mías y tampoco las que no se parecen. No me gusta nada. Ya no gozo con ningún tipo de lectura de ficción. Es decir, cuando encuentro preocupación por el estilo e imaginación, ahí me vuelvo todo desconfianza. No creo nada, soy excesivamente desconfiado de ese material. La lectura, de algún modo, logra seducirme, pero es mucho el trabajo y, entonces ya no leo ficción. En cambio, biografías e historia en general sí las devoro, consigo concentrarme, me abandono, pero es que allí no hay trucos ni estilo. Oyeron: trucos. Para mí todo, ahora, se reduce a trucos. No creo en los logros de los escritores, lo veo todo desde el revés de la trama. Hay narración en un libro de historia pero no existe una evidente intromisión imaginaria, imaginativa, del autor, y en lo posi-ble que no traten de hacer estilo porque ahí ya, otra vez, se me arruina el pro-grama. Entonces, realmente, no puedo opinar. Y ya que estoy, les diría algo más: no he tenido mucha suerte con mis colegas escritores. Hay grandes excep-ciones, como Luis, que me acompañó desde el principio, y su hermano tam-bién. Pero, en general, ha habido mucha desconfianza en cuanto a mí, que han expresado. Que la tengan, está bien, pero expresarla... Yo pienso que si un crea-dor lo es tiene su mundo propio, fantástico. Pero tener un mundo propio impli-ca tener un mundo con ciertos límites. Si tenemos nuestro mundo propio, tenemos gustos limitados, y si somos así, tan personales y tan geniales, somos también muy limitados en nuestros gustos porque, por definición, si se tiene un mundo propio, se tienen límites. Entonces, me parece muy bien que un autor lea algo de otro autor, le guste y lo diga; porque los elogios nunca hacen mal. Pero pienso –porque a mi me ha tocado–, por ejemplo, que autores de ficción conocidos han publicado críticas, ataques. Y digo: "Pero ¿cómo es posible? Pero si yo no coincido con sus intereses ¡Que me dejen tranquilo!". Entonces, pienso que éste es un terreno muy discutible, el del colega que no gusta de la obra de otro y lo expresa. Yo creo que, si es para hablar bien, bienvenidos, como hizo Luis, ¡suerte la mía! Pero aquellos que publican ataques ¡ay! No. Para eso están los críticos[25]. Los críticos, sí. Se supone que tienen una visión, una posibilidad de ver las cosas con otra objetividad. Si es un creador, no puede ser objetivo. Ya es un hombre marcado por un gusto, por un gusto muy personal, y cuanto más personal mejor. Por eso, hablar así, decirles qué es lo mejor... a mí no me autoricen a hablar mal de nadie, de colegas.

Luis Goytisolo: Estoy perfectamente de acuerdo. Sigamos con las preguntas, las que ustedes deseen.

Un espectador de entre el público: Yo creo que esa postura que tiene usted ante los nuevos autores puede ser el final de la novela.

M.P.: No entendí bien. Me dices que si no se leen las cosas nuevas...

Público: La postura suya, dice: "Bah, yo no quiero leer nada, nada nuevo y cuando hay un estilo nuevo..." Yo creo que la novela es creación, creación continua. Esa postura creo que es la que está acabando con la novela.

M.P.: Mire, yo trato, ante todo, de ser honesto conmigo mismo. Si tengo una gran dificultad para gozar de la literatura, no tengo más remedio que admitirla. Me pasó eso, ¡qué se le va a hacer! Yo querría seguir gozando como antes de la lectura de ficción, pero el desarrollo de otro tipo de capacidades me ha quitado esa capacidad y, por lo menos, quiero estar consciente de ello. Ahora, si veo alguna cosa nueva reconozco valores, eso sí, eso permítanme que lo diga, pero no gozo con esos valores. No es una lectura inocente, entregada. Es una lectura fatigosa y siento que sea así, pero no creo que eso me ciegue a reconocer cosas nuevas. Además, creo muy bien en lo que usted dice que hay que ver siempre lo nuevo porque te puede ayudar a dar saltos en tu obra. Es decir, ya sea por un error que comete un autor o por un logro, todo sirve para la reflexión. Te puede evitar errores, pero toda esa operación yo ya la hago en el terreno del esfuerzo, no en el del goce.

---

[25] Obsérvese la ironía que encierran estos comentarios, teniendo en cuenta que la mayoría de los presentes que estuvieron presentes en los debates son críticos pero también escritores. Por otro lado Puig nunca recibió ataques de otros escritores, la sutileza de su argumentación se dirige nuevamente a lo que padece un escritor con una hipersensibilidad tal ante la crítica.

Otra espectadora de entre el público: Yo voy a decirte que respeto lo que dices. Respeto tu postura. Pero ¿no crees que exageras un poco?

M.P.: Por desgracia, no. Porque siento haber perdido realmente una capacidad de disfrute.

Público: ¿Sigue disfrutando viendo películas?

M.P.: Sí, por suerte me queda eso. Pero tengo poca paciencia con el cine nuevo, no tengo buena disposición. Realmente hay en el cine nuevo un cierto abandono de valores que yo trato de incluir siempre en mis novelas, por ejemplo, la velocidad de relato; eso es algo que me interesa siempre tener en cuenta. Si algo se puede contar en dos líneas, por qué hacerlo en doscientas. Hay que dosificar la intriga.

Luis Goytisolo: El cine americano actual es veloz narrativamente.

M.P.: Ahora ha vuelto a serlo, me han dicho. Pero hubo unos años en que no sé, no sé... Hay que verlo también –en esta época de posibilidad de revisión de películas viejas– a través de las copias en video. Yo he caído en la tentación de hacerme coleccionista y eso, realmente, ocupa mucho tiempo; y me he hecho así como un especialista en ciertos sectores, y no da tiempo para verlo todo. Ahora, en México, tengo antena parabólica y puedo ver cantidad de cine nuevo, lo pongo a veces y digo: "a ver si descubro algo que me despierte del letargo, que me actualice un poco, que me quite la momiza, como dicen en México". Por ejemplo, me puede poner muy nervioso Meryl Streep, a mí me enferma, me pone mal, ¿qué le voy a hacer?; y tengo amigos jóvenes que la miran así y yo me siento de 120 años, porque digo: ¿qué pasa? No entiendo. Estoy en otra cosa. Pero esa mujer me irrita; y aquí está Néstor Almendros que creo que la quiere. Bueno, él es un poco responsable –Néstor– de la manía Streep porque él fue el que la fotografió en *Kramer contra Kramer*[26] y le creó esa cosa extraña de figura medieval. Pero, con los años, no sé, los gustos se van un poco definiendo demasiado. También puede ser que esté en franco tren senil, pero tampoco puedo forzar las cosas y es así, es así.

Me preguntaban, entonces, del cine, si me da placer. Sí, sí. Estoy viendo mucho cine español viejo, que era muy difícil ver antes, y encuentro valores muy especiales y, sobre todo, me llenan de curiosidad productos como *Murió*

---

[26] *Kramer vs. Kramer*. Dir. Robert Benton, 1979, EE UU. Intérpretes: Dustin Hoffman, Meryl Streep, Justin Henry. Puig no había visto esta película cuando la estrenaron en Río de Janeiro en 1980, pero, como comenta en una de las cartas familiares, fue a ver *La vida íntima de un político* [*The Seduction of Joe Tinan*. Dir. Jerry Schatzberg, 1979, EE UU. Intérpretes: Alan Alda, Barbara Harris, Meryl Streep] sólo por ver a Meryl Streep, reconociendo su buena actuación allí. Este reconocimiento es importante, teniendo en cuenta que el escritor había perdido el gusto por el cine contemporáneo, como se ve en estas declaraciones.

hace quince años, por ejemplo, que es una película repleta de ideología franquista, de Rafael Gil, y que, por un lado, es una película hecha con una maestría extraordinaria. Los actores están dirigidos al estilo de Wyller[27], están todos extraordinarios y, por otro lado, va ese texto tan... ¡Que ese hombre haya conseguido con ese texto esas actuaciones! Es una obra de un interés fabuloso. Yo no sé si ustedes la han visto, pero la mala es la espía rusa que dice: "Yo quiera ser yo misma, no quiero depender de un hombre", y ella es la mala. Entonces, aparece la buena, más tarde, que dice: "Estoy esperando al hombre que sea digno de mi sacrificio total". Pero es así, no exagero. Rafael Gil les hace decir las cosas de un modo que nada es ridículo, todo es de una verdad terrible; y es alucinante porque sabemos lo que hay detrás de todo eso. Ese cine me prende a la pantalla y Meryl no, Meryl me hace correr.

Público: ¿No sería posible, dialécticamente, encontrar la belleza también en la trama, en el revés del tapiz buscando no la perfección que se pretende en la imagen de la obra, sino la belleza muy grande, también, del ser humano, del creador humano y perfecto que hace toda esta trama imperfecta, pretendiendo hacer la obra?

M.P.: Y ¿cuál es la pregunta?

Público: Una pregunta, tal vez, demasiado atrevidamente personal: ¿No sería posible esperar que usted alcanzara a encontrar una nueva dimensión estética en la imperfección del artista que se esfuerza por crear la imperfección, aunque no lo logre, en las entretelas de su acción?

M.P.: En las cosas nuevas ¿dice usted?

Público: No, simplemente en cualquier creador antiguo, simplemente del pasado próximo, del presente, que está viviendo intensamente por producir algo.

M.P.: No, yo defectos les encuentro a todos. A pesar de eso puedo amar ciertas cosas. Hasta a Greta Garbo le encuentro algún defecto[28]. Hay elementos de seducción que me prenden, otros no; y mi dificultad con el cine de ahora es

---

[27] William Wyller es uno de sus directores de culto del cine de Hollywood, especialmente cultivador del género melodramático.

[28] La gran *star* admirada por Puig, a la que le dedica algunos relatos de la época de Río de Janeiro. Esos relatos se publicaron primero en la revista italiana de moda y actualidad *Chorus* en una sección por entregas dedicada a coleccionistas, especialistas y público gustoso del cine, lo cual –como le ocurriera a Horacio Quiroga o a Roberto Arlt– determinaba las condiciones de producción: la temática y la brevedad. Fue recogido en libro como *Gli occhi di Greta Garbo*, Introducción de Giordano Guerri, Milán, 1991; y en una versión también póstuma fueron traducidos por José Amícola al español, autor del estudio preliminar, como *Los ojos de Greta Garbo*, Seix Barral, Biblioteca Breve, Barcelona, 1993.

que no me alegra para nada, me hace sentir alejado de los jóvenes. Como que me quedé en otra cosa. Pero tampoco puedo decir lo contrario.

Néstor Almendros: Las películas antiguas te estimulan, las modernas no. También dijiste antes, ayer, que en literatura André Gide o Faulkner te interesaban de la misma manera y que ahora ya no te interesas por la nueva ficción. ¿De la misma manera que te gusta ver películas antiguas te gusta leer a estos autores que ya leíste?

M.P.: No, no. No puedo. Todo lo que sea lectura, todo lo que sea ficción está echado a perder para mí. Yo recuerdo lo que fue mi lectura de *Guerra y paz*, era zambullirme en ese mundo y olvidarme de todo, y ahora no...

N.A.: ¿Cuándo ocurrió esto? ¿Después que terminaste *La traición de Rita Hayworth* o dos o tres novelas más tarde?

M.P.: No sabría decir exactamente, pero yo creo que muy cerca, tal vez cuando empecé a escribir.

N.A.: Porque yo recuerdo que, en aquellos tiempos, cuando salió el libro de Cabrera Infante *Tres tristes tigres* lo disfrutaste mucho. O sea, ¿era todavía en esa frontera en que podías leer?

M.P.: Sí, pero ahí había también cuestiones de simpatía personal y de una enorme similitud de intereses.

N.A.: Sí, pero ahora esta similitud te irrita y antes no. Y es que cuando se parecen más a ti es cuando menos te interesan.

M.P.: Aquella lectura es de hace mucho tiempo; pero como está ahí el elemento de la amistad de por medio... En ese momento tenía otros motivos para leerlo, porque era una persona que me caía muy bien, entonces lo leía de otro modo.

Milagros Ezquerro: Para no estancarnos en el pasado y la nostalgia, yo quería preguntarte ¿por qué derroteros anda ahora la creatividad de Manuel Puig?

M.P.: Tengo un proyecto de novela pero no lo puedo empezar porque acepté un trabajo para cine e inmediatamente después otro. Acabo de hacer un guión sobre Vivaldi.

Si quieren, les cuento un poquito de cómo es este proyecto, "Vivaldi", porque es muy curioso. Un productor italiano se contactó conmigo para hacer esto. ¿Por qué yo?, ¿qué tengo que ver con Vivaldi? Soy anticuado pero tanto no. "No, no, porque es su sensibilidad, algo hay en usted..." Cuando a uno le dicen eso se lo cree. "Usted tiene algo de... esa armonía de cosas", y digo: "¡Ay! Cómo me capta este hombre. Entonces avanza el trabajo –bien pagado– de gente encantadora. Todo muy bien; y por ahí me dicen: "¿No le parece que William Hurt sería el intérprete ideal?" Entonces yo digo: "No sé, es posible, sí". Porque, a todo esto, leí un poco de la vida de Vivaldi y me interesó muchísimo porque la historia de ese hombre es fantástica. Es un chico con asma que no juega con los otros, no tiene cine donde ir, por desgracia, entonces se refugia en los catecismos, en la fantasía de los libritos religiosos, que le sirven de escape; entonces se hace cura pero tiene necesidad de expresarse de algún modo y los otros curas le enseñan música. Y ¿qué pasa? Qué comienza a componer y empieza a sentir, a través de sus composiciones, una mirada diferente. Ya nadie le mira porque está todo encorvado, lo miran de otro modo, porque ha sido capaz de crear música y la mirada de los demás lo endereza. Se empieza a enderezar y a descubrir a las mujeres. Pero ya es un cura. Un cura, se suponía que asmático, que ni podía... le habían perdonado no dar misa por la salud. Pero cuando se empieza a recomponer esa psiquis −porque lo miran como alguien que vale la pena, no como el pobrecito de la familia que no servía para nada, que despertaba a todos en la noche con la tos−, entonces se transforma, y es a través de esta capacidad de componer música como se hace un mujeriego tremendo. En el momento en que empieza este hombre a sentir esa mirada diferente, sobre todo, en las mujeres que lo miran y le dicen: "Pero ¿usted hizo eso?", entonces empieza a reconstruirse. Es esto lo que estoy haciendo, ese "Vivaldi". Pero ahí, ¿qué pasó?, ¿por qué me llamaron a mí? Por suerte, Vivaldi tuvo esa vida y a mí me interesó. Pero, realmente, yo creo que el productor −esto espero que no se entere que lo dije− lo que quería era llegar a William Hurt a través mío, porque su obsesión es que Hurt haga, realice esto, y parece que lo va a conseguir. Así que, gracias a William Hurt me llamaron para esto.

M.E.: No tiene mucha figura de asmático William Hurt.

M.P.: Sí, pero se necesita uno que tenga corpulencia para la segunda parte. Porque se puede encorvar al principio. Pero es así como, muchas veces, se dan los trabajos en el cine. A ver qué final tiene esto[29].

M.E.: Y ¿el proyecto de novela?

M.P.: El proyecto de novela es una cosa que vuelve a la Pampa de los años 40. Pero no me gusta hablar mucho hasta que no estén las cosas encarriladas, porque ya me ha sucedido abandonar dos proyectos empezados por falta de convicción en la voz narradora. Yo cuando estoy escribiendo tengo que creer en la voz que me está contando la historia[30]. Tengo que encontrar un narrador que

---

[29] "Vivaldi" es un guión inédito conservado en versión italiana e inglesa que llegó a terminar y fue vendido al productor Cecconi (quien tendría el original) y que iba a ser dirigido por Davide Rampello.

[30] Contra todo lo que había dicho la crítica hasta el momento acerca de la desaparición del narrador, Puig asevera sobre su convencimiento o no para seguir su proyecto, atento siempre al oído de lo que "escucha", como la primera voz de su tía que se convierte en su primera novela. El proyecto al que se refiere aquí es eventualmente *Mère fantasie*, que todavía no comenzaba a escribir pero del que tenía esbozos en papeles cuyo dorso tienen como fecha más tardía 1987.

me convenza, que está diciendo la verdad, que es un ser vivo autónomo que no depende de mi fantasía, de mi capricho. Tiene que ser alguien que me habla y yo le crea. Ya tuve dos, empecé dos novelas. Los temas eran fantásticos[31], me fascinaban, pero en ninguno de los dos casos encontré al narrador convincente. Así que, aquí otra vez estoy con un tema que me gusta mucho pero, quién sabe si encuentro quien me lo sepa contar. Porque, quisiera decirles, sobre todo a los críticos, que yo me doy cuenta bastante rápido cuando las cosas van a funcionar mejor, y es cuando no tengo más que prestar oído al dictado. *El beso de la mujer araña* no tiene tachaduras[32]. Es una novela en la que me dije: "A ver, están esos dos personajes, ¿qué le dice uno al otro?" No me gasté una neurona en esa novela. Yo conocía muy bien a los dos personajes. Nunca habían estado juntos. Pero si se encontraban en una celda, yo no tenía más que escuchar lo que decían y ésta es una cuestión, creo, de intervención, de inconsciente colectivo, no sé. Hay algo y yo me doy cuenta cuándo está funcionando. Entonces creo que las cosas mías que pueden tener mayor poder de convicción son las que tienen una intervención de los personajes muy fuerte. Ahí está la cosa: si en este nuevo proyecto encontraré quién me lo dicte o no.

M.E.: ¿Estás esperando a ser Balzac?

M.P.: Sí, en efecto.

Público: Quería hacerle una pregunta respecto a lo que estaba diciendo de la voz narradora. Veíamos como que uno la tiene que encontrar. Quería saber si alguna vez le sucedió dentro de su trabajo que, por ejemplo, luego de haber escrito una novela, pongamos, ya muy avanzado el trabajo, se dio cuenta que, a lo mejor, esa novela que la había empezado, digamos, en tercera persona, era una novela que, a lo mejor, había que haberla hecho en primera. Es un problema técnico que le quería preguntar porque, bueno, es un drama un poco, una tragedia, darse cuenta de que no era para contarla, sino que desde adentro iba más con lo que era esa obra.

---

[31] Se refiere posiblemente a un proyecto inconcluso identificado en el inventario del material manuscrito como *Historia con pescador*, fechado en 1983, y posiblemente a otro identificado como *Novela con padre*, muy en germen: se conservan sólo algunas páginas con la estructura de los capítulos, que serían 14, y cuadros con personajes. Conservada en una carpeta con la dirección de su casa en Río de Janeiro y con el título "Nueva". En el dorso hay una fecha: abril de 1987.

[32] Esta aseveración no debe tomarse literalmente. De hecho hay una cincuentena de páginas con estructuras narrativas y argumentativas, además de dos versiones conservadas de la redacción de los capítulos. Este trabajo de transcripción e interpretación de los reemplazos fue realizado para la Colección Archivos de la UNESCO, bajo la coordinación de José Amícola y Jorge Panesi.

M.P.: Bueno, han pasado cosas por el estilo. Le voy a contar. El proyecto inicial de *El beso de la mujer araña* no preveía ese predominio del diálogo e iba a ser contado, en parte, con diálogo y otros sectores de la trama con diferentes técnicas, como ya lo había hecho en las dos anteriores que eran *The Buenos Aires Affair* y antes *Boquitas pintadas*. Tenía prevista una cantidad de recursos técnicos pero, el primero, iba a ser el diálogo y deseché todo lo otro. Cuando empecé a escribir, los personajes no se callaban, seguían hablando y no hubo más remedio que tomar nota de lo que seguían diciéndose. Se me impusieron. El plan era otro. Ahora, a todo esto, ya que tenemos entre nosotros a Pepe Martín, él lo hizo en el 81 y fue quien tuvo la idea de teatralizar la novela. Pepe se hubiese quedado sin papel si el proyecto inicial de la novela hubiese cuajado. No había Molina en la primera idea, no era para Pepe Martín, el papel era para Charo López, no sé para quién. Porque la protagonista iba a ser una mujer.

Yo, en el 72, cuando empecé a pensar en *El beso de la mujer araña*, quería hablar sobre las ventajas del papel de la mujer sometida porque era el gran momento de la liberación femenina, con la que yo estaba totalmente de acuerdo. Siempre, para mí, esa mala relación de los sexos había sido un escándalo, pero estaba cansado, en el 72, de oír hablar de las desventajas del papel de la mujer sometida. Digo... ¿por qué?, si esto duró tantos siglos, alguna ventaja debía tener. Entonces nunca hay que menospreciar las armas del enemigo. ¡Ojo! No hay que subvalorar. ¿Por qué no hacer una novela que tenga como protagonista a una mujer que defienda el rol de la mujer sometida? Una que diga: "No, no, no, yo estoy muy bien así, no quiero cambiar nada". Pero, como siempre con mis protagonistas, quise basarme en un modelo real. Digo: "voy a buscar". Y en el Buenos Aires del 72 no quedaba una dispuesta a servirme de modelo. Todas tenían dudas. Entonces, se me vino abajo. El proyecto era eso: una señora que tiene que esconder a un guerrillero y el choque era entre esas dos mentalidades y que, de algún modo, pasaba algo. No encontré un modelo femenino. Encontré uno afeminado. La única voz algo articulada y dispuesta a defender esa cosa era la de alguien que no podía jamás realizar la experiencia del matrimonio, por eso se seguía aferrando a esta idea del holocausto por amor. La felicidad a través de la entrega total, del anularse ante el hombre superior. Entonces, ahí no me quedó más remedio que trabajar con Molina. Y, ¿qué pasa? Yo quería, de algún modo, al escribir esta novela aclararme ese panorama. Es decir, ¿por qué duró tantos siglos esa situación? Al terminar la novela, llegué a cierta conclusión: ¿qué ventaja había en esta cosa que había ayudado a las mujeres a soportar semejante oprobio? Ahora, esto se lo digo así. No me tiene que decir sí o no, pero piénsenlo. Yo creo que estas mujeres que nacían oyendo que eran ciudadanas de segunda, que el hombre era superior... Yo me acuerdo que la gente decía: "la corteza del hombre es más rica..." Entonces, estas mujeres crecian, llegaban a los quince años y tenían que encontrar a ese hombre superior, al que sacrificarlo todo. Buscaban y buscaban, encontraban seres encantadores del otro sexo, muy atractivos pero, siempre, con algún defectillo. Entonces, no lo encontraban pero lo podían imaginar. Les estaba permitido, por mandato divino, imaginado porque sí, nadie dudaba que había... sí, esa mujer decía: "yo no lo conozco, no me tocó, pero existe", entonces lo podía imaginar y, en la mayoría de los casos, proyectarlo sobre alguien que estaba muy alejado, que no podría nunca conocer del todo. Así, la mujer tenía permiso para soñar. Creo que esto la hacía dueña de la imaginación y esto era un aliciente, mientras que el hombre muy soñador no era considerado muy masculino que digamos. Entonces la practicidad y todo eso era parte de esa pesada carga de masculinidad, llevar la máscara de la autoridad y todo eso. Yo siempre estuve convencido, porque así la vi en mi casa, que el grandísimo beneficiado de estos cambios fue el hombre. Ahora ya no tiene más que estar seguro de sí mismo y puede decir "tengo dudas". Así que *La mujer araña* me hizo extraviar ese camino. Y ustedes piénsenlo. Si hubo algo de eso o no.

Público: Bueno, yo quiero saber si de verdad hay una cierta preocupación ideológica o de tipo ético-político en su obra, sobre todo, en *El beso de la mujer araña*.

M.P.: ¿Si hay...?

Público: Una cierta preocupación ideológica.

M.P.: Sí, claro, creo que es evidente que yo tengo una simpatía por el socialismo pero un terror por los peligros del socialismo represivo. Entonces, de eso se habla en toda la novela. A mí me gusta mucho toda esta apertura nueva porque, por ejemplo, para los latinoamericanos... yo vengo de países donde la gente se muere de hambre, de veras, no metafóricamente. Entonces, hay necesidad de cambios; pero al socialismo se le dio un mal nombre con el stalinismo y todo esto. Así que ya las cosas iban bien con el eurocomunismo y esto vuelve ahora a revitalizar las cosas porque ya se puede pensar en términos de aperturas sociales sin temor a la represión ideológica y todo lo que, hasta ahora, ha acompañado al socialismo duro[33].

Público: En lo que se refiere a los títulos de sus novelas, quiero saber si surgen al principio, o sea, usted, digamos, tiene pensado un título, o bien el título surge al final. Notamos que, en la mayoría de sus novelas, el título es una réplica de un personaje. Por ejemplo, en *Bajo un manto de estrellas* la dueña de la casa dice: "Después viene la noche y cierro los ojos en paz bajo el manto de

---

[33] Hay que tener en cuenta para estas fechas la caída del muro de Berlín y el advenimiento de la Perestroika, como hechos concretos de la apertura a la que se refiere Puig aquí.

estrellas". En *Maldición eterna* también. Al final, Ramírez, digamos, dice a Larry: "Maldición eterna a quien lea estas páginas con ojos de policía". Y, casi en la mayoría de sus novelas, el título surge al final.

M.P.: Sí, en general surge de la escritura misma. Ya ha habido algo durante la redacción, algo que me sonó mejor para título y de ahí sale. No recuerdo nunca haber titulado una novela al comienzo. No recuerdo.

Público: ¿Pone al final el título?

M.P.: En algún momento, pero no lo tengo muy claro, no recuerdo cada caso.

Público: ¿Son los personajes, digamos, los que dan el título de la novela?

M.P.: Sí, en general está en labios de ellos antes. Así que ellos tienen la culpa.

Luis Goytisolo: ¿Alguna pregunta más?

Público: Hemos oído desde ayer que sus obras traen implicaciones psicoanalíticas, sobre todo, con ideas de Lacan. A mí me parece que usted no se da cuenta de estas implicaciones en el momento de poner sus ideas en el papel. Entonces pregunto: ¿qué piensa del psicoanálisis?

M.P.: ¿Cómo?

Público: ¿Qué piensa usted del psicoanálisis?

M.P.: Bueno, depende del psicoanalista. Pero es un modo de conocimiento. Yo recuerdo que en los años 40 todo lo que no se comprendía quedaba reducido a un margen oscuro que se decía *de los instintos*. Ahora ya no se habla más de los instintos, y era todo mucho más oscurantista. Claro que se cae en errores gruesos, pero ya es otra actitud y usted ha mencionado a Lacan. Lacan me parece que es un hombre que ha liberado muchas cosas, que es de un gran valor, sobre todo lo que me gusta de él es cuando dice que "el inconsciente no es una bolsa de gatos", que era un poco la idea anterior de que ahí se mezclaba todo, él dice: "el inconsciente está organizado como un lenguaje"; están los verbos, están los adjetivos, está todo estructurado y eso me ha ayudado a comprender ciertas cosas. Lo veo liberador y eso siempre está bien.

Luis Goytisolo: No soy un especialista, pero, de algún modo, Lacan se puso tan de moda en la Argentina a principios de los 70, que me tuve que enterar a la fuerza y ahí me quedé, no sé qué hay después[34].

Público: Yo quisiera hacerle una pregunta. Usted ha planteado un problema de escepticismo respecto a cierta visión de la vida. Y luego ha hablado de América Latina. La pregunta que le hago es: con todo ese empobrecimiento –la

---

[34] Efectivamente, las teorías y las prácticas lacanianas en Argentina están y estuvieron en boga especialmente desde los años 70. Es el grupo de Óscar Massota quien agrupa a los intelectuales.

década de los 80, la década perdida– pues, con todo ese empobrecimiento a todos los niveles –nuevos personajes, nuevas realidades sociales–, ¿es que esa realidad no pone en el escritor, no abre alguna fisura en ese sentimiento que, consecuentemente, no le permite, hasta cierto grado, una reactualización de sus personajes?

M.P.: La pregunta es si mi escepticismo no ha cambiado. Yo no querría sonar escéptico. Nunca. Yo creo que la cuestión de la revolución sexual de fines del 60 ayudará infinitamente, y el mismo descongelamiento del Este tiene que ver con esto, tiene que ver con el desprestigio de la figura autoritaria, que era prestigiosísima. Yo recuerdo en mi niñez cosas espantosas, mujeres inteligentes que decían: "Yo no creo poder enamorarme de un hombre que no me dé un poca de miedo cuando me abrace". Yo eso lo he oído muchas veces. Es decir, había un prestigio de lo autoritario que, por suerte, se acabó. Es una cosa fantástica, y ahora, bueno, claro, se ha cruzado el problema del SIDA, que se tiene que solucionar pronto. Pero esta liberación, esta cosa, va a cambiar mucho, va a cambiar el mundo porque, en la base, había un problema. Ya estoy convencido de que había un problema sexual. Había un prestigio de lo autoritario que era difícil de cambiar y cambió. Se acabó eso. Así que, cuando se acabó eso, se acabarán otras cosas. Pero, claro, lo de América Latina ahora es terrible porque, por ejemplo, Brasil y Argentina, están con problemas económicos espantosos que son herencia de larguísimos años de opresión militar. Parece que nunca se va a acabar, pero, por lo menos, ya hay una base democrática para la lucha. Pero lo de América Latina es realmente de pesadilla, lo que está pasando cierta gente. Hay gente que trabaja y que no puede comer. No es que estén desempleados. No alcanza el salario para comer, y no comen nada especial, es comer un arroz blanco. No alcanza.

Luis Goytisolo: ¿Hay alguna pregunta más? ¿Ninguna pregunta?

Dante Carignano: Hay un texto que, antes, he dejado sin leer, de la última novela. Es una de las cartas. Es un texto en el cual una de las hermanas cuenta a la otra la situación que se vive en una de las obras en construcción, es decir, de uno de esos albañiles, muy cerca, y que tiene una importancia capital en el cuadro ese del amor que trata de proyectar en la sociedad; mejor dicho, al revés, que la sociedad proyecta en el imaginario de Puig y que él, de alguna manera, estructura en la novela. Y habla, entonces, del albañil: "Los hombres, todos, se van a dormir después de cenar muy tempranito, a las ocho, y queda uno haciendo guardia y más o menos, a medianoche, cuando el barrio está bien desierto, empiezan a llegar las visitas. En general, son muchachas sirvientas, también del norte, que se sienten muy solas y se escapan de donde trabajan o con permiso, andá a saber, y algunos de los albañiles tienen su visitante fija y otros que son más tímidos y más feos no consiguen nada y tienen que esperar que aparezca alguna que no le importe ir con más de uno. ¿Qué me contás? Esto sucede en día de semana, los sábados no. Las que tienen novio fijo no quieren meterse en la obra sábado noche porque corre mucha bebida y la cosa se pone brava. Vienen otras los sábados. Parece que hay algunas que llegan de barrios más lejos. Alguna tipa que no consigue novio fijo porque ya es muy vieja. No sé, mujeres ya maltratadas por la vida que no pueden venir en día de semana a causa del costo del transporte, a veces dos, tres ómnibus, y están como enfermas de tristeza. Del norte también y se quedan toda la noche ahí y van pasando de mano en mano. Pero eso ocurre si otra mujer no las ve. Los tipos las esconden, no dejan que se vean entre ellas porque si hay otra mujer delante, entonces se quieren quedar con un solo hombre toda la noche. Pero, en general, los sábados no cae más que una o dos y ellos le dan un poco de ese aguardiente de tomar, esa cachaza que a mí me gusta tanto con limón, y esa pobre muchacha suelta las lágrimas y habla de la casa allá lejos y después sigue tomando y de llorar pasa a reírse y ellos le dicen alguna palabra bonita y con eso ya la conquistan. No le dan ni una moneda para el ómnibus de vuelta. Porque, no bien empiezan a correr de nuevo los ómnibus a eso de las cinco de la mañana que en verano ya es de día, tienen que arriesgarse a salir y que las vean. Es difícil hacerlas salir de ahí. No quieren irse porque tienen mucho sueño. Han tomado mucho y dormido poquísimo. Pero las sacan afuera, como la basura. Antes que pase de largo el barrendero".

Yo encuentro que, fuera de contexto, no tiene ninguna fuerza emotiva, pero sí la tiene cuando uno está metido en la novela. La primera vez que yo leí esta novela me produjo –lo digo sin ningún tipo de escrúpulos– una emoción fuerte, porque es de un realismo manifiesto y lo que es interesante es que hay ciertos ambientes como éste, que aparecen una vez. Las mujeres de lo que llamaba los bajos fondos, sirvientas desarraigadas, aparecen sólo una vez y sirven para conformar, yo pienso, esa imagen que Puig quiere dar del amor y de la pasión, del deseo en la sociedad en general, y yo no pienso que sean solamente referencias de tipo folletinesco.

A propósito, ya que tengo la palabra, quise mostrar eso, que hay una suerte de eje paradigmático que es muy propio del folletín porque es muy maniqueo. Por un lado está el bien y por otro lado está el mal. Yo no digo que no haya matices pero, en el momento en que comienzan los matices, esos mismos folletines se desplazan del mundo folletinesco y pasan a pertenecer a la literatura, si ustedes quieren, a lo que se considera literatura noble.

El folletín se caracteriza específicamente por ser un género que respeta ciertas reglas y cuando las transgrede, cuando se vuelve ambiguo, connotativo, ligeramente connotativo, pierde, realmente, los objetivos del folletín. Y, para terminar, a propósito de la telenovela, cuando yo hablé de la telenovela, la anoté como la consecuencia de un proceso de cambio. Yo digo folletín clásico, y cuando digo clásico, digo el más estereotipado, ése que está dirigido a un personaje bien particular que es el personaje femenino, de clase media, apresado en una vida familiar, y es el de los años 20, 30 y 40. Yo no hablé del folletín del siglo XIX. Y esquematicé, y cada vez que hay esquematizaciones, es verdad que se presta a confusiones.

A propósito de la telenovela de los años 80, es muy significativa porque es muy ideológica. Es evidente que introduce, dentro de la telenovela clásica, elementos totalmente particulares de la época *reaganista*, que hacen que ese tipo de telenovela que, generalmente funciona en el interior del país, se convierta en un elemento ideológico muy fuerte para la exportación. Por eso se convierte en una telenovela transnacional, de tipo planetario y, como dice el título de un artículo muy significativo "Dallas, es siempre Dallas en cualquier parte". Es verdad eso. En la India, en la Argentina, en todos lados es Dallas. Es la característica de un tipo nuevo de telenovela.

Yo señalé la telenovela, para terminar, porque hay en *Cae la noche tropical* referencias directas y se establece una jerarquía de gusto. Hay una preferencia por el cine, luego por cierto tipo de textos y, por último –es verdad– por la telenovela, la más deleznable.

1990, jueves 26 de abril   (1980-1990)
SESIÓN "EL CINE: ARQUETIPO LITERARIO"

Néstor Almendros: Bueno, vamos a empezar para recuperar tiempo. No soy crítico literario. Sólo he practicado la crítica de cine, hace bastante tiempo. He hecho un solo libro y es de técnica cinematográfica, no de apreciación estética, por tanto, no sé si soy la persona mejor indicada aquí. Mi único mérito, creo, si hay alguno, es de antigüedad –para estar en esta mesa, quiero decir– y es que, probablemente yo soy aquí la persona que conoce a Manuel Puig desde hace más tiempo. Nos conocimos en 1956 en Roma, en el Centro Experimental de Cinematografía, es decir que conozco su prehistoria o parte de ella.

Desde el primer momento nos unió una gran afinidad, no solamente por el idioma, porque era un país en el que se hablaba italiano. Había otros latino-americanos, pero, enseguida, simpaticé más con él. Nos veíamos mucho, hablá-bamos mucho de cine, por supuesto, y en aquel momento en esta escuela y en Italia en general, había dos tendencias de intelectuales que eran las que estaban en boga. Una era la de la Democracia Cristiana, la otra era la del PCI, es decir, por una parte había un tufillo a sotana y, por otra, un sectarismo estalinista. Ni una ni otra nos convenía a nosotros, eso, también nos unía. Lo que nos intere-saba realmente era el cine, la política nos interesaba mucho menos, sobre todo a Manuel.

También los gustos eran siempre hacia un cine de espectáculo, de evasión. El más orientado hacia el melodrama sentimental, yo más bien a una película de tipo de aventuras. Pero, en fin, nos entendíamos sobre muchos puntos, sobre muchas cosas. El cine de Hollywood, por supuesto, era el que se llevaba la gran tajada. Pero lo nuestro no se llevaba, se despreciaba inclusive. Los intelectuales de aquella época se burlaban de este tipo de afición al cine. Consideraban que el buen cine era el de Cado Lizzani, el de Pietro Germi, ese tipo de neorrealis-mo más bien orientado hacia el realismo socialista. La ironía es que han pasado los años por esas cuarenta personas, más o menos, que había allí. Él estudiaba dirección, yo fotografía. Pues la ironía es que ninguna de todas aquellas perso-nas, con tantas pretensiones y tantas ideas tan claras como tenían, se han desta-cado y Manuel Puig sí. Y la otra gran ironía además, es que su obra tiene un gran valor social, mucho más que las películas insignificantes que ellos han hecho o los artículos que ellos han escrito.

Terminamos en el Centro Experimental de Cinematografía, mejor dicho, no terminamos, porque no nos gustó y no hicimos el segundo año, y hubo una etapa de viajes. Yo viajé bastante, estuve en Cuba y en Nueva York. Él regresó a Argentina y pudo hacer cine mucho antes que yo. Tenía cierta envidia. Me acuerdo... Ah, porque, entonces, empezó un gran período de cartas, una correspondencia que ha durado hasta hoy en día. Manuel es un gran políglota, habla todos los idiomas importantes del cine y esto le permitió trabajar en Argentina en varias coproducciones, de las que quedó muy poco satisfecho. Él descubrió, según recuerdo lo que me decía, que no estaba hecho para hacer cine, descubrió con horror esto. Las rencillas, las envidias, la lucha por el poder dentro del trabajo de equipo —después él me desmentirá si es cierto o no lo que estoy diciendo—, y aquello se le hizo intolerable, era un mundo muy estrecho. Se fue de Argentina y fue a Nueva York en busca de nuevos horizontes. Yo en aquel momento estaba ya en París, ya me había ido de Cuba y volvió otra vez la relación epistolar. Él estaba en Nueva York. Consiguió un trabajito para ganarse la vida honradamente, de oscuro empleado en una compañía de aviación, haciendo billetes para pasajeros. Me escribía a París bastante deprimido, derrotado, en parte. Pensaba que su carrera se había acabado allí, como la mía también, porque, en aquel momento, yo era maestro de español, no hacía cine. Pero, de pronto, empezó a haber una luz en sus cartas. Me empezó a decir que estaba muy entusiasmado, que estaba escribiendo una novela, que se levantaba a las seis de la mañana y que trabajaba, cada día, una hora entera antes de tomar el metro para ir al trabajo, y ni un día sin una línea. Y la novela iba avanzando, pero tardaba meses porque no podía trabajar como los escritores todo el día, sino nada más que una hora al día porque por la noche estaba cansado. Después me desmentirá él si digo la verdad en todo.

Por fin me mandó el manuscrito porque yo le dije: "Mándamelo", y me lo mandó. Era un mamotreto, me asustó un poco. Lo leí con cierta aprensión porque a los amigos siempre se les concede mucho y se les concede poco, las dos cosas. Lo empecé a leer y no lo pude soltar. Me apasionó, lo encontré original, nuevo, emocionante, me tocó, además, por yo ser un cinéfilo y saber de lo que estaba hablando, porque de alguna manera también yo había vivido esta experiencia de la evasión a través del cine. Y dio la casualidad que yo, en aquellos días, tenía una entrevista fijada con Juan Goytisolo, con el cual había también establecido una amistad en París. Hablamos de todo un poco y le conté que acababa de leer un libro que pensaba yo que era una obra maestra pero que, al mismo tiempo, estaba con cierto temor de que la amistad me cegara, de que tal vez no era lo que pensaba, pero yo lo encontraba excepcional. Le conté más o menos de lo que era y él me dijo: "Tráemelo, lo quiero leer". Se lo traje inmediatamente, al día siguiente se lo dejé a la portera. Después yo me fui. Cuando llamé, Juan no estaba. Total, que pasó un tiempo y cuando, por fin, conecto con Goytisolo y con él, me entero del *fait complit*. Juan Goytisolo, como yo, se entusiasmó con el libro, se lo mandó a su hermano Luis, como explicó ayer Luis y Luis lo presentó en el Concurso "Biblioteca Breve". El libro quedó finalista. Con grandes peleas, se supo después. Hubo muchas polémicas en Barcelo-

na sobre que el libro de Puig merecía realmente el premio, pero, si no me equivoco, en los estatutos de este premio estaba establecido que el libro sería publicado. Es decir, el finalista también sería publicado. Adiós a Air France, la compañía para la que él trabajaba. De pronto, Manuel comprendió que él tenía que
escribir. El libro fue un éxito *a star is born, happy end.*

Pero, antes de dar la palabra a las personas que hay aquí, quiero señalar
algunos puntos.

Andrés Amorós, anteayer habló de que Manuel Puig había, sobre todo, descubierto un filón. Me parece lo más interesante que se ha dicho aquí hasta
ahora. Efectivamente, creo que es exacto esto. Manuel Puig descubre un filón
con *La traición de Rita Hayworth*, después con *The Buenos Aires Affair*, con *El
beso de la mujer araña.* El arte del siglo XX, la cinefilia, como tema, era totalmente nuevo en la literatura. El cine había sido tema del cine y tema de la literatura. Está *The great Gatsby* de Scott Fitzgerald, están películas como *The bad
and the beautiful, Cautivos del mal* de Minnelli, en fin, hay muchas películas
que hablan de Hollywood pero hablan de los que hacen cine, no de los que
consumen el cine, no de los que ven el cine, no de la ilusión de las películas.
Este libro, si yo no me equivoco –hemos estado hablando un poco con José
Luis Guarner–, yo creo que es el primero, no en lengua española, sino en el
mundo, de estas características. Cotejamos las fechas del otro gran libro en que
se utiliza este filón que es *Myra Breckinridge* de Gore Vidal, que aparece en el
68. Manuel presenta *La traición de Rita Hoyworth* o le presentan al concurso
"Biblioteca Breve" de Seix Barral en el 65, es decir, que se adelanta bastante.
Con excepción del momento del Siglo de Oro, yo creo que las letras hispanas
siempre han ido a la zaga. Aun los innovadores como Rubén Darío le debían a
los franceses, e igual Moratín. En fin, siempre ha habido este retraso de las
letras en lengua española, pero aquí, por una vez, otra vez, la literatura en lengua española se adelantaba y le daba modelos, arquetipos, al mundo.

Hay un *before-after* de Manuel Puig, un "antes y después". Todos le deben
mucho. Se ha establecido eso en estos dos días de discusiones.

Antes de terminar, sólo un ejemplo: el título *La traición de Rita Hayworth*,
que, por cierto, se discutió el otro día si era de él. Sí, es de él. Yo lo recuerdo
muy bien en la portada del libro, era el primer título, después debajo había cuatro o cinco títulos posibles. Era su favorito porque era el que estaba primero.
Efectivamente, parece ser que después Juan Goytisolo desobedeció, por fortuna, la contraorden de él, pero el título lo inventó Manuel Puig.

Este título ha tenido descendencia. Antes era un título inusitado, original,
extraño, por eso chocó y él mismo no se atrevía, porque incluir un nombre de
una artista de cine en una obra literaria... Y entonces vinieron muchos otros. *El
día que murió Marilyn* de Terenci Moix; *Gary Cooper que estás en los cielos* de

Pilar Miró, película, pero, en fin, con la misma idea de la cinefilia; *Garbo talks* que aquí tuvo otro título; *La mujer que amó Clark Gable, El día que me besó Carmen Maura*, una novela colombiana de Jaime Manrique, etcétera.

Voy a dar la palabra a José Agustín Mahieu, argentino, crítico de cine, autor de libros.

José Agustín Mahieu: [luego de una larga exposición teórica sobre la relación entre cine y literatura, continúa:] ¿Qué son, por ejemplo –y eso lo largo como posible tema de discusión– las relaciones entre *El beso de la mujer araña* novela y *El beso de la mujer araña* obra de teatro o película? y ¿cuáles son –y a mí me parece más importante– las relaciones con el cine de las obras puramente literarias como *La traición de Rita Hayworth* o las otras que también tienen esa forma de aprehender el cine a través de su mundo, de sus arquetipos y también de algo tan fascinante como el contar una película, algo que todo el mundo hace pero que no siempre se puede convertir, como en estos casos, en un gran hallazgo literario?

[Néstor Almendros da paso a la intervención del señor Fernando Lara, director de la Semana Cinematográfica del Festival de Cine de Valladolid, crítico de cine también y autor de libros, Luego agrega:] Antes de darle la palabra al señor Guarner, quería hacer un pequeño paréntesis que me ha recordado Lara al citar *El lugar sin límites*. Se me ha recomendado que les advierta que mañana se puede ver *El lugar sin límites* en la Filmoteca Nacional. Y quería además decir que, aunque no aparece el nombre de Manuel Puig en los créditos de la película, él hizo la adaptación; pero, como es muy modesto, consideró que no era lo suficientemente bueno y le dio el crédito a Ripstein; y después resulta que ganó el primer premio al mejor guión cinematográfico del año en México, y creo que se arrepintió, después de lo del premio, de haber regalado el crédito [...] quisiera permitirle a él defenderse si es que aquí los de la mesa hemos dicho algo que no concuerde con la realidad.

M.P.: No, no, al contrario, venía preparado para contarles mis últimas conclusiones y, por suerte, me han dado pie a esto. Lo que voy a decir pasa a confirmar lo que ustedes sospechan.

A fuerza de oír decir a los críticos que mi obra está influida por el cine, me lo dijeran tanto que me lo creí. Pero empecé a sospechar que había algún problema allí, cuando tuve que participar en las adaptaciones de mis obras; eran dificilísimas de sintetizar, de cortar. A mí no me gustan. Sobre todo, detesto una que fue la que pasó la Televisión Española, *Pubis angelical*, no me hablen de eso. Pero *Boquitas pintadas* algo me interesa, ya después les cuento. De *El beso de la mujer araña* me gusta su éxito, no me gusta la película. Empecé a sospechar y digo: "¿Qué tomé del cine?" Entonces, siempre que me preguntaban, yo decía: "Sí, sí, yo estoy influido por el cine. ¿En qué forma?" Entonces, más o menos, llegué a tener una fórmula para esas preguntas y siempre respondía lo mismo[35]: que del cine tomé el gusto por la velocidad del relato, por la dosificación de la intriga y por la manipulación de la emoción. Como conclusión digo: "Sí, eso yo lo aprendí del cine". Pero el cine no inventó estos valores narrativos. ¿Qué me aclara esto? Recordé que de chico se hacían a veces en el campo unos asados y terminaban, ya después de unas copas, con relatos. Había gente del campo, alguno que se especializaba en relatos verbales, que contaban historias, sobre todo de fantasmas. Entonces, éstos jamás habían ido al cine y ¡cómo dosificaban la intriga! La gente se quedaba escuchándolos hasta las dos de la mañana y al aire libre. Caía un frío a esa hora... Estaba todo el mundo aterido, empezaban a traer ponchos y cosas pero nadie se podía mover, sabían dosificar la intriga. Me encanta la velocidad del relato, que me envuelvan, que me olvide de mí mismo, esa cosa, ese absorberlo a uno en un relato. A mí me causa placer, y ese placer yo quería dárselo al lector. Y yo lo aprendía del cine, lo aprendía en el cine, pero el cine no inventó estos valores. Entonces, creo que ahí está la cosa. Sí, del cine tomé eso, pero no son valores estrictamente cinematográficos. Siempre existieron esos dos elementos en cierto tipo de narración. Yo digo valores. Para otros no serán valores, pero se me ocurre sólo esa palabra. Para mí sí, yo contabilizo como valores esas dos preocupaciones del narrador la velocidad, la dosificación de la intriga. Por dosificación de la intriga, por ejemplo, quiero decir el escamoteo de ciertos datos para que se vaya produciendo en quien escucha, una curiosidad. Todo eso es artificio del narrador. Artificio, no arte. Quién sabe.

En cuanto a los comentarios sobre ese prólogo... ¿por qué me siento incómodo al adaptar una novela mía al cine? Porque lo que me gusta de la literatura es el espacio que me ofrece y el saber que el lector va a poder asimilar una cantidad de detalles, una morosidad... Yo digo: "Sí, me gusta la velocidad", pero en literatura puede parecer rápida una cosa que en la pantalla parece eterna. Todo creo que está determinado por el órgano de la atención del ser humano. Es decir, cuando leemos una página, la lectura de una página permite una concentración total en una línea, y eso hace posible que el que cuenta se tome su tiempo y por ahí diga cosas un poquito más complicadas de las que nos permite la pantalla. No es que el lector de la página sea más inteligente que el espectador de cine, simplemente que hay una concentración de la atención en esa página que no es posible en la pantalla. En la pantalla la atención está dividida por muchos elementos. Está la imagen. En cine, ¿por qué la atención se fatiga

---

[35] Por vez primera Puig es consciente y hace explícita esta concienciación sobre sus respuestas al modo de fórmulas que, como se ha visto a lo largo de este volumen, aparecen en diferentes entrevistas.

mucho más rápido que en la página? Por ese esfuerzo por abarcar todo lo que se ve y lo que suena ahí en la pantalla. Entonces, el espectador de cine necesita un estímulo constante, una rapidez que no me permite contar ciertas historias. Las exigencias del cine, para mí, son irreconciliables con las exigencias de ciertas historias.

Yo les decía que la vida gris, cierto realismo, no queda interesante en el cine, y una vida absolutamente sin acontecimientos dramáticos puede resultar apasionante en la página. Me acuerdo de alguien que se me puso furioso y me dijo: "Pero ¿y Rossellini?, ¿y *Ladrón de bicicletas?*" En *Ladrón de bicicletas* se cuenta una historia épica[36]. Un hombre está por suicidarse, el otro pierde su medio de vida y se va a morir de hambre. Son historias, no grises, no de todos los días, son realistas, pero realismo épico. Yo hablo del realismo cotidiano, de aquella persona que no le pasa nada, que no le roban la bicicleta y que lo mismo se hunde en la desesperación porque tiene necesidades de tantas cosas. Yo me siento mucho más cómodo contando historias reales en la literatura por el espacio que me da la página. Ahora, cuando descubrí que en la literatura nadie me corría por contar algo, dije: "Nunca más voy a intentar trabajar en cine porque no es lo mío". Y me llamaron para hacer el guión de *Boquitas pintadas*, y acepté porque, bueno, si hay que hacerla la hago yo, no me sentí bien haciendo esa adaptación porque sentía que estaba perdiendo un territorio, esa amplitud de territorio. Y más tarde me llama Ripstein para hacer el guión de *El lugar sin límites* de Donoso. Yo dije: "No", porque ya me sentí mal con el mío, pero era mío por lo menos; yo no quiero que Donoso me diga: "Hiciste picadillo lo mío", pero Ripstein insistió: "Por favor, antes de contestarme, vuelve a leer la historia". Leí *El lugar sin límites* de nuevo y me di cuenta de que era un cuento largo, que no era una novela a la que había que quitarle cosas sino que era una novela corta a la que, al contrario, para una película de cierta duración, había que agregarle algo. Y me sentí muy cómodo. Ese trabajo lo hice con mucho gusto. Y cuando me preguntaron qué película quería que se diera en esta Semana, dije *El lugar sin límites* porque es, de mis intervenciones en el cine, la única que me parece de cierto nivel. Entonces, dije: "¿por qué me sentí cómodo esta vez?" Porque no tenía que mutilar. Pero después pensé que también era porque el material que me ofrecía Donoso no era realismo, era de personajes casi esper-

---

[36] *Ladrón de bicicletas* [*Ladri di biciclette*, Dir. Vittorio De Sicca, 1948]. Nótese que Puig utilizó el concepto de épica para definir aparentemente algo contrario, en este caso la historia épica de *Ladrón de bicicletas*, enfrentada al concepto de "realismo cotidiano" donde aparentemente no pasa nada. Sin embargo antes realiza una síntesis de los dos conceptos al hablar de *Cae la noche tropical* y "la épica diaria" de inventarse cada día una razón para vivir y "una pantalla para no mirar al futuro inmediato que sólo anuncia el final".

pénticos, *largest than liffe*. Entonces dije: "Ah, qué bien, siento un gusto por narrar algo no realista", pero cuando es en términos cinematográficos, porque el cine y la síntesis yo los tengo asociados al sueño, a la fantasía. Es una cosa personal. El realismo lo siento totalmente identificado con narrativa y espacio amplio, mientras que el cine, que es síntesis, lo veo, para mí por lo menos, identificado con el sueño y en esto te explico más. La cuestión de por qué no está mi nombre en *El lugar sin límites*. Yo tal vez te haya dicho que no me gustaba el guión, pero no es cierto, estaba encantado con lo que había hecho, lo cual pocas veces sucede. Pero Ripstein me llamó diciendo: "Estamos al borde de una catástrofe" —antes del estreno— "la película no puede estrenarse dentro del sexenio de Echevarría porque tiene que ir a un festival antes y ya entra en el siguiente sexenio y nos han dicho que esa historia no puede pasar como está y la van a limpiar y eso no, no. Quién sabe qué metraje nos queda". Entonces yo le dije: "id de inmediato, quita mi nombre. Que pase lo que pase pero yo no quiero saber nada con eso. Quita mi nombre". Sacaron una toma de la película, nada más. Pero mi nombre ya no había sido filmado. Por eso, cuando se filmaron los créditos y los títulos de encabezamiento, antes de la prueba de la censura, se creía que la película iba a ser reducida a nada. Entonces, por eso no está mi nombre en *El lugar sin límites* y en cambio, tiempo después, Ripstein me llamó y me dijo: "Elígeme cualquier cosa que te guste para juntarnos de nuevo". Entonces pensé. Ya había tomado el gusto por la fantasía en el cine y elegí un cuento de Silvina Ocampo para él. Trabajamos —yo cuando trabajo con un director le voy presentando todo, todo, todo, de a poco para que me lo vaya aprobando— lo discutimos, quedó un guión aprobado por él en su totalidad. Fue fantástico. Pero no se hizo en ese momento. Ripstein se divorció, se enamoró de otra mujer. Parece que a la mujer nueva no le gustó el guión. Pero, a todo esto, yo no sabía nada. Se filmó tres años después. Paso por México —ya estaba la película lista—, me siento ahí, empieza la proyección, sale mi nombre y digo: "¡Ay, qué bien!", enorme, grandísimo, y digo: "Por fin mi nombre con el de Arturo", que en el interín me había dirigido divinamente en teatro *El beso de la mujer araña*. Entonces digo: "La tercera vez. Esto es una maravilla. Tres asociaciones fantásticas". Empieza la película y empiezo a oír cosas horribles para mí. En un cincuenta por ciento había sido cambiado el guión. Entonces lo que yo les pedía es: "¿Por qué no cortan el nombre de esta película y se lo pegan a la otra?", pero eso es de dos, es de productoras diferentes; así que está mi nombre asociado a un bochorno y está ausente de lo que a mí realmente me gusta[37].

---

[37] Éste fue el motivo por el que decide la publicación de "La cara del villano", basado en el cuento de Silvina Ocampo, y que en el filme de Ripstein se denominaba "El otro".

Néstor Almendros: Bueno, pues ahora, creo que podemos permitir a la gente hablar.

Un espectador de entre el público: La característica más llamativa de su obra novelesca es más la ausencia del narrador que la presencia del cine. La mayor parte, digamos, de las novelas se componen de diálogos y cartas. Me refiero a *Cae la noche tropical* y a *Maldición eterna a quien lea estas páginas*. Los personajes se revelan en el texto según lo que dicen. La pregunta es la siguiente: ¿Piensa usted que el diálogo es la mejor forma de dar a conocer a un personaje?

M.P.: En mi primera novela el protagonista era yo de niño, y ya con eso dije: "Basta, ya con una novela basta, mi voz ya la exploré", y creo que una de las razones principales de esta ausencia del narrador es que a mí mi voz, mi propia voz, me aburre, no me interesa. Yo estoy más interesado en oír la voz de los personajes. Yo con el aburrimiento tengo mala relación, no lo tolero; entonces, cuando encuentro un personaje interesante que, de algún modo, comparte un problema profundo conmigo, ahí ya hay posibilidad de un protagonista de novela, y con el pasar del tiempo las voces han dominado mis libros. Incluso, en *El beso de la mujer araña* no iba a ser todo diálogo, estaba previsto que iba a utilizar otros recursos literarios pero no pude hacer callar a esos dos personajes. Estaba previsto el primer capítulo de diálogo y el segundo ya era otra cosa. Y no; me pareció que ellos contaban la historia mucho mejor que otro narrador en el que yo me infiltrase. Claro que siempre estas voces están filtradas, sí, hay una subjetividad inevitable en todo esto pues son recuerdos míos. Yo elijo qué cosa colocar allí de mis recuerdos, pero es siempre una fascinación por la voz de otros.

Público: Volviendo un poco a la idea... usted dijo que la había hecho con la versión *made in USA*.

M.P.: Yo vi la película sólo la primera vez en una cabina de proyección y me pareció horrible, me pareció larga, desmayada. William Hurt hacía una cosa que no tenía mucho que ver con mi personaje. No me gustó nada. Después la vi con público y me encantó el efecto que la película tenía en el público; pero les voy a contar ciertas intimidades de la gestación de la película para que, un poco más, me acompañen a mí como autor que va a ver su película.

Babenco había tenido un éxito, había ganado un premio en Estados Unidos y le gustaba mi novela. Empezó a hablar con productores, nadie se interesó. Pero se cruzó en una cena con Burt Lancaster y él había leído este libro, y oyó que se hablaba de eso y Burt Lancaster le dijo: "Yo haría Molina encantadísimo" y ya, en esa época, tendría unos 70 años. Entonces, Babenco ya había tratado de todos modos de conseguir dinero y no lo había conseguido... pensó: "Con Burt Lancaster ¡bah! podemos empezar por lo menos a proyectar". Me llama y me dice: "Bueno, qué te parece si es un pintor americano que vive en Río y que está ahí en el puerto pintando marineros y por eso es viejo y recuerda algo..." Entonces, yo ya había firmado algún papel y ya era demasiado tarde, ya estaba en manos de eso. Se cambió un poco el guión, la idea que se tenía, y pensaron en Raúl Juliá, que tenía cuarenta y algo de años, en vez de un muchacho de 26 como es el guerrillero. Pusieron uno de cuarenta y algo para acercarlo más a la edad de Burt Lancaster y Juliá aceptó, le gustó la idea de la película. Y cuando está todo casi listo, Burt Lancaster enferma, tiene operación a corazón abierto y sale del proyecto. Así que Juliá dice: "¿Qué pasa?, ¿se acabó todo?". Juliá, antes de *El beso de la mujer araña*, había hecho algunas películas con mala crítica. Se decía siempre lo mismo: "Gran actor de teatro que no se encuentra bien en la pantalla". Entonces él dice a Babenco: "Ay, hoy me habló un amigo deprimidísimo de Londres porque dos películas que parecía que lo situaban definitivamente han andado muy mal, está medio suicida..." "¿Quién es?", y contesta: "William Hurt". Entonces me llama Babenco y en el ínterin alguien había creído que era John Hurt el otro. Me llama y me dice: "No, es William Hurt", y le digo: "Pero William Hurt es un muchacho –en esa época tenía treinta y pico de años, tenía como diez menos que Juliá–, entonces, el personaje en vez de tener veinte años más, como en la novela, tenía diez menos. Y él responde: "Pero dicen que es buen actor", y le digo: "Pero es un hombrazo, ¿cómo va a ser, cuando justamente Molina es la ausencia de cuerpo? Él niega a su cuerpo, no quiere aceptar su cuerpo de hombre, es la base. Es la negación del cuerpo, ese hombre no tiene cuerpo". Entonces me dice: "Mira Manuel, yo ya tengo mucho tiempo en esto, de algún modo hay que hacer la película", y yo le digo: "Esto es un disparate, los odio a todos ustedes, son unos chapuceros, hacen cualquier porquería con tal de filmar, yo tengo un cuidado infinito en caracterizar un personaje, ustedes le suben, le bajan, le dan un cuerpazo". Entonces llaman a William Hurt en su depresión y le cuentan la historia. Ahora viene el asunto, y espero que no haya ningún periodista y que si lo hay no lo cuente porque yo me siento así como incómodo, pero no puedo aguantarme de contarlo, porque es una cosa tremenda.

Entonces, a William Hurt le cuentan la historia y dice: "Yo voy ya y no cobro nada, les cobro después por porcentaje, me parece fantástico". Entonces llega y se empieza a filmar y nos encontramos y yo vi que el hombre estaba muy nervioso, entonces digo: "¿Por qué está tan nervioso?", y nadie me quería decir. Entonces hubo un indiscreto que me dice: "Es que no leyó la novela y lo peor es que no la quiere leer porque ya tiene su idea y ya le nació un personaje que él lo siente, e hicimos un ensayo y está fantástico y es un hombre muy neurótico que no lo podemos toquetear con más cosas y no le hemos pagado un centavo y le mandamos boleto de clase económica, por favor, no lo toques que se nos va".

El gran éxito de la película fue, yo creo, la actuación de él, de William Hurt, que hizo una creación; pero es su creación, a partir de una historia que le contaron. No es mi personaje. Pero, gracias a eso, gracias a ese modelo de escrupulosidad en la elaboración, *casting* y demás, yo he llegado a una cantidad de lectores que no me la soñaba, porque la película dio una difusión a la novela muy especial. Así que ya ven que los caminos que unen a un autor con sus lectores pueden ser bastante tortuosos.

Néstor Almendros: ¿Alguna otra pregunta?

Público: El primer día dijiste que esas dos novelas tan polémicas, *Maldición eterna* y la otra las habías escrito en idiomas diferentes al español, las habías escrito en inglés y en portugués y que, por el hecho de ser traducciones, habían salido... bueno, te había impuesto algo el hecho de que fueran traducciones. ¿Qué es lo que te supuso el haber traducido tus propias novelas?, ¿qué es lo que impone? Si es que significa algo.

M.P.: Ésas fueron dos experiencias muy inesperadas, muy insólitas. Yo jamás pensé escribir una novela en inglés y menos en un dialecto del estado de Río, un portugués extraño. Pero fueron dos experiencias personales muy fuertes que yo quería contar. Eran dos experiencias que no viví en español. Entonces, la versión original tenía que salir con la voz de los protagonistas. Lo peor es que las versiones originales fueron las que peor anduvieron. En Brasil ese libro nadie lo quiso leer. No quisieron darle existencia y lo mismo en Estados Unidos con *Maldición eterna a quien lea estas páginas*. Y después, en español, también, la gente, los críticos, se extrañaron mucho, echaron de menos cierto colorido rioplatense, no sé que pasó; la cuestión es que también fueron rechazadas.

Y, en cambio, en traducciones, en alemán, en italiano, tuvieron una aceptación muy especial, más que otras mías. Así que, realmente, la crítica puede a uno desorientarlo bastante, pero la cuestión, yo creo, es siempre escuchar la voz de la compulsión.

Néstor Almendros: Entonces, José Luis Guarner tenía razón cuando decía que era un documentalista, porque este interés en conservar idiomas, en conservar la originalidad de un idioma...

M.P.: Sí, yo, como ya lo dije antes, siento la novela asociada al análisis directo de la realidad.

Néstor Almendros: Bien ¿alguien más?

Público: Vuelvo sobre la temática del cine. En la novela *El beso de la mujer araña* Molina le cuenta muchas películas a Valentín. Sin embargo, en el cine hay la restricción y solamente queda una de ellas. ¿Hubo algún acuerdo entre Babenco y usted para elegir la que colocaron dentro del texto cinematográfico?

M.P.: Sí, sí, les cuento más chismes. En el cine no se podían contar seis películas como se cuentan en la novela, no había tiempo. Entonces, yo sugerí una, contar una sola como ya había sucedido en la adaptación teatral. Pero en la adaptación teatral habíamos elegido *La mujer pantera*, *Cat people*, y eso no traía ningún problema de *copyright* porque era contar en el escenario una película, no importaba que se contara una película existente, eso no infringía ningún derecho de autor. En cambio, si elegíamos de nuevo *Cat people* y la refilmábamos, eso sí, eso no se podía hacer porque no teníamos los derechos, además la acababa de refilmar Paul Schraeder, la había hecho con Nastassia Kinski otra vez y la cosa era muy complicada. Insistieron en que podía ser ésta, pero tratar con la RKO, que ya no existía, y que esto y que lo otro, bueno, era muy difícil conseguir esos derechos. Y Babenco, que ama el *film noir*, dijo: "¿Por qué no una parodia de *film noir*?", y yo lo disuadí, me pareció que si hay algo difícil de parodiar es un film lúdico. El *film noir* ¿de qué vive? Vive de una fascinación, de unas tinieblas, de unos grises que si se los desvirtúa ya no queda nada, va a ser una burla. En cambio, me parecía que cierto cine nazi de propaganda tenía ya el germen de la parodia en sí mismo. Ya eran absurdos de entrada y, entonces, sugerí que se usase como película dentro de la película, la película nazi que cuento en la novela, pero no estoy de acuerdo con el tono que se le dio. Se exageró mucho la parodia, pero esto, al público, parece que le gustó.

Público: Yo quisiera saber si, justamente, la elección de esta película no sería también un poco a contrapelo con la situación brasileña. Parecería puesta un poco a propósito.

M.P.: ¿Cómo?

Público: Si no era un poco paralelo con la situación política brasileña.

M.P.: ¿Qué cosa?

Público: La película narrada.

M.P.: Sí, pero ya, en esa época se estaba acabando la tiranía, ya no había, realmente, opresión. Así que no tenía que ver, no había un comentario directo, ya se había acabado la censura hacía tiempo. En el 80 habían empezado a regresar todos los exiliados, eso no tenía más vigencia. Diez años antes, tal vez.

Público: Tenía vigencia con la época de cárcel, es decir, con la época narrada en la película.

M.P.: Sí, pero...

Público: Es la sensación que llega, puede ser inconsciente, pero es lo que llega, no solamente a mí.

M.P.: Sí, ahora sucede que la novela se refiere a las cárceles argentinas, que son una cosa muy diferente.

Público: ...que eran lo mismo.

M.P.: Yo nunca estuve de acuerdo con este traspaso. En la película no se nota bien dónde se está, pero parece Brasil, y esa historia hubiese sido diferente en Brasil. Esa historia es argentina. No existe un Valentín brasileño. Es otra cosa, es otra mentalidad. Ésos son dos personajes absolutamente argentinos. Esa polarización no es brasileña, es argentina.

Público: En sus novelas, el padre está totalmente ausente, por ejemplo en *El beso de la mujer araña*. Esos personajes, digamos, están muy atados a las figuras maternas. Molina, Larry, de *Maldición eterna a quien lea estas páginas...*

Al contrario, la madre funciona en su obra novelesca como un personaje muy afectivo. El caso, por ejemplo, de Josemar. Quiero saber si esa presencia positiva de la madre no es un homenaje a la madre del autor.

M.P.: Sí, yo ya he dicho que siempre las situaciones que me llevan, los personajes que llevan a contar una historia, de algún modo tienen que ver con mis problemas y, por desgracia, en mi época, estaba la figura paterna. Por reglas del machismo, tenía que mantener cierto... ¿cómo decirles?, el hombre tenía que reprimir mucho la expresión de sus sentimientos porque eso no era considerado masculino.

Entonces, con eso yo no estaba de acuerdo. Las mujeres tenían permiso para expresar más libremente el afecto y esto me pareció siempre un problema. Yo lo viví en mi casa. Entonces eso estaba siempre presente. Mi papá era la persona más afectiva del mundo pero se sentía obligado a seguir ciertos esquemas, a mí lo que más me molestaba de eso es que él sufriera. Yo veía que se sentía como dentro de una coraza, que él era mucho más blando de lo que quería mostrarse, mientras que mi mamá tenía toda la libertad de expresar lo que sentía. Entonces, yo no es que sintiese tanto la falta de él, pero veía que dentro de ese personaje él no se sentía cómodo. Claro que esto yo no lo veía claramente. Sentía que había en el aire una incomodidad y esto está siempre presente en mis novelas.

Público: ¿Qué le aportó el vídeo en lo que se refiere a sus películas?

M.P.: El video ha cambiado la vida a mucha gente. Yo recuerdo, por ejemplo, que en los años 70, no hace tanto, me contaban en Nueva York que en el Museo de Arte Moderno hay tal cantidad de película en nitrato –el nitrato es un material inflamable pero de maravillosa calidad al ser proyectado en la pantalla– que hay que pasar todo lo de nitrato a acetato porque existe el peligro de que un día se quemen, pero cada paso parece que costaba como seiscientos dólares, era una cosa bestial. Entonces había una cantidad de películas que, en todas las filmotecas del mundo, se podían prender fuego de un minuto para otro, pero no había dinero para pasarlas. Son fortunas inmensas. Recuerdo que al Museo de Arte Moderno llegó una partida entera de películas polacas de los 30 que habían encontrado, que alguien les regaló. Estaban en un sótano en Nueva York pero no había dinero para todo eso, era carísimo hacer ese paso. Con el video todo eso se solucionó. Con el telecine se pasa y ¿qué costo tiene eso?: lo que era antes seiscientos dólares ahora no es ni seis, y será tres. Así que gracias al video se están recuperando muchísimas cosas a otro costo y yo pude ver cosas que estaban haciendo en el Museo de Arte Moderno que las iban a hacer en el 2000, y las hicieron ya hace cinco años. Y, además, por ejemplo, tantos amantes de Fritz Lang que hay por ahí y todos, durante años, creímos que *Liliom* estaba perdida. Un buen día la encuentran, pasa en la televisión francesa y todo el que quiera ver *Liliom*, bueno, se ocupa de escribirle a algún amigo: "¿Tienes *Liliom*?, mándamela en el correo. La aduana, a lo mejor, la deja pasar". Y nos vimos *Liliom*. Es un modo de recuperar material barato y fantásticamente rápido.

Público: En *Sangre de amor correspondido*, a nivel de la intelectualidad, usted se recrea en hechos ficticios, tal es el caso del árbol del libro de la vida, de la virginidad. Además, muchos elementos bíblicos aparecen en otras novelas.

M.P.: No, no, esto me lo dices tú. Yo no me había enterado de todas esas referencias y esto me sirve mucho para aclarar mi interés por las voces. Este hombre, este albañil protagonista de la novela era casi analfabeto, de campo, y repetía cosas que había oído, y fue él el que me contó esas cosas. Ahora me entero de que pueden haber estado antes en la Biblia, pero a mí me sonaron muy interesantes en la boca de él, pero como todo estaba tan bien estructurado, sentía que todo lo que contaba ese muchacho no era gratuito, había significados muy profundos por eso lo utilicé como protagonista. Pero es él el bíblico, yo no.

Público: ¿El nombre de Josemar es José María, hombre y mujer?

M.P.: No, Josemar es un nombre muy común en Brasil, pero no es el nombre de él. Yo cambié todo para que no él tuviera problemas. Como él contaba cosas reales cambié todos los nombres, incluso hubo ciertas cosas para despistar, en vez de tal ciudad, tal otra, para no crearle problemas.

Público: ¿Ese nombre no es ficticio?

M.P.: No. No connota nada. A mí me gustó... él se llamaba Abelardo, entonces yo busqué un nombre que tuviese más o menos ese sonido, que sonase como Abelardo, y vi que había unos Josemar ahí. Me pareció muy bolerístico el nombre y dije: "Bueno, ahí está".

Público: Usted se encuentra en la situación de ese padre privilegiado y de darle un padre a Josemar, que está ausente. Y su padre verdadero se encuentra en la situación de Josemar.

M.P.: No, para nada. Yo elegí la historia de él para contarla porque me fasciné, porque tenía elementos, pero no es una historia inventada por mí. Los cambios fueron mínimos y, de orden práctico para no causarle problemas a él. Así que si hay ecos de ese tipo son los de la historia, fue una historia real.

Público: Quiero hacerle una última pregunta. Lo que ha llamado mi atención, en ese sentido, es que la mujer aparece sometida, es muy sentimental, como... de película. Espera siempre a un hombre superior que ejerza un gran poder sobre ella. Como David, por ejemplo, en *The Buenos Aires affair*. Ana, de *Pubis angelical*, María da Gloria, de *Sangre de amor correspondido*... esas mujeres habían creído en el amor/pasión y luego han sido traicionadas por los hombres, creen en un hombre macho... ¿Se puede decir que *Sangre de amor correspondido* pone en tela de juicio los abusos del machismo, o sea, el carácter primitivo del hombre?

M.P.: A mí me interesaba contar esas historias, demostrar que en esta repartición de roles, que durante mucho tiempo se produjo y fue aceptada por la gente, cada uno aceptaba su rol lo más buenamente posible, que no había vencedores, que todo el mundo se sentía incómodo porque eran roles impuestos por cuestiones culturales, no eran mandatos de la naturaleza como se creía. Yo lo que recuerdo de los años cuarenta, por ejemplo, es que las mujeres decían que "es lo que nos tocó, pero es así, Dios lo quiso así", y yo lo escuchaba y decía: "qué cosa, qué injusticias" y después las cosas se fueron aclarando y mejorando. Pero, claro, como yo soy producto de esa época, yo no hago más que contar de nuevo lo mismo.

Néstor Almendros: Nos estamos acercando ya a una hora muy tardía, ¿hay alguna otra persona que tenga alguna pregunta?

Público: No es una pregunta para Manuel, y perdone que lo saque del ruedo. Podría ser para Néstor [Almendros] o para Fernando [Lara]. Me imagino que ustedes han hecho la lectura literaria y también la lectura cinematográfica. ¿Qué aciertos o desaciertos han encontrado en las adaptaciones fílmicas que se han hecho de las obras de Manuel Puig?

Néstor Almendros: Yo, por mi parte, puedo decir que vi *El beso de la mujer araña* también en una copia de trabajo, que fue lo que tú viste, al principio, que me la enseñó Babenco cuando estuve en Brasil o en Argentina, no me acuerdo dónde la vi, y es cierto que la película, al principio, sin público y sin banda sonora, terminada, con partes en blanco y negro, sin, todavía, la sincronización, daba un efecto un poco deslavazado. Aun así, yo la encontré muy fuerte, muy acertada, una película que no podría ser como su obra pero a mí me gustó. Yo soy un admirador de Babenco pero a él no le gustaba, y estaba dispuesto a dar la guerra y le digo: "Deja a la gente que lo diga, no tú". En cuanto a *Boquitas pintadas*, pues también me gustó bastante, pero menos que *El beso de la mujer araña*. No puedo decir mucho. Mejor que hable Fernando, que es crítico cinematográfico y puede hablar mejor que yo.

Fernando Lara: Yo creo que el análisis entre las tres películas y los relatos originales nos llevaría muy lejos a estas horas. En cuestión de preferencia yo coincido con *Boquitas pintadas*, que me parece la más interesante. Yo detesto cordialmente *El beso de la mujer araña*, me parece que es una mistificación absoluta de la novela y me parece que ni la interpretación de William Hurt ni el ambiente, ni la interpretación de Raúl Juliá, aun salvando algunos aspectos de ésta, responden a lo que la novela prometía y creo que, realmente, estoy de acuerdo con Manuel en que donde está mejor —no sé si en esto él estará de acuerdo— donde está mejor su mundo reflejado, aparte de que fuera su trabajo más agradable, es curiosamente en un relato que no es suyo, en *El lugar sin límites*. Me parece que ahí hay, colateralmente, muchos más elementos reconocibles de la obra de Manuel Puig que en las películas que han adaptado directamente de sus novelas.

Yo solamente quería apuntar una cosa. A mí me parece que los autores literarios, cuando se refieren al cine, y esto es un tema que quizá convendría tener más tiempo para tratarlo, en sus relaciones con el cine –y Manuel, yo creo que ha sido reflejo esta tarde–, son una curiosa mezcla de inocencia y de cinismo. Ya saben lo que es el cine. ¿Por qué dejan que se adapten las películas si no hay un control absoluto de sus obras? Si lo saben, es cinismo el protestar de ello. Si no lo saben, es inocencia de alguien que conoce tan bien el mundo del cine como es él. Es decir que, si Manuel Puig dice: "Mis guiones, mis películas, mis obras, han sido películas que luego no han resultado", sabemos, sin embargo, que salvo en ocasiones muy concretas –y en la sala hay un excelente adaptador de novelas que nadie protesta de cómo las hace que es Vicente Aranda, por ejemplo–, el cine mistifica porque tiene que mistificar y porque es otra cosa y porque es otra dimensión, y el noventa por ciento de los autores luego se ponen en plan de vírgenes ofendidas diciendo: "Me han violado mi obra" ¡Ya lo sabían cuando ustedes concedieron los derechos de autor! No haberlos concedido. Era muy simple.

M.P.: En el caso de *Pubis angelical*, por ejemplo, me juró De la Torre: "Yo no voy a cambiar una línea, te juro, te juro, que de lo que hagas en el guión no cambio una línea". Después otro me juró con la otra mano y yo me dejo convencer, y pagan tan bien... Y hay una cosa también que le pasa al autor, que cuando se escribe un libro se está muy solo y, entonces, uno empieza con la idea de una novela y de ahí van dos, tres años de trabajo, encerrado con los personajes, y nada más. En cambio un día suena el teléfono y Torre-Nilsson y Beatriz Guido empiezan a decir "¡Ay!", con la simpatía de ellos, de esto y de lo otro, Babenco empieza a decir "¡Oh, ven, vamos a cenar!...", es una cosa tan diferente para el autor ése entrar a un mundo en que la gente se interesa por tus personajes, y en ese mundo del cine que siempre hay más dinero que en la literatura, hay más cenas, y el principio siempre es muy agradable. Porque hasta que ellos consiguen que se les cedan los derechos es una corte... Ahora, lo que viene después, cuando yo me di cuenta que hay un momento que, al día siguiente de firmar el contrato, llamas y te dicen: "No está". Empieza: "Ah, no, porque yo le quiero avisar que tal cosa no se puede tocar", te contestan: "Vuelve dentro de dos semanas". Entonces hay que ver esa parte también, y yo creo que en el fondo hay un cinismo y, bueno, sabemos que mal que mal el cine da publicidad a un título, a una novela que de otro modo no se consigue. Entonces, en el peor de los casos, siempre va a ser un modo de publicidad. Tratando de defenderme de lo que me dices, hay veces en que, realmente, el director promete y no cumple, aunque se establecen ciertas cosas. Yo siempre he dicho: tal elemento es importante, por favor, tal cosa no puede faltar y "sí, sí, sí" y desaparece. Entonces, en fin, creo que lo peor que le pasa al guionista no es culpa del productor ni culpa del director, es culpa del orden en que se presentan las cosas. El guión es el primer paso dentro de la elaboración de un film. Entonces, todos los que vienen después, el que hace el *casting*, el que hace la música, el que hace la fotografía... todos se dedican a cambiártela. Es eso. Yo envidio mucho al músico porque entra al final, ¿comprenden? Ya el trabajo de él difícilmente lo pueden modificar, mientras que la desgracia del guionista es que su aporte viene al principio, va a sufrir todas las vicisitudes si no se consigue el actor adecuado, habrá que cambiar algo, no se puede filmar tal escena porque llovió, hay que cortarla. Una cantidad de cuestiones puramente prácticas, que van a incidir sobre el guión.

Néstor Almendros: Perdona que intervenga. Por ser moderador no debía, pero también en mi departamento de cámara nos ocurre lo mismo. Muchas escenas que son cortadas y que son las mejores, desde el punto de vista de la imagen, muy a menudo son las que no hacen avanzar la historia; y como, en cambio, tus diálogos sí hacen avanzar la historia, eso es lo que siempre queda y, al final, todas las escenas más hermosas que nosotros hacemos van a la basura. O sea, que todo el mundo se queja de lo suyo.

José Agustín Mahieu: Yo creo que la única solución sería que el escritor fuera a la vez director, iluminador, figurinista, músico...[38]

Néstor Almendros: Ocurre. Cada vez hay más escritores que dirigen.

José Agustín Mahieu: ¿No te tienta?

M.P.: No me tienta porque yo, cuando encontré la literatura como salida para mi trabajo, aparentemente, me alegré mucho porque el cine no era para mí. Yo cuando estoy tratando de expresarme, nunca, nunca estoy demasiado seguro de lo que quiero. Entonces, yo en mi escritorio puedo expresarlo, puedo tirar cosas a la basura, lo que quiera. Nadie se da cuenta que estoy lleno de dudas.

Mientras que si me ven lleno de dudas durante un rodaje, nadie me hace caso. Para dirigir hay que tener otra convicción, otro modo de ser. Yo me siento cómodo dentro de esta inseguridad. Yo no puedo fingirme seguro si no lo estoy. Estoy negado para ese trabajo.

Néstor Almendros: Bueno, me parece que se está haciendo tarde. Gracias al Instituto de Cooperación Iberoamericana por su acogida.

---

[38] Es interesante detenerse en este debate que, aunque fue realizado en un tono de humor, plantea la gran problemática de Puig con la autoridad, como se puede apreciar en otras declaraciones.

1990, viernes 27 de abril   (1980-1990)
PROYECCIÓN DE LA PELÍCULA *EL LUGAR SIN LÍMITES*
(Arturo Ripstein, México 1979)

Alberto García Ferrer: Buenas tardes, hoy es la última sesión de la «Semana de Autor» que ha organizado el Instituto de Cooperación Iberoamericana y que se desarrolló en sus tres primeras sesiones en el salón de Actos de la Agencia Española de Cooperación Internacional, durante las cuales se trataron algunos temas como "Contexto literario de la novelística de Manuel Puig", "El folletín contemporáneo: ambientes y personajes" y, finalmente, ayer "El cine: arquetipo literario", y hoy vamos a ver la película *El lugar sin límites*.

Evidentemente, la semblanza literaria de Manuel Puig es conocida por todos ustedes, por lo que no vamos a entrar en ello. Sus vinculaciones con el cine también son notorias, en el año 1956 él está en Italia vinculado o intentando vincularse con el cine más profundamente, en el Centro Experimental. Allí conoce a gente como Néstor Almendros. Al año siguiente hace un *stage*, como me venía diciendo, que yo tenía mala información, yo pensé que había hecho un largometraje con Visconti y era con Vittorio de Sica. Realiza trabajos, después, en Argentina, vinculados a la industria del cine.

En la película que vamos a ver hoy, de 1979, hace un guión o una adaptación de la novela corta o del relato largo de José Donoso y la dirige Arturo Ripstein. Hay adaptadas al cine las novelas que voy a citar. Esas adaptaciones cinematográficas, en grado decreciente a favor de su autor, son: *Boquitas pintadas*, *El beso de la mujer araña* y *Pubis angelical*, dirigidas por Leopoldo Torre-Nilsson, Héctor Babenco y Raúl de la Torre, respectivamente.

Como presentación quiero decir, simplemente, de la película que vamos a ver hoy, que el libro de José Donoso se abre con una cita del Doctor Fausto, de Mefistófeles, que dice: "El infierno no tiene límites ni queda circunscrito a un sólo lugar porque el infierno es aquí donde estamos y aquí, donde es el infierno, tenemos que permanecer". Probablemente sea éste el problema que la permanencia vincula más radicalmente al interés de Manuel Puig con esta obra y con la adaptación de esta obra.

Ayer decía él mismo, refiriéndose al personaje de Molina en *El beso de la mujer araña*, que él no coincidía con la caracterización física que tenía del personaje de William Hurt porque él entendía que Molina –él así lo entendía en la novela y así se decía en la novela– era un personaje que quería permanecer dentro de esa desenvoltura corporal que tenía. Esa no permanencia, ese deseo de no permanecer, tiene que ver también con algo que Manuel Puig dice en una entrevista, en una conferencia que da en Medellín, precisamente en 1979, el año en que se realiza esta película. Él dice, refiriéndose a la enorme placidez que le produce el cine, que le gustaba porque sentía que él no era más que una mirada. La mirada, como todos sabemos, se proyecta, se mueve, puede ser ambigua, gélida, amorosa, sensual, irascible, irónica, es decir, puede desplazar toda una serie de movimientos sin permanecer en algo fijo. Esa mirada propia y la mirada que nos devuelve el cinematógrafo.

Con esta película diremos que se ha producido una alquimia extraña, una rara conjunción de la que también, durante esta semana, se ha hablado: lo literario en el cine, lo cinematográfico en la literatura y el problema o no de las adaptaciones cinematográficas y de las convergencias de los directores y de los realizadores. Es decir, que aquí se produce una alquimia y que está basada en la mirada, en esa mirada tan ambigua que todos sabemos y que cuando un escritor escribe "perro", un director de cine puede estar viendo un rinoceronte.

Por eso, en esta película, pienso, y él ya lo dirá más certeramente, se produjo esa alquimia entre la mirada del escritor y la mirada de un director como Arturo Ripstein. Con ustedes Manuel Puig.

M.P: Unas poquitas palabras porque la película es bastante larga y, para colmo, no empieza bien. No se vayan demasiado rápido, aguántense unos quince minutos porque empieza pésima. Yo no sé qué tenía Ripstein. Ripstein es un hombre muy *gerlialón,* y por ahí se atranca, por ahí se pone malo. El principio de la película yo no sé qué tenía. La cuestión es que lo que ustedes van a ver parece filmado por un principiante. Después creo, vienen cosas interesantes. Así que ¡calma, pueblo! Les cuento un poquito rápido qué pasó conmigo y con esta película. Yo había hecho guiones que nunca se filmaron porque no me gustaban ni siquiera a mí, antes de empezar a escribir literatura, cuando más o menos creí que estaba haciendo algo que podía mostrarse o publicarse, ya estaba en el terreno de la literatura y supuse que eso era un poco de... ese material tenía más razón de ser porque había encontrado en la literatura el espacio necesario para contar mis historias. Mis historias no eran, realmente, para el cine, lo que yo quería contar, que era la vida de mi pueblo, etc., exigía un acercamiento muy analítico, detallista, y el cine sabemos que exige síntesis. Entonces yo me sentí muy cómodo al empezar a escribir novelas, y estaba escribiendo ya mi tercera novela, *The Buenos Aires Affair,* cuando Torre-Nilsson y Beatriz Guido, me llamaron para ver si les daba los derechos de *Boquitas pintadas.* Ahí, yo no me sentí bien, ¿qué pasa? Gané un territorio. Pude contar mis historias con todo el espacio que me exigían las historias mismas y ahora, si esta historia se cuenta en dos horas, va a haber que mutilara. Pero Torre-Nilsson y Beatriz Guido eran muy seductores. Eran gente encantadora y yo no sé si le echaban algo al vino, en la casa, la cuestión es que yo entraba con una idea y por la mitad de la cena estaba diciendo todo lo contrario.

La cuestión es que acepté también que se hiciera la cosa porque ellos querían que yo adaptase la obra. Ya que va a haber carnicería, pensé, yo mismo la haré con el mayor cuidado posible. No me sentí bien haciendo este trabajo, el de adaptación al cine de *Boquitas pintadas*. Realmente sentí la mutilación y prometí que nunca más haría trabajos para el cine. Pasaron unos tres años –yo estaba por entonces, ya en México– y Arturo Ripstein me llamó para adaptar *El lugar sin límites*. Le dije: "De ninguna manera, yo ya he prometido solemnemente, he jurado ante testigos que nunca más". Pero él dijo: "¿Por qué no?". "A un colega, etc., no le quiero hacer una cosa semejante, echarle a perder la obra". Entonces Ripstein me dijo: "Pero, ¿la conoces bien?", "Sí la conozco". "Pero léela de nuevo". Leo y me doy cuenta que se trata, en realidad, de un cuento largo, que no era una novela y que no había material suficiente, siquiera, para una película de hora y media o dos horas, que había que añadir algo. Eso me dio otro aliento. Acepté y me sentí muy bien haciendo este trabajo. Como siempre que trabajo en cine, voy hablando con el director y el productor, sometiendo todo a su aprobación, paso a paso. No me gusta presentar un trabajo y que después me lo cambien todo. Me gusta ir avanzando. Creo que se puede lograr. Si las otras personas son razonables –en este caso lo eran– bueno... La cuestión es que todo esto era por teléfono, porque cuando llegó el momento de la redacción ya estaba viviendo en Nueva York porque me había hecho mal la altura de México. Me sentí muy bien haciendo esto. Por primera vez hacía un trabajo para cine a gusto. Me llama Ripstein cuando ya estaba todo terminado diciéndome: "Bueno, no llegamos a estrenar dentro del sexenio de Echevarría". En México los presidentes duran seis años y se estaba terminando el régimen de Echevarría, que había aprobado este proyecto, y dice: "Se anuncia un cambio total, parece que va a haber una censura de muy distinto tipo y parece que de esta película, por lo menos, un veinticinco por ciento tiene que volar". Entonces yo dije: "Bueno, O.K., que hagan lo que quieran, mi nombre yo no lo quiero ahí si no están todos los elementos, los elementos narrativos necesarios para que el público llegue a sus propias conclusiones, porque ésta es una historia bastante delicada". "No hay sentencias, no hay juicios explícitos, pero..." Entonces yo dije: "Yo no quiero vérmelas con una película que empezó siendo liberadora y va a terminar siendo sexista y horrenda. Fuera mi nombre, y si no me quieren terminar de pagar, no me paguen". Así, muy heroico, me pagaron todo y quitaron el nombre porque yo lo pedí. Se hace todo el trámite de censura y acaban quitándole una toma a la película, pero ya era tarde para agregar mi nombre. Ya se había filmado. Ya se habían filmado los títulos, todo, e incluso me dice Arturo, "Pero ¿qué le ponemos?, ¿quién hizo el argumento?" Digo: "Tú me metiste en esto, arréglate". Entonces él puso "adaptación" y creo que "dirección". Cargaba con todo. La única intervención mía en el cine de la que me siento orgulloso no lleva mi nombre y los bochornos están todos filmados. Después de la película, hablaremos un poquito más.

* * * * *

Alberto García Ferrer: Vamos a comenzar el coloquio. Para introducirnos más en el tema, yo le pediría a Manuel Puig que se extendiera un poco más acerca del guión, del trabajo que hizo con Ripstein. Él ya hizo una referencia de por qué no figuraba en los títulos de crédito pero creo que tiene más cosas que decirnos sobre este guión y este trabajo con Ripstein e incluso, sobre la experiencia posterior de la adaptación del cuento de Silvina Ocampo.

M.P.: Yo no quería hablar de cosas feas porque es hablar mal de alguien. Hoy me siento bueno. Ayer hablé horrores, no sé qué me pasó. No sé, preferiría que me hicieran preguntas. Creo que lo principal sobre esta colaboración con Ripstein ya lo conté, se hizo una consulta constante del material. Yo, primero, hago una especie de estructura, la propongo al director y al productor. Una vez aprobado eso, con las modificaciones del caso, paso a dialogar, darle voz a las escenas, y cada secuencia la voy mostrando para que no vengan reclamos demasiado tarde. Yo lo voy presentando todo con la esperanza de que, al final, no me vengan a decir "hay que rehacerlo todo", para evitar ese problema. Pero sucede que el director puede decir sí, sí, sí y después cambiar de idea. En este caso, fue muy feliz la colaboración para mí. Pues sí, se discutió todo mucho, pero lo que fue aprobado ahí quedó. Se filmó, lo único que Ripstein me pidió que quitara al final de la redacción total fue toda una secuencia que él había pedido sobre la japonesita. Ella hacía un viaje, salía de ese lugar y veía otras cosas. Salía de ese pueblo... la verdad es que no me acuerdo qué le había inventado para sacarla del prostíbulo. La cuestión es que ella tenía que hacer un viaje y era una cosa bastante elaborada. Fue sugerencia de Ripstein. Después de hacerme trabajar bastante, dijo: "No, no se necesita", y la quité. Ni siquiera llegó a filmarse.

Así que fue todo muy feliz, y cuando vi la película me gustó y quedamos íntimos.

Y ahora, las preguntas. Cuanto más pronto empecemos, más pronto nos vamos. Que nos esperan en la calle.

COLOQUIO

Un espectador de entre el público: La pregunta es ¿cuál fue la respuesta en México, un país tan machista?

M.P.: Fue un éxito enorme, la película gustó mucho, mucho. Fue un gran éxito y ojalá hubiese yo tenido porcentaje sobre recaudaciones. Además era buena época antes de las inflaciones, de la devaluación. Pero, en fin, yo no tengo suerte por ese lado. Por ejemplo, yo tendría que tener tres millones de dólares en mi cuenta si se hubiese cumplido el contrato de *El beso de la mujer araña*. Me tocaba por el porcentaje de recaudaciones esa linda suma pero ¿qué pasó? Cuando se filmó la película había muy poquito dinero. Yo recibí un primer pago. Fui el único que cobró. Eso sí, un primer pago sí recibí, los actores trabajaron sólo porque les pagaban la cuenta del hotel, pero tenían un porcentaje de primera boletería. Yo tenía porcentaje después de recuperación de costos. Pero el costo había sido tan bajo que me hubiese tocado enseguida mucho dinero. ¿Qué pasó? Que no había dinero en estos productores tan valientes y arriesgados que hicieron la película sin nada. No tenían dinero –hablo siempre de *La mujer araña*–, no tenían dinero para la grabación del diálogo, la grabación de la música, la parte final. Entonces, una distribuidora les adelantó el dinero a cambio de los derechos de distribución, pero siempre pensando que se trataba de una película de arte de poca posibilidad económica. Cuando esta compañía distribuidora se vio con 30 millones de dólares en las manos, inesperados, produjo dos películas que, como dicen en México, tronaron en la boletería, no recaudaron nada. Entonces la distribuidora perdió todo ese dinero y se dividió en dos. Una parte quebró y la otra sigue produciendo alegremente.

Yo no sé por qué a mí me tocó la parte que quebró. La cuestión es que yo y todos los demás no recibimos nada, nada de lo que nos tocaba después. William Hurt, Juliá y Sonia Braga recibieron algo de esa primera boletería porque ellos no habían recibido un centavo anteriormente. Y así es. La cosa en el cine es muy arriesgada, nunca se sabe lo que se va a cobrar, lo que no se va a cobrar. No tenía ese porcentaje en el caso de *El lugar sin límites*, que no tuvo que ver con ninguna quiebra. Pero, bueno, ¿alguna pregunta?

Público: ¿Estuvo usted presente durante la filmación de *El lugar sin límites*?

M.P.: Nunca, nunca acompañé ninguna filmación de películas que tuvieran que ver conmigo porque supongo que la presencia del autor para el director y actores es muy incómoda, porque es una mirada que inevitablemente afecta. Yo trato de no inmiscuirme. Al principio sí, cuando un productor o un director quieren los derechos de algo. ¡Ah!, es un noviazgo fantástico. Una corte despiadada. Invitaciones de aquí, de allá. Una vez firmado el contrato, ya las cosas empiezan a cambiar. Pero es natural. A partir de cierto momento el realizador quiere dar su visión de las cosas.

Yo creo que lo que más dificulta la tarea del guionista –y lo decíamos ayer–, lo que le obliga a ser muy humilde es que su aporte es el primero. Viene primero en el orden, entonces todos los que entran después tienen el tiempo y la posibilidad de pisotearlo. Yo les presento ese tapete, esa alfombrita, y todo va pasando por ahí porque se piensa, se crea el guión con ciertos actores en mente y pensando filmarlo en tal lugar. Luego resulta que tal actor se puede romper una pierna y ya no lo puede hacer, entonces lo hace uno que tiene treinta años más porque está libre en ese momento y el día que se va a filmar la famosa secuencia del río, llueve, y, entonces, se acabó el río y se tiene que cambiar por una secuencia junto a la chimenea... En fin, que hay mucha, mucha contingencia. Yo envidio al músico porque es el que entra último en la elaboración de la película. Cuando el músico hace su aporte ya no hay tiempo de cambiar nada. Es difícil que le cambien la música a una película porque ya está cerca del estreno. Entonces, en cambio, al guionista le pueden modificar su trabajo con toda comodidad desde que empieza el proyecto. Pero el cine le ofrece al escritor la posibilidad de conversar un poco con alguien. Es un oficio sociable. Es más divertido. Escribir una novela, a veces, significa estar dos y tres años aislado con unos personajes que no siempre son muy alegres y, entonces, a mí, de vez en cuando, aceptar hacer un guión me viene bien, me cambia, porque, además, se hace en poco tiempo. Pero, claro, la gran ventaja que ofrece la novela es el control del producto, es decir, si yo presento o no presento un trabajo. Si no lo presento, si no me parece, no se publica porque no me parece publicable. Entonces tengo el control de mi trabajo; y si se publica he hecho ya todo lo posible por mejorar el material. Es otra tranquilidad la que se siente. Mientras que... por ejemplo, aquí, en *El lugar sin límites*, yo me quedé sin tener el nombre en la película porque me vino un ataque de escrupulosidad. Yo no quería estar ligado a una película con un mensaje poco claro, pues se iban a hacer todos esos cortes que no se hicieron.

Alberto García Ferrer: ¿Más preguntas?

Público: Yo quería preguntar si sobre la base de un relato escrito por un chileno no era muy difícil para un argentino escribir desde Nueva York unos diálogos tan mexicanos, tan bien ambientados como los de esta película. ¿No fue muy difícil...?

M.P.: No entendí el comienzo de la pregunta. No se oyó.

Público: Es decir, aquí se trata de un relato escrito por Donoso que es chileno. El guionista es argentino y la película es muy, muy mexicana, o sea, está muy bien ambientada. ¿No fue muy difícil escribir esos diálogos?

M.P.: Yo había vivido dos años en México y había pasado a Nueva York en esos meses. Había algo que me ayudaba en esto a animarme a trabajar con esos personajes, y es que no eran personajes realistas. Son esperpénticos, son personajes que a mí me resultan agradecidos en el sentido de que les absorbe cualquier exceso porque el estilo, el tipo de historia, admite el exceso. La novela, el cuento largo de Donoso, ya está contado en términos de hipérbole. Si utilizaba cierto lenguaje mexicano podía permitirme alguna exageración porque había piedra libre para cargar las tintas en esta historia. Esto fue lo que me hizo sentir bien. Si se hubiese tratado de una película, de corte realista, con personajes de vida cotidiana, creo que no me hubiese atrevido a hacerlo. Claro que hubiese dependido del "caché", porque en literatura, realmente, se gana bastante poco, sobre todo porque se publica una novela cada dos o tres años. Aunque te paguen más o menos y se venda un libro, todos los días se come; todos los días de tres años es mucho. Entonces cuando surge una oferta de cine, a nosotros nos tiemblan las bases porque estamos acostumbrados a un tipo de ganancia muy parca.

Alberto García Ferrer: ¿Más preguntas?

Público: Es la segunda vez que coincido con Manuel Puig. Una vez fue en Marruecos, en el departamento de Fez. Leí *El beso de la mujer araña* que, por cierto, es una obra que a mí me encanta y que luego vi en película. Yo al principio tenía mis dudas. Mis dudas al plantear en una sociedad como la marroquí, relativamente machista, cómo iba a reaccionar el estudiante. Y resulta que –incluso yo me he sorprendido del resultado– hubo trabajos monográficos sobre el tema. Evidentemente, muchos trabajaron sobre el personaje guerrillero, en fin, pero vamos, que quiero dejar esto bien claro: algunas veces se pretende algo y el efecto es todo lo contrario. Es lo único que quería decir.

Alberto García Ferrer: ¿Más preguntas? Aquí tienen a su disposición a Manuel Puig para asediarlo con preguntas.

Público: ¿Dónde se filmó la película? ¿En qué pueblo?

M.P.: Es no muy lejos de la capital. Creo que era donde encontraban un camión que los llevase. Había para elegir paisajes secos a montones. Creo que eso no fue problema en absoluto.

Público: Hay unos toques sociales en la película que los apagas, prácticamente, con la historia central de Manuela, y quería saber exactamente por qué, de alguna manera, todos esos toques que están solamente esbozados, de la cuestión social, del pueblo, de ese cacique que, al fin y al cabo, termina siendo bastante bueno, lo abandonas y creas todo ese mundo fantástico, excesivo pero, al mismo tiempo, más lejano, quizá, de lo que es la propia sociedad, ese pueblo, porque el pueblo, al fin y al cabo, no existe.

M.P.: Yo tenía un texto en que basarme. Los productores habían comprado una historia. Traté de ser lo más fiel, darle forma cinematográfica al material literario de Donoso. Creo que si hubiese alterado mucho esa dosificación que él ya había establecido, no habría estado bien. Fue la película más exitosa basada en algo de Donoso. Yo lo encontré y le pregunté: "¿Estás contento?, ¿viste cómo ha gustado esto?" Y no había reacción, y le digo: "Por favor, cuéntame la verdad. ¿Te gusta o no te gusta?" y dice: "No me gusta". No le gustó. Y yo le digo: "¿Qué te gusta?"; dice: "No la siento muy mía", que es lo que yo siempre digo de *El beso de la mujer araña*. Así que yo nunca, nunca oí a un autor contento con la versión cinematográfica. Yo creo que hasta Daphne du Maurier era pésima. Se hubiese quejado de la maravilla que le hizo Hitchcock con *Rebeca*[39].

Público: Hace unos años, aquí en Madrid, tuvimos la ocasión de contemplar la versión teatral de *El beso de la mujer araña*. Entonces la interpretó Pepe Martín y Juan Diego –muy bien por cierto– y yo quisiera saber si esa versión teatral la realizó usted o fue una adaptación de alguien. ¿Cómo fue aquello? Es que a mí me encantó la obra teatral, mucho más que la película.

M.P.: No puedo mentir porque tengo a Pepe Martín aquí cerca.

Público: Estuvo genial.

M.P.: Voy a tener que decir la verdad, la única verdad de la tarde. Yo estaba en Nueva York y Pepe había leído la novela. No nos conocíamos personalmente. Pasó por Nueva York y me habló de la posibilidad de adaptarla al teatro y yo puse el grito en el cielo. Dije: "No, no, no. Esto es muy literario. Yo necesité trescientas páginas para contar esta historia y no puedo reducirla a una obra de teatro de unas dos horas. Imposible"[40]. En el ínterin, un ex director de teatro de Italia me pidió lo mismo, que hiciera la versión. Insistió tanto, tanto, tanto e iba a hacer una cosa casi experimental, y digo: "Bueno, yo no la hago pero háganla ustedes. Total, si es una cosa de poca difusión, no importa. Hagan lo que quieran". Entonces yo le pregunté al italiano: "¿Qué has hecho? ¿Qué tienes...? ¿Qué experiencia tienes?", Y él dice: "Ninguna", y digo: "Bueno. Buen comienzo", y digo: "Yo no me animo a hacerla y otro que nunca ha hecho nada se anima. ¡Vamos! Esto va a ser una catástrofe". Tuvo muchísimo éxito. Yo recibí el libreto, la adaptación, y no me gustó. Pero ahí ya oí la voz de Pepe Martín diciéndome: "Mira, si se hace de tal manera, de tal otra". Yo entonces dije: "Ahora voy a hacer yo la prueba a ver si me sale mejor que al italiano". Entonces hice la adaptación y Pepe la estrenó aquí con Juan Diego. Me di cuenta al verlo en escena que ya no era yo solo, que no estaba sólo el texto allí, que había dos actores, un director, además del texto, y que las cosas que faltaban –que yo sentía como mutilaciones[41]–estaban, a veces, más que compensadas por una

---

[39] *Rebeca, una mujer inolvidable* [*Rebecca*, Dir. Alfred Hitchcock, con Laurence Olivier y Joan Fontaine, 1940]. Daphne du Maurier era la autora de la historia.

[40] La misma actitud que respecto de las adaptaciones al cine: la gran susceptibilidad por los cortes que en el universo de Puig son equivalentes a los de la censura ya sufrida en varias oportunidades hasta ese momento.

[41] Ver la nota sobre las adaptaciones. Puig pudo comenzar a aceptar las mutilaciones cuando vio el reemplazo por otros signos (en el teatro, la mirada, la voz, etc.) que aprendió a utilizar para otro tipo de escritura, en este caso la puesta en escena del espectáculo, matriz, a su vez, de la escritura misma de sus novelas.

mirada, un silencio, una actitud... Crecía de otra manera la historia y así fue que empecé a escribir teatro que no a todos gusta, pero la culpa es de Pepe Martín, así que... Yo voy al cielo lo mismo. Es él el que tiene la culpa. A mí me gustó mucho la versión de aquí y, en general, la versión teatral me gusta más, me gusta más que la película porque, como dijo Donoso: "No la siento mía". Habrá cosas muy interesantes en la película pero es una visión muy especial y sobre todo, creo que del actor William Hurt. Él tuvo una concepción del personaje espectacular, a todo el mundo le ha encantado y parece que casi se gana el Oscar y todo, pero la cuestión es que yo no lo siento mío ese personaje. El Molina que hacía Pepe Martín estaba más cerca. Era lo que yo quería, un personaje con más luz, con más humor. El de Hurt es muy torturado, muy oscuro. Es espectacular, pero no lo siento mío.

Alberto García Ferrer: ¿Más preguntas?

Público: Antes que nada, decir que William Hurt sí ganó el Oscar por *El beso de la mujer araña*.

M.P.: ¿Cómo?

Público: Que William Hurt sí ganó el Oscar por *El beso de la mujer araña*. Respecto a la adaptación de *El beso de la mujer araña* ¿qué opina, concretamente, de que en la película, al final, lo que contaba Molina se tradujera en una película?, la película que sólo existía en la mente de William Hurt, del personaje. ¿Qué opina de esa forma de adaptar lo que usted escribió?

M.P.: No entendí bien.

Público: Lo que contaba Molina en su obra, que eran historias, ¿qué opina de que en la película, en la adaptación, fuera una historia lineal, una especie de película, que sólo exista en la mente de Molina?

M.P.: Sí, claro. Eso ya en cine era un grave problema porque el lector, al leer la novela tiene el permiso absoluto de imaginarse la película como quiere. Mientras que, en el cine, se la teníamos que concretar. Había que mostrarla porque, si no, era un "bla, bla, bla" imposible para la pantalla. Eso ya era para mí un gran *handicap* porque revelaba que el material era mucho más verbal que visual. Por suerte, en el teatro, eso pudo quedar. En la versión italiana había proyecciones de películas. Eso es lo que no me gustó. En la versión italiana de teatro.

Pepe Martín: Yo lo que puedo decir es que creo que mi aportación al personaje de Molina —y lo hemos hablado con el autor, con Manuel— es la aportación de un personaje latino, para empezar. Desde luego, como punto de vista, como planteamiento, quizá, puedo coincidir con William Hurt en que, realmente, mi modelo fue una mujer, pero yo aportaba —creo que el personaje lo tiene— sentido del humor y ternura, y pienso que eso es muy esencial para el Molina que escribe Manuel Puig en *El beso de la mujer araña*. También en nuestra versión, claro, se contaban dos películas. Una era *La mujer pantera* (*Cat people*) y luego la otra alemana; pero que en el cine también estaba el condicionamiento de la distribución. De *Cat people* se había hecho una segunda versión. Pero lo que sí es verdad es que yo con el director, incluso, llegué a discrepar, nunca fue una discusión, todo fue diálogo, pero llegué a imponer un criterio. En momentos, Molina debía tener humor y, de hecho, la gente, los espectadores, llegaban a reírse. Había un momento de distensión. También otra cosa importante es lo que decía Manuel del lado oscuro. Creo que Molina es un personaje que tiene una luz interior y que es un personaje que tiene que tener inocencia, una parte de inocencia que es la que le lleva al sacrificio final. Entonces en mi versión yo me ajusté mucho a todo esto y mi inspiración fue todo este mundo. Y cuando yo vi la película, claro, pensé eso que decía yo antes: que el punto de vista de mimetizar a una mujer más que a un homosexual de William Hurt estaba muy bien y creo que hacía, como decía Manuel, una composición espectacular, pero le faltaba ternura y sentido del humor.

No sé si estás de acuerdo, Manuel.

M.P.: Totalmente.

Pepe Martín: Yo fui a Nueva York para ver una obra de teatro que luego no hice. En cambio tuve la ocasión de hablar con Manuel y de empezar a tirarle los tejos para que hiciera él la versión de *El beso*. Yo no pensaba tampoco en qué personaje. Desde luego, por mi edad, yo tenía que hacer el Molina y no el Valentín. Pero, en fin, costó, costó bastante. No el trabajo en sí, sino convencerle. Porque, además, en el ínterin, como tú dices, estaban los italianos, que hicieron una versión con proyecciones. En fin, yo llegué a ver un programa de los italianos antes de hacer la nuestra. Utilizaban, incluso, cine italiano. O sea, desvirtuaban mucho el texto. Y luego hay una cosa muy importante que la obra tiene: la obra, la novela en sí, es un *huit clos*. Entonces, en el escenario, este *huit clos* estaba ahí patente, como decía también el autor. Los silencios expresaban muchas cosas. Las luces que se apagaban, que se encendían, siguiendo el régimen carcelario. Entonces hubo una sola licencia final con la que tú no estuviste de acuerdo. Pero en fin. Realmente, la obra funcionó muy bien y funcionó muy bien en toda España, no sólo en Madrid.

Alberto García Ferrer: ¿Más preguntas?

M.P.: ¿Quién viene después? ¿Qué película viene después?

Alberto García Ferrer: Nada, nada.

M.P.: ¿No viene nada?

Alberto García Ferrer: Tenemos todo el tiempo hasta las doce de la noche. Hay una cosa que me interesaba al respecto, incluso, algo que decías ayer acerca de la caracterización física que hacía William Hurt del personaje de Molina en la versión cinematográfica y con la que disentías. Y te preguntaba respecto a esta película, si veías ajustada la caracterización física respecto al guión que tú escribiste, por ejemplo, de la Japonesita y de Manuela. Si la habían ceñido a la visión que tú tenías y a lo que describías en el guión, o si, por el contrario, Ripstein lo planteó de otra manera.

M.P.: No, no. Él, por ejemplo, no conocía a Lucha Villa, que hace el papel de la madre, que es una cantante. Tal vez haya actuado aquí. Es una mujer genial cantando en escena es una cosa increíble. Yo convencí a Ripstein de que le diera el papel de la Japonesa y a la chica, a Ana Martín, yo la había conocido en una fiesta y no sé qué me había dicho, una barbaridad, y yo la odiaba. Si me hubiese preguntado Ripstein: "¿Qué actriz?", jamás le hubiese dicho Ana Martín. Pero ¿qué pasó? La descripción que hice en el guión era ella. Entonces le dije: "¿Pero por qué llamaste a esa mujer insoportable?", y dice: "No, es la que se ajustaba a tu descripción y vas a ver qué bien está". En lo que sí insistí mucho es en la utilización de Lucha Villa, que creo que está muy bien, además. Fue la primera vez que ella hizo una cosa diferente y de ahí no paró. Pero nunca me hizo una obra que le escribí[42]. Así que, ingratitud por todas partes.

Antes de seguir, un chisme: ¿quién quería para el papel Ripstein? A Paco Rabal, para el papel de la Manuela. Pero llegado el momento del presupuesto no había dinero. Entonces, Cobo había desaparecido totalmente de México, había estado muchos años aquí en España y no sé quién le habló a Ripstein de que él había vuelto y que era un personaje muy divertido.

Le hicieron la prueba y consiguió el papel, pero no tenía cartel para nada. Nadie lo recordaba en México. Ripstein se animó a hacer la película sin un nombre realmente atractivo para la boletería. Ahora, el que hace Pancho, Gonzalo Vega; ahora es el galán número uno de México y empezó así fuerte con esto. Así que fue una película que trajo suerte a los participantes.

Público: Las novelas de Manuel Puig tienen fama de ser los mejores títulos de la historia de la literatura. O sea, un escritor que tiene, realmente, una habilidad extraordinaria ¿le gustaba el título de *El lugar sin límites* o tuvo la tentación de cambiarlo?

M.P.: Para mí es un título demasiado sobrio. A mí la sobriedad no me resulta muy atractiva pero era nada más que un adaptador. Así que no insistí mucho con el cambio. Incluso creo que, como no era muy comercial, sobre todo para el público, me parece que Ripstein me dijo: "Si se te ocurre un buen título lo puedes proponer porque los productores están muy nerviosos con ese título".

---

[42] Se trata de *Amor del bueno*, una obra teatral que Puig mantuvo inédita al no conseguir que Lucha Villa la protagonizara. El texto fue publicado de forma póstuma (Rosario, Beatriz Viterbo, 1998).

Pero no se me ocurrió ninguno o no sé si fue una cosa de solidaridad profesional con Donoso, pero no propuse nada.

Pero lo que menos me gusta de la película es el título, sí.

Alberto García Ferrer: Perdona, era simplemente una acotación. *El lugar sin límites* es una de las pocas películas latinoamericanas que han entrado aquí en el circuito comercial. Es decir, que se ha estrenado comercialmente. Se estrenan muy pocas películas latinoamericanas, como todos sabemos, y *El lugar sin límites* justamente se estrenó aquí. Fue una de las poquísimas, contadísimas con los dedos de una mano, prácticamente, que en los últimos años, bueno, en los últimos diez años, se han estrenado comercialmente. No era nada más que eso.

M.P.: Pero, de todos modos, se ha visto poquísimo. Yo lo siento como una gran injusticia porque me parece que la película merecía más difusión. Pero la desgracia fue que se concibió la película al final de un sexenio, y las autoridades del sexenio siguiente no sintieron a la película como de ellos. Entonces no fue apoyada, no fue llevada. Era un momento en que el gobierno mexicano se ocupaba mucho de la difusión en el exterior de sus películas. Pero ésta, como que cayó entremedias... Por ejemplo, había semanas en el Museo de Arte Moderno de nuevos realizadores, etcétera, lugares claves para mostrarla y conseguir distribuidor y no fue llevada, no fue promovida porque no era una película de ese equipo. Esas cosas se comprenden pero la película se vio poquísimo. Aquí no sé cómo llegó de casualidad.

Una espectadora de entre el público: Respecto al personaje de la Japonesa que es Lucha Villa quería saber si usted antes, al ubicarla como el personaje que usted hubiera adaptado, que estaba adaptando, había visto una película que ella hace con Ignacio López Tarso, *El gallo de oro*, basada en un cuento de Juan Rulfo, y si la había visto y le había sugerido el personaje.

M.P.: Sí, en efecto, yo la descubrí un día que pasó la televisión *El gallo de oro*, que es una película maravillosa de Roberto Gabaldón que, no sé, me parece que tampoco se ha visto mucho y es una obra maestra para mí. Se la recomiendo aquí si la pueden ver. Tal vez la han dado ya, pero que la den más porque es lindísima. Esta película me llevó a escribirle a Lucha Villa un texto para teatro, una cosa sobre canciones rancheras; la escribí con gran entusiasmo. Había escuchado muchas cosas de ella y se la propuse y quedó muy fría y no se hizo nunca. Tiempos después me enteré de por qué y era porque no se quedaba con el galán al final. Era eso. Y era imposible hacerla quedar porque él se moría. Y nunca se hizo. Esta mujer es un genio que, realmente, no ha sido explotada porque aquí ya se puede ver que tiene una calidad especial. Pero, cuando está sola en el escenario cantando, es una cosa de poner la carne de gallina. Es, realmente, extraordinaria. Pero, desgraciadamente, no tiene las cualidades de Joan Crawford o de otras para buscar el material que le conviene.

En este sentido yo he tenido terribles experiencias. De encontrarme con figuras de un talento extraordinario pero que no comprenden lo que son, lo que pueden dar y si no se quedan con el muchacho, no hay caso.

José Agustín Mahieu: Una pregunta prospectiva. Haciendo un paréntesis para decirles que el cine es una larga paciencia, entre otras cosas para conseguir objetivos. Pero la pregunta era esta: si te ofrecieran ahora hacer un guión cinematográfico, ¿qué preferirías, adaptar una obra tuya existente o hacer un guión original?

M.P.: ¿La pregunta es si preferiría adaptar una novela mía? Lo segundo. Pero sin titubear. Prefiero tomarme el trabajo de inventar toda una cosa nueva, no forzar lo que nació de otra manera. Lo de *El beso de la mujer araña* yo creo que fue excepcional porque era una cosa rara. Una novela, como dijo Pepe, que sucedía todo en una celda, y esa unidad de espacio ya era teatral. Entonces, sin yo haberlo buscado, había en la novela original una potencialidad teatral. Pero eso es excepcional. Yo veo siempre mis novelas como lo que menos se puede prestar a un relato de cine.

Público: Quería preguntar ¿qué impresión le da el actor puertorriqueño Raúl Juliá caracterizando la película *El beso de la mujer araña*?

M.P.: Raúl Juliá me pareció muy bien. Tampoco es el personaje, pero ¿qué pasó? ¿Les explico un poco por qué fue elegido Raúl Juliá? –o "Yuliá" porque es catalán–. ¿Por qué fue elegido? Molina iba a ser Burt Lancaster porque era la única figura conocida de Holywood que se interesó por este proyecto. Pero cuando llegó el momento de filmar, Burt Lancaster estaba muy enfermo y hubo que buscar sustituto. Mientras tanto se le había buscado un guerrillero, no de veintiséis años, sino de cuarenta y seis para que no hubiese una diferencia de edades tan grande. Eso llevó a elegir a Raúl Juliá para Valentín. No tenía ni la edad, ni, creo, el tipo físico, pero hizo un trabajo muy bueno, y hasta entonces siempre había tenido mala crítica en cine. Cada vez que hacía un papel, siempre secundario en cine, pero importante, decían: "Este gran actor de teatro no tiene idea de lo que es la actuación cinematográfica". Siempre lo crucificaban y a partir de mi película le empezó a ir mejor. Le empezó a ir muy bien. Ese papel es un triunfo del arte del actor porque no tiene nada que ver, realmente, con el personaje de la novela y a mí no me molestó. Me molestó mucho menos que Hurt. Ahora, si hay alguien aquí que se interesa por Raúl Juliá, les diré que es una persona encantadora y que tiene dos voces absolutamente diferentes. Cuando habla en español es un puertorriqueño tranquilo, amable, encantador, y cuando habla en inglés es un personaje, es una cosa extraña, es una creación de él, es alguien que uno no sabe bien si es un neoyorquino de clase muy alta o qué, es una cosa extraña, porque es un personaje inventado. No es su idioma, pero lo construyó extraordinariamente para que el público de teatro de Estados Unidos, de Nueva York, lo aceptara como uno de los "número uno".

Me dicen que Garbo, cuando hablaba en sueco era una persona normal, era una persona... Ahora, yo la conocí y les dirá que era... tan grande...

DE "LA PÉRDIDA DE UN PÚBLICO" A "EL ERROR GAY"

La matriz de este artículo había sido "Loss of Readership", publicado en un semanario inglés en 1985, donde escribe su historia con la censura. Incluyo una traducción del manuscrito que, como se ve, hacia el final, se deriva a la censura de dos críticos gay en Brasil, lo cual dio lugar a los primeros apuntes de lo que sería este artículo.

LA PÉRDIDA DE UN PÚBLICO   (1980-1990)
Por Manuel Puig

SLAA me pidió que le hablara sobre mi largo caso con la censura. En realidad es una larga historia; comenzó en 1966 con mi primer manuscrito y es bastante complicada. Pero déjeme informarle rápidamente sobre mis antecedentes. Soy nacido y criado en Argentina, estaba finalizando mis estudios de Filosofía cuando gané una beca para estudiar Dirección de Filmes en Roma, allá por 1956. Ésa era una real vocación, así parecía, por lo que dejé todo y me embarqué hacia Cinecittà. Pero para 1962 había averiguado que las películas no eran mi hábitat, como asistente de dirección y odiando el trabajo de equipo, principalmente por mi dificultad de personalizar la autoridad o manejarme con ella; y como escritor de guiones me estaba dando cuenta de que los temas que deseaba desarrollar demandaban más espacio que los 90 minutos promedio de un film. Uno de aquellos guiones se desbordó de su molde de pantalla y se convirtió en novela. Sucedió simplemente que un monólogo de tres líneas de uno de los personajes secundarios era demasiado largo para los estándares de las películas: escuché hablar al personaje y escribí treinta páginas. Eso fue el primer capítulo de mi primera novela, algo que jamás había planeado hacer. Inmediatamente sentí que ese era el territorio más seguro para mí, podría realizar mi trabajo a solas y con la posibilidad de rehacerlo una y otra vez.

Abandoné Roma y la industria cinematográfica y viajé a Nueva York, en busca de cualquier trabajo que me dejara unas pocas horas libres para completar mi novela. Hacerlo me tomó tres años y medio. El título fue *La Traición de Rita Hayworth*, luego traducida al alemán por Meulenhoff como *Het verraad van Rita Hayworth*. Pero eso fue mucho después.

En 1965 mostré mi manuscrito por primera vez a un amigo de la escuela de cine en Roma, Néstor Almendros, quien se convertiría en ganador del Oscar por su trabajo en Fotografía. Yo no sabía cómo manejar la situación. Néstor le mostró el manuscrito al ya conocido escritor español Juan Goytisolo, quien encontró interesante mi trabajo y lo presentó a su editor en Barcelona. El dictador Franco todavía vivía y el sistema censor en España tenía una oficina donde los editores podían presentar sus manuscritos dudosos, para ser aprobados antes de arriesgar su publicación. Mi novela presentaba un problema: trataba de niños y esposas en un pequeño pueblo de las pampas, no tenía ideología política explícita, pero su implícita crítica hacia el sistema no fue agradable a los censores. Peor que eso, algunos de los niños hablaban esa clase de lenguaje grosero que usualmente oculta un terrible miedo a la inminente iniciación sexual, y que realmente irritó a los censores. Como fuera, no hubo rechazo al manuscrito completo, se solicitó alguna clase de negociación. En esa época yo estaba trabajando como mozo de aerolíneas en el Aeropuerto Kennedy e hice uso de un pasaje gratis para volar a Barcelona. El encuentro con el editor fue un desastre, primero porque nuestros estilos personales no coincidían, él estaba vestido hasta los dientes, yo apenas cubierto. Él era rico, *bon viveur* y comunista, yo era pobre, de hábitos frugales y solamente socialista. Pero debo admitir que no mostré mucho tacto con el caballero de Barcelona, acusé a algunos intelectuales de hacer turismo gratuito en Cuba y adular a Castro en lugar de criticarlo constructivamente. Él recién volvía de Cuba, un hecho que yo desconocía. Se discutió sobre Cuba, dije que admiraba el experimento pero que me desagradaban errores tales como campos de concentración para intelectuales no castristas y gente gay, y por sobre todo, la imitación del modelo soviético en algunos aspectos de las libertades civiles. Inmediatamente caí en desgracia ante el caballero de Barcelona y el libro no fue publicado. Un año después la razón dada fue "Censurado", lo cual no era verdad. Así, mi primer encuentro con la censura fue un caso extrañamente confuso en la medida en que incluía factores ideológicos. El dictador Franco no era enteramente responsable pero, por extraño que pueda sonar, era bastante indicativo de hechos por venir.

En 1967 dejé Nueva York y aterricé en mi Argentina nativa luego de 11 años de ausencia. El director literario de una importante editora deseaba publicar la novela pero Argentina en esos días estaba bajo un régimen militar, el del general Onganía, 1966-1970, y las condiciones de la censura eran bastante peculiares. No había una oficina central como en la España de Franco, aparentemente los editores eran libres de vender cualquier cosa pero si alguna dependencia del gobierno objetaba el libro, podría ser acusado de subversión contra las autoridades, pornografía o lo que fuera, y entonces cuatro personas serían encarceladas: el autor, el editor, el impresor y el dueño de la librería que vendió el libro. Bien, eso hacía a los editores bastante aprensivos, y por una buena razón. De todas formas, aquel director literario que les decía era muy valiente, su nombre es Paco Porrúa, evadió la supervisión de otra gente de la editora y envió el libro a impresión. Las primeras pruebas de galeras salieron sin problemas, pero en la primera página de prueba un linotipista advirtió la abundancia de palabras groseras (*four-letter words*) y detuvo el trabajo. Llevó el material a un superior y ése fue el fin de la edición. Evidentemente el linotipista no quería ver a su jefe en prisión. Ahora, el punto peculiar en este caso es que los linotipistas en la Argentina de aquellos días leían palabra por palabra, no frases, y eso lo hizo entrar en pánico. Si hubiera leído frases habría encontrado niños de 12 a 14 años inocentes, aterrados y sin experiencia, hablando y tratando de imitar el machismo de sus mayores. Patéticamente infantil, no pornográfico.

Un año después, otro editor argentino, bien conocido por no pagarle derechos a nadie, quiso seguir adelante con mi medio publicada novela. La tensión política era aún mayor que un año antes y todo el mundo esperaba que el libro fuera confiscado por la policía. Finalmente, en 1968 el libro fue publicado, con críticas indiferentes, se vendió muy poco y nadie advirtió su aparición. Mientras, Juan Goytisolo, había convencido a Gallimard para publicar *La traición de Rita Hayworth* y en 1969 apareció en francés y fue seleccionada por *Le Monde* entre los cinco mejores libros extranjeros del año. Mi segunda novela fue publicada ese mismo año en Argentina, fue *Boquitas pintadas* más tarde publicada en alemán por Agathon como *De latste Tango*. De repente, los lectores de Argentina me descubrieron y me convertí en un *best-seller*. Al mismo tiempo el régimen de Onganía estaba muriendo por lo que no hubo ataques censores. Me volví bastante popular en mi país, y esa luna de miel duró hasta 1973 cuando publiqué mi tercera novela, *The Buenos Aires Affair*.

Como fuera, incluso en 1969 había sombras acechando en el horizonte. Cuba había decidido no publicar mis libros, parecía que eran considerados demasiado relativos a la sexualidad, y peor que todo, con la homosexualidad.

1973 fue el año del retorno de Perón a la Argentina, traído por una alianza entre la izquierda y el viejo partido peronista, su ala más derechista. No me gustó esa combinación, mis amigos de la izquierda que adherían a esa corriente creían firmemente que el carisma de Perón le daría fuerza y cohesión a la izquierda argentina, y creían además que el populista pero vago dogma de Perón era, profundamente, socialista. Yo nunca pensé así, para mí era hábil, egoísta y demagogo pero demasiado egocéntrico como para crear algo más grande que él mismo, tal como un partido. Cuando fue derrocado en 1955 eligió la España de Franco como residencia y tenía el mejor de los tratos con el dictador español. Ésa fue una de las muchas evidencias sobre sus tendencias políticas. Tal como la historia cuenta, al momento de arribar al poder eliminó los miembros izquierdistas de su gabinete.

Ahora volvamos a aquella tercera novela, *The Buenos Aires Affair*. Nunca he creído en novelas políticamente explícitas. Nunca escribí una. Quería tratar con personajes reales, y si lo son, crean inevitablemente un ambiente político, incluso aunque no se lo nombre. El principal personaje masculino en mi novela había sido estudiante universitario durante el primer período de Perón, 1946-1952, en ese entonces había estado en un movimiento estudiantil de izquierda y eso había significado apremios de parte de la policía peronista. No podía eliminar eso de la novela, hubiera sido injusto con el personaje, la historia y la verdad que trato de averiguar por medio de mis novelas. Mis amigos de la izquierda pensaban que era muy inoportuno, en 1973 Perón fue la elección de la izquierda y criticarlo era un sin sentido reaccionario. Ése era su punto de vista. Yo me mantuve apegado al mío. Creo en una actitud democráticamente crítica que no significa llevar agua a los barriles enemigos, como muchos piensan. En mi novela se mencionan también algunos puntos buenos de Perón, la creación de leyes laborales por ejemplo. Pero en 1973 únicamente había espacio para alabanzas, la crítica era blasfema.

Unas semanas después de la publicación comencé a sentir una cierta hostilidad en los medios y dejé el país por un par de meses. Pensé que (Perón) sería demasiado inteligente como para comenzar una caza de brujas, pero entonces un día el primer acto de censura literaria tuvo lugar, mi libro fue elegido para ese honor. Fue incautado por razones de pornografía y unos pocos propietarios de librerías pasaron una simbólica noche en la cárcel gracias a mí. Nunca volví a Argentina, pronto hará 12 años de aquello. Pienso que tuve razón acerca de la reticencia de Perón hacia una salvaje caza de brujas, pero falleció antes de cumplir un año de gobierno y entonces su esposa sí comenzó la más salvaje caza de brujas que el país recuerde, continuada con placer por la Junta Militar que la reemplazó en 1974.

En diciembre de 1974 hacía más de un año que había abandonado Argentina, aunque a pesar de ello, la Triple A, una organización nazi protegida por Isabel Perón, llamó a mis padres para sugerirme que dejara el país en 24 horas... o... Yo estaba en una larga lista de gente de izquierda que había apoyado al peronismo.

Viví por un tiempo en México, luego en Nueva York; mis novelas han sido traducidas a varios idiomas y eso me permitió vivir en el exilio sin problemas, aunque sin lujos. Los países de Europa del este sólo publicaron *Boquitas pintadas*, el resto fue considerado como demasiado relativo al erotismo. Cuando la Junta Militar se adueñó de Argentina en marzo de 1976 pensé que permitirían el regreso de *The Buenos Aires Affair* a las librerías debido a que había sido considerada una novela antiperonista, pero su prohibición fue renovada y enfatizada. En octubre de 1976 se realizó una celebración latinoamericana en la Feria del Libro en Frankfurt a la que fui invitado. Sabiendo que allí habría de encontrarme con algunos de aquellos intelectuales de izquierda que habían objetado las críticas antiperonistas de *The Buenos Aires Affair*, pensé que podrían haber reconsiderado sus ideas, el tiempo me había dado la razón, los peronistas habían traicionado a sus aliados de izquierda tal cual yo había temido. Bien, arribé a Frankfurt e inmediatamente sentí una extraña atmósfera, la historia no había tomado lugar, nadie tenía conciencia de la realidad, Perón no había pateado los traseros de los izquierdistas, yo seguía siendo reaccionario por no haberme unido al movimiento. Lo peor de todo, mi libro había sido prohibido por la derecha, y la izquierda argentina no se preocupó demasiado por ello.

Para fines de 1976 había publicado mi siguiente novela en España y Francia, *El beso de la mujer araña*, publicada más tarde en alemán por Agathon como *De Kus van de Spinnevrouw*. Ningún editor argentino se atrevió a hacerlo. Esta novela presenta a un homosexual y a un activista político en una celda de una prisión de Buenos Aires, dos personas tratando de cambiar la realidad a sus respectivos modos. Era un libro como para irritar bastante a la Junta Militar y mis padres todavía vivían en Argentina, yo estaba aterrado por ello. Unos meses antes de la publicación comencé a tener todas las noches la misma pesadilla, una bomba explotando en su casa. Le rogué al editor español detener la publicación, lo cual hicieron, pero luego de seis meses comenzaron a tener problemas financieros con la edición postergada y la liberaron. Bien, con toda la historia de prohibiciones de mis libros por la claramente Junta de extrema derecha, pensé que los editores internacionales de izquierda estarían bastante listos como para publicar este nuevo libro en otros idiomas. Estaba equivocado. Feltrinelli, mi editor en Italia, se negó y lo mismo sucedió con Gallimard. No les gustaba la mezcla de liberación sexual con revolución social, algo que yo pretendía presentar como diferentes aspectos de la misma lucha por la dignidad humana. Las críticas en España fueron poco entusiastas y la novela no causó ningún efecto especial de inmediato. Fue silenciosamente prohibida en Argentina y por otras dictaduras de Sudamérica. Aunque en varios países, con el tiempo, se convirtió en mi libro más difundido. Ahora se me conoce como el autor de *El beso de la mujer araña*. Ha sido traducido a muchos idiomas y en todas partes ha encontrado ataques y elogios y una gran atención por parte de la prensa. En las universidades es constantemente analizado y ha sido de lectura obligatoria en el programa nacional de la Universidad francesa hace ya un par de años. Una obra de teatro derivó de él con mi propia adaptación, la versión fílmica está siendo exhibida estos días en Cannes y el distinguido músico alemán Hans Werner Henze está preparando una composición operística basada en él. Pero todo ha sucedido bastante lentamente.

Después de esta novela vinieron otras tres, y finalmente en septiembre de 1983, cuando la Junta Militar estaba dejando Argentina, la edición en español de *El beso de la mujer araña* arribó a las librerías de mi país. Un año y medio ha pasado desde entonces y no ha habido ninguna crítica o comentario en la ahora libre prensa argentina. Incluso durante el período de la Junta Militar había alguna ligera mención a mis libros posteriores, siempre entre pocos entusiastas y negativas, pero respecto de *El beso de la mujer araña* ni una línea. Ahora soy editado en Japón, Israel, Cuba (finalmente), Suecia, Polonia (finalmente), pero no soy de interés para mis compatriotas. He escrito mis primeras cinco novelas en español argentino pero soy leído en traducciones. Los libros están en las librerías argentinas pero nadie los compra. He perdido mi público nacional. El silencio de los medios es, posiblemente, la razón.

Actualmente estoy viviendo en Brasil, esto es desde 1980. *El beso de la mujer araña* fue un gran *best seller* aquí y la obra estuvo 3 años en los escenarios. Solamente los grupos militantes gay no apoyaron la obra. No les gustó el hecho de que yo no mostrara un homosexual heroico, un modelo para generaciones futuras. Quería retratar un personaje gay real, como muchos que conozco. Para 1982 me hice muy conocido en Brasil y los grupos militantes gay me presionaron para hacer declaraciones acerca de mis costumbres sexuales con el fin de mostrarme oficialmente descubierto. Sentí que no estaba bien dar una etiqueta oficial sobre mi sexualidad y preferí mantener mi privacidad. Esto produjo una pequeña guerra secreta y una nueva forma de censura había nacido. En 1982 otra obra mía se estrenó en Río de Janeiro, y los dos críticos gay redujeron la obra a cenizas. Debido a que ellos eran de cierta influencia, su boicot dañó la carrera comercial de la obra.

Ahora trataré de explicarle lo que no me parece bien acerca del tema. Es innegable lo que los grupos de liberación gay han logrado en el campo de leyes laborales, etc. Pero tal como el eslogan "Negro es Hermoso" existe el peligro de reforzar las paredes del gueto y solamente aumentar la alienación. Estoy por la integración. Y en temas sexuales sólo veo una manera (radical) de clarificar el aire, sé que puede sonar utópico pero antes que nada una cosa debe darse por sentado: el sexo no tiene peso moral, es una actividad de la vida vegetativa, tal como comer y dormir. Las diferencias en las preferencias sexuales son tan banales como las diferencias en los gustos gastronómicos o las formas de dormir. Usted duerme con una almohada o sin ella, es un acto de total banalidad que no modifica su identidad. Usted puede condimentar o no, ¿a quién le importa? El sexo es un acto de total insignificancia, todo diversión y juegos mientras los participantes lo consientan. El sexo no debería definir nada. ¡Pero! Hace muchos siglos que el concepto de pecado sexual fue inventado y eso arruinó todo. Parece ser que fue idea de un hombre, algún perverso patriarca vicioso que creó los roles de "santa esposa" y "mujer callejera" para obtener el excitante contraste entre la mujer dentro de la casa y fuera de ella. La humanidad está pagando por esa viciosa idea desde entonces. En el momento en que le da al sexo una dimensión moral lo adultera, ya que su naturaleza es inocente en sí misma, puro instinto para el placer. Ahora, puede preguntarse cómo el sexo puede considerarse banal cuando es el mismo origen de la vida. Bien, pienso que el mismo origen de un nuevo ser humano debería estar en el deseo de sus padres de crear la criatura, y no en un accidente. El momento en que a la sexualidad se le da significado, peso moral, entonces es adulterada. Los roles sexuales se crean y magnifican presionando a la gente a temprana edad a asumir roles, determinado comportamiento sexual en el que no siempre encajan, se les pide definir sus gustos cuando todavía son vagos y deberían permanecer vagos, si este fuera el caso. Pienso que los roles sexuales son en general un producto de presiones sociales y no el fruto de reales necesidades humanas. Si el sexo no fuera considerado trascendental y moralmente significante, podría ser tomado ligeramente y las reales necesidades sexuales quedarían en la superficie de cada uno. El resultado del estado actual de las cosas es sólo la represión y adulteración de las reales necesidades sexuales. Es por ello que no pienso que esté bien la formación de una identidad gay. La identidad no debería estar definida por una actividad sexual, debido a que las actividades sexuales no deberían ser consideradas significativas. No debería existir algo como heterosexual u homosexual. Los homosexuales no existen, hay personas que practican actos homosexuales, pero un aspecto tan banal de sus vidas no debería establecer sus identidades. La homosexualidad no existe, es un invento de la mente reaccionaria.

1990, septiembre   (1980-1990)
EL ERROR GAY
Por Manuel Puig
El Porteño, Buenos Aires, Argentina

A la izquierda de la pantalla masculina, durante los años 60 se instaló la identidad gay. Alegre o sufrida, reprimida o liberada, siempre perseguida. ¿Acaso 30 años después sigue ocupando el mismo lugar? Ser más o menos macho es absolutamente intrascendente, opina aquí el escritor Manuel Puig, recientemente fallecido. Aún más: "Los homosexuales no existen".

La homosexualidad no existe. Es una proyección de la mente reaccionaria. Lamentablemente, creo que en materia de sexo somos casi todos bastante reaccionarios: ¡para nosotros la homosexualidad existe y cómo! Pero nos hacemos ilusiones, igual que los que creíamos en la tierra plana.

Me explico: estoy convencido de que el sexo carece absolutamente de significado moral, trascendente. Aún más, el sexo es la inocencia misma, es un juego inventado por la Creación para darle alegría a la gente. Pero solamente eso: un juego, una actividad de la vida vegetativa como dormir o comer; tan importante como esas funciones, pero carente de peso moral. Banal, moralmente hablando. Por lo tanto la identidad no puede ser definida a partir de características sexuales, ya que se trata de una actividad justamente banal. La homosexualidad no existe. Existen personas que practican actos sexuales con sujetos de su mismo sexo, pero este hecho no debería definirlos porque carece de significado.

Lo que es trascendente, y moralmente significativo, en cambio, es la actividad afectiva. Ahora me preguntarán cómo un acto capaz de dar la vida puede ser considerado banal, no trascendente. Pues bien, creo que hemos pasado ya la Edad de Piedra, y así como hemos aprendido a no comer veneno y a no dormir dentro de la cueva de los lobos, hemos aprendido también a hacer hijos cuando queremos, y no cuando la casualidad lo quiere. En un mundo civilizado debería ser el afecto, el amor, el deseo de traer un ser nuevo al mundo lo que decida un nacimiento. Lo que da la vida, entonces, sería el afecto y no el sexo, y este último sería solamente el instrumento de un impulso puramente afectivo.

Parece que el gran malentendido empezó hace ya muchos siglos por obra de un patriarca que habría inventado el concepto de pecado sexual, con el fin, entre otras cosas de controlar a las mujeres. El concepto de pecado hizo posible la creación de dos roles diferentes: de mujer, el ángel y la prostituta. Es decir, una sirvienta en casa y una cortesana afuera para divertirse. Y, desde entonces, el *peso moral* del sexo fue descargado exclusivamente sobre las mujeres, o quien como las mujeres es penetrado, como los llamados homosexuales pasivos.

Extrañamente, alguien un día decidió que la penetración era degradante, vaya uno a saber por qué. El falo tenía para estos extraños moralistas, un sentido colonizador y no de simple cómplice del placer.

Que ese peso moral fue siempre descargado sobre la espalda de las mujeres es un hecho ya sabido que no precisa explicaciones, y el lenguaje cotidiano lo confirma continuamente. No recuerdo haber oído decir que un hombre era *promiscuo* como un factor degradante. Se decía siempre que un varón que tenía actividad sexual con muchas mujeres era un *homme à femmes,* expresión simpática y para nada negativa. En cambio *mujer promiscua* quería decir una cosa mala. Significaba un desprecio, una condena, una crucifixión, o por lo menos una degradación. Ese adjetivo lograba incluso un efecto perverso: volvía a la mujer *promiscua* menos deseable sexualmente. Creo que la cumbre de esta operación represiva del lenguaje fue alcanzada por los periodistas norteamericanos que en los años 50 popularizaron el vocablo *nynphomaniac.* Al principio, la expresión pareció escabrosa pero muy pronto se la adoptó en las primeras planas sin demasiados escrúpulos.

¿Qué era una *nymphomaniac?* Una mujer que tenía necesidad de actividad sexual y que osaba buscarla. Eso era todo, si se lo analiza hoy, pero en esa época implicaba un desdén y un rechazo cercanos al asco físico. El vocablo, en efecto, dejaba entrever otras motivaciones, como posibles disfunciones genéticas e inclusive una sombra de locura. En cambio la contrapartida masculina de la pobre *nymphomaniac* parece que no existió. Un hombre de buena salud que tenía necesidad de sexo y lo buscaba era llamado *stallone,* una palabra laudatoria y graciosa.

Pero volvamos a la homosexualidad. Desde el momento en que aquel hipotético patriarca creó el concepto del pecado sexual, del sexo como manifestación demoníaca (cuando no neutralizada por ciertos ritos de brujería), se pasó a dar inevitablemente importancia al sexo. Trascendencia, significados ocultos, peso moral: he aquí el malentendido peligroso, porque incluso los menos reaccionarios, al negar el componente demoníaco de la sexualidad entraban en la dialéctica de los grandes significados y terminaban olvidando la característica más determinante del sexo, que es precisamente su no pertenencia a la esfera moral. Una vez establecida la artificial trascendencia de la vida sexual se volvía importante, significativa, cualquier elección sexual. Y se establecían así los roles sexuales. La mujer iba a tener solamente derecho a ser penetrada y el hombre a penetrar. Y apenas llegado a la pubertad, el ser humano, más bien limitado diría voy a ser objeto sexual, debía descubrir enseguida lo que le gustaba y adoptar en consecuencia el rol correspondiente, para llegar a *ser.* Vale decir, para lograr una identidad a través del sexo. Sin esta presión de la sociedad para adoptar una máscara sexual ya en tierna edad, la elección sería una operación muy distinta de la que todos nosotros hemos experimentado. La dramática elección entre una cosa y la otra era exasperada además por el hecho de que la masculinidad era identificada con el concepto de dominación y la feminidad con el de sumisión.

De cualquier manera, pienso que es imposible prever un mundo sin represión sexual. Me esfuerzo en imaginar como resultado una gran disminución de la llamada homosexualidad exclusiva y una gigantesca disminución de la llamada heterosexualidad exclusiva. Y nada de esto tendría ninguna importancia: todos estarían demasiado empeñados en su propio goce para preocuparse en contabilizarlo. Por eso, yo admiro y respeto la obra de los grupos de liberación gay, pero veo en ellos el peligro de adoptar, de reivindicar la identidad *homosexual* como un hecho natural, cuando en cambio no es otra cosa que un producto histórico-cultural, tan represivo como la condición heterosexual.

La formación de un gueto más no creo que sea la solución, cuando lo que se busca es la integración. Y por esto me parece necesaria una posición más radical, si bien utópica: abolir inclusive las dos categorías, hetero y homo, para poder finalmente entrar en el ámbito de la sexualidad libre. Pero esto requerirá mucho tiempo. Los daños han sido demasiados. Sexualmente hablando, el mundo es una *disaster area*. En el próximo siglo muy probablemente nos verán como un rebaño tragicómico de reprimidos; un montón de curas y de monjas sin el hábito, pero disfrazados de grandes pecadores, todos víctimas de nuestras represiones.

1990, 27 de julio   (1980-1990)
HOMENAJE A MANUEL PUIG
Por Juan Goytisolo
El País, Madrid, España

A mediados de los sesenta, cuando ejercía mis modestas funciones de lector de español en la editorial Gallimard, recibí una visita del cineasta Néstor Almendros. Llevaba bajo el brazo un manuscrito dactilografiado y lo puso en mis manos diciendo: "Es la novela de un amigo argentino que trabaja de *steward* en Air France. Léela. Estoy seguro de que te gustará". Néstor, como siempre, tenía razón. Pocas veces en mi vida he calado en un texto literario de un desconocido con tanta sorpresa y delicia. Al cabo de la lectura, tenía el pleno convencimiento de hallarme ante un auténtico novelista, atrapado, como lector, en las redes de un mundo originalísimo y personal. Escribí inmediatamente a su autor para comunicarle mi opinión y darle la buena nueva de que Gallimard editaría el libro. Pero éste planteaba un problema: el título. Manuel Puig –que luego destacaría en la elección de títulos brillantes y a veces geniales– había confiado el manuscrito a Néstor con una docena de ellos, provisionales y de escasa enjundia. En su respuesta a mis líneas –que, desdichadamente, no conservo–, el novelista me resumía la educación sentimental de su protagonista y mencionaba la impresión causada en él por "la traición de Rita Hayworth". La frase me cautivó: tal era, debía ser, el título. Así, éste fue obra de Manuel Puig, pero descubrimiento mío.

Una vez firmado el contrato de la edición francesa, aproveché uno de mis viajes a Barcelona para llevar la novela a Carlos Barral. "Te traigo aquí el próximo premio Biblioteca Breve", le dije. La cara de Barral, de ordinario amena, expresó el semblante desapacible de quien acaba de recibir una mala noticia. Su actitud –el escasísimo entusiasmo de mi hallazgo– se aclaró semanas más tarde a raíz de la concesión del premio.

La traición de Rita Hayworth no fue premiada y, lo que es más lamentable aún, Barral no quiso publicarla siquiera. Su impresión personal de Manuel, quien, ingenuamente había corrido a verle a Barcelona en calidad de finalista, fue tan negativa como tajante. Con su probado olfato literario, decidió que aquel argentino afeminado, vulnerable y frágil no era un escritor digno de figurar en el prestigioso catálogo de la editorial. La novela se publicó en Buenos Aires, en donde obtuvo el éxito que merecía.

Pese a la excelente acogida de sus primeras novelas por parte del público y la crítica, los sinsabores político-literarios de Manuel no cesaron. En una época en la que la imagen de Latinoamérica como continente en lucha convertía plumas en metralletas y a los escritores en portavoces de la revolución en marcha, una

figura y obra como las suyas suscitaban recelo, desdén y rechazo. La ex compañera de Julio Cortázar vetó la publicación de *El beso de la mujer araña* en Gallimard porque dañaba sin duda la consabida imagen del militante *machista-leni-
nista* al presentarlo enternecido y cautivado por las artes de Sherezada
cinematográfica de su compañero de celda apolítico y homosexual. Desde los
mismos supuestos moralizadores y sectarios otras editoriales europeas de
izquierda siguieron su ejemplo. Con todo, el error no podía ser más grosero.
Del mismo modo que dos poemas sobre la guerra civil del menos politizado de
nuestros poetas del 36 –me refiero a Luis Cernuda y sus admirables *Elegías
españolas*– son los únicos que pueden leerse hoy con emoción en virtud de su
hondura y distanciamiento, Manuel Puig es el autor de las mejores novelas
políticas de la década de los sesenta en Latinoamérica pues son obras de un
escritor que desconocía otro compromiso que el que había contraído con la
escritura y consigo mismo. *Pubis angelical* y *El beso de la mujer araña* reflejan
con una penetración y rigor moral ejemplares el sistema de terror impuesto por
la Junta Militar argentina y la lucha bienintencionada pero ineficaz de los grupos extremistas latinoamericanos de las pasadas décadas, grupos situados, como
dijo Octavio Paz, "en las afueras de la realidad". Comparémoslas con *El libro de
Manuel* o cualquier obra políticamente comprometida y advertiremos la diferencia entre quien acertó en el clavo y quien se espachurró literalmente los
dedos. Este apoliticismo aparente de Puig –condenado entonces por la mayoría
bienpensante de sus colegas– le evitó no obstante caer en la trampa de quienes
celebraron el retorno de Perón como un primer paso indispensable al triunfo de
la revolución en Argentina. Recuerdo sus comentarios a un artículo sobre el
tema publicado en *Le Monde* por uno de sus colegas: "Mis paisanos están locos.
¿Cómo puede haberse vuelto de izquierda un señor que se ha pasado veinte
años en la España de Franco leyendo el *ABC* todos los días?". Su elemental sentido común le permitía ver lo evidente. Como sabemos, el retorno del general a
Buenos Aires no consagró el triunfo de Marx sino el de Valle-Inclán y su visión
esperpéntica de la historia: meses después de este magno acontecimiento,
Argentina era gobernada por una ex cabaretera y astróloga.

Una nueva prueba de la inteligencia e integridad de Puig, la tuve la última
vez que le vi a fines de mayo o primeros de junio de 1982. Yo estaba en Berlín,
disfrutando de una beca de la DAAD y él había venido para participar en las
festividades de Horizonte-82, centradas en torno a Latinoamérica. Era el
momento de la guerra de las Malvinas y la colonia de exiliados argentinos y
otros países hispanohablantes había redactado un manifiesto de condena al
imperialismo inglés y su agresión a una nación hermana. Recuerdo que cuando
me presentaron el documento me negué rotundamente a firmarlo. Tanto cuanto el golpe fascista contra Makarios y su consiguiente amenaza a la población

turco-chipriota provocó la intervención militar de Ankara y la caída del sinies-
tro régimen de los coroneles griego, tanto más la aventura descabellada de los
militares argentinos en las Malvinas y el envío de la Armada británica iban a
originar el desplome de la sangrienta Junta de Buenos Aires. La previsible derro-
ta de los espadones era una bendición para sus compatriotas pues debía liberar-
les de su yugo e imponer el retorno a la democracia. Algo tan sencillo y claro no
cabía sin embargo en la cabeza de muchos obnubilados patriotas: uno tras otro
se sucedían en la tribuna de Horizonte como en un púlpito o barricada desde
los que sus voces de patria o muerte (sin que ninguno de quienes las proferían
se enfrentara, que yo sepa, a tan terrible dilema) arrancaban salvas de aplausos.
Llegó el turno de Manuel con las inevitables preguntas sobre la guerra. Adoptó
con humor un tono entre familiar y comedido, sabia mezcla de comadre de
pueblo y de alumna del Sagrado Corazón: "¿Qué son las Malvinas? Cuatro islas
desiertas que descubrió un barco inglés que, por puro capricho, plantó su ban-
dera en ellas y allí se quedaron los marinos con unas cuantas ovejas y nada más.
Pero, como en la Argentina nos han dicho siempre que las islas son nuestras, las
cantamos en nuestros himnos y escuelas y todos tenemos una prima que se
llama Malvina, nos lo hemos creído de verdad y las hemos liberado. Pero esa
Mrs. Thatcher, tan antipática ella, no ha comprendido nuestros sentimientos y
ha enviado su Armada. ¿Qué va a pasar? Yo no lo sé. Pero una vecina mía que,
como yo, tampoco entiende nada de política, me dijo: 'Eso de recuperar las
islas me parece bien; pero si los militares tienen éxito, creo que se quedarán en
el poder no diez sino doscientos años'". Un silencio incómodo premió sus palabras. Manuel no podía haber dicho mejor cuanto había que decir y, después de
tanta retórica huera, su ironía y honestidad fueron una corriente de aire fresco:
la voz desmitificadora del niño en el cuento de Andersen.

En la hora de su muerte quiero recordar así no sólo al gran escritor que fue
sino también al tenaz defensor de los derechos de las mujeres y homosexuales
en un mundo ferozmente machista y a quien, con entereza y dignidad, supo
discernir y captar la realidad a pesar de las brumas del miedo y los ojos venda-
dos de las ideologías.

ticias, ojalá todo marche bien por
su lado. Yo encantado de trabajar
con Ud. Muy cordialmente
Manuel

Nueva York, 27 marzo 77

Querido amigo:

Con mucha alegría recibí
su carta. Ya hace días le mandé el libro, ojalá le
guste. Me alegró saber de su interés por mi oferta
pero también me preocupó la cantidad de trabajo
que tiene por el momento. De todos modos se me
ocurrió un modo de trabajar que nos ayudaría.
Las dificultades del libro son 1) el tono del habla de Molina,
2) el tono de Valentín (mucho menos complicado), 3)
el tono del monólogo del capítulo 5º, 4) el tono
de las notas científicas, 5) el tono del informe
publicitario de la Tobis Films, 6) el tono de las (muy breves)
"visiones" o "textos subconscientes" que aparecen
en el capítulo 9 (y también 10 y 11).

Por lo tanto si Ud. pudiese
tener hechos los capítulos I y II (para entrar
en el tono de Molina), algunas páginas del III
(o tal vez simplemente los dos números musicales de la película
alemana, cap. III y IV), uno o dos notas de
pie de página, el informe de la Tobis, el monólogo del cap. V y algunas páginas del capítulo
9, ya podríamos discutir al encontrarnos y
sentar una base firme para el resto. ¿Qué le
parece? Por mi experiencia con los traductores
italiano y norteamericano, sé qué ahí están
las dificultades. Ah! y los boleros, uno de los

IV. CORRESPONDENCIA

La presencia de estas cartas en esta compilación se debe a la extrema generosidad de su amigo y traductor italiano, el profesor de la Universidad de
Turín Angelo Morino, y del profesor de la Universidad de Rennes, Albert
Bensoussan. De ellas he seleccionado las más relevantes en función de nuestro objetivo, las que encierran el interés de Puig por la traducción de sus
obras y por las distintas versiones para diferentes públicos, pero también la
complicidad con la lengua extranjera y con el traductor. Su inclusión en esta
selección se justifica en el hecho de que Puig mismo habla de esta preocupación extrema con la que supervisaba y corregía, jamás delegaba totalmente en la responsabilidad del traductor, en busca de la "correspondencia"
deseada. La relación que con su figura establecía se confirma en las amistades que reviven estas cartas, y en la sensación de co-autoría que, por
momentos, ellas donan.

Se pueden leer en estas cartas, de forma más cercana, la experiencia de
escritura, las fechas de terminación, los nuevos proyectos, las anécdotas
cotidianas, el sabor de lo que rodea y construye el ritual de la creación.

CARTAS A SU TRADUCTOR ITALIANO, ANGELO MORINO

México, 30 de noviembre 1975

Querido Angelo:

Con mucha alegría acabo de recibir tu carta. Por Inge Fenelli tuve la triste
noticia de la muerte de Enrico. Yo no sabía nada de su enfermedad, su última
carta era de enero del 75. A Inge le contesté enseguida recomendándote a ti
como traductor, creo que tú hiciste algunos capítulos de *Rita Hayworth* traduciendo del francés ¿verdad? Enrico[1] nunca lo admitió abiertamente, pero yo me
imaginé que tú le agradabas. Esos capítulos de *Rita* eran muy buenos.

Hace pocos días terminé mi nueva novela, *El beso de la mujer araña*. Pienso
dejarla descansar un poco y después (viernes) retomarlo para los últimos reto-

---

[1] Se trata de Enrico Cicogna, el primer traductor al italiano que trabajó con las obras de
Puig.

ques. Le mandaré fotocopia a Inge, que a su vez te la puede pasar, pero eso no creo que sea antes de enero. ¿Qué datos te hacen falta? No creo que unas pocas palabras más te puedan ayudar, sólo la lectura te podría ilustrar.

Bueno, si Inge se pone en contacto conmigo referente a ti te lo haré saber yo no tenía tu dirección en ese momento.

Mi dirección más segura (casa de amigos) es Avenida Universidad 1939, México 20 DF.

Espero tus noticias, abrazos.

Manuel

¿serás tú el traductor de *la mujer-araña*?

Ojalá- Cuéntame qué capítulos tradujiste tú de mis novelas.

Una vez estuve en Turín ¡hermosa!

¿dónde vives? ¿dónde está el Instituto?

New York, 17 octubre 1976

Querido Angelo:

Espero que estas líneas te encuentren en Cataluña. Llegué el 1º a N. Y. y me encontré con la visita de un querido amigo José Bianco, el novelista[2], que desgraciadamente 2 días después se enfermó y debió ser operado de vesícula biliar.

Una pesadilla. Perdí mucho tiempo. Él ahora está bien. Recibí tus 2 envíos, es decir hasta el capítulo 6 incluido. Estoy encantado, los problemas son menores y fáciles de corregir. Cuando me confirmes tu dirección te mandaré la lista de observaciones. Gimferrer te dará el libro si se lo pides, hablé con él por teléfono[3].

Grandes abrazos.

Manuel.

---

[2] La amistad de José Bianco, novelista del grupo *Sur*, y Manuel Puig es algo que se desconocía y que sorprende justamente por la animadversión que nuestro autor siempre había mostrado en las entrevistas, refiriéndose a ellos en forma muy indirecta como un grupo con demasiada intelectualidad. También sorprenden muchos otros datos de la relación del escritor con otros intelectuales de importancia, cuestión que afirma la construcción de una imagen de escritor lejano a los poderes que se juegan en el campo intelectual.

[3] Era común que Puig agregara la lista de sus correcciones a las del traductor, con un detallismo sorprendente, como se verá en un ejemplo más adelante, y que a veces conformaban todo un cuaderno.

New York, 17 noviembre 1977

Querido Angelo:

Estoy preocupado por tu silencio ¿hay algún problema serio?, ¿andas deprimido? Esperaba recibir llamado tuyo antes de salir de Ostia, pero nada. Quería ante todo saber si la gente de Einaudi se había comportado bien contigo en el pago, ya que soy un poco responsable de todo ese lío.

Preccini gentilísimo en Roma conmigo. No se habló en detalle del libro, pero a la Bianchini le dijo delante mío que era muy buena.

¡Ah! importante ¡me encantó tu nota en *Belfagor*! Me costó mucho trabajo conseguir en Roma un ejemplar, pude comprar uno solo, el último que quedaba en una librería de Vía Véneto. Esperemos que ese ensayo, tan atractivo y claro, ayude a relanzar mis cosas. ¿No podrías hacerme un gran favor? Mamá está loca por tener un ejemplar (me parece más, impresionante para ella la revista que la separata), no tienes algún amigo en la redacción que se lo envíe?

Bueno, espero que estés bien, la novela nueva va muy adelantada, título provisorio "Pubis angelical". Escríbeme, ¡¡feliz 78!!

New York, 27 abril 1978

Querido amigo:

Hace días recibí tu carta, estaba por escribirte hacía tiempo sobre todo después de recibir las pruebas de página de Einaudi y quedar maravillado con la traducción y la ausencia de erratas, ¡qué diferencia con Feltrinelli en ese sentido! Tengo grandes esperanzas con este libro ¿y tú? Supongo que en estos días está por salir. También recibí tu carta anterior, te felicito por el nuevo y fulminante romance, dale mis saludos, espero conocerlo, no este año porque no creo que vaya a Italia, y si voy a Europa será a Noruega. Qué locura ¿verdad?. Ahora en premio voy a México porque surgió un proyecto de cine muy interesante, una idea original mía que un productor está empeñado en filmar[4]. Ya parece ser una realidad. No escribí antes porque *Pubis angelical* me dio mucho trabajo y después me cayó encima otra película (una adaptación) que hice como favor para un amigo de México sin firmar pero sí cobrando. Mamá quedó muy contenta con tu envío ¡mil gracias! *Pubis* está todavía en reparaciones, pero ni bien

---

[4] Se refiere eventualmente a *El lugar sin límites*, la adaptación de la novela corta de Donoso sobre la que Puig realizó íntegramente el guión o a los guiones que realizó junto a Barbachano Ponce.

412 PUIG POR PUIG

pueda te mandaré una copia del manuscrito ¿recuerdas las peripecias con la araña? Comenzaron hace 2 años, yo te mandé el manuscrito desde N. York, pero a buen fin no hay mal principio ¿verdad?

Bueno, me puedes escribir aquí porque me mandarán las cartas, tenme al tanto de las reacciones ante la ¡¡¡donna ragno!!!

Abrazos

Manuel

Saludos a tu amigo

Cuernavaca, 12 de agosto de 1978

Querido Angelo:

Qué largo silencio ¿quién debe carta a quién? Recibí la tuya en que me decías que estabas por mandarme, días antes que saliera el libro. La portada no me gustó, no dice nada ¿verdad? Yo salí de N. York a fines de mayo y justo cuando me iba me llegó el libro. Y desde entonces ni una sola noticia ¿no salieron notas?, ¿nada de nada?, ¿qué pasó?.

Yo estuve aquí todo este tiempo, haciendo guiones para un productor legendario, Barbachano Ponce, que en los 50 hizo cosas importantes (*Nazarín*[5], etc.) y ahora vuelve al cine. Ya el 19 vuelo a Caracas y el 1º. de septiembre empiezo mi taller literario en Cumaná, Venezuela, por 2 meses. Te ruego que me escribas allí, la dirección es C/. Dr. Cabello Poleo, Universidad de Oriente, Edificio El Rectorado, Avenida Gran Mariscal, CAGUIRE-CUMANÁ.

Bueno, ojalá tengas lindas cosas que contarme de tu vida y del libro nuestro. La novela está casi terminada, se llama *Pubis angelical,* saldrá en febrero espero. Ya te la mandaré. Grandes abrazos,

Manuel

Nueva York, 3 noviembre 1978

Querido Angelo:

Con mucha alegría recibí tu carta en Cumaná, fue una sorpresa inesperadísima que *la donna ragno* estuviese interesando a alguien, por la falta de críticas creí que había sido sepultada en el olvido. Hace 2 días regresé a N. York y aquí me encontré con carta de Inge felicitándome por la crítica de Arbasino, y me adjuntó ¡que

---

[5] *Nazarín*, Dir. Luis Buñuel, 1958; con Rita Macedo, Francisco Rabal y Marga López.

buena! También recibí carta de Paolo Terni, encargado de Einaudi en Roma, diciéndome que la novela le encantó. Su amigo me mandó otra mención muy elogiosa de Moravia, en una de sus críticas en *L'Espreso*. Pero ruego que le digas a los de Einaudi que me manden aquí fotocopia de todas las críticas, espero que no las hayan mandado a Venezuela[6]. También diles que recibí el ejemplar del libro que mandaron en mayo por avión pero que no llegaron los demás que normalmente vienen por barco ¿lo enviaron? Por favor que me manden aunque sea uno por avión, viene mamá la semana próxima y quiero dárselo para que se lo lleve a Buenos Aires. Siempre pregunta por ti. ¿No sabes nada de las ventas del libro?

Hoy también te envío, por correo separado, una serie de 12 artículos que escribí para una revista frívola española, *Bazaar* y que también aparecen en otras 2 revistas, de México y Venezuela. Supongo que será muy difícil interesar a alguna revista italiana pero de todos modos te los envío[7]. Si me encuentras algo ¡por supuesto qué exigiría a quien sea que tú traduzcas!, si es que te rebajarías a esos niveles de trivialidad. Y también por supuesto EXIJO que me cobres un porcentaje como "agente". Bueno, espero que marche bien tu editorial, cuéntame que tienen para empezar como nombres. Ya terminé *Pubis angelical*. Si quieres empezar ya te mando el manuscrito, si no esperamos hasta febrero que habrá ejemplares, dime tú lo que prefieres. Escribe pronto. Abrazos.

Manuel

Nueva York, 10 enero 79

Querido Angelo:

¿Cómo estás? Espero que *reduce* de unas Fiestas muy felices, con tu amorcito. Yo tuve 6 semanas a mamá, pero por suerte al final las cuestiones de su salud mejoraron mucho, y se fue sana y contenta. Yo quedé agotado y a los pocos días me cayeron las galeras (*bezze*) de *Pubis angelical*. En la última semana de febrero sale, daré orden de que te la manden enseguida. Terminadas las galeras me sentí renacer.

---

[6] La circulación de bienes incluía la crítica, que ha conformado otra de sus colecciones, además de sus propios manuscritos y de los filmes de su gran videoteca. El intercambio entre coleccionistas, amigos y viajes fue una combinación que para Puig fue de relevancia tanto para formar su capital simbólico como para definir sus movimientos y su inserción en el campo intelectual.

[7] La revista con la que lo contacta Angelo Morino es *Chorus*, donde aparecieron los relatos reunidos póstumamente en *Los ojos de Greta Garbo*. La colaboración de Puig con dicha revista fue interrumpida abruptamente por la muerte de nuestro autor en 1990.

Estoy ya metido en otra novela, pero no sé todavía si es un proyecto deprimitivo[8]. Me alegré muchísimo que te gustaran los artículos. Aquí estuvo Arbasino y sugirió *Nuovi argomenti*, según él están interesados, pero no estoy de
acuerdo, el material es demasiado liviano para esa revista, tendría que ser una
revista comercial, equivalente de *Playboy*, o una revista de humor[9].

Si tú sigues interesado en editarlos, creo que lo mejor sería ir traduciéndo-
los, así ya en italiano se podrían mostrar a alguna revista, o al mismo Arbasino
para que se dé una idea más clara. Pronto además te mandaré los guiones de
cine para que los veas.

Bueno, espero que todo siga bien. De Einaudi todavía no llegó el sobre de
las críticas. Abrazos mil ¡ah! y saludos especiales a tu media naranja.

Manuel

En estos días te mando la traducción española de una novela de un amigo
mío americano interesante, que no está interesado en contratos con adelanto de
dinero. Tal vez te interese.

New York, 14 marzo 1979

Querido Angelo:

Por fin tu carta. Ojalá ya estés totalmente repuesto de la enfermedad. Y de
las traducciones de Soriano y Scorza ¡qué dúo!. *Pubis a...* te llegará en los 1ros.
días de abril, espero, he pedido a Seix Barral que te la expidan inmediatamente,
apenas salida del horno. Por supuesto que feliz de que la traduzcas tú; y ¡pronto! Supongo que con Einaudi no habrá problema, me escribieron pidiéndome-
la. ¿Qué más? Cuestión artículos: querido Angelo, creo que antes de cualquier
trato con revistas habría que traducirlos. Si tú los piensas publicar en tu edito-

---

[8] Como puede verse, Puig, a pesar de que sus novelas leen la historia desde el melodrama
y que huyen del horror, abordaba ya, en estos momentos, la historia del exilio, lo que sería
Maldición eterna a quien lea estas páginas, publicada un año después. Una anotación marginal que he encontrado entre los manuscritos de *Boquitas pintadas* revela este desplazamiento:
"No caer en la cortazareada de que todo ese esplendor termine en horror, no, más bien dar
todas las posibilidades de horror, pero que no se concreten y todo termina en gran final feliz".

"Deprimitivo", aquí, es un adjetivo que funciona como las palabras que el escritor inven-
taba para su uso personal y familiar. Abundan en las cartas familiares.

[9] El interés de Puig por la publicación de los artículos demuestra una total conciencia de
la "densidad" del tono conseguido en su escritura, por lo mismo sabemos que jamás previó
publicarlos en forma de libro. La concienciación de las posibilidades de su escritura también
habla de la concienciación de su posible recepción.

rial (junto con uno o dos guiones de cine, que te mandaré muy pronto[10]) creo que así tendrías el trabajo ya adelantado. Yo diría de mostrárselos a Arbasino traducidos al italiano, y él, o tal vez la misma Inge, podrían indicarme donde publicar, en qué revista. Por ejemplo Inge conoce a la gente de *Vogue*.

¿Qué más? No sé para donde iré este verano, pensaba pasar un tiempo en Ostia, pero parece que Mario no estará allá, me resultaría un poco solitario el lugar. No sé si sabías que la RAI está interesada en una adaptación de *La mujer araña*, yo no me quiero entusiasmar, pero sería fabuloso ¿no? En ese caso sí iría a Italia.

Espero que pronto encuentres tiempo para leer a Mirsky. Felicitaciones por el AMOR, a mí en ese renglón en cambio PÉSIMO,

Mil cariños

Manuel

Río, 23 marzo 1981

Querido Angelo:

Gracias, por tu carta, no te escribí antes porque estuve loco de trabajo con las traducciones de *Pubis* en portugués y *Araña* (teatral para E.U.). Yo voy a Roma hacia el 6 de mayo más o menos, propuse a los del Instituto una fecha abierta del 10 de mayo, veremos qué dicen ¿a ti te conviene? Unos poquitos días, no sé si la Agnese tiene alguna idea para promover, (quiero decir publicitar) la cuestión MÁS. No he recibido una sola crítica de *Pubis* pero sí cobré el dinero en N. York, del adelanto, dile a Agnese que muchas gracias, y por favor que piense lo de la *publicité*, si se le ocurre alguna idea para quedarme más tiempo en Italia (universidades, algo) yo encantado pero tendría que avisarme pronto para yo poder organizar mis cosas. Bueno, no sé que decidirán con *Maldición*, sería buen momento cuando yo vaya para COBRAR el adelanto, ¿recibió Agnese el ejemplar?, ¿qué dijo Calirno? Bueno, por las dudas le mando otro yo. Qué bueno que nos veremos en mayo ¿verdad? Un gran abrazo.

Manuel

Cariños a Alessandro y Agnese.

---

[10] Eventualmente se refiere a los dos guiones que se publicaron en forma conjunta: *L'impostore. Ricordo di Tijuana*, Mondadori, 1980. Por lo tanto la primera edición es italiana, pasarán cinco años para que se publicaran en español por la editorial Seix Barral.

Río, 9 septiembre 1981

Querido Angelo:

¡Grai! ¡Siamo neigrai! bueno, no tanto, pero hay problemas. Recibí los 12 artículos y estoy preocupado, hay que retocarlos mucho, reescribirlos mucho, inventarles cosas, en fin, así como están son impublicables. El problema principal es que tú me dices en tu carta que los necesitas pronto. Yo desgraciadamente estoy metido en un final de la nueva novela que me exige mucha atención, concentración, etc., y lo de los artículos es un problema que se resuelve con mucha reflexión y sin prisa. Yo nunca fui partidario de publicarlos, tú insististe, así que ahora yo te pido que me esperes un poco, a ver si se me ocurren soluciones. Habla con la Sellerio, haz algo, porque yo no puedo prometerte nada inmediato. Para colmo en octubre tengo viaje a Caracas, y San Francisco. Bueno, trataré de hacerlo antes, pero no te garantizo nada, la cosa es bien complicada. Por ejemplo yo podría revisar *Maldición* ahora, en ratos perdidos, pero esto exige creación. Abrazos.
Manuel

Cuernavaca, 6 de junio de 1990

Querido Angelo:

Tu carta tardó en llegar a mis manos pero finalmente tuve tus noticias. Esto fue hace como 2 meses, no contesté antes porque he pasado un período martirizante. Ante todo debo decirte que me alegró mucho tener tus noticias.

Te cuento de estos meses. Salí de Santa Marinelle el 31 de octubre[11], no conseguí más hablar contigo, ese teléfono que me habías dado de la Facultad no respondía nunca. Antes de salir de Italia la Mondadori me puso en contacto con un abogado especializado en cine y teatro, socio de Laura Grandi (que creo tú conoces, la abogada de Mondadori), para lograr cobrarles a los de Porta Romana. Yo tuve la mala (malísima) idea de decirle al abogado que esperase más semanas para ver cómo funcionaba la Sociedad Mexicana de Autores. Bueno, justo al llegar yo, esta Sociedad lanzó una campaña para eximir de impuestos mexicanos todo derecho de autor, que acaba de resolverse negativamente. Todo el tiempo perdido. Bueno, acabo de mandar FAX a Laura Grandi para pedirle que inicie de nuevo las tratativas para cobrarle a los ladrones de

---

[11] En Santa Marinella había estado contratado por un productor para escribir el guión *Vivaldi* que se encuentra inédito.

P.R., el abogado se llama Vincenzo Bellucci, pero no encuentro su dirección ¡mátame! es en Roma, Via... ay, frente al cine Ariston, sí, Via Cicerone, pero si no consigues el número llámala a Laura Grandi, en Milán.

Este Bellucci sabe todo de ti y yo le pedí que cobrara también tu parte, y la retuviese hasta que tú se la reclamases. Esperemos que ahora se ponga en movimiento y pueda sacarles el dinero a los horrendos milaneses. También tienes dinero para cobrar de Catania, hubo pocas representaciones, sólo allí, pero continuarán en el 91, según ellos. Tienes que ponerte en contacto con Giuseppe Meli, Teatro Habile di Catania, Via dello Stadio 39, Catania 95123. Yo le dije que retuviese tu parte hasta que te pusieras en contacto con él.

Espero que la vida con mami ande bien, yo en ese sentido ando mejor, pero el horror fue el período de 5 meses de arreglos de la casa que compré. Pero por suerte salimos de Río que se volvió una pesadilla ¡miseria, belleza y AIDS! Qué combinación.

Escribe pronto, abrazos.

Manuel

Olvidaba decirte que en el FAX a Laura G. le daba tu dirección y teléfono de L'Aquila. Pero en verano te irás a Lusa ¿no?, ¿y el libro de guiones? Parazzoli no se comunicó más conmigo.

CARTAS A SU TRADUCTOR FRANCÉS, ALBERT BENSOUSSAN

New York, marzo 77

Monsieur
Albert Bensoussan

Querido amigo:

Lo conozco desde hace tiempo, primero por comentarios de Guillermo[12] (quien me acaba de facilitar su dirección) y después a través de su generosa crítica a *Le plus beau tango du monde*. Voy al grano: sé que Ud. es muy talentoso y yo necesito traductor para mi cuarta novela, *El beso de la mujer araña*. Laure Bataillon hizo mis 2 primeras novelas y tuvimos muy buena relación, pero está muy ocupada y ante todo no creo que sea muy indicada para este libro, un diálogo entre 2 hombres desde el principio hasta el final. Didier Coste hizo el 3º, y

---

[12] Se refiere a Guillermo Cabrera Infante, de quien era muy amigo.

prefiero olvidar esa experiencia, lo hizo en 6 semanas pensando en cualquier cosa menos en el libro (prefiero darle esa excusa) y debimos reescribirlo íntegramente con Claude Durand, éste sí formidable.

Todavía no está decidido quién publicará el libro, pero yo me encargaría de adelantarle sus honorarios. Mi prisa viene, ante todo, del hecho que estaré en Europa este verano y podría colaborar con el traductor en la revisión. Mi temor por otro lado es que Ud. esté ocupadísimo, en fin, Ud. me dirá cómo están las cosas, qué piensa de esto, si tiene un momentito para responder estas líneas. Desde ya mi gran saludo y mis gracias, algo retrasadas, por su crítica para la *Quizaine*[13].

Muy amistosamente.

Manuel Puig

New York, 9 diciembre 1977

Querido amigo:

Cuánto tiempo sin comunicarnos. Espero que haya recibido mi carta desde Ostia de octubre 4, con mis comentarios a los boleros.

Después de una trabajosa negociación con Denvil y Gallimard para librarme de la opción que les debo, y no conseguirlo, empiezo apenas ahora la negociación de contrato con Seuil. Espero que esto nos lleve solamente un par de semanas, de modo que pronto supongo que lo llamarán para el contrato de Ud.

¿Adelantó algo en la traducción? Le ruego que me envíe los capítulos de a 3 ó 4, no todo junto. O si lo hace todo de golpe, bueno, mándemelo como le sea más cómodo.

Estoy trabajando mucho en una novela[14], ya le dije creo, me da muchísimo trabajo.

Bueno, aprovecho esta ocasión para desearle lo mejor para el 78, ya ve que le escribo con el verde de la esperanza. Muchos saludos a su esposa, abrazos.

Manuel

---

[13] Se refiere a *La Quinzaine Litteraire*.

[14] Se refiere a *Pubis angelical*, que Puig terminaría de escribir en 1978 y se publicaría en 1979.

New York, 15 febrero 1978

Querido amigo:
Apenas dos líneas para decirle que recibí sus 2 cartas, con el placer de siempre. Pero, estoy en estos días terminando mi nueva novela y no puedo distraerme un segundo. La próxima semana ya será posible, creo, y le escribiré con mis impresiones detalladas.
Saludos a la casa, gracias de todo, un abrazo.
Manuel
¡y buena suerte con su novela!

Nueva York, 31 marzo 1978

Querido amigo:
Por fin pude ocuparme de nuestro trabajo. Estoy encantado con el resultado, por favor dígame qué le parecen mis observaciones.
¿Tengo yo copia de lo que hemos ya corregido o se las quedó Ud. aquellas páginas que vimos en París? Me gustaría tener copia, si es que no están en algún cajón de mi escritorio. De aquí a mitad de mayo tengo tiempo de revisar sus capítulos, ojalá pueda mandarme muchos, sobre todo las canciones[15]. Después vendrán días más complicados en México y tal vez Venezuela, pero por supuesto que podré mirar todo.
Espero con ansias sus noticias, saludos a su esposa, un abrazo.
Manuel

Nueva York, 27 marzo 1977

Querido amigo:
Con mucha alegría recibí su carta. Ya hace días le mandé el libro, ojalá le guste. Me alegró saber de su interés por mi oferta pero también me preocupó la cantidad de trabajo que tiene por el momento. De todos modos se me ocurrió un modo de trabajar que nos ayudaría. Las dificultades del libro son 1) el tono del

---

[15] La traducción de los boleros de su cuarta novela –*El beso de la mujer araña*– tenía las dificultades propias de los localismos, como detalla Puig en la carta siguiente. Lo mismo ocurrió con los epígrafes de *Boquitas pintadas*, para la que pensó diferentes posibilidades según los públicos, y con los títulos.

habla de Molina, 2) el tono de Valentín mucho menos complicado, 3) el tono del monólogo del capítulo 5º, 4) el tono de las notas científicas, 5) el tono del informe publicitario de la Tobis Films, 6) el tono de las (muy breves) "visiones" o "textos subconscientes" que aparecen en el capítulo 9 (y también 10 y 11).

Por lo tanto si Ud. pudiese tener hechos los capítulos I y II (para entrar en el tono de Molina), algunas páginas del III (o tal vez simplemente los dos números musicales de la película alemana, cap. III y IV), una o dos notas de pie de página, el informe de la Tobis, el monólogo del cap. V y algunas páginas del capítulo 9, ya podríamos discutir al encontrarnos y sentar una base firme para el resto. ¿Qué le parece? Por mi experiencia con los traductores italiano y norteamericano, sé que ahí están las dificultades. ¡Ah! y los boleros, uno de los cuales fue escamoteado en la versión USA, "Noche de ronda", que es el más difícil. Lo suplanté con una narración corta (2 frases) del mismo bolero.

En cuanto a sus honorarios, eso será como Ud. prefiera. Puedo enviarle un anticipo, o firmarle un papel comprometiéndome a no aceptar otro traductor. Por supuesto que como cláusula de mi contrato con la editorial que sea, estipularía lo que Ud. me diga como precio suyo. Incluso al terminar el trabajo le puedo pagar yo. En fin, como Ud. prefiera. Supongo me arreglaré con algún editor entre abril y septiembre. Espero sus noticias, ojalá todo marche bien por su lado. Yo encantado de trabajar con Ud. Muy cordialmente.

Manuel

Nueva York, 29 abril 1977

Querido amigo:

Qué alegría recibir su carta. Estoy encantado con la idea de trabajar con Ud. En estos días estoy organizando mi largo viaje. Salgo de N. York el 23 de mayo para Caracas (2 semanas), después Madrid, a Roma llego el 10 de junio (c/o Fenelli, Viale del Lido 60, OSTIA-Roma) por 5 días, después Atenas, Cairo, etc., volviendo por Europa Oriental y llegando a Londres alrededor del 18 de julio (c/o Guillermo) donde estaremos con mi madre unos 10 días entre York y Edimburgo. De ahí a París, donde supongo que llegaré, solo, el 27 más o menos, c/o Almendros... En París estaré entre 10 y 15 días, y es entonces que podríamos vernos ¿cómo podríamos hacer? ¿Ud. viaja a París?

Le hablo un poco de la novela. Creo que lo principal es el tono de Molina, debería ser ligeramente agramatical, o simplemente "popular", con tendencia, a lo melodramático barato, *kitsch*. Pero ante todo ágil, su lenguaje debe tener una especial fluidez en su torpeza. 2) El boletín publicitario de Tobis Berlín debería ser extremadamente retórico, y encubierto cómico. 3) El largo monólogo del

cap. 5 debería mantener un cierto tono musical, por ej. en español pag. 105 línea 2 casi todas las frases terminan en acentuación grave:
- visible- ceguera- extraño- tampoco- revoque- laten- vivas- etc., etc. Todo ese trozo debe tener un tono casi cantado. Bueno, espero sus noticias, si no puede escribirme aquí por favor hágalo a Roma o a Londres. Pero preferiría tener sus noticias aquí para tranquilizarme. Abrazos
Manuel
¡Gracias por su desinterés y confianza!

Ostia, 4 de octubre 1977[16]

Querido amigo:
¡Su carta me llegó hace 3 días! Ha sido un infierno este verano con el correo italiano. Por eso no le escribí antes, ya que no sabía si le llegaría mi carta o no. Además todavía no tengo noticias de Denöel, ayer hablé por teléfono para hoy poderle decir algo a Ud. pero el tremendo Sr. O'Neill no estaba en su oficina. Pedí que me llamara esta mañana y todavía nada... Pero de algún modo se arreglará.
Paso a hablarle de nuestro proyecto. Me parecen excelentes las versiones de los boleros, el tono es exacto. Por supuesto que tengo algunas sugerencias, y Ud., me dirá qué le parecen. En "Mi carta", en lugar de "est propice á la confidence" (que parecería que habla de una relación amorosa nueva, por lo de "confidence", mientras que la relación es vieja) "porta un silence propice" (o algo así). Y después al final Molina en página 141 dice "este dolor" o "este penar", porque no recuerda sus últimas palabras con absoluta certeza; entonces me parece perfecto "cette douleur", pero no "ce long soupir" porque no son intercambiables yo pondría "cette douleur" ou "ce gran chagrin", algo que sea muy parecido y no se sepa cual es el verdadero.

New York, mayo 21 1978

Querido amigo:
Aquí va todo lo que he recibido hasta el presente. Creo que vamos bien. Viajo a México el viernes, puede escribirme c/o Labrada, pero si ya hay algo en camino a N. Y. no importa porque me enviarán todo. Buena suerte con su novela, espero noticias, abrazos.

---

[16] El texto de esta carta no está completo.

Manuel

Nota: "Mi carta" debe ser la más sobria posible, para que Valentín pueda aceptarla.

Cuernavaca, 4 de agosto 1978

Querido amigo:

Por fin todo revisado. Le ruego especial atención al texto que falta de pág. 185 (de su manuscrito), al faltar esas líneas cambia totalmente el sentido.

El 19 de agosto vuelo a Caracas donde estaré 10 días. Después 2 meses en Cumaná (Univ. de Oriente), le paso la dirección:

> M. Puig c/o Dr. Cabello Poleo
> Universidad de Oriente
> Avenida Gran Mariscal
> Edificio El Rectorado
> CAGUIRE, CUMANÁ, VENEZUELA

Después no sé, es posible que tenga que volver a México. Lo tendré al tanto. Creo que la traducción da 100% ¿verdad? Ojalá. Le gustó mucho a un amigo francés que está de paso por México, sólo hizo objeción a algunos hispanismos muy fáciles de corregir según él, e inevitables en toda traducción. Felicitaciones. Abrazos.

Manuel

Por favor dígale a Sarduy que mi novela nueva se atrasó un poco, ya le escribiré.

Cuernavaca, 9 julio 1978

Querido amigo:

Le extrañará mi silencio. He estado muy ocupado aquí con un guión de cine[17]. He revisado todo pero me falta el capítulo 12, no sé dónde habrá ido a parar, nunca llegó. ¿Podría hacer fotocopia? Siento causarle esta molestia.

---

[17] Entre los manuscritos pudimos hallar las primeras versiones de *Recuerdo de Tijuana*, que llevaba como portada: "CLASA presenta *Aventurera*, guión original: Manuel Puig. Una producción de Manuel Barbachano Ponce. Dirigida por Juan Ibáñez, 1978". El mismo año escribe también la adaptación del cuento "El impostor", de Silvina Ocampo, llamado *La cara del villano*, y que publicará juntos en 1985. Entre los proyectos de guión se conserva un *script*

Bueno, nada más, ni bien reciba su envío procederé a la revisión, quiero que todo le llegue en agosto a más tardar, en los primeros días de agosto.

De todos modos hay pocos problemas.

¿Qué tal Mallorca? Por favor escríbame a la misma dirección en México DF. Por si hay alguna dificultad, Sarduy puede llamarme a Cuernavaca hasta el 12 de agosto.

Mis saludos

Manuel

Nueva York, 16 febrero 1979

Querido amigo:

¿Qué es de su buena vida? Yo aquí trabajando muchísimo, sale mi nueva novela en Barcelona, y *La mujer araña* aquí, además del comienzo de mi taller literario en City College. Usted estará además de todos sus trabajos con la salida de su novela ¿verdad?

En estos días me llegó la mala noticia de Seuil. Me refiero a la revisión de la traducción del *baiser* ¿qué sucedió? ¿por qué esta sorpresa después de varios meses de entregada la traducción? Por favor cuénteme lo que Ud. piensa, estoy muy intranquilo por 2 razones: 1) ¿qué cambios pretenden? y 2) ¿quién decide ahora en Seuil estas cosas? Antes yo tenía total confianza en Durand. Pero...

Aprovecho la oportunidad para mandarle mis saludos afectuosos.

Manuel

Cartagena, 26 agosto 1979

Querido amigo:

¿Qué tal el trabajo? Espero que no demasiado tedioso.

---

que compone simultáneamente a la escritura de *Pubis angelical: Serena* (escrito entre 1977 y 1979), entre paródica y surrealista. A pedido del director mexicano Arturo Ripstein, adapta para el cine la novela *El lugar sin límites,* del escritor chileno José Donoso, que luego fuera premiado en San Sebastián como mejor guión. Comienza a escribir en inglés *Maldición eterna a quien lea estas páginas*, y también escribe durante su estadía en Venezuela un espectáculo musical, *Pilón*, basado en canciones folclóricas venezolanas. Aparecen artículos suyos en la desaparecida revista española *Bazaar*, poco antes de la publicación de *Pubis angelical*. Esos artículos serían luego recopilados y traducidos por Angelo Morino en 1984 y publicada por Sellerio Editore, edición supervisada por el autor. En Argentina se publican en 1993 como *Estertores de una década, Nueva York 78*, Seix Barral.

Yo muy bien, con montones de conferencias y seminarios en Colombia. Tengo ya mis itinerarios claros. Estaré en México del 15 de septiembre al 15 octubre. De ahí a N.Y. hasta los primeros días de diciembre. Espero entonces ya algo en México, se lo ruego, así no se me junta todo. La dirección, la misma del año pasado, c/o Labrada, México 20 DF. ¿Qué pasó con Wahl? No le dé importancia. Tiemblo al pensar en la salud de *La mujer araña* en Francia.

Bueno, gracias desde ya por todo, abrazos.

Manuel

Nueva York, 1.º noviembre 1979

Querido amigo:

Hace tiempo que no recibo sus noticias. Le escribí desde Colombia con fecha 27 de agosto explicándole que estaría en México del 15 septiembre al 15 octubre, en caso de que usted me quisiera enviar algunas páginas de *Pubis a*. No me llegó nada, no sé que puede haber sucedido.

Yo ahora estoy en N. York hasta el 3 de diciembre, después voy a Italia. Espero más líneas ¿cómo va el trabajo? ¿Apareció nuestro *Beso de la...*? No sé nada de Sarduy.

Abrazos.

Manuel

Río, 27 de febrero 1980

Querido amigo:

No le escribí antes porque no tenía una dirección que darle. Ahora sí, es la del remitente. La prueba marroquí no dio resultado, y como tenía mucho que hacer aquí me vine y ahora estoy muy contento con la decisión. No regresaré a N. York hasta septiembre, sé que voy a dar un curso (taller literario) en Columbia University. No sé nada del lanzamiento de nuestra *femme araignée*, por razones de mis desplazamientos ¿ha tenido alguna crítica? Hace pocos días escribí a Sarduy[18], espero noticias de él.

Me imagino que pronto también recibiré algún capítulo suyo de *Pubis*, ¿qué tal va eso?

---

[18] Severo Sarduy seguía siendo por entonces el lector de Du Seuil, y fue quien lo había conectado desde su primera novela con esta editorial francesa.

Le mando mis saludos afectuosos de siempre,
Manuel

[Sin lugar], marzo 12, [sin año]

¡Hasta hoy no conseguí departamento! Finalmente es la dirección del remitente, espero sus noticias ¡y páginas! Saludos amistosos
Manuel
Me llegaron las críticas de *Express, Monde, Matin.*

Río, 25 de mayo 1980

Querido amigo:
Por fin he comenzado con su material. Espero terminar hacia el 31. Todo bien. Excelente el tono de las partes amaneradas (historia del Ama), todavía no entré en W218[19], mañana será. Espero mandarle todo el sábado 31. Gracias por su paciencia y talento, abrazos.
Manuel

Río, 2 junio 1980

Querido Albert:
Por correo separado le mando la traducción completa. Estoy muy contento, me gustó tener su trabajo porque me sentí incentivado para un trabajo extra de pulido estilístico que pocas veces he hecho en traducción.
Como verá le he hecho muchas objeciones, pero provienen de una exigencia de calidad excepcional. Se refieren en general a un aumento del tono melosatírico en los capítulos del Ama y W218, es decir los que se refieren al inconsciente de la protagonista única, Ana.
Siendo tantos los cambios le propongo que al hacer las correcciones me vuelva a mandar las mismas páginas con la palabra definitiva en tinta. Puede mandar todo por correo impreso, como yo se lo mando a Ud., así gasta menos. No sé si esto es exceso de precauciones, pero estoy tan entusiasmado que me gustaría entregar esto a Gallimard ¡reluciendo como un brillante!

---

[19] Se refiere a la construcción del personaje de *Pubis angelical*, historia referida en los manuscritos previos como "Futurama".

No sé qué le parecerá la solución bilingüe del capítulo 7. Bien, espero sus noticias, abrazos y felicitaciones.

Manuel

Río, noviembre 24 1981

Querido amigo:

Perdón por el retraso, he estado sepultado bajo compromisos de trabajo, viajes de trabajo, líos familiares, en fin, excusas no me faltan. Primero le hablo de cosas lindas, acabo de arreglar con Gallimard para *Maldición eterna a quien lea estas páginas* y espero que Ud. la pueda hacer. Recuerdo que cuando llegué me habló de algún inconveniente

Ojalá sea confusión mía y sí pueda hacerlo. ¡Qué maravilla sería!

Paso a hablarle del teatro. La oferta de Bonnet NO me gustó porque era muy largo el plazo de tiempo y muy poco el dinero. Ahora no sé, si *Bent* no dura más que una *saison* entonces sí ya podríamos hablar en otros términos, es decir si están dispuestos a estrenar *El beso...* a la *rentreé*[20]. Pero tendrían que proponer otros términos, una opción de Hrueses, si es que tienen seguridad de estrenar en septiembre. También sería éste el momento oportuno de preguntarle a Ud. cuánto porcentaje pediría. Creo que en piezas de 2 personajes el porcentaje del autor sube a 11% o 12%. De modo que sería muy útil para mí que Ud. averiguase eso, y después me propusiese una división. Yo estoy de acuerdo en una división de 50 y 50 cuando el traductor tiene que adaptar el texto a otro medio, y reinventar chistes, como sucede al pasar una pieza cómica de Broadway a pieza de boulevard, o viceversa. En Estados Unidos se hace así, pero cuando se trata de una traducción más directa se fluctúa entre 6,5/3,5 y 7/3. Que creo es el caso de esta obra, pero ésa es mi opinión, y querría escuchar la suya.

Yo le rogaría que hablase a Juy Bonet de mi parte, para preguntarle cómo andan los planes con *Bent*, etc. Le agradezco desde ya todo lo que pueda hacer, espero su respuesta ansiosamente, abrazos.

Manuel Puig

---

[20] La *reentrée* es el comienzo de temporada –teatral, escolar– en Francia, aproximadamente hacia septiembre de cada año.

Río, 1.º enero 1982

Querido amigo:
 Ayer por fin llegó su anhelada carta. Veo que nuestras estrellas están en conflicto, esperaba su respuesta en cuanto a *Maldición* porque estaba seguro de que Seix Barral le había enviado el libro, estando Ud. en mi lista de prioridades. Mi ilusión era que Ud. hallase el libro muy fácil de traducir (lo es), y corto, y por eso decidiese hacerlo como "distracción" entre capítulo y capítulo de Candos ¡vaya cálculo! Bueno, no pierdo las esperanzas escribo ya a Barcelona para que le envíen un ejemplar urgente.
 Asunto teatro: Bonnet no me ha escrito, por lo tanto supongo que está con otras ideas ¿se estrenó *Bent*? Misterio total.
 Muy bien, espero que mi *Maldición*... le alcance pronto, y que le interese ¡ojalá!. Espero sus noticias, abrazos.
 Manuel

Berlín, 31 mayo 1982

Querido Albert:
 Apenas hoy he conseguido una fotocopia de la nueva versión del *Beso*... y se la mando por correo separado es la única que he podido encontrar. De todos modos es ante todo una guía para cortes, con la excepción de algunas costuras. Me imagino que deberá hacer una lectura de cotejo muy cansadora ¡perdón! Escríbame por favor a Río, abrazos
 Manuel

[Sin lugar ni fecha]

Querido amigo:
 Quise recortar una paloma pero me olvidé de las alas. Gracias por su carta y por gustarle *Pubis*. No haga caso de Wahl, son cosas muy personales. Yo encantado de que Ud. haga *Pubis*. La clave está en hacer muy femenino el diario de Ana, normales (lo más livianos y casuales posibles) los diálogos y un tantito artificiosos e irónicos (aunque elegantes) los pasajes en 3a. persona del Ama. Lo de W218 más sobrio. Buena suerte, estoy aquí hasta el 2 agosto. En Colombia no tengo dirección aún. Abrazos
 Manuel

Río, 29 agosto 1982

Querido amigo:

¡Cuánto tiempo sin noticias! Tampoco he recibido carta de Juy Bonnet ¿en qué anda todo? Me gustaría también leer su traducción, en caso de que haya algo que discutir.

Me han escrito de otro grupo teatral parisiense, un tal Terrede, le di su dirección, aunque imagino que Bonnet seguirá interesado ¿pero no habría que firmar contrato y pagar opción? Bueno, nada más ¿está terminando con Vargas Llosa?, ¿no quiere empezar *Maldición eterna...*? No sé si Laura Bataillon la empezó... Ud. me gusta más para *Maldición*, debo confesarlo. Ella podría hacer bien *Sangre de amor correspondido* ¿le llegó? ¿lo leyó?

Abrazos

Manuel

¡No tengo un teléfono! ¿me lo envía? Gracias.

Río, 25 noviembre 1982

Querido amigo:

¿Cómo está? Aquí le mando mis comentarios sobre la traducción, como verá son mínimos los problemas, está magnífico el trabajo. ¿Ha sabido algo de Bonnet? ¿tiene éxito la pieza de los definidos nada, la *rentreé* 83 ya no está tan lejana?

Tengo novedades se ha estrenado en Río una nueva pieza de teatro mía, con 5 personajes, su título *Bajo un manto de estrellas*, aquí se llama *Quero*, porque en portugués el otro título no sonaba bien. Me la pidió para leer Alfredo Arias, el argentino que trabaja en París, pero él está ocupado hasta el 85, parece ser. Pronto le mandaré copia a Ud., ardo por saber su impresión.

Bueno, nada más, un fuerte abrazo,

Manuel

¿Fue conocida en Francia esa rumba "Lorir de foi"? Yo no la recuerdo como "Esperar". Calza perfecto.

Río, 6 de enero 1983

Querido Albert:

Aquí estoy en la encrucijada. Bonnet no escribió, yo pedí a Prune Berje informaciones sobre los demás interesados y no me ha contestado. También escribí a Héctor Bianciotti pidiéndole datos sobre Terrede, pero con estas malditas fiestas nadie contesta. Hoy escribo a Terrade pidiéndole un poquito de paciencia.

En estos días le mandaré finalmente la nueva comedia. ¡Buena suerte con *Maldición...*! ¿ya comenzó?

Abrazos.

Manuel

Río, 16 mayo 1983

Querido amigo:

Finalmente pude entrar en nuestro asunto. Como le dije por teléfono me parece excelente la traducción, exactísimos los tonos. En pocos días más tendré todo revisado. En esta *pagaille* de papeles que se me produjo sobre todo debido a mi irritante accidente del aeropuerto Charles de Gaulle, sigo sin encontrar una parte de las hojas, tal vez Ud. no me las haya enviado, van de la 78 a la 94 incluida. Después, sí tengo de la 95 hasta la 103 incluido. Ni bien reciba sus nuevas páginas las revisaré, supongo que en junio Ud. debe entregarlo todo a Gallimard. Como verán las observaciones son pocas y muy ligeras.

Bueno Albert, en pocos días más le mando más revisiones, abrazos
Manuel

Río, 2 de junio 1983

Querido amigo:

Aquí continúo con las revisiones ayer recibí las páginas 78-93 ¿era la 1.ª vez que me las enviaba o perdí el primer envío o qué otro accidente hubo? Por suerte ya está todo en orden así que ahora le envío lo concerniente a sus páginas 72-128, o sea todo lo recibido aquí hasta el momento. Espero el resto para pronto ¿cuándo quiere publicar Gallimard la novela? Bueno, aquí vamos.

Bueno, espero pronto más hojas y gracias por todo. Abrazos
Manuel

Río, 4 de junio 1983

Querido amigo:

Ayer le mandé las revisiones hasta la página 128 de su traducción y al volver del correo me encontré con su carta última, del 30 de mayo y las páginas 161 hasta el final. Pero me están faltando del 128 al 161, que supongo usted no ha mandado porque el envío anterior es de pocos días atrás y no las contenía. Los espero entonces, mientras tanto revisaré este último envío así no nos atrasamos ¿y "Bajo un manto de estrellas"?, ¿podrás traducirlo ahora en junio como tenías pensado? Como verás he pasado del Ud. (en lo que concierne a la novela me mantengo en Ud.) al tú (al empezar a hablar de teatro) ¿no es una locura? ¿le/te llegó el libro de *Bajo un manto...* editado por Seix Barral?

Bueno, muchos saludos
Manuel

Río, 10 junio 1983

Querido amigo:

Aquí van las correcciones de las páginas 161-190 de su traducción, o sea el final. Sigo esperando las inmediatamente anteriores, es decir del 129 al 160 que nunca me llegaron.

Bueno, eso es todo, espero pronto su último envío, estoy muy contento con este texto suyo ¿tendremos el éxito merecido?

Abrazos,
Manuel

Río, 29 junio 1983

Querido amigo:

Me llegó ayer este absurdo telegrama de Genil: "Merci votre lettre grands acteurs peu mais impossible les contacter sans lettre d'accord pour Rodríguez. Agent non necesaire dans cette affaire. Porcentages pour le Genil correspondant à l'utilisation traduction française votres envoyons lettre pour signature. Accord necessaire de tonte urgence sinon spectacle impossible l' année prochaine. Amities. P. Berge Genil".

Ante todo yo quiero saber qué dice Dalria de todo etc., en 2do. lugar el Theatre de París es un desafío brutal y no es tan fácil conseguir grandes actores. Bueno, pero yo le estoy escribiendo a Ud. para que note la cuestión del porcentaje. En el otro telegrama hablaban del 20% de descuento para Genil y yo creí que eso se refería a la intervención de Genil como agente. Ahora resulta que ellos quieren ese 20% por uso de la traducción; la traducción es de ¡Ud.! Además la obra de teatro es una cosa y la novela otra, cuando la adaptación es hecha por el mismo autor no tiene nada que ver el editor, según la ley francesa.

Le escribo para que esté al tanto de todo, yo le escribo a P. Berger nuevamente comentándole la cuestión, si Ud. quiere hable con ella, no sé si es necesario ¿Y cómo va el *Manto de estrellas*?

Abrazos

Manuel

Vale: Creo que sería conveniente que Ud. averiguase a fondo la parte legal de este asunto, según la ley francesa. Gracias.

Río, 26 julio 1983

Querido amigo:

Gracias por su carta del 18 de julio. Qué bien que ya está la traducción entregada en Gallimard. Yo he escrito a Rafael Rodríguez con un esbozo de contrato, esperamos que lo acepte, 2.000 dólares de anticipo y 12% de boletería (es normal en piezas de 1 o 2 personajes) divididos 4% para Ud. y 8% para mí. De esos 2.000 también una parte proporcional sería para Ud., claro está. Ojalá acepten.

Bianciotti no ha contestado a mi carta del mes pasado, pero nada del teatro tiene que pasar por Gallimard en cuanto a derechos, ellos solamente comprarán los derechos de publicación. En cuanto a *Bajo un manto de estrellas*, Rodríguez Arias esperaba la traducción... en julio para comenzar a negociar ¿tiene Ud. algún plan al respecto?. En un momento Ud. mencionó junio como fecha de comienzo de la traducción y yo me ilusioné. ¿Surgió algún inconveniente? Espero sus noticias, abrazos

Manuel

Río, 20 enero 1984

Querido Albert:

Recibí su carta ¡qué horror saber que no había recibido la mía! No sé si se habrá retrasado o si directamente se perdió. Le recapitulo: no lo pude llamar aquel domingo a la noche porque llegué tarde a casa. Estuve el viernes anterior con Prune Berger y arreglé para que ella (Genil) actúe como agente del *Baiser*... teatral a cambio del habitual 10%. Eso saldría de un porcentaje como autor y si Ud. está de acuerdo, también de su porcentaje de traductor (es decir 10% de su porcentaje). Si no le parece bien no hay problema, lo retirarán del mío. Creo que es lo mejor, encargar a alguien de mover las cosas en París.

En cuanto a *Bajo un manto...*, Rodríguez Arias quiere definitivamente hacerla. Le dejé la traducción pero todavía no he sabido nada de él, ha pasado un mes y medio, o más. Yo hoy le estoy escribiendo, dándole su teléfono de Rennes por enésima vez. Bueno, estoy ya un poco desalentado con tantos retrasos y titubeos, pero tal vez pronto se produzca una buena noticia.

Dejé *Sangre de amor correspondido* con Claude Durand de Artheme Fayard y tampoco ha contestado ¿ ? Espero pronto poder escribir con algo más ¡¡¡¡¡¡CONCRETO!!!!!! Abrazos

Manuel

Río, 10 marzo 1984

Querido amigo:

Con gran alivio recibí su carta del G. Por fin algo se está definiendo ¿verdad? Lo de Belfond es una noticia, yo pedí que Ud. fuera el traductor de la novela pero a veces el editor dice "sí, sí" y después contrata a quien quiere.

De Prune Berge hace tiempo que no recibo noticias, parecía que un director alemán, Peter Chatel, tenía (según él) todo listo para poner en escena *El beso...* en París, y yo lo derivé a Prune pero por el momento ninguna novedad...

Con Belmond veremos también, de publicar el teatro, pero apenas estoy empezando trato con ellos, pronto se lo mencionaré. En cuanto al título, *Sangue d'amour partagé* ¿no hay peligro que parezca que es el *Sangue* lo que es *partagé*? Tal vez *Sangue de l'amour partagé*. No sé, en español no hay ese peligro de malentendido porque sangre es femenino y amor es masculino.

De R. Arias no he tenido más noticias ¿ ? Bueno, pero estemos contentos de que algo se va resolviendo ¿verdad? Gracias de su paciente colaboración, abrazos,

Manuel

Una idea: cuando pase por París ¿por qué no le da una llamada a Arias?

Río, 22 junio 1983

Querido amigo:

Acaba de llegar telegrama de Prune Berger diciendo que R. Rodríguez ha conseguido el T. de París. Yo veo por un lado muy entusiastamente todo, pero el T. de París es enorme, y sin grandes estrellas esa pieza podría acabar en pocos días. Yo estaría de acuerdo en firmar si hay actores disponibles de gran renombre. ¿No le parece?

Bueno, paso a las correcciones pág 129 a 160.

¡Punto final!

Gracias por todo, está magnífica la traducción.

¿Ahora seguirá *Bajo un manto de estrellas*? La versión publicada de Seix Barral está bien revisada, pero le falta una pequeña escena que yo quité y después volví a poner, Ud. debe tenerla en el manuscrito, está escrita a mano, es la pequeña escena entre el Visitante y la Visitante en el 1er. acto, cuando él le habla de que ella quiere quedarse en esa casa. Son pocas líneas de diálogo pero necesarias, creo.

Abrazos.

Manuel

Río, 13 mayo 1984

Querido amigo:

Regresando de un viaje de 2 semanas encontré el 1er. *chapitre* y ayer me llegó el 2do. ¡Me encantó el primero! Acabo de revisarlo hoy. Es casi seguro que viajaré a París el día lunes 18 de junio por unos 5 días y sería oportunísimo que nos viésemos para juntos hacer el pulido. No sé si Ud. podrá viajar a París de lunes a viernes ¿ ? Por supuesto que cuanto más material me mandase más adelantaríamos personalmente, así que espero un torrente de capítulos de aquí al 12 de junio que será aproximadamente el día de la salida mía de Río. Voy a Londres hasta el 17 a la tarde o 18 a la mañana, depende de una conferencia a la que voy. Me hospedaré como siempre en Chez Manzi...

¡Gracias! Me parece que este libro sonará muy bien en francés, pese a ser de origen coloquial.

Bueno, nada más, trabaje mucho y gracias de todo, abrazos.

Manuel

Río, 12 octubre 1984

Querido amigo:

Perdone la terrible demora en devolver esto. El viaje fue muy largo. ¡Estoy encantadísimo con la traducción! En general el italiano se presta más a la traducción de mis cosas, pero en este caso la traducción francesa va a ser la mejor, sin duda. La traducción USA acaba de salir, con problemas de erratas. Esta novela está llena de trampas para tipógrafos. Creo que sería conveniente mandarme las ultimísimas pruebas de página, hay cosas que solamente el autor puede advertir, realmente diabólicas. Por supuesto lo fundamental es respetar esos espacios al margen cada vez que se pasa de la pregunta al texto en 3ra. persona.

De nuevo felicitaciones calurosísimas, escribiré a Belfond comentándolo, abrazos.

Manuel

Río, 7 julio 1985

Querido Albert:

Tú dirás que me he vuelto loco y desagradecido ¡no es cierto! Tengo excusas. Durante el viaje de mayo me sentí mal en Londres y sólo pasé por París un día a dejar a Manzi videocasetes de él que estaban en Río y Londres, de ahí un día a Roma y ya a Río. No se sabe bien qué tengo pero parece ser cosa no importante, me salió una dureza en la barriga, una infección pero ni venérea ni cancerígena. Aquí empecé eso y bastante mejor volví a viajar a Barcelona donde vi al jurado del festival de cine de allí. Al volver otra vez caí en problemas y me asusté mucho pero ahora no dieron nada. La dureza sólo apareció ahora, al principio eran trastornos de intestinos. Bueno, ahora a lo nuestro, recibí el libro de Genil (*femme- araignée*) con la faja de la película allí me enteré de tu premio ¡felicitaciones!, querría tener más referencias al respecto, cuéntame todo.

De acuerdo con la puesta en escena de *Maldición*, le deseo mucho éxito al director y le ruego que me mande copia de la adaptación.

Otra buena noticia, en septiembre sale, por Seix Barral, un nuevo libro de guiones de *La cara del villano* y *Recuerdo de Tijuana*. Te lo mandaré de inmediato, así como a Belford. Puede ser una lectura diferente y muy interesante, ojalá compartas mi opinión.

No sé si ya te comenté el film, aún no me gustó nada, tampoco William Hurt, quien no tiene nada que ver con Molina, hace un *folle* neoyorquina neurótica y antipática.

Bueno, espero que tengas buenas vacaciones, pronto le escribo al director. Abrazos.

Manuel

Río, 14 agosto 1985

Querido amigo:

He recibido la adaptación de su amigo pero no he tenido un minuto libre. El éxito del *Beso* film ha hecho que su productor reactivase un proyecto conmigo que me ha obligado a completar un nuevo guión de cine en pocas semanas. Ha sido una carrera contra el tiempo y vuelo esta noche a Los Ángeles por 7 días. De vuelta leeré el asunto nuestro con todo cuidado. ¡Perdón por el atraso! Abrazos,

Manuel

En septiembre le llegará mi nuevo libro de Seix Barral.

Ah, el 18 de septiembre se estrena en Londres la adaptación teatral del *Beso*, si marcha bien podrá ayudarnos.

Río, 14 septiembre 85

Querido amigo:

Hace tanto tiempo que quería escribirle, pero he pasado una racha negra. En Los Ángeles hubo mucho alboroto con la película y han propuesto muchas cosas, pero no hay nada concreto por el momento. Volví muy cansado y me encontré con mucho trabajo, pero caí con una gripe terrible y sólo ahora estoy recuperándome. Mamá está ahora en cama y debo ocuparme de ella. El invierno de Río ha sido pésimo inusitadamente frío y largo, lo cual ha producido una epidemia de gripe fuertísima.

Bueno, hablemos un poco de nuestro problema pendiente, ¡la adaptación! Estoy muy preocupado al respecto. Por un lado me parece muy bien resuelto técnicamente pero veo un problema MAYOR debido a la necesidad de resumir, no se agotan los temas, se los toca sin llegar a ese fondo angustioso que revela agotamiento de un tema sin encontrar (para los personajes) una respuesta gratificante[21].

El peor escollo para mí está en el tema del deseo por la madre. En la novela Ramírez llega allí a una conclusión, acusa a Larry por aceptar una solución psicoanalítica sintética para evitar el enfrentamiento con una visión más tétrica todavía, como sería la ausencia de deseo (1). La verdad, Albert, es que yo nunca vi la posibilidad de una adaptación teatral de este texto y tampoco la veo ahora. Si Uds. quieren probar el texto en Rennes yo estoy de acuerdo, pero de ahí en adelante no sé qué tienen pensado hacer, creo que lo más prudente sería someter el texto a esa prueba con el público antes de planear más nada ¿qué le parece?

---

[21] Se refiere a la novela *Maldición eterna a quien lea estas páginas*, cuya edición en español está datada en 1980, pero que comenzó a escribir en 1979, al final de su segunda residencia en Nueva York.

Bueno, siento no ser más entusiasta al respecto. Te repito, para mí el problema estriba en que todos los temas que se tocan en la novela son válidos si se los lleva a sus últimas consecuencias, si se los agota de otro modo se cae en el peligro de sólo señalar problemas, prometer ahondarlos y a último momento desistir por falta de espacio.

Espero su carta pronto. En estos días le llegará el libro de Seix Barral, abrazos
Manuel

Muy especiales saludos a nuestro amigo René.

(1) Al no dar más desarrollo al tema permanecemos en el cliché psicoanalítico del deseo por la madre que es tan sintético.

Río, 13 de junio 1986

Querido amigo:

¿En qué andas? Tanto tiempo sin noticias. Acabo de recibir el libro de Belfond, está muy bien. El mismo libro tuvo muy buena acogida de crítica y venta en Italia, donde apareció en febrero. De Francia nunca se puede esperar nada, pero en fin, la esperanza no se pierde.

Últimamente he trabajado mucho en proyectos de cine, guiones que encargan, pagan opciones y después nunca se sabe en qué van a terminar. Pero se pueden publicar... A propósito ¿le llegó el ejemplar de *La cara del villano*? Creo que ese sería el próximo libro que deberían publicar en Francia. Aunque si se hace en teatro *Le baiser*... también tendría interés comercial el volumen de teatro. Seguramente en Belfond están esperando los resultados de *Sangue* para decirme otra cosa.

De *Sous un manteau d'étoiles*[22] no tengo noticias, sólo que he introducido unas pequeñas modificaciones y pienso agregar algo al final. Yo lo mantendré al tanto.

De teatro tengo... dos obras más, y ambas sin título. Veremos si sucede algo con eso en el futuro inmediato. Hay proyectos de escenificación en Italia y México. Y al mismo tiempo yo no las veo acabadas, por eso no se las mandé todavía.

Bueno, espero tus noticias pronto, mi estima de siempre, abrazos,
Manuel

---

[22] *Bajo un manto de estrellas* fue publicada en 1985 en su versión española. Las obras sin título son, eventualmente, *Triste golondrina macho* y *Misterio del ramo de rosas*. La primera se publicó en italiano en 1987 y, de forma póstuma, en español en 1998. La segunda fue publicada en italiano en 1987, traducida al inglés por el propio autor y publicada en este idioma en 1988. La versión española se publicaría también póstumamente.

P.S.: Me telefoneó por otros asuntos la agente de Paul Vechiali y me aseguró que todos los trámites siguen en marcha para la *rentrée*.

Río, 27 diciembre 86

Querido Albert:

¡Feliz 87!, ¿cómo anda todo? Espero que mejor que aquí. La economía brasileña está muy mal y se produjo una huelga de correos de 3 semanas en noviembre que desbarató todo el sistema de comunicación. De Belfond no he sabido nada, me llegó una crítica negativa de *Le Matin*, en septiembre y nada más. En fin... creo que será difícil venderle el libro de guiones, qué pena.

De Seuil nada, me refiero a teatro, creo que la dificultad está en encontrar actores, nadie se atreve a hacerlo después del Oscar, y no perciben que la pieza de teatro presenta un personaje mucho más rico que el film. Mala suerte de todas partes, porque no encontramos gente de real percepción artística, ni entre críticos ni entre actores.

Es curiosa la diferencia con Italia, Alemania, en esos dos países *Sangre...* tuvo excelente crítica, buenas ventas y las obras de teatro están programadas para el futuro inmediato, se estrena *Bajo un manto de estrellas* en Darmstadt en febrero, por ejemplo, y en Italia estamos coordinando otra cosa más.

Yo lo siento también por Ud., que trabajó tanto en la traducción de las obras, esperemos que todo camine un día... Albert, perdí mi libreta de teléfonos, le ruego me mande el suyo cuando me conteste. De nuevo muchos buenos deseos, abrazos ¡escríbame pronto!

Manuel

Río, 18 abril 87

Querido Albert:

Finalmente parece que va a haber alguna acción. Ya es seguro que *Le baiser...* se estrena en Mons, Bélgica, en el Centre Dramatique. Me pagan el pasaje para asistir al estreno el lunes 25 de mayo, seguido al día siguiente por un debate en francés y el miércoles algo en español en la Universidad de Cleons. De ahí me voy a Londres, y tal vez pase unos días por París.

A mí me gustaría que Ud. estuviese en el estreno conmigo, pero no sé si su trabajo se lo permitirá. Parece ser también que Prune Berge ha arreglado todo para el estreno en París ¿será posible?. Sería otro director, también belga, que empezaría sus presentaciones en Bruselas y después iría a París en octubre.

Ojalá empiece a funcionar algo de mi teatro en París, tengo otra obra terminada, título provisorio... *Misterio del ramo de rosas*. Es de dos personajes también, dos mujeres viejas.

De Belfond no he tenido noticias buenas, pocas ventas supongo. Me llegó hasta ahora una sola reseña, fea, de *Le Matin* ¿no salió más nada?

Bueno, espero sus noticias con mi amistad y gratitud de siempre.

Abrazos de

Manuel

Río, 14 de agosto 87

Querido Albert:

Estoy totalmente trastornado y no recuerdo si ya le mandé esta carta de disculpas o no. Sólo recuperé la tonta pérdida del papel donde tenía su teléfono de París vía la gente de Mons, Bélgica. Al llegar a París no pude encontrar el papel y llamamos a la gente de Seuil varias veces a Rennes, pero Ud. como previsto estaba en casa de sus padres, estaba en París. ¡Qué pena! Yo estuve en París enloquecido de trabajo porque me vino a ver el director italiano de la nueva obra y revisar la traducción fue letal.

Dejé en Seuil el manuscrito de la nueva comedia, *Misterio del ramo de rosas*. Ya se estrenó en Donmar con buena crítica, el problema ahora es conseguir teatro para continuar la temporada. El director fue Robert Ackerman, americano, muy conocido, quien se interesaría además por hacerla con dos *superstars* en París. El ya ha dirigido en París. Bueno, ahora lo inmediato es nuestro *Baiser* ¿verdad? Han prometido invitarme para el estreno en octubre, ojalá se realice, así nos vemos finalmente.

¿Le entregaron en Seuil el manuscrito nuevo? Bueno, nada más por hoy. ¡Ah, sí! Aquí se estrena en dos semanas mi comedia musical *Gardel*, pero esto no creo que sea fácil de poner en escena en París. Es una biografía fantasiosa de Gardel.

Bueno, muchos saludos, ¡escríbame pronto! Abrazos,

Manuel

Río 27 de diciembre 87

Querido Albert:

Como de costumbre estoy encantado con su trabajo. Desgraciadamente de Seuil no me mandaron las últimas páginas, tengo hasta 43 incluida. Le ruego que pida a Prune que me las mande. Aquí va la lista de "problemitas" [a continuación siguen tres páginas de frases y correcciones a *Misterio del ramo de rosas* que he considerado no transcribir por demasiado técnicas, pero que muestran el trabajo detallista en la elección de las palabras, en un idioma que no es el nativo] [23].

Escríbame pronto, feliz 88, abrazos

Manuel

Río, 8 de febrero 88

Querido amigo:

Gracias por su carta del 2 del corriente. Lo noto algo disgustado y me apresuro a decirle que si mi carta le molestó en algo no fue intencional de mi parte. Yo estoy muy disgustado pero en absoluto con Ud., nuestro acuerdo en el trabajo ha sido siempre total, así como el buen resultado de nuestros procedimientos de trabajo, que incluía siempre algún trecho que Ud. dejaba abierto a la discusión.

Fue Seuil quien erró, nunca se debe entregar un texto inacabado, sobre todo en teatro. La primera lectura es definitiva, en cuanto a la impresión comercial. Bueno, esperemos que se abran otras puertas. Yo confío en Guy Descaux, que no la leyó todavía, y que puede interesarse. Espero con ansias sus revisiones, hasta pronto, abrazos,

Manuel

P.S. Por fin Seuil se dignó a mandarme las críticas de *Le baiser...*, pocas y malas, no me explico qué pasó, es la primera vez que esta obra es así unánimemente maltratada, hasta Ud. es culpado de "adaptar" la novela mal.

Río, 21 marzo 89[24]

Querido amigo:

Gracias por el primer envío. El tono es exacto, Ud. sabe siempre encontrar el habla de mis personajes ¡mil gracias! Espero más páginas,

Abrazos.

Manuel

P.S. La traducción inglesa es ATROZ, la he rechazado

---

[23] El único cambio significativo que rescataré aquí es el cambio de edad de los personajes de la obra de teatro al representarse, de 48 a 53 para la edad de la enfermera, en función "de que Danielle Darieux haga el papel de la enfermera", según aclara.

[24] En el caso de ésta y la siguiente, se tratan de tarjetas postales, de ahí la brevedad.

Tokio, 26 marzo 90

Querido amigo:
Estoy por aquí haciendo promoción de libros. Cambié de dirección:

> ORQUÍDEA 210
> DELICIAS-CUERNAVACA 62330
> MÉXICO

Debimos salir de Río porque aquello se volvió un espanto, fue una experiencia alucinante. ¿Cuándo sale nuestro último hijito? Fuertes abrazos,
Manuel

Río, 17 de mayo 89

Querido amigo:
Aquí van las observaciones hasta la página 69[25]. Ya recibí hasta la 177 y le mandaré en pocos días más el resto de las observaciones. La traducción me parece MAGNÍFICA, tiene el exacto gradual colorido coloquial que hacía falta, lo cual NO ES HAZAÑA MENOR.
Acabo de rechazar la traducción de E.U. porque faltaba todo ese color que Ud. sí supo darle. ¡Mil gracias por su talento y paciencia! Una vez más...
En los primeros días de junio viajaré a México, primero para una prueba de pocos meses, y después, si todo sale bien, para quedarme. Supongo que el resto de la traducción llegará aquí antes de que yo me vaya. Allá la dirección provisoria será c/o LABRADA, en Coyoacán, México D.F.
Bueno, un gran abrazo y felicitaciones
Manuel
Último momento: no viajaré a México antes del 8, por lo menos, tal vez 15 de junio.

Río, sábado 27 mayo 89

Querido Albert:
¡Hemos llegado al final! Estoy feliz con el resultado obtenido por Ud., ahora sólo falta solucionar el problema de la Sonatina (me preocupa mucho).

---

[25] A continuación siguen cinco páginas de correcciones a la traducción al francés de *Cae la noche tropical*, como se sabe, la última novela que escribió el autor.

Estoy en Río por lo menos hasta el 20 de junio, espero sus noticias. Abrazos afectuosos[26],
Manuel

Río, 11 de junio 89

Querido Albert:
Contesto a sus dos cartas.
NENE: me gustan Poupoune o Poussin. Creo que Poussin más todavía[27].
ÑATO: Polón o Titón, me da lo mismo.
Y ahora la poesía ¡me encantó!
La tercera línea tal vez pueda mejorar para que esté más fuerte la rima con Mort.
"L'heureux chavalier..."
Y después creo que se puede prescindir de la línea N.º 13 de su versión, quedaría muy bien que terminase esa línea con "prisionnère de l'or, prissonnière des murs..."
Bueno, buena suerte y mándeme noticias. Yo todavía no viajo a México, tal vez en julio.
Abrazos
Manuel
P.S.: Le ruego que me mande las dos páginas definitivas en que aparezca la poesía ¡es el momento culminante de la novela!

Cuernavaca, 17/9/90

Estimado Sr. Albert Bensoussan:
Yo soy la mamá de Manuel, ya se imaginará mi esfuerzo para dirigirme a Ud. con el fin de chequear todo lo que tiene (si es que tiene) entre manos res-

---

[26] La carta va acompañada de unas seis páginas con correcciones. Hay una que merece la pena evocar aquí, y es una anotación a la página 84 del manuscrito: "ENORME PROBLE-MA: creo que la poesía de Rubén Darío tendría que estar con rima y medida como el original ¿no existe una versión en francés de "Sonatina", con rima y medida? Yo creo que el único modo de recrear el efecto del texto en castellano es justamente enfrentando una escritura poética rimada, etc., con el lenguaje libre de Luci y Nidia", personajes de su última novela publicada, *Cae la noche tropical*, que se publicó en español en 1988.
[27] Las dos palabras quieren decir "bebita" y "pollito", respectivamente.

pecto a la labor de Manuel. Ya nos hemos dirigido a agentes y editoriales y seguimos en la lucha mi hijo Carlos y yo.

Espero su respuesta, sin dejar de agradecerle mucho.

Afectuosamente

María Elena Puig

Disculpe, la mandé a Seuil porque no entendí bien la dirección,

Gracias.

EPÍLOGO

La inclusión de la carta de su madre, María Elena Puig, sin duda recobra lo infranqueable de la situación de la muerte repentina. Es el cine, nuevamente, y la dedicación que su otro hijo, Carlos, le prodigara lo que proporcionaron a su madre la supervivencia. De este modo se cumple aquella anotación manuscrita encontrada entre sus papeles y que caracteriza toda su poética: "Dar posibilidades de horror, pero que termine todo en gran final feliz". Como la historia de Molina y Valentín, que se prolongan más allá en los filmes relatados, Manuel Puig prolonga otro modo de vivir la experiencia de lo real, en el que las ensoñaciones de la narración vencen a la muerte.

ANEXO: OBRAS Y PREMIOS

445

ANEXO: OBRAS Y PREMIOS DE MANUEL PUIG

1. Novelas

La traición de Rita Hayworth (1968).
Boquitas pintadas (1969).
The Buenos Aires affair (1973).
El beso de la mujer araña (1976).
Pubis angelical (1979).
Maldición eterna a quien lea estas páginas (1980).
Sangre de amor correspondido (1982).
Cae la noche tropical (1988).

2. Obras de teatro

El beso de la mujer araña (1983).
Bajo un manto de estrellas (1983).
Triste golondrinas macho (1988).
Misterio de ramo de rosas (1987).
Amor del bueno (1998).
Muy señor mío (1998).

3. Guiones cinematográficos

• Publicados

La cara del villano (1985).
Recuerdo de Tijuana (1985).
The Seven Tropical Sins/I Sette Peccali (Los siete pecados tropicales, 1986, 2004).
Ball Cancelled (1996).
Summer Indoors/Verano entre paredes (1996).
La tajada (1998).

• Filmados

Boquitas pintadas (Argentina. Dir.: Leopoldo Torre Nilson, 1974).

El lugar sin límites (México. Dir.: Arturo Ripstein, 1978).
El otro (México. Dir.: Arturo Ripstein, 1984).
Pubis angelical (Argentina. Dir.: Raúl de la Torre, 1982).

4. Relatos breves

Los ojos de Greta Garbo, compilación de relatos de la segunda época italiana (1990).
Bye-bye Babilonia/Estertores de una década (compilación de cartas de Manuel Puig enviadas y publicadas en la revista *Siete Días Ilustrados*, 1993).
"Un destino melodramático" (1989/1990), relato conservado sin título, inédito. Publicado por Julia Romero en *Orbis Tertius* N.º 2, Centro de Teoría y Crítica Literaria, Universidad Nacional de La Plata, 1996.
"Loss of a readership" (1984).
"Pájaros en la cabeza" en: *Materiales iniciales para La traición de Rita Hayworth*. José Amícola (comp.) *Orbis Tertius* N.º 1, Edición especial, Centro de Teoría y Crítica Literaria, Universidad Nacional de La Plata, 1996.
"Carta a Rita Hayworth" (1967), conservada inédita. Incluida de forma póstuma en *Materiales iniciales para La traición de Rita Hayworth* (*ob. cit.*).
"Los nuevos misterios de París" (1975). En "Diorama de la cultura", *Excelsior*, México, 24 de agosto de 1975. Es una respuesta a las críticas recibidas por *The Buenos Aires Affair*. Recopilado por Julia Romero para el presente volumen.
"Chistes argentinos o el último tango en Venezuela" (1978). Cuento conjeturalmente escrito cuando concretó la comedia musical *Pilón*. Critica los prejuicios nacionalistas.
"La voz de una mujer" (1986). Otro título posible: "Mi pequeña venganza". Homenaje a Borges con motivo de su fallecimiento. Publicado en el suplemento "Sábado cultural", *ABC*, Madrid, N.º 281, 21 de junio de 1986. Incluido también en el artículo de José Amícola "El escritor argentino y la tradición borgeana", en *Espacios de Crítica y Producción*, Universidad de Buenos Aires, diciembre de 1994-marzo de 1995, bajo el título de "Un recuerdo de Borges", p. 25.
"El error gay" (1990). Desarrollo de algunas hipótesis contenidas en "Loss of a readership". Publicado en forma póstuma en un dosier sobre homosexualidad de la revista *El Porteño*, Buenos Aires, septiembre de 1990.

5. Relatos cinematográficos publicados (*Scripts*)

Gratas veladas de sociedad (1999).
Serena (1999).

6. Comedias musicales

Amor del bueno. Melodrama (1974).

Muy señor mío (1975).
Gardeluna Lembrança (1988).

7. INÉDITOS

• Guiones

Tango Muzik (1985).
Vivaldi (1989). Original en italiano, versión terminada en inglés. En total, 69 páginas
manuscritas.

• Guiones para televisión

Muestras gratis de cosméticos (1974). En colaboración con Agustín García Gil. Adaptación del cap. IV de *La traición* para la televisión mexicana que surge de la propuesta
del productor televisivo Manuel Ávila Camacho.

• Resúmenes de guiones cinematográficos

Gratas veladas de sociedad (1975). Ambientado en México, época actual. Gira en torno a
un asesinato confuso (original dactiloscrito, muy anotado, en castellano).
Guión con ballet (1977). Sin título. Ambientado en México, época actual. Historia de
amor entre bailarina y músico. Personajes: Olga, Cecilia, Ismael (original dactiloscrito, en castellano).
Serena (1977). Ambientado en México, época actual. Comienza y termina en una vecin-
dad de México. Tiene varias escenas surrealistas (original dactiloscrito, en castellano).
Guión con boxeador (1979). Sin título. Ambientado en un barrio humilde del D. F.,
México, época actual. Historia de la rivalidad entre dos hombres que se enfrentan
en una pelea (original dactiloscrito con anotaciones, en castellano).
El beso de la mujer araña (198..?). Diecisiete escenas para cine, con indicaciones alternativas para una versión en T. V. (Se sugiere cambiar *Cat People* por *Salón Mexicano*,
film mexicano de 1947). En italiano, 7 páginas.
Claudia Muzio (1988-1989). Sobre la vida de la cantante lírica Claudia Muzio. Se
encontró material de investigación sobre el tema. Hay una carpeta con el proyecto
registrado (*Copyright* 1989).

• Proyectos inconclusos

– Proyectos de guiones cinematográficos

Nina y He (196..?). No hay fechas indicativas, pero las hojas utilizadas son del mismo
tipo de las que se usaron en *La traición de Rita Hayworth*, entre cuyos pretextos

figura el personaje "Nina" que no llega con ese nombre a la versión editada. Los personajes son escritores (uno de ellos escribe para el cine). Manuscrito, en inglés y castellano, 40 páginas.

Historia en Jujuy (196..?). (Sin título). Resumen de guión, ambientado en Jujuy. Personajes: Gianni (regresa a Jujuy después de recibirse de ingeniero en Milán), Piero (ha provocado su ruina por causa de las drogas), la esposa de Piero (no puede ver la realidad, acusa a Gianni de asesinar a Piero). (Original dactiloscrito, en castellano.)

Marzomanía y Luna/Lucena and Body Guard (1967/1969). El proyecto está desarrollado casi en su totalidad en forma manuscrita, en castellano. Al dorso hay un dactiloscrito de una de las primeras versiones de *Boquitas pintadas*. Alcanzó a desarrollar sólo la primera escena. La acción transcurre en un departamento en el que hubo un suicidio (escrita en castellano).

El beso de la mujer araña (198...?). Fragmentos de un proyecto de guión en inglés, con anotaciones a mano de Manuel Puig.

The good luck charm (Sypnosis by Manuel Puig for a film by Bruno Barreto) (1983). Historia de amor ocurrida entre Nueva York y Brasil. Parte de la acción se desarrolla en Recife, durante la época de carnaval. Original en inglés.

Bel Air (1984). Historia con actores: Sadie y Aldo (escrita en inglés y castellano).

Rio Story (1984). Esquema argumentativo para una historia en Río. Muy en germen (manuscrito en inglés y castellano).

Peny and Eileen (1985). Resumen de guión. Ambientado en un campus, la historia se cuenta según el punto de vista de cada personaje: Peny, Eilleen, John, Tim (manuscrito en castellano, versión final del resumen en inglés).

Jarama (1988/1989). Resumen de guión, muy en germen. Ambientado en el Hospital del Jarama, en 1937. Se encontró material de estudio sobre la Guerra Civil española (originales dactiloscritos y manuscritos en inglés y en castellano).

– Proyectos de comedias musicales

Musical con guerrilla (1987). Sin título. Ambientado en las Antillas, con un dictador en el poder. Apuntes manuscritos con esquemas. En una anotación: "peón es guerrilla secreto, lo matan. Lidera la conga" (original manuscrito, en castellano).

Dorelli-Belén (1989), Apuntes para dos secciones con números musicales con tangos (original manuscrito, en castellano).

– Proyectos de novelas

Humedad relativa 95% (1965/1967). Puig llegó a redactar cuatro capítulos. Incluso hay una versión en inglés del primer capítulo. En esta novela se desarrollan las reacciones de un padre frente a su hijo. Tendría que esperar a *Maldición eterna a quien lea estas páginas* para volver abordar esa dualidad. A la muerte del escritor, "Primer Plano" (suplemento literario del diario *Página/12*) publicó un fragmento considerándola un proyecto en el que Puig habría estado trabajando en el momento de su muerte, sin embargo no hay indicios de que volviera a trabajar sobre esta novela en década posteriores a la del sesenta. Hay esquemas narrativos para siete capítulos. En castellano.

Mére Fantasie (1982). Se conservan manuscritos con esquemas y anotaciones muy en germen. Ambientado en 1941. Personajes principales: Aciega (simpatizante nazi, luego se retira de la política) Irina. Anotación: "La novedad romántica de "Mère f." sería que elaboración romántica se realiza al final (alargado) en que HE Aciega se encuentra con ella vieja o noticia muerte y se da cuenta de cosas y ata cabos románticos 20 años después" (páginas con anotaciones, escrita en castellano).

Historia con pescador (1984). Sin título. Ambientado en una aldea pobre de pescadores en Brasil. El hambre desencadena una historia fantástica, con elementos oníricos y una muñeca mecánica. Al dorso, galeras de la traducción francesa de *Bajo un manto de estrellas* (original dactiloscrito con muchas anotaciones manuscritas, 9 páginas la primera versión, la segunda versión alcanza 30 páginas, incluidas anotaciones, en castellano).

Novela con padre (1987). Sólo se conserva la estructura de los capítulos y distintos cuadros con personajes. El primer capítulo sería el diario del padre (15 páginas con anotaciones, en castellano).

Renata (1988). Título provisional. Proyecto de espectáculo teatral para desarrollar con Renata Schusheim y el grupo Caviar. Tiene elementos fantásticos y de ciencia ficción (original dactiloscrito, en castellano).

8. Premios

1965: *La traición de Rita Hayworth* resulta finalista del Premio Biblioteca Breve, de Seix-Barral, junto con *Últimas tardes con Teresa*, de Juan Marsé. Se repitió la votación y ante la intransigencia de un miembro del jurado, gana por un voto la novela de Marsé.

1969: Después de cuatro años de contratada, la editorial Gallimard publica la traducción francesa de *La traición de Rita Hayworth*. En su balance anual de junio el diario *Le Monde* la selecciona como la mejor novela del período 1968-1969.

1971-1973: American Library Association coloca a *La traición de Rita Hayworth* en la lista de los mejores libros del año; lo mismo paso con *Heartbreak Tango* en 1973.

1974: Premio "Pluma de oro" en el festival de San Sebastián por el guión de *Boquitas pintadas* y un premio especial del Centro de Escritores Cinematográficos de España.

1978: Su adaptación de *El lugar sin límites* de José Donoso gana en el Festival de San Sebastián el premio al mejor guión.

1980: Premio dell'Istituto Italo Latinoamericano di Roma a *Il bacio della donna ragno*. *Kiss of Spider Woman* fue seleccionada por la Asociación de Bibliotecas como uno de los Notable Books del año, entre unas 20 novelas en total.

1982: A pesar de que permanecía censurado en Argentina, varios periódicos anuncian su nominación para el Premio Nobel de Literatura.

1983: En Alemania, gana el premio a la mejor novela extrajera del año por *Sangre de amor correspondido*.

1986: En Italia (Capri) recibe el premio Curzio Malaparte por *Sangre de amor correspondido* y "por su obra completa y por su vida". En el jurado se encuentra Alberto Moravia. En la misma ocasión es nombrado "Ciudadano Honorable".

Premio Agrigento Cinema-Narrativa.

Se publica la traducción de una obra de teatro escrita durante 1982-1985 (*Triste golondrina macho*), *Triste rondine maschio*, Einaudi, Turín. Recibe el Premio Nelson Rodrigues en Brasil.

Geneviève Fabry

Personaje y lectura en cinco novelas de Manuel Puig.

286 p., ISBN 8488906986
Ediciones de Iberoamericana A, 17

La novelística de Manuel Puig constituye un caso ejemplar de la condición de la literatura definida como arte de seducción. Una seducción presente a veces hasta la saturación. La rareza provocativa de sus títulos, de las *boquitas pintadas* a la *maldición eterna*, interpela directamente al lector. Como artefacto, la seducción está inscrita en el texto; como invitación, se proyecta más allá de éste. La cuestión fundamental que plantea este volumen es precisamente la interacción texto/lector tomando como vector principal de ésta la categoría de personaje novelesco, arraigada en el texto pero apuntando siempre a un horizonte extratextual.

Para desvelar las estrategias textuales que determinan la relación entre personaje y lector, la autora analiza cinco de las más importantes obras de Manuel Puig: *El beso de la mujer araña, Pubis angelical, Maldición eterna a quien lea estas páginas, Cae la noche tropical* y *Boquitas pintadas*.

Carlos García, Dieter Reinchardt

Las vanguardias literarias en Argentina, Uruguay y Paraguay.

562 p., ISBN 8484891119
Bibliografía y Antología Crítica de las Vanguardias
Literarias, 6

Las vanguardias literarias en Argentina, Uruguay y Paraguay aspira a ofrecer una visión fundamental y amplia sobre las vanguardias literarias de estos tres países en la primera mitad del siglo xx. La primera parte del volumen contiene una abundante bibliografía que, por un lado, pretende circunscribir generosamente el terreno de la literatura que podría ser considerado en algún sentido vanguardista. Se recoge, para ello, la obra (total o parcial) de numerosos autores y una gran cantidad de publicaciones hemerográficas. Por otro lado, la bibliografía contiene una selección de trabajos críticos dedicados a la época o a los diversos protagonistas; en este caso, se ha prestado mayor atención a la producción más reciente. La segunda parte recoge una selección de ensayos críticos de los últimos decenios e incluye algunos trabajos nuevos, escritos especialmente para este volumen.

Arturo Echavarría

El arte de la jardinería china en Borges y otros estudios.

170 p., ISBN 8484892360
Teoría y Crítica de la Cultura y la Literatura, 33

El arte de la jardinería china en Borges recoge los ensayos de más peso que Arturo Echavarría ha dedicado, en el transcurso de los últimos diez años, a la obra del narrador y poeta argentino. Además de extensos y pormenorizados comentarios de textos dedicados a "El jardín de senderos que se bifurcan", "La forma de la espada", "La muerte y la brújula" y "Pierre Menard autor del *Quijote*", Arturo Echavarría explora los modos en que la obra de un autor de la importancia de Borges se inserta, por un lado, en el contexto de la literatura latinoamericana, y por otro, en al amplio panorama de la literatura mundial. El volumen se cierra con un ensayo crítico, de marcado interés para los estudiosos en la materia, dedicado a un repaso comentado de la crítica de mayor envergadura en torno a la obra del argentino elaborada durante los últimos cuarenta años. Los estudios que se incluyen en el presente volumen examinan la variada obra creativa de Borges insertándola en sus contextos históricos y culturales, dimensión que otorga una inusitada luz sobre muchos de sus más importantes relatos.

Arturo Echavarría

Lengua y literatura de Borges.

196 p., ISBN 8484892468
La Crítica Practicante, 1

Publicado originalmente en Barcelona en 1983 y desde hace años agotado, *Lengua y literatura de Borges* continúa siendo una referencia entre aquellos que frecuentan las obras del escritor argentino. El minucioso estudio de Arturo Echavarría toma como punto de partida los propios textos del autor argentino, revisa sus posibles influencias y pone el acento en la presencia en su obra tanto de reflexiones como de procedimientos formales asociados a su particular visión de la lengua y la escritura. En él, las reflexiones críticas se fundamentan en la noción de que Borges articula una visión coherente en torno a la naturaleza del lenguaje y sus límites, que esta visión, a su vez, sirve de sostén a una particular concepción de la literatura, y que este modo de ver y entender el fenómeno literario constituye lo que se podría llamar una "teoría" de la literatura.